让生命在绿色中绽放

——文登市环山路小学“绿色教育”的探索与实践

刘凡荣　编著

中国林业出版社

图书在版编目(CIP)数据

让生命在绿色中绽放:文登市环山路小学“绿色教育”的探索与实践/刘凡荣编著. —北京 : 中国林业出版社, 2014. 1

ISBN 978 - 7 - 5038 - 7265 - 5

Ⅰ. ①让… Ⅱ. ①刘… Ⅲ. ①小学教育 - 研究 Ⅳ. ①G62

中国版本图书馆 CIP 数据核字(2013)第 263232 号

出版:中国林业出版社(100009 北京西城区刘海胡同 7 号)
E-mail:Lucky70021@ sina. com **电话**:010 - 83283569
发行:新华书店北京发行所
印刷:北京中科印刷有限公司
版次:2014 年 1 月第 1 版第 1 次
开本:787mm × 960mm 1/16
印张:21
字数:406 千字
定价:25. 00 元

让生命在绿色中绽放

——文登市环山路小学“绿色教育”的探索与实践

编委会

编　　著　刘凡荣

责任编辑　张红丽

编　　辑　王金美　邱海毅　孙福晓　周华丹

　　　　　姜　芳　张　辉　王仁萍　姚小慧

总 序

顾明远

教学既是一种科学活动，又是一种艺术活动。科学讲究规则，艺术则讲究创造。教学需要遵循教学的规则，要了解学生的年龄特征、知识基础、课程内容的重点和难点，但更重要的是要把这些因素之间的关系处理得当，而这些因素又是随时会变动的，所以教学要创造；创造并非不要规则，但更重要的是精神，科学和艺术都需要精神，教学也需要精神，教学的精神就体现在教育的理念中，体现在教师的观念和智慧中；科学是可以重复的，可以借用的，艺术是不能重复和借用的，需要自己去创造，就像艺术家做一幅画，哪里需要浓墨渲染，哪里只是轻描淡写，只能艺术家自己构思，自己运笔，别人是替代不了的。因此，作为一名教师，设计一堂好课首先要有正确的教育理念，不断钻研，不断琢磨，要因人因事因时而变，灵活运用各种教学方法，巧妙地运用自己的教学智慧。这就是创造，这就是教学艺术。

名师是一名教育家，也可以说是一名教育艺术家。名师的成功，得益于他们认真学习、钻研教育教学理论，并结合我国国情，不断探索教学规律，这就是他们的科学活动；名师的成功，还得益于他们不断总结反思、创造新的经验，也就是他们的艺术活动，因而取得了令人瞩目的成绩。在教学实践中，他们不但课上得好，受学生欢迎，而且有良好的教育素养和文化底蕴。他们在教学之余，善于总结，勤于写作，在教育界有一定名气。他们不断进取的敬业精神和创新精神，值得广大教师学习。

教育部部长袁贵仁在"教育家成长丛书"座谈会上强调："要认真研究总结并大力宣传广大优秀教师的教学经验，这是整个教育战线的共同财富，要对他们的思想、经验进行总结、提炼。""名师教学思想与教学艺术丛书"的出版，无疑是为广大教师做了一件好事。

"名师教学思想与教学艺术丛书"总主编王增昌同志担任《中国教育

报》“教学版”编辑 20 余年，在该版开设了“特级教师教学特色”、“名师教学艺术”等专栏，他与不少特级教师有密切联系，并对一些名师的教学艺术形式有一定研究。“名师教学思想与教学艺术丛书”约请的作者主要是全国各地至今仍活跃在教学第一线的著名特级教师。每位作者写一册，内容包括本人教学思想、教改实验，均以课例说明观点。“名师教学思想与教学艺术丛书”特点是理论联系实际，具有较强的可操作性。这套丛书的出版，将对广大教师树立正确的教学理念，明了教学既是科学又是艺术的真谛，更好地实施课改实验，大幅度提高教学质量有一定帮助。

優秀教師的教育思想和
教學經驗是教育界的
寶貴資源和共同財富
名師教學藝術 叢書
振有

前言
Foreword

又是一年芳草绿，春风十里杏花香。绿，是春天的消息，是生命的底色，是季节的希望。

对于绿色，我一直情有独钟。“满街杨柳绿如烟，画出清明二月天”，春风生处，满眼嫩绿，心清气爽，那是生命竞相萌发的喜悦；夏天的绿则是浓郁的，蛙鸣蝉声唱响生命的激情；秋天的绿，饱满而深沉，展现出生命顽强的力量；冬天的绿，傲立于苍松翠柏间，更生长在料峭寒冰中、皑皑白雪下，让人胸中涌动无数希冀……

于是，无论岁月怎样代谢，无论四时怎样流转，无论姹紫嫣红开遍何处，唯有那一抹生机勃勃的绿色，总能留存在心间，化作永恒。于是，对于绿色的向往和追求，渐成一片难舍的绿色情怀，让我的教育生命一直充满激情，充满活力，更充满希望。

2009 年，我成为文登市环山路小学这所新建学校的校长。站在山脚下，望着崭新的校园，看楼房错落、道路宽阔，看草木青青、泥土芬芳，更有那不远处山峦连绵，满目青翠……这所新校犹如一块净土，散发着融融绿意。郊区清新的风一阵阵吹过，沁人心脾，一个“绿色”构想在我脑海中渐渐清晰起来。这里，应该是“桃李芬芳”醉心扉，“幽幽书香”入梦来。

几番筹划，几番调研，几番斟酌，“绿色教育”办学理念在学校全面实施。“绿色教育”崇尚自然、和谐、活力、健康、成长，以尊重人的生命成长和可持续发展为本，通过绿色管理、绿色师资、绿色德育、绿色课堂、绿色教研和绿色校园建设，引导师生树立科学的自然观、人生观和发展观，共同创造纯净、自然、积极、健康的绿色生活空间，最终实现学校、教师、学生共同的可持续发展。

绿色校园，绿意盎然。校园内人文气息和自然风光融为一体，科学精神与育人氛围相得益彰。倡导环保风尚，教师爱心施教，学生自由成长。

学校以“绿色的眼光”规划和布局校园环境，以绿色葱茏的境界建设校园，力求使一墙一廊都成教育的载体：实践基地、德育长廊，名人名言，激发师生奋发向上；教学楼外墙、班级展示墙上，校风、校训随处可见，昭示师生不断进取；分布在各走廊的不同主题墙壁文化，时时给予师生心灵的启迪。

绿色管理，绿色人文。以情感凝聚人心，以制度保障发展，着力构建和谐人际关系，提高管理效能。

如果说整个学校是一棵大树，那么管理就是支撑这棵大树成长的重要枝干。一个善于倾听他人意见的校长，在管理中必能不断激发教师灵动智慧，让大树源源不绝地汲取养分，生长成熟，枝繁叶茂。我心目中的绿色管理就是要打造一支具有智慧和战斗力的管理团队，真正呵护每一个灵动生命，抒发每一份教育情怀。

学校定期开展“我为绿色教育建言献策”、“构建和谐教育，我该怎么办”等活动，来自全体教职工的每一份提案，领导班子成员都认真阅读。经广泛遴选、统计分析、归类整理，一些极具发展价值的“金点子”就会在学校发展规划及学期工作计划中被充分采纳、精心整合和有效落实，有力地引领了教师的思想建设。

在工作中，学校实行了5个坚持，即坚持“师本化管理——生本化管理”，从了解教师的需求到走进教师心灵做起；坚持在学校管理中尊重教师的人格、尊重教师的工作成果；坚持遵循人的个性和心理这一发展规律，运用情感关怀激励、目标愿景激励、发现成就激励、多元评价激励、校长示范激励等方式，来调动教职员工的主动性、积极性和创造性；坚持建立有效的反馈管理机制，形成一条民主平等的绿色通道；坚持人文关怀，真心实意地为教职员工办实事。

绿色师资，绿色智慧。打造德能双馨的教师队伍：博闻广识，学高为师，阳光心态，身正是范，显雄厚实力，树名师风范。

“力学之父”阿基米德说：“给我一个支点，我可以撬动地球”。教育也是有支点的，绿色鲜活的教育，更要以优秀的教师为支撑。建立一支高素质的教师队伍，是学校发展的核心依托，是学校教育内涵不断提升的动力之源和学校可持续发展的最关键因素。

学校通过“绿润心灵、悦读人生”教育专著读书活动、“且行且思 共话成长”教学叙事与反思活动，日积月累、厚积薄发，提高教师对教育理论的应用意识与能力；通过“自助、交流”的“绿色论坛”、骨干教师学术报告活动，开展与教研对接的小课题研究……让教师在充分展示与交流中形成主动发展的习惯，使教师实现由经验型向科研型的自觉转变；通过骨干教师的“传帮带”以及“青年教师汇报课”、“青蓝工程”等横向与纵向的交流，促成教师与教师间的协作互动，不仅为自身的发展创造了广阔空间，也为学校的快速发展注入了强劲动力，形成群英荟萃的教师群体。

绿色课堂，绿色教研。聚焦学科教研，打造自主高效的魅力课堂；开发校本课程，形成丰富多彩的课程文化。

“把创造还给教师，让教师充满智慧挑战；把课堂还给学生，让课堂充满生命活力”，这是学校“绿色课堂”所提出的教学境界。在这里，绿色课堂是“科学的课堂”：教师丰腴的专业素养带给学生以科学特有的理性体验，在知识的教学相承中，使科学成为学生个体生命存在的内涵；在这里，绿色课堂是“互动的课堂”：教师的任务不是告知学生问题的答案，而是激发学生把自己当做有思想、能感知的成长体去感觉，去体验，去思索，去交往，互动中彰显个性，透射出生命的活力；在这里，绿色课堂是“人文的课堂”：从人文的高度对学生的生命发展予以关照，课堂成为学生放飞灵性翅膀的天空，潜移默化地影响学生的情感、情趣和情操。当孩子们被知识的智慧所震撼的时候，当他们为自己的成长而感动的时候，凭借符号与语言、自然与生灵、真诚与热情播撒的绿色种子，就已经在一颗颗生命里生根，发芽。

绿色德育，绿色成长。培养健康快乐的绿色少年，热爱生命，编织梦想，珍藏快乐，活泼飞扬，以真爱之花，筑心灵绿荫。

学校以“绿色的视角”推进班级文化建设，通过班级目标的确定、班级骨干的挑选与培养、各类班级竞争与评比活动、设计与开展主题班会活动、开展学生自我教育的活动，倡导尊师爱生的亲密交往，强调师生互相尊重、宽容、理解、协作，使老师“爱其生，容其行”，使学生“亲其师，信其道”。

学校以“绿色的目标”丰富校园活动，创造积极、和谐的精神生活：排练厅里舞姿优雅，音乐室里琴声悠扬，美术室里翰墨飘香，体育场上紧张训练，“绿芽”文学社里文思飞扬……在科技体育节、书画作品展、经典朗诵会、现场诗文比赛、环保手抄报设计等的舞台上，学生尽情展示个性发展的风采。校园充满着健康向上的氛围，汇凝出一种强大的力量，成为学生和教师的绿色家园。“绿色教育”给孩子一个绿色的现在，为孩子许下一个绿色的未来！

几年间，行走在生命的“绿”岸，这枝“新绿”已傲然出岫。“绿色教育”像春天的芳草在校园内不断生长、蔓延，并经历了由浅层次状态、初步尝试到深层次内涵开发、理论与实践融合创新的发展历程，逐渐植入广大师生的心灵深处。

如今，每当漫步菁菁校园，徜徉在寓意深刻的学林路、青禾路、卓然路上，穿行于内涵丰富的立德楼、智源楼、博翠楼之间，我们感受到的，绝不仅仅是外在环境的绿意，更有对自然、对生命的尊重与追求。绿色，正贯穿环山路小学教育的方方面面，滋养着万物，升华着心灵，形成生机盎然、和谐向上的绿色校园文化。

“如果谁的内心的春光与大地上第一抹草色连成一片了，那就把步子迈得再大些。这样的步子，每一落地，都会铿锵作响；路旁的花蕾呢，也将应声怒放。”韩少华这段散文，读来总是给人以鼓舞。我相信，选择了绿色，就是选择了未来，选择了希望。“顺木之天，以致其性”，教育，可以让生命的绿如花绽放。我期待更多的孩子，花蕾般绽放在无边的绿色中……

刘凡荣

2013年3月

目录 Contents

第一章

绿色理念 引领健康人生

绿色关键词：生命 发展

一方绿色的希冀

点染了这片寂静的田野

播种生命勃发的种子

呵护绿色飞扬的希望

将莹莹润润的绿意

谱写成

青青翠翠的绿色之歌

办学理念

科学而前沿的教育理念是文登市环山路小学立校、强校、兴校的灵魂，为了使全校教师牢固树立“为学生的最优化发展服务，为学生的一生幸福负责”的素质教育观，学校紧跟时代步伐，以全新的思维打造全新的理念。

教育理念：绿色教育。

学校愿景：极具成长性的绿色教育示范校。

学校精神：竞进无止境、共济有大成。

办学策略：构建绿色体系、铸造绿色品牌。

培养目标：健康向上、善学会用、富有潜力的绿色精灵。

校训：心拥快乐、智赢未来。

校风：和谐涌动活力、快乐伴我成长。

教风：博学气自华、专研教自精。

学风：乐学涵雅趣、良习成自然。

管理原则：重制度，更重人文；重决策，更重落实。

人才理念：尊重、赏识、激励。

服务理念：育人爱为本、服务诚至真。

教育理念：绿色教育

“绿色教育”的本质就是在学校教育中体现可持续发展的理念，包括有利于学生成长的可持续和谐发展的环境及教育教学。绿色教育关注人、关注学生的变化与成长。“绿色教育”首先是“为了绿色的教育”，它要求教育要对“生命友好”，要在教育中培养、尊重每种生命的意识。其次是“运用绿色的教育”，它关心人的需要，以人为核心，以人的可持续发展为目标，面向未来培养人才。

绿色，源于自然，是自然规律最本真的反映，代表了盎然的生机与活力，反映在学校即“绿色教育”理念，它倡导师生不断增强环境保护意识，充分实现人文与自然的有机结合；表现在教育教学活动中，即要尊重教育规律、尊重人，注重师生潜能的开发，全面展现师生追求，为学校的健康、快速发展注入不竭动力。

生命，是人生而为人的基础。珍爱生命是生命个体对自身价值的最基本肯定，是学校教育的基本命题。学校在教育教学过程中，应让师生认识到生命的可贵，从而更加珍惜生命、敬畏生命。这就要求教师既要注重自身的生命质量、保持健康的身心，在平凡的岗位上抒写不平凡的篇章，更要关心学生的生命发展和身心健康，引导他们养成健康的心态和活泼开朗的性格。

生命之美在绿色中诞生，生命之力在绿色中张扬。环山路小学倡导“绿色教育”，重视师生生命质量的展现和温馨活泼氛围的营造，使师生可以深切地感受到浓浓的关爱，体验到生命的珍贵，以引导师生更加珍爱生命，展现生命魅力，绽放生命光彩。

学校愿景：极具成长性的绿色教育示范校

学校倡导以绿色教育为途径，引导师生在工作、学习和生活中享受纯净、自然、积极、健康的“绿色空间”，激发他们对真、善、美的追求，共同创造绿色生活环境、传播绿色生活理念、共享和谐快乐的生活，培养具有健康心理、和谐发展的人格。

绿色是生命的象征，绿色教育文化的实质在于弘扬人文关怀，挖掘生命潜能，提升教育品位。学校的绿色教育理念以尊重人的生命成长和可持续发展为本，引导师生树立科学的自然观、人生观和发展观，学会生存，学会尊重，爱护环境，阳光成长。

学校力求将“绿色教育”理念渗透到学校的各项工作中，通过建设绿色管理、绿色师资、绿色德育、绿色课堂、绿色教研和绿色校园，打造属于环山路小学的特色。通过“绿色教育”，实现学生的可持续发展，实现学校的可持续发展。

绿色教育 健康人生
——文登市环山路小学刘凡荣校长访谈录

又是一年芳草绿，春风十里杏花香。在一个初阳融融的早晨，我有幸见到了率真美丽的刘凡荣校长。眼前的她，清新温暖，清丽丽的笑容里满是真挚和热情，让人自然而然地想到一片盈盈的绿，一种急于与之倾谈的渴望油然而生。

记者：刘校长，咱们学校到处呈现一片生机盎然的景象，特别是立德楼内那近两米长的绿萝，叶片新鲜，新芽累现，让人深感震撼。瞧，您办公室的这盆绿植，绿得滴翠，我还看见了每个办公室门口都有一小盆绿植，鲜亮亮的，您是不是特别钟爱绿色？

刘凡荣：是呀，对于绿色，我一直情有独钟。我从小就喜欢绿油油的小草、绿茵茵的草地，在我眼里，绿是春天的消息，是生命的底色，是季节的希望。每每看见绿色，我的心里就会不自觉地生发出温暖的生命力量。“满街杨柳绿如烟，画出清明二月天”，春风生处，满眼都是嫩绿的，让人心清气爽，我感觉那是生命竞相萌发的喜悦；夏天的绿伴随着蛙鸣蝉声，唱响了生命的激情；秋天的绿，饱满而深沉；冬天的绿，生长在料峭寒冰中、皑皑白雪下，让人胸中涌动无数的希冀……于是，无论岁月怎样更迭，无论四时怎样流转，无论姹紫嫣红开遍何处，唯有那一抹生机勃勃的绿色，总是留存在心间，温暖着我，激励着我。

记者：看来，绿色在您的生命中有着不可替代的位置。我想，您拥有的这一片难舍的绿色情怀，使您的教育生命一直充满着激情，充满着活力，充满着希望。您不仅仅是喜欢绿色，您更喜欢绿色带来的充满生机的力量，是吗？

刘凡荣：你说得对。我认为无论是个人的成长还是事业的发展，如果拥有了绿色，遵循了绿色的自然规律，就一定会有自然的发展结果。

记者：嗯。刘校长，咱们文登市环山路小学建校才不过 4 年，就提出了“绿色教育”的鲜明办学特色，跟您的绿色情怀有着不可分割的关系吧？能谈谈您为什么在学校建校初期就提出这样高点定位的办学理念吗？

刘凡荣：我们这所新学校总投资 3000 万元，地处城乡结合部。我还记得我第一次走进这所刚刚建成的校园时，抬眼就看见前面的豹山呈现了一片绿意盎然的景象，这正是我脑海中常常浮现出的那片浓浓的绿色。我想，什么是绿色？绿色就是自然之色、生态之色、和谐之色、人文之色。教育发展是要遵循绿色发展的自然之色的，学生的成长是要遵循绿色发展的和谐之色的，教师的发展更是需要绿色发展的人文之色的。既然如此，何不办一所充满绿色理念的特色学校呢？于是，针对师生来自四面八方、素养参差不齐的实际，我们形成了“绿色教育”的办学理念。

记者：“充满绿色理念的特色学校”，这是多么美丽的梦想啊！咱们的“绿色教育”办学理念一定有着独特的魅力，您能简单介绍一下吗？

刘凡荣：我们的“绿色教育”的本质就是在学校教育中体现可持续发展的理念，包括有利于学生成长的可持续和谐发展的环境及教育教学。绿色教育关注人，关注学生的变化与成长。“绿色教育”，首先是“为了绿色的教育”，也就是生命教育，它要求教育要对“生命友好”，要在教育中培养尊重生命的意识。二

是“运用绿色的教育”，它关心人的需要，以人为核心，以人的可持续发展为目标，面向未来培养人才。

绿色，源于自然，是自然规律最本真的反映，代表了盎然的生机与活力，反映在学校，即“绿色教育”理念。它倡导师生不断增强环境保护意识，充分实现人文与环保的有机结合；表现在教育教学活动中，既要尊重教育规律，尊重人，注重师生潜能的开发，又要全面展现师生追求，为学校的健康、快速发展注入不竭动力。

生命，是人生而为人的基础。珍爱生命是生命个体对自身价值的最基本肯定，是学校教育的基本命题。学校在教育教学过程中，应让师生认识到生命的可贵，从而更加珍惜生命、敬畏生命。这就要求教师既要注重自身的生命质量，保持健康的身心，在平凡的岗位上抒写不平凡的篇章；更要关心学生的生命发展和身心健康，引导他们养成健康的心态和活泼开朗的性格。

生命之美在绿色中诞生，生命之力在绿色中张扬。我校倡导“绿色教育”，重视师生生命质量的展现和温馨活泼氛围的营造，使师生可以深切地感受到浓浓的关爱，体验到生命的珍贵，以引导师生更加珍爱生命，展现生命魅力，绽放生命光彩。

记者：是呀，尊重每一个生命的可持续发展的理念是学生和教师最需要的人文关怀。那咱们这种理念又是怎样体现在学校管理的各个层面的呢?

刘凡荣：我们把这一理念与市教育局提出的“质量与和谐”两大主题紧密结合起来，通过绿色管理、绿色师资、绿色德育、绿色课堂、绿色教研和绿色校园建设实施。绿色教育倡导科学求真，人文求善，将科学与人文完美交融。它致力于提升师生的科学文化素养，同时也浸润了深切的人文关怀。绿色教育的具体行为包括绿色管理——情感管理，凝聚人心，制度健全，规范高效，执亲和之本，求民主之效；绿色师资——博闻广识，学高为师，阳光心态，身正是范，显雄厚实力，树名师风范；绿色德育——热爱生命，编织梦想，珍藏快乐，活泼飞扬，以真爱之花，筑心灵绿荫；绿色课堂——真爱涌动，个性成长，活跃互动，智慧飞扬，以导学之法，育未来希望；绿色教研——团队合作，凝聚智慧，加强交流，吸精取粹，筑同心之基，展新锐之风；绿色校园——环境绿意盎然，倡导环保风尚，教师爱心施教，学生自由成长。各部分相互联系、相互制约、相互影响，构成了一个有机整体，形成了以“绿色教育”为鲜明特色的校园文化，进而展示出学校以“绿色教育”作为发展的趋势和方向。

记者：刘校长，刚才，咱们详细谈了绿色教育这种理念的含义及目标。那您能举例谈谈具体的做法吗？

刘凡荣：我们在学校的方方面面都运用了绿色教育的理念。比如，在领导班子建设中，我们讲学习重引领、讲分工重合作、讲民主重落实。我极力倡导班子成员读书学习，我认为绿色管理需要不断汲取营养。学校开辟了读书超市，班子成员从"校长推荐书目"中选择与自己业务相关的书籍进行阅读，并定期进行"必读书目"读书成果交流，如《高效能人士的七个习惯》、《情感管理》、《带着感恩的心工作》等。

记者：火车跑得快，全靠车头带。学校的领导团队在您的引领下，不断汲取绿色新鲜的理念营养，充满了智慧与灵性。那您能谈谈在教师队伍培养方面的做法吗？

刘凡荣：我认为，打造一支德艺双馨的教师队伍是学校可持续发展的关键。因此，我们改革教师例会制度，让教职工成为例会主角，变被动听会为主动讲会。例会前进行的"小故事，大道理"活动，也使教师深受启迪，极大提高了工作的主动性和能动性。我们还通过开展"循名师之路、做智慧之师"专业成长培训、"寻家长的最近发展区，方能事半功倍"名班主任培训、"用心工作、感悟幸福"绿色教师经验交流会，"精 细 实 恒"——名师、名班主任、名教研组交流活动，让名师正确定位，让其他教师取长补短。

另外，学校还定期举行绿色教育论坛，主题如"让我们的心灵充满阳光""质量是教学的生命线"等等，让教师在论坛中谈出自己的心声，谈出自己对教育质量的理解，激发教师以阳光的心态追求教育的高质量。

记者：学校根据教师的发展势头和成长需求，开展了很多扎实有效的绿色培训活动，从咱们学校几年来的教师比赛活动取得的优异成绩可以看出成效。听说，咱们学校在学生管理方面，出台了一套绿色评价体系，您能介绍一下吗？

刘凡荣：我们学校出台的"绿色少年"评比细则，把绿色少年的评比标准细化成"八星"（"八星"取义源自'八仙过海，各显其能'，与多元智能理念异曲同工），包括诚信礼仪星、健康合作星、勤奋好学星、环保守纪星、乐读善思星、特长才艺星、实践创新星、点点进步星。每学期在期中、期末评选两次，期末积累 5 个星或 5 个星以上的学生，将获得"班级绿色少年"的荣誉称号，积累 7 个星或 7 个星以上的学生，将获得"校级绿色少年"的荣誉称号。通过八星评价，让每个孩子都能在校本课程的实施过程中得到科学、真实的评价，使其在健康快乐的绿色环境中自由成长。

记者：刘校长，今天听您对学校的绿色教育理念进行了详细的阐释，在今后的发展中，你们有怎样的打算呢？

刘凡荣：3 年来，我们坚持绿色教育理念，以教师和学生发展为核心，以质量、和谐为主题，全方位提升办学水平，为打造人民满意的教育迈出了可喜的一步，党的十八大提出的“把生态文明建设放在突出地位”的目标更让我们信心百倍。我们也深知，学校发展的道路还很长，面临的问题还很多，但我们坚信：只要我们坚持以人为本，继续加强绿色团队建设，创造自由呼吸的绿色教育，学校就会得到更大的跳跃式发展，绿色将成为学校发展永远的底色！

走出环山路小学，我感觉这片绿绿的天地中，空气是那么清鲜，天空是那么纯净，自然、平和的美丽在身边荡漾。是呀，绿色是学校发展的底色，绿色更是教育发展的底色。祝福环山路小学的绿色教育绿意盈盈，盎然永远！

——张红丽

第二章

绿色文化 润泽鲜活生命

绿色关键词：友好 鲜活

那片绿　在三尺讲台

是一种智慧　一颗童心

那片绿　在清新的校园

是感人的故事　教育的真谛

那片绿　在成功的门前

是人生的领悟　岁月的踪迹

……

那片绿　破土萌芽

那片绿　舒枝展叶

那片绿　美丽成

一道风景

一份希望

校园环境系统介绍

命　　名

1. 楼体命名

办公楼——立德楼

教学楼——智源楼

综合楼——博翠楼

立德楼

立德楼：立德，语出《左传》，“太上有立德，其次有立功，其次有立言，虽久不废，此之谓三不朽。”以“立德”命名办公楼，意在强调师生要注重修养，不仅要修个人之身，养个人之德，还要身在学校，心怀天下。

智源楼：典出韩婴《韩诗外传》卷五“智如泉源，行可以为表仪者，人师也。”寓意，智慧如泉水，流进每个学子心里，成就智慧人生。

博翠楼：广博的知识储备会让智慧之树越发青翠，生机无限。在博翠楼中，精彩无限，引人入胜，你可以感受——音乐的灵动，体育的奋进，科学的严谨与文学的浪漫。

2. 道路命名

青禾路

青禾路：青青禾苗，盈盈欲翠。青禾是学生，张扬着勃发的生命活力，在老师的关爱下，茁壮成长，终成栋梁。

学林路：语出《汉书 · 叙传下》：“函雅故，通古今，正文字，惟学林。”学海无涯，学习将是贯穿一生的奋斗。学生应该学会学习，应该具有可持续发展的能力，才能学问广天下，秀木而成林。

卓然路：我们的眼光始终高人一筹，先机洞察后占领教育潮头，我们的脚步始终快人一步，步步领先中铸就卓越学校。同时，激励师生立志高远，不懈进取，最终做到卓尔不群，成为卓然独秀之人。

楼层主题设计

1. 立德楼

一层设计主题：当代教育家的思想。

此处设计为当代教育家的教育思想，引领教师不断提升职业素养和思想道德水平。

二层设计主题：名家治学。

教育的进步需要名师引领，此处设计为中国著名教育家的教育思想、成就及格言等。

三层设计主题：学高为师。

此处设计为教师的教学之法，激励教师不断提升职业素养，练就高超的教学艺术，真正成为博学之师。

四层设计主题：敬业奉献。

名言古训时刻提醒教师要热爱本职工作，认真负责、兢兢业业，有奉献精神，满怀爱心教育学生，把职业当做事业来做。

2. 智源楼

一层设计主题：自强不息怀壮志、厚德载物携梦想。

通过弘扬爱心、奉献、诚信等优良品质的德育小故事，为孩子点亮道德明灯，自信健康地成长。

二层设计主题：励志前行。

通过励志小故事，彰显民族精神，培养学生爱国主义情操，树立远大理想，传承中华美德，努力学习，为中华之昌盛而拼搏。

三层设计主题：美文启智。

介绍国内外名著、诗词歌赋等，让智慧润泽学生心灵，时刻感受经典的熏陶，提升文学素养，修养品性，领略知识的博大精深，体会"与书为友，其乐无穷"的意义。

3. 博翠楼

一层设计主题：二十四孝.

百善孝当头。通过二十四孝小故事，教育学生传承中华美德，学会感恩，孝敬父母。

二层设计主题：民间艺术源远流长。

了解民间艺术历史悠久，源远流长，种类繁多，是民族文化的宝贵财富，体会劳动人民独特的生活情趣和审美理想。

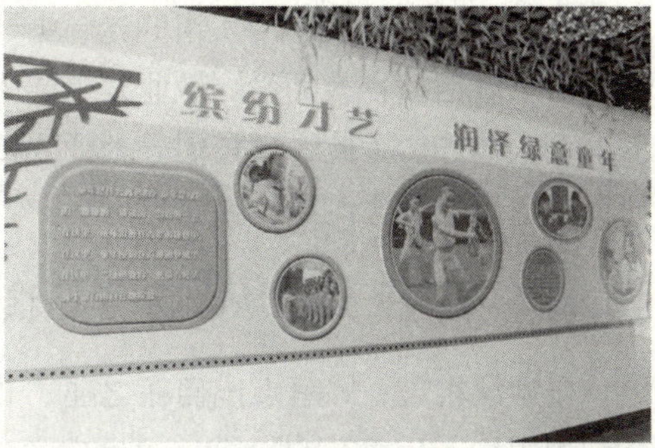

三层设计主题：名人名言、我的小发明。

以名人名言激励学生不断创新。展示学校部分学生根据已有的科学技术知识和实际能力，对日常学习、生活中的一些物品，加以改进、改革和创新后，在各级比赛中获奖的作品。

四层设计主题：艺绽华彩。

展示经典音乐艺术欣赏、绘画艺术、书法艺术等，让艺术之花绽放风采，用艺术润泽学生心灵，启发学生增强艺术修养，成为多才多艺的幸福天使。

三风一训

校风：和谐涌动活力　快乐伴我成长

和谐涌动活力：教育应该是和谐的教育，校园应该是和谐的家园。学校积极营造和谐与人文的校园氛围，以快乐为基调、活泼为旋律，感染每一位师生。学生、教师和领导之间和谐共进，校园中活力涌动，并产生强大的凝聚力和向心力，为学校的持续发展提供了无穷的生命活力。

快乐伴我成长：快乐是一种态度，需要你遭遇困难时依然微笑面对；快乐是一种智慧，给人最舒适的心灵家园；快乐是一种必需，体现了人对真善美的本能向往。学校师生要主动地追求快乐，学会运用快乐的力量克服困难，时刻保持最佳的精神状态，让每一天的学校生活都充满快乐。

教风：博学气自华　专研教自精

博学气自华：苏轼有诗句，“腹有诗书气自华”。教师要给学生一碗水，自己须有一桶水。学生总是以老师为榜样，为此，教师必须先完善自我，不断丰厚知识储备，提升人文涵养。最终成为智慧的典范，用学识的丰厚激励学生追求知识；成为道德的楷模，用人格的光辉引导学生健康成长。

专研教自精：教师爱岗敬业，主要体现在具备扎实的学业功底，练就精专的教书育人技能。为此，学校倡导教师要精益求精，不断进行教育探索，加强教学研究，善于与学生沟通，精于启发引导，形成独具一格的教学方法和教育艺术。

学风：乐学涵雅趣　良习成自然

乐学涵雅趣：妙笔点出自在之趣，书香散发文雅之韵。童年和少年时代属于知识积累和人生奠基的阶段，学生应学会主动培养良好的读书习惯，主动学习，快乐求知，时时有智慧相伴，日日有新知获得，让校园生活闪烁智慧光芒。

良习成自然：让快乐成为学习的基调，时刻愉悦学生。教师要尊重学生的个性和特点，寻求知识与兴趣的契合点，引导学生在学习中发现快乐、感受快乐，养成乐于学习、乐于思考的好习惯，从而激发潜能，学有所成。

校训：心拥快乐　智赢未来

心拥快乐：快乐无声，润泽心灵。快乐是阳光，让教育绽放永恒光辉，它传递真善美，凝聚你我他，是最强劲的动力，是最优美的乐章。快乐，可以让心灵始终澄静如一，也可以让你活力十足；快乐，是梦想的双翼，也是探索的火炬。享受快乐，也请创造快乐；拥抱快乐，也请赠与他人。通过快乐教育，让学生在少时就享有快乐，形成活泼开朗的性格；让教师热爱教育事业，尽情享受育人的快乐。

智赢未来：学在当下，志在未来。智慧散发着永恒的魅力，拥有强大的力量。智慧可以让人眼界高远，洞察未来；可以让人充满梦想，创造未来；可以让人充满自信，赢得未来。在智慧乐园——学校中，知识散发馨香，梦想闪耀光芒。教师要不断丰厚自身的知识蕴藉，提升自身的人文素养，这样才能学高为师，实现其教育理想和人生梦想。学生应该养成快乐读书的好习惯，用知识装点少时生活，用智慧编织五彩未来。

校　徽

校徽创意灵感结合学校实际，山环水绕、拥山临水的优美自然环境，由文登首字母 wd 的小写组成，巧妙地将学校名称中的“文登”寓于其中。wd 二字母经过巧妙幻化，w 幻化成蜿蜒的山路，寓意学生书山有路勤为径，有爱有责成栋梁；w 又如涓涓河水，既符合学校自然环境实际，又象征知识源头活水来。d 幻化成竖立的书卷，并与环山路相连，与环山路又有高低错乱之感，寄寓环山路小学学子迈步书林，青春朝气，幸福成长。校徽整体图案采用绿色，寓意学校的绿色教育，也象征着环山学子生机盎然、朝气蓬勃的精神面貌。校徽整体设计圆形，简单明了、庄重雅致，象征学校师生真诚团结、和谐共进的精神面貌。

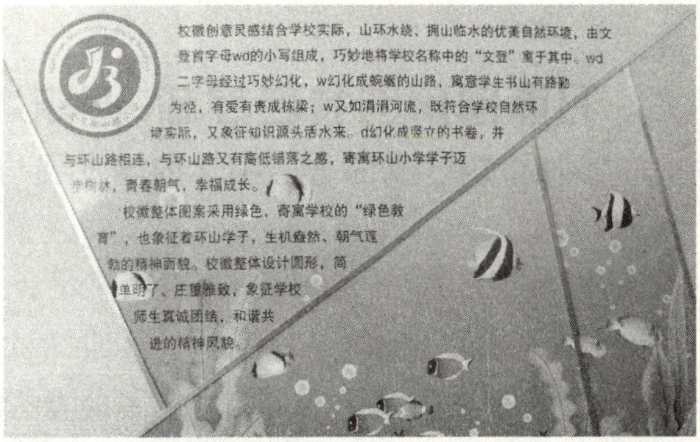

校　歌

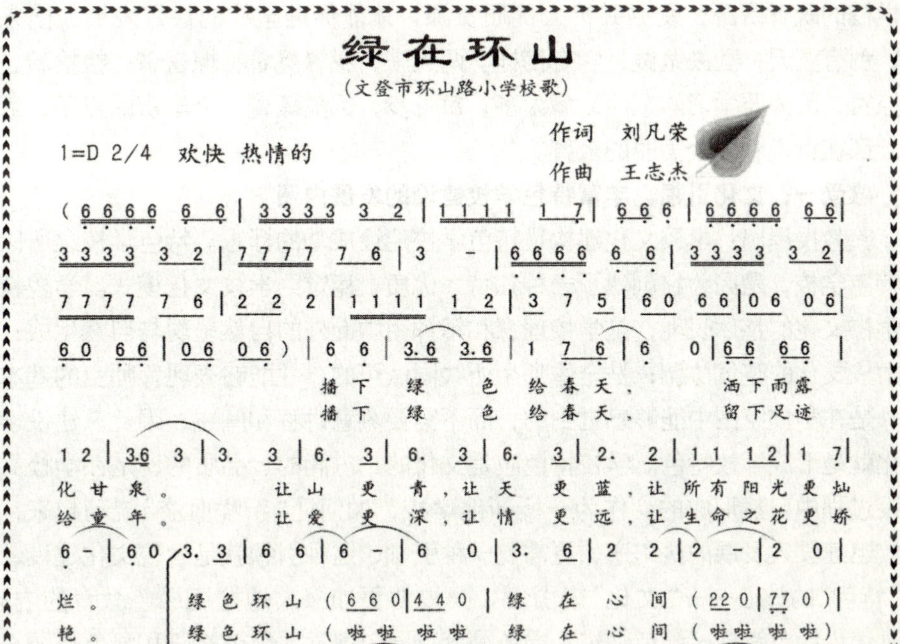

打造品牌创特色学校 追求“绿色”促和谐发展

——参加重庆、成都著名小学内涵发展与办学特色观摩考察活动有感

特色是学校发展的硬道理。

特色是学校变革的主旋律。

聆听了来自重庆市教育评估院院长龚春燕教授的“特色学校创建与文化建设”专题讲座，又参观了重庆市人和街小学和谢家湾小学，感受最深的就是这两句话。“特色”意味着人无我有、人有我优、人优我精，追求的是“与众不同”、“难以模仿”且能长期保持的竞争优势。只有通过特色学校建设，合理并充分利用学校的既有资源，发掘并扩大优质资源，才能促进学校的最好发展。出来看看，别有洞天；回去做做，学有榜样。两天来，我寻觅着，惊喜着；捡拾着，也震惊着，因为要学习的东西太多太多，每一步，都蕴藏着一个丰富的点子，每一处，都在诉说着一个美丽的教育。

感受一：文化引领，丰富特色学校建设的发展内涵

龚教授提出：学校文化建构是特色学校建设成功的标志。特色学校之所以成为特色学校，是因为它创建了一种独特、优质、稳定的学校文化模式。学校特色是学校文化的整体表现，是学校理念和精神由内而外的自然呈现与自然生成；是与学校文化的整体协调；是全体师生所共同认可的，并能够表现为师生的基本行为；是在学校氛围中能够感觉到的，而不需要刻意讲解和阐述，因此，建设学校文化就是形成学校特色。学校特色应是文化的、内涵的、品质的，是在学校文化建设过程中自然形成的。作为一所新建学校，如何让“新鲜血液”流动起来，使学校迅速驶入发展的快车道，更需要一种引领，这种引领就是学校文化建设，抓住“特色”的核心——“文化”来引领。我校要更加深入地挖掘绿色教育的内涵，通过建设绿色管理、绿色师资、绿色德育、绿色课堂、绿色教研和绿色校园，形成以“绿色教育”为鲜明特色的学校文化，打造属于环山路小学自己的特色，铸造绿色教育品牌。

感受二：扬长避短，扩大特色学校建设的发展空间

特色蕴藏着优势，而优势体现着竞争力。特色学校就是核心价值与附加价值的统一。核心价值就是贯彻国家教育方针、实施国家的课程标准、落实国家的培养目标；附加价值就是自身改革的切入点、自身的个性追求、自身的独特传统。根据办学理念、办学模式、学科建设、学校文化的不同，就形成了多彩的学校办学特色。这种特色正是一所学校发展的优势所在。因此，要办好每一所学校，就要立足学校的实际，合理定位，大力挖掘学校内部潜力，找到学校特色的突破

口，把潜在的优势变为显性的优势，这样可提高学校的整体办学实力和核心竞争力。想想我们学校，也可遵循这种发展态势，在绿色教学上多做文章，真正把课堂发展成“五生”的绿色课堂，即“生命的课堂”、“生本的课堂”、“生态的课堂”、“生活的课堂”和“生动的课堂”，让学生快乐、高效地进行学习，并注重提高教师的专业素养，培养绿色教师。抓实绿色教研，让教研文化滋养绿色课堂，还可根据我校男教师较多且喜欢钻研及学生地处城郊结合、动手能力相对较强的实际，再创出科技特色，培养全校学生的创新精神和实践能力，扬长避短，促进每个学生成才。

感受三：由浅入深，提升特色学校的发展水平

特色学校建设中要特别注意几对关系，即学校特色和特色学校、绝对性与相对性、实在性与抽象性、稳定性与发展性。只有深入理解这几种关系，才能在特色的形成过程中使学校上升到一个新的更高的水平。我校在培养绿色教师、绿色少年和绿色家长三支队伍中做了许多努力，但许多工作仍然是“穿新鞋走旧路”，开展的活动还比较肤浅，没有深入挖掘“绿色教育”的内涵，处于“瓶颈”之中。如何让绿色教育由浅入深？我有了初步的思考。完善绿色制度，探索多元课程，修改校本必修课，举办人人有项目的体育节、个个都登台的合唱节，让学生“全面全体全过程”参与每项活动，继续进行“自主菜单授课”的家长学校等许多许多，从多个层面促进学生、教师、家长的可持续发展，让“绿色教育”真正深入人心，最终促进学校的可持续发展。

知识和智慧存在辩证关系。有人说，知识就是知识，它关乎的是一种表层的东西，但智慧关注的是一生，知识从一块石头和一粒沙子中看到的只是一块石头和一粒沙子，但智慧却从一块石头和一粒沙子中看到一片美丽的风景。今天参观的两所学校的校长在创建特色学校的过程中，处处体现的是他们的智慧；听他们介绍学校，感受到的是享受，享受教育，享受创意。今后，我会向他们学习，学习他们的智慧。我更会充分挖掘促进自己学校发展的潜在因素，让绿色教育以学生发展为核心，以教师成长为关键，以教学为焦点，以管理为统摄，用和谐的理念挖掘心灵的源泉，用人性的力量呵护精神的家园，让生命在绿色中绽放！

——刘凡荣

绿色心语

如果说学校是百舸竞发的船的话，那么每一所学校的特色恰如迎风林立的帆。只有尽早扬起特色建设的帆，才能乘风破浪去远航。

在考察中收获 在思索中前行

金风送爽，丹桂飘香，我们一行 15 人在教育局领导的带领下来到重庆、成都，进行了为期 8 天的考察学习。在此期间，我们参观了重庆市的人和街小学、谢家湾小学、人民小学、巴蜀小学；成都市的泡桐树小学、草堂小学六所典型特色名校，聆听了 6 位著名校长及两位教育专家的报告。我们不但学习了 6 所名校宝贵的办学经验，感受了 6 位著名校长的成功之路，同时也领略了我国特色学校的教育风采。6 所学校特色各异，互有专长，但细细分析，它们又具有共性，这是我们代表团一行共同的感受，也是我们这次外出“取经”的真谛所在。

一、心有所悟——考察学习感受

1. 理思路，凝理念，先进的办学思想和办学理念是引领学校向高层次发展的前提

办学理念是一所学校的灵魂，未来学校的竞争首先是思想和文化的竞争。现代学校的发展必须以学生发展为本，变“育分”为“育人”，为学生的终身发展奠定基础。正是在这样的理念支撑下，这 6 所学校实行了以素质教育改革为核心的多项改革，减轻了学生的学习负担，提高了教育质量。比如，重庆市人和街小学以“人和为魂，和谐育人”为办学理念，以“两江融聚，人和教育”为校园主题文化，形成了“居儒典雅、身正学高”的教师文化；“品德高尚、睿智灵动、强体健魄、尚美维新”的学生文化，致力于实现“享受人和教育，奠基幸福人生”的教育理想。一个“和”字体现了家长和谐、社会和谐、干群和谐、师生和谐。再如谢家湾小学在“六年影响一生”办学理念引领下，在从知识育人向文化育人的转变中，逐步形成了以“红梅花儿开，朵朵放光彩”为主题的校园文化特色；人民小学的“让学生做学习的主人、活动的主人、生活的主人”、巴蜀小学的“与学生脉搏一起律动”、泡桐树小学的“像泡桐树一样成长”、草堂小学的“诗文化”等。他们在日常管理、安排的各项活动、创设的工作学习环境中无不体现着先进的办学思想和办学理念。

2. 贵引领，重实践，业务精通的专家型校长是引领学校向高层次发展的保障

校长贵在理念引领和探索实践，关键在于坚守自己的信念，并致力于实践。校长的成功意味着学校和校长个人的共同成功，这次考察，我真正认识到了“一个好校长就是一所好学校”的真正含义。我们共接触了 6 位校长，这几位校长都具有先进的教育思想、崇高的敬业精神、深厚的文化底蕴、求真务实的工作作风以及智慧的办学策略。他们精管理、善研究，深入群众，深入学生，掌握他们的

思想脉搏、生活动态，科学决策，工作有的放矢，个个是教育专家。正是有了这些成功的校长，才引领着这些学校不断发展，走向成功，可以说名校的发展离不开成功校长的教育智慧，有智慧的成功校长是引领学校走向成功的桥梁。巴蜀小学的一张“调课单”让我们看到了学校的精细化管理。正是因为我们参观的每所学校的校长都始终坚持深入课堂一线，了解教师和学生，把握教学改革的方向和主要内容，指导教师开展学科教研，学校才得以快速、持续发展。

3. 突亮点，创特色，鲜明的办学特色是引领学校向高层次发展的动力

正如重庆市教育评估院院长龚春燕教授的“特色学校创建与文化建设”专题讲座中所讲：“特色”意味着人无我有、人有我优、人优我精，追求的是“与众不同”、“难以模仿”且能长期保持的竞争优势。特色学校一定是理念先进的现代学校。纵观这些先进学校，其发展成功的重要原因就是管理上自成一体，办学上各具特色，走“特色发展”之路，真正做到了“一校一品牌，一校一特色”。“艺术教育”是谢家湾小学的特色教育，“每个孩子都公平接受艺术教育”是他们的主旋律。他们关注学生综合素质的培养，从“纯粹艺术”教育中解脱出来，探索多元化的艺术教育途径。在艺术学科的课堂中坚持基本技能与情感并行发展，把艺术教育渗透到学科教学中去，开设了人人必修的《生活与礼仪》课、《综合实践》课和选修的兴趣课和特长课，其内容包含了声乐、绘画、雕刻、攀岩、体操、陶艺、书法、器乐、舞蹈、演讲、主持、表演、手工编织、金工、木工等40多个方面，为学生创设自主发展的空间，强调多门艺术学科的沟通和融合，拓展了艺术教育的方法和内容，使艺术教育的本质真正回归到情感教育、审美教育和素质教育的层面。成都市草堂小学以诗文化为支点，把以诗文化为特色的校园文化建设作为学校追求可持续发展的品牌。学校的“诗路花雨”、“好雨轩”、“一上间”、“若思城”……每一个角落楼梯、每一面墙壁甚至卫生间都传达着诗的语言。学校“校园诗歌节”、“诗歌义卖会”、“草堂诗社”让孩子们与经典相伴、与诗歌为友。人文的草小人以诗为基、以诗为犁让每一个细节都力求文化与诗意，民主与尊重。

4. 重人文，育文化，独具匠心的学校文化是引领学校向高层次发展的灵魂

走进6所名校，让人耳目一新的是校园的清洁秩序，琳琅满目寓意深刻的教学楼、各具特色的厅廊文化、种类齐全的社团、丰富多彩的文化活动等处处散发着浓郁的文化气息。从这些名校的办学经验中不难发现，他们的共同特点就是坚持文化立校，把文化建设作为学校发展的灵魂，在文化立校的办学过程中，彰显自己鲜明的办学特色。是学校文化建设促进了学校的发展，成就了特色学校。要想在众多学校中占有一席之地，必须打造出属于自己的特色。学校首先要找准自己的坐标，形成自己的特点，有了特色就有了生命力。特色教育，特色教学，不是只为了标新立意而不顾教育效果，特色是基于客观现实而设立的科学目标，它

是独一无二的，所以每个学校的特色是唯一的，是不可复制的，特色发展的共同途径就是文化涅槃。我们只有通过特色学校建设这种内涵式的发展道路，合理并充分利用学校的既有资源，发掘并扩大优质资源，才能促进学校的更好发展。

二、心有所动——今后工作设想

此次考察之行，我无时不在感叹，无时不在思索，特色学校是通过挖掘本校所具有的潜在优势，优化自己的个性，合理而充分地利用学校既有的资源并最终形成独具特色的学校文化。6所名校打造特色学校，正是在于校长致力践行办学理念，明晰办学目标，共筑学校发展愿景；在于理清办学思路，立足实际，找准切合点，探求活动模式，突出亮点创出特色。我校作为一所新建小学，建校伊始就提出了绿色教育的办学理念，如何借鉴先进，深入打造办学特色，推动学校向纵深发展？我们的切合点是什么？基于此，从解决学校实际需要的角度，我有了新的思考。

1. 提升绿色文化品质

(1)整体布局，环境优雅。我们要在原有的基础上把学校真正建设成为精神的家园、学习的乐园、生活的花园，对校园环境建设再次进行细致的整体布局，实现校园环境的和谐、优雅。学校要建起生物园，做到鸟语花香，赏心悦目；建“奔向未来”、“读”主题雕塑，要充满活力，催人奋进。

(2)室外文化，彰显人文。以学校的校名、校训、校风、教风、学风、办学理念、教育目标等为内容的墙壁文化要继续增添校园的绿色气息；以“天人合一，自然和谐”为主题，制作宣传绿色教育的橱窗；以古诗词名句和格言为内容，以绿色为主色调，进一步构建楼梯文化，丰富校园绿色内涵。把这一切作为绿色教育的“活教材”。

(3)室内文化，张扬个性。教室是学生学习生活的主要场所，将本着“个性化、儿童化、现代化”的原则，对教室进行整体规划和布置，旨在让每一面墙壁会“说话”，让每一处环境皆育人，让每一个孩子在感受美、欣赏美中受到教育和启发。各个教室开办“绿色板报”、“绿色画廊”、“绿色植物角”、“绿色图书角”等，从色彩上给人一种赏心悦目的艺术美感，而且极具个性和教育意义。

2. 绿色文化底蕴

课堂教学是实施绿色教育的主阵地。我校的课堂教学要坚持以《新课程标准》为依据，以现行教材为载体，适时地对学生进行绿色教育。

(1)教学计划，体现绿色文化教育。学校教导处、各学科要在制订各学科学期教学计划、单元教学计划、课时教学计划时，较好地体现绿色教育内容，尤其是语文、数学、思想品德、社会、综合实践、科学、美术等科目。教师们要自觉地在自己所任教科目的教材中积极寻找绿色教育的切入点，科学设计有关绿色教育的内容。

(2)课堂教学，渗透绿色文化知识。思想品德和综合实践教材中的空气污染、节约用水、水土保持、植树造林、野生动物的保护等，其绿色教育指向一目了然。数学课教师可让学生测量校园中花坛、草地、树荫的面积，从而了解校园的绿化情况，增强保护环境的意识；语文课教师可指导学生欣赏描写自然美丽景致的语句，并用赞美和喜爱的语气读出自己对大自然、对祖国壮丽河山的热爱之情，进而激发他们保护生态环境和自然资源的情感。

(3)专题研究，提高绿色文化素养。根据各学科的特点，有计划地进行绿色教育专题研究，使学生在实践研究中进一步了解到我们的环境现状，进一步认识到环境保护的现实性、重要性和紧迫性。

3. 拓宽绿色文化平台

(1)立足校园，加强绿色文化教育。一是开展主题班会活动。结合“植树节”、“世界水日”、“中国水周”、“世界环境日”等重大节日，开展以环保为主题的班队会活动。班会可以表演、演讲、抢答、议论、手抄报、实践调查等形式展开。活动主题鲜明，如“自主管理，爱护校园”；“认识小鸟，保护益鸟”；“爱护小鸟，放飞希望”；动物的“诉说”；植“希望树”；“节约用水，从我做起”等。二是建立绿色专栏，定期挂贴有关环保的宣传画；设置“绿色之声”栏目，介绍有关环保知识，播报最新环保动态。三是组织读书活动。充分利用学校图书馆、阅览室、校园网，组织学生阅读环保书籍，进行读书汇报活动。四是开展环保征文活动。结合环保教育月，学校每学期将举行一次绿色征文比赛。五是举办“绿色家园”书画展和“变废为宝”制作活动。活动做到有方案、有主题、有情况记录、有成果展示，加强环保教育的宣传力度，使学生增长环保知识，提高环保意识。

(2)走出校园，开展绿色文化活动。每年的“地球日”，可组织学生到街上开展“绿色行动”宣传活动，向行人散发传单，宣传环保知识。学校每年可到校外举办一次以“环保 · 文明”为主题的文艺演出，扩大宣传影响。二是发动学生对学校和家庭周边环境进行深入调查，并写成书面调查材料，从实地实景中体会环境污染的危害性和环境保护的重要性。三是组织学生打扫街道，修补社区垃圾箱，清理垃圾污垢。四是以“亲近绿色自然、塑造健康自我”、“保护环境、爱我家园”、“感受大自然、欣赏祖国美”等为主题，举办生态环境摄影展等。

(3)构建网络，共享绿色文化资源。要在引导全体学生参与环境保护的同时，将环保意识带入家庭、带入社区，进而充实绿色教育的队伍，构建学校、家庭、社区共同参与环境保护的绿色网络。学校要充分发挥网络优势，逐步建立比较完善的环境检测系统，从校外到校内，从校园到班级，从班级到个人，层层推进，人人参与，形成绿色教育大氛围，确保绿色教育的有效开展。

走出狭小的校园，徜徉于名校之间，感受先进的办学理念，多元的价值取向，多彩的校园文化，我想了很多，也特别充实快乐。这次学习会成为我们学校今后办学的借鉴，学习不是照搬别人的做法，而是感受他们的改革精神，学习他们的创新意识。办学是需要有思想的，有思想学校就有希望。"干今天，想明天，为将来"，路漫漫其修远兮，吾将上下而求索！

——刘凡荣

绿色·心语

"一位好校长成就一所好学校。"从6所各具特色的名校中，能够深切感受到这句话的含义。名校的发展离不开成功校长的教育智慧，有智慧的校长是引领学校走向成功的桥梁。要想在众多学校中占有一席之地，必须打造出属于自己的特色。校长首先要找准坐标，形成自己鲜明的特点，有了特色，就有了生命力。

第三章

绿色管理 催生满园春意

绿色关键词：扎实 民主

这片宁静的绿

由浅入深

从淡到浓

写意领航的风采

挥洒管理的智慧

我是如此爱你

愿意和你

融为一体

一起

在这春天的晨风里

劲舞

让绿色成为学校发展的底色

总投资3000万元的文登市环山路小学于2009年9月1日诞生，地处城乡结合部。针对师生来自四面八方、素养参差不齐的实际，学校提出了“绿色教育”办学理念，并把这一理念与市教育局提出的“质量与和谐”两大主题紧密结合起来，创建了以“绿色教育”为鲜明特色的学校文化，通过绿色管理、绿色师资、绿色德育、绿色课堂、绿色教研和绿色校园建设，实施绿色教育，打造属于环山路小学的特色，铸造绿色教育品牌。

一、孕育和谐创新的绿色领导团队

干部队伍的整体素质，直接影响着学校的办学水平和发展方向。因此，建设一支作风扎实、纪律严明、德才兼备的高素质干部队伍，是学校发展的首要问题。

1. 讲学习重引领

加强干部建设，首先应提升干部个人素养。因此，我极力倡导班子成员读书学习，不断提升个人文化素养和专业素养。一是广泛阅读经典名著，如《名人传》等，从中汲取管理的营养。二是深入阅读专业书籍，用科学的理论指导教育教学工作。为把读书学习落到实处，学校开辟了读书超市，班子成员从“校长推荐书目”中选择与自己业务相关的书籍进行阅读，并定期进行“必读书目”读书成果交流。如《高效能人士的七个习惯》让班子成员懂得养成怎样的习惯才能促进工作高效完成；《情感管理》让成员懂得如何利用情感因素进行人文管理；《带着感恩的心工作》让人明白如何用感恩的心履行自己的职责。三是外出学习，开阔管理视野。两年来班子成员外出参观学习十几人次，领略名校风采，学习名校先进经验，并与我校教育理念进行整合，形成具有我校特色的办学思想，促进学校快速发展。

2. 讲分工重合作

我在第一次行政办公会上就提出干部队伍团结协作这一关键问题，要求每个成员树立“和谐一家人”意识，各尽其责又密切合作，分工不分家，补台不拆台，相互支持、相互信任，形成一股团结向上、积极进取的强大合力，实现管理工作的“无缝衔接”。例如，为保证学生在餐厅正常用餐，学校讨论制定出学生用餐管理方案；总务处牵头落实方案，保证学生吃得饱、吃得好；教导处和德育处积极配合总务处抓好学生用餐管理，每天统计好就餐人数，管理好就餐秩序，让学生文明就餐，节约用餐。

3. 讲民主重落实

我校干部队伍由6人组成，大家来自不同学校，秉性风格、工作方法各有千秋。针对这种情况，我们提出了统一的工作要求。第一，要把尊重他人放在管理首位，履行职责时多进行换位思考，采用教师易于接受的语言方式。第二，实施阳光管理，杜绝暗箱操作，做到公正、公开、公平。在拟定"教师千分考核方案"等一系列规章制度时，广泛征集群众意见和建议，反复修改完善，增强了制度的透明度，提高了师生的认同感。第三，实施精细化管理，杜绝敷衍马虎，力争把每一件事做好做实，做细做精。班子成员认真领会了上述要求，工作率先垂范，虚心倾听教师心声，得到了群众的信任，为顺利开展学校工作奠定了基础。

二、打造德能双馨的绿色教师团队

我认为，绿色师资的核心是博闻广识、学高为师、阳光心态、身正是范，显雄厚实力、树名师风范。打造一支德能双馨的教师队伍是学校可持续发展的关键。因此，我们在教师队伍建设上重点从德、能两方面寻找突破口。

1. 循序渐进，修养师德

师德是为师之根本，立教之基础。造就一支纯洁高尚的教师队伍，才能保证教学思想的全面落实，促进学校教育快速稳健发展。为此，我们结合"双优双满意"和"争先创优"活动，进行"怎样塑造师德高尚的我"主题大讨论，使全体教职工从内心深处确定了完善自我的标准。学校根据教职工师德发展水平，开展"我与教育共奋进、我为教育添光彩"演讲比赛，开辟"构建和谐教育，我该怎么办"网上研讨专栏，进一步提升了教职工师德水平，形成了良好的校风、教风。另外，我们还改革教师例会制度，让教职工成为例会主角，变被动听会为主动讲会。例会前进行的"小故事，大道理"活动，也使教师深受启迪，极大提高了工作的主动性和能动性。

2. 分层培养，锤炼师能

教师的专业素质，直接关系学校的发展与教学质量的提高。针对我校教师发展起点高低不一的现状，学校以"七名工程"为突破口，设立"绿色教师"评比机制，实行分层培养、全面发展的工作思路，充分发掘教师的个人潜能，让每位教师在最近发展区得到最大限度的发展。

一是名师带动。学校根据教师在班级管理、学科教学方面的情况，评选出具有我校特色的"七名工程"人选。充分利用名师资源，开展"师徒结对 一帮一一对红"的传帮带活动，让新上岗的教师快速入门，青年教师得到快速成长。通过开展"循名师之路 做智慧之师"专业成长培训、"寻家长的最近发展区，方能事半功倍"名班主任培训、"用心工作 感悟幸福"绿色教师经验交流会，"精细实恒"——名师、名班主任、名教研组交流活动，让名师正确定位，让其他教师取长补短。在名师的指导下，每个青年教师还制定出个人3年发展规划和年度发展计划。教师个人发展逐渐纳入制度化、规范化的轨道。

二是培训学习。我认为，教师素质提高的关键是读书学习。除了让教师广泛阅读中外名著外，还要引导教师重点阅读专业书籍，让教师远离浮躁，深入研究。第一，精读新课程标准。要把课程改革要求与课堂教学实践结合起来。第二，深读教育理论。学校通过推荐读书、集体共读与个人阅读相结合的办法，让教师精读《点亮智慧之灯——黄冈中学教育魔方》、《课堂观察——走向专业的听评课》和《课堂观察20问答》等，并借助校园网站、校报进行心得交流，形成互动共享的学习网络。为开阔教师的视野，我们先后组织20多人次到北京、济南、青岛、泰安等地参观学习，把先进的教育方法带回学校，为打造高效魅力课堂奠定了基础。

三是科研引领。根据学校实际，我们确定了新的教研形式，将“问题即课题，教学即研究”的理念融化在“寻找问题—反思问题—解决问题”的思路之中，逐渐形成“自行备课—聆听主备—对话分享—走进课堂—实现反思”的集体教研模式。按此模式，教导处引领全体教师扎实走进每个环节，有的放矢改进教学过程中的问题，并通过同上一堂课创建了我校“高效课堂五步导学模式”，即课前调研——了解学生的知识基础，新课导入——激发学生的学习兴趣，自学探究——围绕问题合作学习，新知练习——巩固教学合一的成果，总结测试——引导学生自查反思。通过研究课、示范课、公开课，高效课堂导学模式得以落实，骨干教师也发挥了引领作用，青年教师业务水平更是显著提高，各科教育教学质量稳步提升。

四是开发校本课程。我们在充分理解学校文化内涵的基础上，引领教师通过集体解读、亲身体验、感悟升华三大步，将绿色教育理念凝练成校歌《绿在环山》、校报《绿色·希望》和校本必修课程《让生命在绿色中绽放》，校本必修课程内容包括“绿色·习惯”、“绿色·自然”、“绿色·校园”、“绿色·生命”、“绿色·交往”、“绿色·科技”，让步入环山路小学的学生都能受到良好的教育。在这一过程中，全体教师的聪明才智得到充分展示。

另外，学校还举行绿色教育论坛，主题分别是“让老师的心灵充满阳光”和“质量是教学的生命线”，让教师在论坛中谈出自己的心声，谈出自己对教育质量的理解，激发教师以阳光的心态追求教育的高质量。

三、培养充满自信的绿色学生团队

我校地处城乡结合部，大部分学生来自农村，还有很多是留守、流动儿童，培养自信向上、宽容博爱、善学会用的绿色少年应该成为我校德育的一个核心。为此，学校把“培养学生良好习惯”和中华传统美德教育有机结合起来，出台了“绿色少年”评比细则。期中，评选单项“绿色少年之星”；期末，根据学生获得“绿色少年之星”的数量，综合评选出最高奖项“绿色少年”。我们通过以下3个渠道突出德育重点。

1. 书香浸润心灵

腹有诗书气自华。为营造书香氛围，学校图书室全年向学生开放，学生办理借书证，随时借阅。结合“沐浴书香——经典读书主题月”，开展丰富多彩的读书活动，如“诵读经典，诗话人生”朗读比赛、弟子规诵读、“同读一本书”亲子征文、“一字千金书评”等，最终评出校级“读书小明星”“书香班级”“书香家庭”，引导学生从“阅读”到“悦读”，让学生在书中汲取营养，受到教育。

2. 活动促进成长

围绕我校德育的核心，我们把学生德育活动体现在 12 个主题中。10 月为“珍爱家园——环保教育主题月”，我们邀请环保专家作报告，让学生理解为什么环保，怎样环保；11 月为“心苑漫步——心理健康主题月”，我们开展了“宽容别人，快乐自己”的快乐宽容周活动，让更多的学生学会包容；5 月为“绿色科技——放飞梦想主题月”，我们举行首届科技文化节，激发了学生的科技梦想，培养了学生的创新精神和实践能力……12 个主题月教育活动，让学生的心态更加阳光、更加自信、更加快乐。

3. 常规积淀良习

培养学生的良好习惯是学校德育工作的重点。我们根据学生年龄和心理特点，开发了一套德育校本教材《学生习惯养成教育手册》，并先后开展了“养成良好习惯，争做文明少年”习惯养成知识过关测试、“我写一手漂亮字”写字比赛、“课堂常规我最棒”、“文明就餐伴我行”、“小小主持人大赛”、“我是绿色少年”评比等一系列活动，对学生进行良好习惯的训练与培养。现在，学生行为习惯得到明显改善，文明就餐、安全行路、专心上课……充分展示了环山路小学学生奋发向上的风采。

四、创建合作高效的绿色家长团队

我认为，家庭教育是学校教育一个新的增长点。只有家庭教育和学校教育紧密结合起来，才能达到最佳育人效果。为此，我们根据学校实际和家长状况，重点从如下两方面指导家庭教育。

1. 实行自选菜单授课

我们定期安排经验丰富的教师给家长授课，指导家教。授课内容、范围由家长委员会提前征求广大家长意见，经过汇总整理，列成菜单，提前发放到每个家庭中。家长可根据自身情况，有选择地定期到学校听课。通过听课，家长育人理念、家教方式得到了科学指导，不少家长改变了过去简单粗暴、放任自流、过分溺爱的错误做法，家庭教育逐渐走向健康轨道。

2. 搭建义工助教平台

所谓义工，就是家长义务参与学校教育活动。学校在成立家长委员会的基础上，重点从搭建平台入手，引领更多家长参与到学校管理中来。学校制定了《家长义工征询表》，广泛征集家长对学校发展的意见；组建了“绿色家长义工团”，鼓励家长参与学校德育管理和教学管理之中。另外，让家长参与“安全伴我一生”等教育活动，真正实现了家校携手、共育新人的目标。

几年来，我们坚持绿色教育理念，以教师和学生发展为核心，以质量、和谐为主题，全方位提升办学水平，为打造人民满意的教育迈出了可喜的一步。我们也深知，学校发展的道路还很长，面临的问题还很多，但我们坚信：只要我们坚持以人为本，继续加强绿色团队建设，创造自由呼吸的绿色教育，学校就会得到更大的跳跃式发展，绿色将成为学校发展永远的底色！

——刘凡荣

绿色心语

辨清轻重缓急，把握原则底线，将发展的绿色加浓加深，将研究的触角伸长伸远。在崭新的绿色校园中，我们坚信：用灵性感染灵性，用真爱融化真爱，有爱就有力量，有信念就有成功。

加强领导班子作风建设 提高整体战斗力

作风正则人心齐，人心齐则事业兴。一个单位的工作，成在作风，败在作风；一个干部的形象，优在作风，劣在作风。对于一所学校来说，领导干部作风直接关系到学校的发展。因此，建设一支反应敏锐，作风扎实、管理到位、纪律严明的干部队伍，形成一种团结务实、扎实肯干、开拓创新、积极进取的工作作风，是当前学校发展的首要问题。

环山路小学作为一所新建学校，领导班子成员从各个学校抽调而来，每个人的工作方法和工作思路都带有原来学校的烙印，这一特点既是优势，可以带来很多原有学校好的做法和思路，促进我们相互间的学习和帮助；同时也是一种劣势，致使在相当长的一段时间内，领导班子成员间难以达成默契，很容易造成工作效率低下的后果。因此，加强领导班子的作风建设，形成具有环山路小学特点的领导班子工作作风，成为我校亟待解决的问题。作为新校的第一任校长，如何当好这个领头雁，促进学校领导班子整体的发展？建校两个月来，我一直在深深思索并努力践行着。

一、发挥表率作用，提高领导班子的整体合力

俗话说，打铁还需自身硬。要形成一种团结务实的领导作风，进而形成和谐向上的学校整体风貌，领导的表率作用尤其重要。从走上这个新的工作岗位的第一天起，我一直坚持：要求领导班子其他成员做到的，我自己首先做到，要求全体教师做到的，领导班子成员首先要做到的原则，充分发挥自己在班子里，班子成员在学校教师面前的表率作用。接到任命当天我就来到学校，深入到学校的各个角落了解施工建设情况，做到心中有数，有的放矢。当时还是假期，但在学校空旷的操场上召开了第一次班子会后，所有班子成员就自动取消了假期，投入到新校的建设和规划中，为新学期如期开学奠定了基础。大到学校文化建设的整体规划，小到一处小小的校园景观，我都是俯下身子，一项项认真落实，一件件督促完成。这种实实在在的行动感染着领导班子其他的成员，也充分调动了大家的积极性，工作中个个勇挑重担，充分发挥了班子的整体全力。在领导班子的带领下，学校骨干教师也投入到学校的筹备工作来。建校之初，准备工作的烦琐、复杂难以言表，又值夏日炎炎，工作的辛苦不言而喻，但没有一个人叫苦叫累。领导班子成员用自己的实际为全体教师作出了表率，在提高班子整体全力的同时，也潜移默化地影响着全体教师，对形成团结合谐、积极肯干的教师整体风貌起到了良好的促进作用。

二、充分发扬民主，提高领导班子的协作意识

民主的作风是领导干部的必备素质，团结的能力是领导干部的必备本领。走上新的领导岗位后，我始终把科学发展、智慧管理、勇于创新和协调共赢作为做好工作、个人发展的 4 种境界，在工作中始终坚持发扬民主，团结协作，充分发挥每个领导班子成员的能力性，以集体的智慧共同管理学校。

新建学校，可以说是百业待兴。学校的发展应该如何定位？我清醒地认识到，学校的命运不能掌握在我个人手里，集体智慧的力量是无穷的。工作中，我切实贯彻民主集中制，实行科学决策、民主决策、依法决策。在这种民主的氛围中，我们领导班子成员借鉴现代教育理念，凝练出富有个性特色的学校精神文化，提出了极具成长性的绿色教育示范校发展愿景，确定了绿色教育的办学理念。围绕学校的发展愿景和办学理念，我们集思广益，又讨论并确定了学校的培养目标、学校精神、校风、校训等其他的核心价值观。在此基础上，我们又充分调动全体教师的集体智慧，围绕主题，设计了各具特色的走廊文化。教师以同一学科为单位选择合适的内容；每位教师从中选择自己擅长的主题上网查阅学习，并融进自己的思想。最后同学科的教师在一起讨论，最终确定内容。大家分工合作，既是每个教师学习提高的过程，又将来自天南地北不同学校的教师紧紧地联系在一起，使教师在极短时间内形成了一个精诚合作的团队。没有民主的管理机制，没有团结协作意识，这些根本就无从谈起。

三、强化责任意识，增强领导班子的执行能力

一个岗位就是一份责任。有责要有为，有为才有位。作为一校之长，我深刻认识到自己身上的责任重大。工作中，我努力用自己的行动践行这一理论。我向全体家长和教师公开了自己的邮箱地址，广泛听取来自社会各界和教师群体的意见和建议，并把一些有利于学校工作和学生发展的好的建设在工作中以加落实和实施。我乐于听取各种意见包括不同意见，自觉接受监督。在一些重大问题上，敢于承担责任，敢于挑迎难而上，自觉做到事业第一、淡泊名利，工作第一、彼此尊重，协作第一、加强沟通，守纪第一、接受监督，在班子内形成互相学习、互相谅解、互相信任、互相支持的良好局面，不断提高班子解决自身问题的能力，不断增强领导班子的执行能力。我们在领导班子中实行岗位制，明确分工，要求每个人对自己的工作负责，做到任其职就要尽其责，在其位就要谋其政，同时又分工不分家，做到分工负责，团结协作。要求班子成员在认真听取来自一线教师的意见和建议，并在工作中认真落实。

总之，领导班子作风建设是学校发展的关键所在，作为校长，要充分发挥领头雁的作用，处处以身作则，切实抓好领导班子作风建设，提高领导班子的整体战斗力。

——刘凡荣

绿色心语

领导团队是学校建设、发展的决策者、组织者和推动者，领导团队的水平决定着一所学校的高度。作风正则人心齐，人心齐则事业兴。一个坚强有力的领导班子必定是民主团结的，必定是凝聚师生力量的。

学校管理需要“用心”

在校长这个岗位工作3年了，回想3年来的工作，我心中经常反思：我们所从事的工作有着怎样的价值？我在学校教育教学工作中应该做些什么？因为有了这些追问，才使我的工作和我的生命更有意义。我怀着对教育的梦想，全身心地投入到学校教育教学管理工作中，从中我也感受到了投入工作才能享受工作的快乐。管理无处不在，有人的地方就有管理，有人群的地方就存在着管理的艺术，在我眼中，每个人都是潜在的管理者。一个出色的团队领导，应该善于激发每个成员的管理潜能，使其在各自的岗位上竭其能、尽其力，形成“人人会管理、个个担责任”的齐抓共管的良好局面。学校管理尤为如此，而管理最重要的是“用心”。

一、用心树立鲜明的办学理念，以文化治校

有学者说过，学校文化是学校的一种“教育场”，它能陶冶师生情操，规范师生行为，激发全校师生的使命感、归属感，形成强烈的向心力、凝聚力和群体意识，对师生起到润物无声、育人无痕的教育作用。而先进的办学理念是学校文化的灵魂，是学校的一面旗帜，是学校办学的方向和目标。学校的管理和全体师生的努力都要围绕着办学理念来展开，它可以起到凝聚人心、鼓舞斗志、激励士气的作用。环山路小学作为一所新建学校，更需要树立鲜明的办学理念，以此凝心聚力，促进学校快速发展。办学伊始，我们就提出了“绿色教育”的办学理念，3 年来，我们秉承“绿色教育”的办学理念，以尊重人的生命成长和可持续发展为本，全面推动学生、教师和学校三位一体的和谐发展，着力打造极具成长性的绿色教育示范校。

我校着力体现“绿色教育”的办学理念，大规模开展“三化”活动，即净化、绿化、美化，让环境变得洁净、美观而富有文化品味；让人变得文雅，有书香味儿。卫生是一个学校的门面，对于我们新学校而言，显得更为重要。学校派专人负责学校的卫生工作，采取每周定时检查和随时抽查的方法，及时总结公示，并纳入“绿色班级”的评比，让校园时时刻刻保持干净，让讲卫生成为师生的良好习惯。

为校园楼房和道路命名。学校分别为 3 幢楼房、3 条道路命名为立德楼、智源楼、博翠楼和青禾路、学林路、卓然路，并把校风、校训、学风等镌刻在教学楼墙壁上，于无形中内化为师生的追求目标。

让走廊和楼梯墙壁“说话”。学校为每层楼都设计了主题鲜明的墙壁文化。如立德楼的主题分别是当代教育家思想、名家治学、学高为师、爱岗敬业，激励教师不断提高专业素养；博翠楼 2 ~4 楼为学校的红色教育区，主题分别为“他们感动了中国，感动了我们”、“感动 · 震撼 · 铭记”、“中国震撼了世界，世界记住了中国”，让学生铭记这些感动中国的人物、事件及震撼世界的中国大事，激发学生的爱国豪情；智源楼中、西、东楼梯的主题分别为“绿色 · 生命　绿色 · 希望”，“绿色 · 和谐　绿色 · 进步”，“绿色 · 平安　绿色 · 健康”，内容为学生良好习惯、有关生命、希望、感恩等方面的温馨提示，激励学生从小珍爱生命，展现生命魅力，让好习惯受益终生。在上学期学校文化的基础上，本学期学校又把在学生中开展的丰富多彩的活动做成看板，张贴在博翠楼的一二楼的墙壁上，激励着学生在活动中学会交流，团结协作，敢于争先，勇攀高峰，真正做到了“面面墙壁都说话，字字句句皆育人”。建立班级橱窗，墙壁上有学生自己搜集或编写的名言、绘画、手抄报等。为使学生养成良好的阅读习惯，每个班级都设立图书角和图书交流站，语文教师在班级开展大量的读书活动，如“赛诗会”、“读书笔记交流会”、“综合知识大赛”等。此外，以德育展室、黑板报、壁报、橱窗、宣传栏、校园广播站等为宣传阵地，充分发挥学生的创造性思维。如学校“绿号角”广播站每周三广播，《绿色 · 希望》校报已出版 4 期。

学校加大投资，利用半个多月的时间种植各种花草树木，绿化校园，让绿色充满每个孩子的心扉。建立了“开心农场”，分“蔬菜区、苗圃区”等多个区域，作为学生的综合实践活动基地。总之，和谐的绿色环境文化建设使我们的校园处处洋溢着浓郁的人文情怀和鲜活的成长气息。

我们更通过各种寓教于乐、健康向上、丰富多彩的活动来丰富校园文化。

一是开展“学会感恩，快乐成长”主题系列活动，如教师节开展“老师您辛苦了”、“六个一感恩老师”活动；国庆节开展“搜集一个爱国故事、学唱一首爱国歌曲、阅读一本爱国书籍”3个一感恩祖国活动；“三八”节开展“妈妈，您辛苦了”感恩母亲活动；植树节向学生宣传植树、护绿的重要性……

二是教师编写具有学校特点的誓词宣言，有学校口号、师生誓词、学校宣言；少先队在班级中开展编写班级誓词(歌谣)活动，即把老生常谈的规范、要求等编写成朗朗上口的誓词(歌谣)。通过吟诵，让每个学生烂熟于心，激发着每个人奋发向上，不断地超越自我。

三是组织教师编写中华传统美德教育校本教材，并开展系列活动，如收集、诵读反映传统美德和优秀文化的格言和名篇佳作，举办手抄报、小故事和演讲比赛，引导学生积极参加各种公益性社会实践活动等，将美德教育落实到自己一言一行中。

四是让“阳光体育，绿色童年”在学校开花。

五是以校本课程为载体充分发挥学生特长，激发学生兴趣。学校开发校本课程选修课，开设了科学类、文学艺术、体育卫生、综合实践和特色类共5大类，共32个科目供同学们选择，每周定期活动。“六一”期间，学校举办了“呵护生命成长，畅想快乐时光”家校同庆“六一”汇报活动，评选出了一批绿色使者和绿色家庭。六是促使学生养成良好习惯。学校精心编写了《环山路小学学生习惯养成教育手册》，学校安排统一时间，组织学生集体学习，让良好的行为习惯以制度规范的形式，深入人心。先后开展了“养成良好习惯，争做文明少年”习惯养成知识过关测试、“争做大雁中队”路队比赛、“我写一手漂亮字”写字比赛、“课堂常规我最棒”、“文明就餐伴我行”、“小小主持人大赛”等一系列规范学生行为的活动，让学生在明白道理的基础上，在活动中规范自己的行为，逐步养成良好的习惯，为终身发展奠定基础。

动静结合，环境绿意盎然，倡导环保风尚，教师爱心施教，学生自由成长。勾勒出我校绿色校园文化的崭新面貌。

二、用心换心，注重人性化管理，以和谐治校

学校管理是动态环境下的主体创新活动，这就要求学校管理者尤其是校长要不断更新观念，开拓思路，拓宽视野，搭建现代教育平台，提升学校的教育品牌。以人为本，关注教师的生存状态，提升教师幸福指数。学校的改革和发展归根到底靠的是教师。因此，我校始终把教师视为学校的根本、实行人本化管理，不断谋求教师的精神福利。用最贴心的行动、最真诚的关爱打动教师、温暖教师，使他们的生活压力、职业倦怠得到最大限度的消除；他们的素质潜能、工作热情得到最大限度的激发，逐步形成一个积极向上、乐于奉献、团结合作的和谐团队，学校也因此深得其益。

1. 理解尊重，树立教师的幸福自豪感

教师群体是最渴望获得尊重的群体，教师只有获得尊重，才能更好地实践尊重；只有教师获得尊重，找到了幸福自豪感，教育才能进入自由、和谐、开放和创造的状态。

人与人之间离不开情感的沟通，只有沟通好了，每个人的心气顺了，团队才和谐了。我的做法就是——理解、宽容、尊重、信任，每一件事情都能站在教师的角度再考虑一下。我也曾经做过教师，对教师的思想和体会总能感同身受。比如，关心教职工身心健康，尽量满足教师生活工作方面的合理要求，审时度势地把握宽严尺度，尽量为教师减轻心理负担、缓解工作压力。

2. 打造和谐团队，使学校成为教师的精神家园

因为工作，大家一起组成了一个和谐团队的共同体。那么这个共同体究竟意味着什么？我的认识是，每一个个体应该是才能互补、团结和谐并为负有共同责任的统一目标而奉献。团队集体的成功，离不开任何个体的努力；团队中每个成员的发展，也离不开集体力量的帮助。在团队最终的目标下，每个人的利益是一致的，一荣俱荣，一损俱损，只有同舟共济、齐心协力，才能到达胜利的彼岸。

学校开展了以“舞动彩绳、飞扬青春”为主题的教职工跳绳比赛，“向快乐出发”为主题的迎新联欢活动，“挥洒巾帼风采，成就教育幸福”庆“三八”教师趣味运动会，赠书活动和心理辅导讲座，定期举办“绿色论坛”等，这些活动的开展不仅锻炼了老师们的身体，缓解了紧张繁忙的工作压力，还加强了教师间的交流和合作，增强了集体荣誉感，增强了学校的凝聚力和向心力。为激发师生的读书热情，半年多来投入20万为学校购置了1.4万册图书，丰富学校图书室和师生阅览室，向教师赠送《心态决定状态》、《带着感恩的心去工作》等5种书。4月份大家又开始了循环读书。还通过每周推荐一篇精品短文等多种活动激发师生读书的兴趣，丰富文化底蕴，提升人文素养。“绿润心灵，悦读人生”系列读书活动已经推荐到第十七期。学校领导进行了两期讲座培训，主题分别是《让班队会增值提效》、《用心工作，勤于思考，创设适合学生发展的教育》。开展了“聚焦绿色课堂，关注生命成长”为主题的系列活动。优质课比赛时，鼓励所有青年教师积极参与，一个教师参加比赛，一群人出谋划策，各学科团队反复听课、评课毫无怨言；冬天扫雪，六点半教师全部都能到校。在集体利益面前，没有人斤斤计较，在一个人有事时，是全校兄弟姐妹在帮忙……应该说，这就是团队的力量，这就是集体智慧的结晶。

3. 学校是我家，人文校园建设靠大家

学校是教师的家，每个教师都是学校的主人。新建学校，大家从四面八方而

来，每个教师的内心深处都有着对学校满腔的热情，作为校长，要十分珍视教师对学校的这种热情，充分培养、发挥其主人翁精神，使教师的潜能得以挖掘，积极主动地参与到学校管理之中。教师们可以采取各种形式直接参与学校管理。比如公开校长信箱，让老师随时对校长及学校各项工作提出自己的看法和建议。结合教育局开展的“三查三促三提高”、“双优双满意”活动，广泛开展“构建和谐教育，我应怎么办”大讨论活动、以“我为学校献一计，我为教育添风采”为主要内容的教师建言献策活动、“找弱点、添措施、看效果”活动等。让每一位老师都能视自已为家的主人，领略个人潜能在学校的价值，真正成为学校管理的主体，以和谐的主人翁姿态不断促进学校品牌的形成。

但是，众所周知，无论何种治校思想、手段和方法，都必须以制度管理为基础。只有让规章制度去统一思想、引导行动、规范行为、约束纪律，才能真正规范学校办学行为和每位教职员工的工作行为，逐步实现学校的制度化、规范化管理。

开学初，我们就出台了《环山路小学关于严肃工作纪律、规范工作程序的若干规定》，根据规定举行了《师德承诺书》签字活动，要求全体教师严格遵守《中小学教师职业道德规范》、《文登市教育局“五不准”规定》，对建设良好的教风和校风起到积极的推动作用。一年来，绝大部分教师都树立了良好的师德意识和自律意识，真正树立了主人公精神，将全部精力投入到工作中去，使学校各项工作都进行得非常顺利。

然后，我们制定完善了《教职工考核办法》、《绿色班级评比考核管理办法》、《绿色教研组考核评估办法》等核心制度，将它们编制成学校常规管理的“纲”，发挥着重要的导向和评估作用。我们在日常工作中严格执行这些制度，如根据《绿色班级评比考核管理办法》期末评比表彰绿色班主任，为班主任订购《班主任工作漫谈》《班主任兵法》等书籍和《班主任》杂志，提升了班主任管理水平，根据教研组考核评估制度，树立绿色教研组榜样，开展教研组长经验交流活动，学校举行了以“齐心协力 共谋发展”和“聚焦绿色教研 打造和谐团队”为主题的两届教研组长论坛；实施《青年教师培养计划》，表彰优秀青年教师，促进青年教师迅速成长。

三、用心注重细节，以细节治校

蝴蝶效应告诉我们，一点点不经意间细枝末节的改变，就可能导致整体走向的改变。学校管理是一个人员管理为主的动态系统，子系统中各种细微的工作都是这个大系统中不可或缺的一环，缺少一环的监管都可能导致整个系统运行出现障碍或停滞，任何细节的疏忽都可能导致工作整体的崩溃。因此学校只有准确客观地不断审视自已的办学情况，关注细节、注重反馈和调整，做到精益求精，在竞争中立于不败之地。

作为一名校长，我认为必须在学校管理工作中把常规工作做到位，以一个参与者和挑刺者的身份带领中层领导和教师脚踏实地、真抓实干，不要让任何一个环节的薄弱导致教学质量的滑坡。我给中层领导们提出的要求是“想最大的事，做最小的事。”因为小事中往往隐藏了具体问题的存在，从中可以发现我们制度上的缺陷和管理上的漏洞，及时发现然后修正它，就会使学校工作运行正常，做到人尽其才，物尽其用；从细节处入手观察、反思和管理，如教导处要抓好教学过程管理，不放过任何教学环节，德育处要抓好学生安全、纪律、卫生等良好行为习惯的养成，及时与家长沟通等工作等。这些细节抓不好，就会慢慢产生放大效应，并逐步影响其他工作；当所有领导都能树立起“细节”和“管理效益共享”意识，大家之间的配合就可以更加团结、默契，就可以形成各项工作都出现齐抓共管的良好局面。细节是一种长期的思想准备，是一种良好习惯的养成，是一种学识的不断积累，更是一种见微知著的智慧，正如“见一叶而知秋，见一水而知江海。”省均衡发展现场会准备期间，学校其他地方卫生搞得的都很好，但办公楼一楼的卫生间平时从来不用，一直锁着，谁也没去注意，结果，局领导检查那天就要求进入一楼的卫生间，看到里面的卫生很不好。因为这件事，我们在班子会上进行了深刻的反思，无论做什么事情，一定不能只做表面文章，要不放过每一个细节，细节决定成败。在以后的工作中，大家以此为教训，工作做得扎实细致。而要想抓好细节管理，校长首先要自己深入“细节”去寻找“细节”的漏洞。因此，我总是深入课堂，听教师讲课，看学生反应；深入办公室，看教师工作，听教师心声；深入学生活动，了解学生精神面貌，掌握学生思想状态。

作为校长队伍中的新兵，作为学校的主要负责人，从办学理念到教学行为，从教育科研到学生管理，我就像拓荒者一步步走来，回头看走过的路，仅仅是一串串或深或浅的脚印。而我感觉最幸福的，是我能工作在城区这样一个团结协作、充满人文性的大集体中，一年的工作，大家都给了我莫大的支持、理解和帮助，在座的每一位校长都是我学习的榜样，我相信，在这样的环境浸润中，在这样的实力打造下，我们环山路小学一定会如大鹏展翅，在教育的天空扶摇直上……

——刘凡荣

绿色心语

用“心”呵护校园中的每一片绿，用“心”培育校园中的每一朵花，用“心”引领每位园丁筑德筑才，用“心”打造理想中的品牌学校。

实施多维教师评价　促进教师自我发展

教师评价是对教师工作现实或潜在的价值作出判断的活动。科学地评价教师，能够极大地提高教学效能，促进教师的专业发展。下面结合实际工作中的一些做法，谈谈自己的体会。

一、关注潜力，让评价靓起来

一个学校最大的福利就是教师得到发展。教师是学校的主体力量，教师的专业水平决定了学校的办学水平，没有教师专业发展就不可能有学校的发展。每一朵花都有开放的理由，尤其是对青年教师，踏入工作时间不长，对自己定位可能不准，更需要通过评价工作，来充分挖掘其潜在的能量，释放其更大的工作激情，从而使其获得一个再培养和再发展的机会。

我校的于老师，毕业之后教了几年的数学，虽然也努力工作但一直感觉没有更好的发展。作为一名青年教师，应该思维活跃，动手操作能力强，会不会对科学学科更偏爱一些？通过和她交流，这一想法得到印证。既是璞玉，为何不加以雕琢呢？用其所长，避其所短，使其潜力得以释放，又何乐而不为呢？于是，经过调整，她走进了科学办公室，而后则屡有佳音。前年是她第一次参加优质课评选，带着一丝青涩，最后获得了全市的二等奖。虽然她没能得到第一名，但就她自己而言，这已经是最大的超越了。更重要的是，通过这一次的历练，她对自己有了更多的信心。去年她又积极参加了科学优质课的评选，并以文登市第二名的成绩参加了威海市优质课的比赛，最终取得了地市级一等奖的好成绩。在山东省“小学科学课题实验”结题会议上，她执教的《地球内部有什么》一课获得了与会专家的一致好评；在德育精品课程的评选中，她执教的科学课例《心脏和血管》被推送到中央教科所参评；在南京举行的全国优秀科学教师培训中，她又作为威海市的唯一代表，执教的《水变咸了》一课获得全国与会教师的一致好评。

青年教师是学校未来发展的重要基石和希望所在，他们特别需要在专业发展上得到支持和鼓励。于老师的成功个案告诉我们，发展性教师评价不是自上而下的强制性评价，而是把唤醒教师内在的发展需求作为实施评价的前提条件。它的更重要的意义在于在没有奖惩的条件下，对青年教师的现有的发展特点和水平、对工作的情感和态度、现在的工作状况以及未来的发展需求与可能，做出较为完整的、综合的评定。对青年教师而言，最重要的不仅仅是知道自己在群体中的优秀程度，而是让他们充分了解学校对他们的期望，并根据现有的工作表现，明确个人的发展方向。

在这样的评价中，青年教师在期望与现实之间找到自我，满足了获得尊重的需要和自我实现的需要。学校在帮助他们成长起来的同时，得以驾驭教师个人的独特才干，从而实现学校的需求。

二、尊重差异，让评价活起来

什么样的教师才是好老师？怎样的教学才是高质量的教学？古今中外，答案是不一样的。以往的评价往往为了追求明确的标准，用统一的、唯一的标准去衡量评价教师，忽视了教师的个性差异与教学背景，把教师限制在评价标准范围内发展，这种相对位置评价只关注每个教师在群体中的排序位置，而不关心该教师自身的特点、发展速度和具备的发展潜力，这无疑扼制了教师的创新精神及个性发展，导致教师沦为教书匠，埋没了人才。

那么，尊重教师之间的差异性进行评价，从关注教师的基础背景差异性、发展目标的选择性和发展阶段的多样性入手，对不同教师实施不同内容和标准的差异性评价，这将从根本上打破传统评价中统一标准要求所有教师的做法，以发展的眼光看待每一个发展中的个体，追求每一位教师在不同的发展基础和发展特点上实现真正意义上的差异发展。我校教职工来自四面八方，年龄结构不同，发展基础迥异。这之中，有市教学骨干、有市教学能手、优秀教师，当然还有一些暂时没有得到更好发展的教师。起点不同，若是硬生生地将他们拉在一起比赛，则无疑会更加拉大差距。为此，在评价实施时，需要每一位教师充分认识和正确判断自身的特点、发展现状和发展潜质，从实际出发，定出适合自身发展的目标。在评价内容和评价标准的制定上，更多地参照教师个体发展目标，注重纵向比较教师的发展。如对已经评选出的校级名师和市教学骨干等优秀教师，发展目标中要求每学期必须在全校上示范课，必须有一定数量的论文发表，必须带动一名青年教师的成长等。而对一些原来基础相对薄弱的教师，我们更多的是通过评价给予一种支持的力量和引领的作用。如我校的姚老师，第一次参加优质课评选，每天很努力地练习，各教研组长不厌其烦地帮助听评课，提出修改意见，最后在全市优质课比赛中获得二等奖。而后，她又相继参加了优质课程资源的评选，并获得了威海市一等奖的好成绩。她的每一步都是坚实的，通过她发展的轨迹，我们更加清楚地意识到：人的智力是多元的，才能是多样的，在制定评价内容与评价标准时，我们注重尊重教师的个性差异，用多元标准衡量教师。人尽其才，才尽其用，这样不仅能有效发挥人才的价值，还能高效提高教师的工作能力。

三、注重参与，让评价动起来

强调自主评价，即教师是评价的主体是当今教育对评价的要求。以往的教师评价，教师作为被评价者完全是被动接受的下级，因此，评价者与被评价者的地位极不平等。实际上我们的评价能否促进教师发展取决于教师对评价的认同感。因此，注重教师参与评价活动的积极性、主动性，才能真正体现评价的发展性、促进性功能。

如何改变以往教师在评价中被动接受的状态，充分发挥教师在评价中的主体地位？如何采取一系列措施来引导教师积极参与评价活动，从而使评价融入人心呢？国家督学李希贵在谈经营学校文化中的话非常有道理：让大家“入股”，让他们感受到在学校文化的“蛋糕”里，有我的“糖”、你的“面”、他的“盐”，饱含着你的创造、他的坎坷、我的辛劳。同此道理，在评价实施前，将评价目的、内容、方法、程序等原原本本地告诉每一位参评教师，使教师知道评什么、怎么评，消除以往对评价活动所持的神秘感，增强评价活动的透明度。

例如，我们制定的《教师发展性考核细则》，在学校初步拟定一个方案后，发给每一位教师，通过教师结合自身的思考和衡量，以教研组为单位写出一个反馈意见，学校再结合教师们的意见和建议进行修改完善，最后形成对教师进行考评的标准。在这一考评标准的制定过程中，由于我们是始终引导着教师根据自己制定的发展目标，得到了最大程度的认同，从而他们会依据标准主动评价自己的教育教学工作及学习活动的过程与结果，不断地进行自我反馈、自我调控和自我改造。我们评价的最终目的就是促进教师的自我反思，使教师在主动获取外部评价信息的基础上，通过不断的自我认识、自我评价、自我激励、自我调控和自我完善，实现一个又一个近期发展目标，并逐步接近远期目标。

——刘凡荣

绿色心语

评价不是没有感情没有温度的条条框框，它可以使教师在期望与现实之间找到自我，满足获得尊重的需要和自我实现的需要。学校通过适宜的评价，可以有效帮助教师快速成长，得以驾驭教师的独特才干，从而实现学校发展的需求。

体验·建构·分享·表现

——铺就科学教师的成长之路

科学课的教学实践使我校科学学科的教师深切地体会到了由改革而带来的“一石激起千层浪”的感受。在实践中，我们建立了“体验·建构·分享·表现”的教师专业发展模式。

一、在行动研究中体验

“教育是一种生活的方式，是一种行动的方式。”透过教育的行动研究，不仅可以将教师从书本上获得的理论知识应用于实际教学中，也可以由教学研究来修正自己的认知，并改善教学技巧和策略，这是提升教师专业成长的最佳方法。

要实施好“科学”这门学科的教学，学校必须配置业务素质过硬的科学学科教师。2010 年，我校在教师特别紧缺的时候，仍然安排了两位专职科学教师，同时，还安排了一批兼职教师。不论兼职还是专职，他们的业务能力都几乎是零起点，因此，培养相对稳定的专兼职科学学科教师已经刻不容缓。

1. 以小课题研究推动行动研究

课题研究是促进教师专业成长的有效载体。根据我校教育科研的优势和教师群体的实际情况，在课题研究中我们采用了以课题研究为行动研究的主要方式。学校十分重视引导教师参与课题研究，逐渐形成了具有学校特色的课题研究模式。

学校科学学科有大的课题，每位科学老师都参与课题的研究，而每位科学教师又有自己的小课题研究。主题不求多，不求大，但求精；针对性和实效性相结合，提出教学中急需解决的问题，并通过讨论找出解决问题的方法，同时继续收集生成性的问题进行讨论，真正树立“问题即课题”的意识。老师们在反复的实践中，提高了发现问题、解决问题的教研能力，使每位科学教师从“日常性随意问题”走向“专业性研究问题”。

2. 加大投入，给科学学科教师提供外出学习的机会

我校财政并不富裕，但我们在教师培训方面从不吝惜资金，每年教师培训费都在十万元以上，其中很大一部分用于科学学科教师的培训。自 2010 年 9 月起，省、市各级教育部门组织的优质课比赛和教学研讨活动，我们全部派教师观摩学习。临行前，校领导都要亲自与外出的老师谈话，让他们明确学习目标，有目的地进行学习，回校后，立即组织学习成果汇报和二级培训。有了动力和压力，这些老师们认真学习，带回了全省各地的优秀教学经验，回来后再进行二级培训，大大提高了我校科学教师的业务素质。

3. 暑期培训，对科学基本知识进行“充电”

我校利用暑期培训的机会通过观看录像、请有经验的老师讲座等方式对科学学科教师进行基本知识的“充电”。培训时，采取集中讲授与分散学习相结合的方法，首先进行重点知识讲授，然后老师们分散讨论交流复习，最后由学校统一组织考试或参加教研中心组织的业务考试。几年下来，老师们的专业知识水平大有提高，屡次在考试中取得优异成绩。

二、在教材使用中建构

要把教材用“活”，不仅要研究课程，而且要研究学生。

1. 集体教研，把握好授课深度

新教材的每一课，都涉及了现代科学的一个知识范畴。关于这个知识范畴，往往人类已经有了很多的研究成果，有些甚至是只有专家才能掌握的了的。那么面对小学阶段的孩子们，究竟应该引领他们探究到什么程度呢？我们的做法是，每一单元教学前，先通过科学教研组集体教研，由同年级老师共同制定出一个授

课计划，对每一课的内容讲到什么深度作出一个大致的规定，然后由各任课教师根据实际授课情况灵活掌握，随时调整。学生接受情况较好兴趣高就可以挖深一点，学生接受情况不好兴趣不高就适可而止，往往同一课的内容，同一年级的不同班级探究的深度并不完全相同，对此，我们不做苛求。

2. 因地、时制宜，合理调整授课顺序

“用教材教，而不是教教材”，这句话已深入我校科学学科教师内心。对教材中一些内容，我们敢于根据天时、地利灵活调整顺序，机动处理。三年级教材的第十二课是《我的风向仪》，第十三课是《我的雨量器》，可是老师们讲到第十二课时并无大风，却连续下雨。于是，经过教研组集体讨论，他们将第十三课调到前面先讲，而把十二课拖后到“麦莎”台风来临时才讲。五年级《谁能传播声音》一课，有把闹钟放在真空罩内验证能否听到声音的实验，可是实际情况是不仅我校没有抽气机，就是全文登市最好的一台抽气机做出来的效果也并不理想，于是，教研活动中，老师们开动脑筋，集思广益，开发出以注射器代替真空罩的新方案，既简单易操作，又现象清楚。这样的例子还有很多，为随时将教学中的体会互相交流，我们将每周三上午一二节课定为科学教研组集体教研时间，科学学科的老师在教研时间里说教材、说教法，有时会为了一个小问题争得面红耳赤，但道理越争越明，问题越争越清，我们要求教师，凡是科学课能做的实验，必须做，因条件限制不能做的实验，也要想办法去做，要不断提高学生的动手实践能力。

3. 撰写试教体会，相互交流提高

每个学期教学结束，老师们对使用新教材都会有许多心得体会，尤其是初次执教教材的老师更是感慨多多。于是，我校每个学期期末都要组织全体科学学科教师就自已半年来的实践写出试教体会，然后由学校组织在老师间相互交流学习，或上传到老师个人的教研博客中，通过网络与各校各地的同行们交流。

三、在团队学习中分享

通过教研活动的开展，我们深感基于网络的科学教研活动拓展了传统的教研手段，扩大了教研平台，放大了教研活动效果。

1. 同步教学设计为教师提供专业支持

为了加强对科学教学业务的研究和指导，我们将小学科学课程标准的解读、新课程的教学设计、教学案例、教学评价与分析、教学研究论文等诸方面的内容不但在网页呈现，并且组织了形式多样的网络研训和实地教研活动，收到了良好的效果。我们本着网络和常规教研相结合的原则，把学科教研与网络教研紧密地结合起来，这样既重视网络教研，又促进和深化了常规的教研活动，使新课程的实施得到了加强。一是围绕新课程实验了解教师课堂教学现状，有针对性地提出问题及解决问题的方式方法。二是从教学实际出发，根据教师需求组织必要的各种教研活动和提供教育教学资源。为教师提供热点问题讨论、交流与合作的机会。

2. 提供互动讨论空间，扩大了教研活动效果

网络资源共享的优势为教师们的交流分享、讨论提供的有利的平台。我们开设的科学教师“交流平台”栏目中，教师们可以对所有教育活动进行评点，这里面有建议、有批评、有表扬；在博客群组中，教师可以发表自己的观点，并随时对其他人的观点进行分享。教师们在这种跟进式的交流中思考、借鉴，在专家的点评中启发、开拓，形成了思维的自主性，一改过去教研活动教师重形式的改变、轻自我思考的状况，对教师的专业成长有很大的促进作用。

在网络教研以前，兼职的教师因为忙于自己专职学科的教学而忽视了科学学科的教研。自从全体科学学科的教师建立了博客群，上传资料多篇，随时随地可以进行教研活动。其经济效益和专业效益是巨大的。

四、在课堂打磨中表现

在对我校的几个青年兼职教师进行跟踪观察后，发现他们在科学学科的课堂上都存在着一些不足之处。因此，我们把学校里专职教师备的成熟教案给青年老师阅读，让他们去感受老教师、专职教师是如何精心备课的。通过榜样的示范作用，让青年老师体会到：备科学课，要小处出细，小处出新，让学生扎扎实实地研究科学。

同时，利用课堂这一教学的主阵地，使科学学科的青年教师在课堂中进行打磨，打磨自己的课堂，使课堂光滑圆润，让课堂熠熠生辉；在课堂中打磨自己，使自己的教学能力有所提高。

1. 课例研究，全面提高课堂教学水平

为了提高科学学科教师的实际授课水平，我校定期开展“课例研究月”活动。科学学科由于新教师和兼职教师较多，我们格外重视，要求所有老师全部参加，并且按照“同课异构”的方式展开，即每位教师都要选择一个课题，在一个班级执教后，由所有听课老师提出修正意见，修改后再在另一个班级执教同一课题，如效果仍不理想，则继续修改，直到达到理想效果为止。一个月下来，所有科学学科教师的授课素质都得到了大幅提高，老教师的课上得更加成熟，而新教师则能够充满自信地站稳科学讲台。此后每个学期我们都要设立一个“课例研究月”，一直延续至今，受益匪浅。

2. 借助比赛，使教师素质再上新台阶

知识培训和课例研究，使我校科学学科教师都能够站稳讲台。如何使科学学科教师的素质再上一个新层次呢？我们的做法是——借“东风”。这个“东风”不是别的，就是各级教研部门组织的各种优质课、优秀论文、案例的评选。在我校，每有优质课或优秀论文评选，从来不是找一个人应付了事，而是全民参与。一节优质课，首先要由教师自愿报名参赛，学校鼓励所有的年轻教师都要积极报名，报名后，每人自己先准备一节课在组内展示，然后根据组内的听课意见进行

修改、完善，然后由学校组织评委对所有参赛老师的课进行认真评选，评委不仅包括学校领导，还包括各学科的骨干教师，不仅如此，还要求所有任教科学学科的老师都要参加听课。最终选出的代表学校参加市级比赛的老师，则更要求精益求精，在正式参赛前，要组织全体科学教师对参赛课进行反复听课、修改、完善，直到最后参赛。在这个过程中，调动的是多方面的力量，提高的也是许多人的素质。通过这样的努力，几年来我们也取得了丰硕的成果，在体验中，教师学习新理论、新方法和新技术，既全面提高了专兼职青年科学学科教师的业务素质，又奠定了学校科学学科教育的后继力量，也使学校各门课程的运作得到了协调。

青年教师的专业发展在自在与自为的统一中，不断成熟和完善。任何事物都会在积极的生存方式和体验中萌生绽放，我们的教育、我们的学校、我们的教师也不例外。

愿我们今天的研究成果和未来的研究探索能在教师成长的“生命场”中永远产生和谐的共振！

——刘凡荣

绿色心语

体验、建构、分享、表现，这是一个怎样的教师发展模式啊！在这样的模式中，教师成长的脚步是坚定的，产生的共振是和谐的，行走的目标是坚定的。

蹲班，全新的观察视角

我跟着丈夫在部队待了10年，对部队的“机关干部蹲点指导”的做法一直深有感触，并且曾经希望教研员可以到学校蹲点指导教学，感觉只有这样的蹲点指导才最直接、最真实、最有效。没想到，刘校长在我们的领导班子会议中提出了“蹲班指导”的新举措。要求我们每个班子成员都要走进班级，每周“蹲班”指导一个班，蹲班时间连续3节课。无论是什么课，都要跟随学生并随机指导。这个办法很有趣，既可以近距离接触课堂、接触教师、接触学生，更能够让学生近距离地了解领导、让老师更深入地理解领导、让问题更清晰地呈现眼前。

周三，我走进了四年级二班，当时是许老师在教室里上语文课。正在批阅学生的作业的她看见我走进教室，急忙组织学生开始上新课。这个变化似乎在向我述说教师上课的非计划性。如果我不走进教室，可能她这节课的安排不会像现在这样严谨。

在老师组织学生朗读、理解课文的过程中，我盯紧了学生的课堂状态。先看脚，桌子下面的脚真是姿态万千，有交叉的，有双脚收到凳子上的，有懒懒地伸到桌子前面地面——凳子的4条腿只有两条腿着地，更有甚者，小脚还在凳子下面很有节奏的晃着……再看腰，歪着、扭着、塌着、弯着，那可怜的小脊柱啊，怎么就“变形”了呢？这些孩子啊，坐的姿势怎么就这么难保持呢？再抬眼看看吧，看似很整齐的小脑袋，有的歪着，有的抠鼻孔，有的挖耳朵，有的啃笔头，有的抠指甲，再仔细看，天啊，装模作样读书的孩子，手在干什么呢？哦，原来是课本包装皮上的一只功夫熊猫图案吸引了他……

仔细环视教室，我发现教室后面的储物柜似乎成了被人遗忘的角落。稍显凌乱的表面，全然被忽视的柜子内侧，口风琴的摆放，作业本的摆放，课外图书的摆放等都似乎在向我发出求救的信号。

观察着，记录着，倾听着，思考着……

下课了，我走到老师面前，和她一起攀谈起来。第二年教语文，她感觉压力好大，很努力，但是就是没有看到学生的变化。我说：“你注意到学生上课时间的小动作了没有？”她不好意思地笑了，“说实话，张校长，你今天在这里坐着，他们表现的好多了，要是平时，课堂上就更乱了。”

“那怎么行呢？”我很是担忧，“咱们一起想个办法吧。”

她很感激地点点头。

毫无疑问，学生的课堂坐姿是我们首要解决的问题，学生的听课习惯（抠牙齿、挖耳朵，玩笔、玩玩具等）需要在解决首要问题的同时一起解决。

原来，坐在教室的一角，可以查看到这么多的问题；原来，坐在教室的一角，可以感受这么多的体会；原来，走进教室蹲班，就是一个全新的观察视角，就是一个贴着地面行走的管理好举措，管理好方法。

——张红丽

绿色心语

蹲班，是直接的、真实的、有效的，可以近距离接触课堂，从学生的学到教师的教，从常规到细微……蹲班给了我们欣赏老师和学生们的机会，既强化了每位教师上课的责任心，规范了教师的教学行为，增强了教师的自我反思能力，又有力地促进了学生良好习惯的养成，加强了教学常规管理的力度。将蹲班进行下去，在观察中反思，在反思中进取。

破损的安全指示牌

——小议“破窗效应”

早晨，例行巡视教室，发现一年级的孩子们虽入校一个多月了，却还对学校处于惊奇发现的阶段。这不，有的三三两两地聚在中厅看学生活动照片，有的在教室门口看班级橱窗里同伴的优秀作业……看着他们洋溢着笑容的小脸，我心中不禁感慨：童年真好呀！

这时，教室外面的安全指示牌前，两个小男孩儿正在用力地扯着什么东西。走近一看，原来他们正在专心致志地拆着指示牌的边框，其中一条边已经被扯掉了，正耷拉着脑袋，一副痛苦的无能为力的表情。我赶忙快步走过去，想制止他们的行为。许是看见了我的到来，那两个小男孩儿停止了手中的动作，看样子，准备溜。我伸出食指做“嘘——”声，然后微笑地说：“怎么回事儿？你们在干吗？”

“老师，不是我，不是我干的。”其中一个见势不妙，急忙撇清关系。

“老师，这个东西早就坏了，刚才他说扯下来当枪用。”另一个小男孩儿也急忙把责任推到同伴的身上。

“是吗？早就坏了吗？”我半信半疑地问道，因为我的确没有看到指示牌中间的部分。

“是真的！早就坏了！！”两个小男孩儿异口同声地说。

许是我们的交谈影响了班内的老师，老师走了出来，在得知事情的前因后果后，说：“这儿早就坏了，我也跟后勤打过招呼了，可能最近的工作太忙了，一直没过来修。”

哦，原来是这样，以前还真是没怎么注意。“就算是早就坏了，你们也不能让它再继续坏下去呀，怎么能把它全部扯下来呢？这是学校的公共财产，作为学校的小主人，我们应该维护它，而不是破坏它呀。你们说是不是？”听了我的话，两个小男孩儿似懂非懂地点了点头。

接着，我打电话告知了后勤，继续向前巡视。

我的心里沉甸甸的，刚才的一幕让我不禁想起了“破窗效应”。美国斯坦福大学心理学家菲利普·辛巴杜(Philip Zimbardo)于1969年进行了一项实验，他找来两辆一模一样的汽车，把其中的一辆停在加州帕洛阿尔托的中产阶级社区，而另一辆停在相对杂乱的纽约布朗克斯区。停在布朗克斯的那辆，他把车牌摘掉，把顶棚打开，结果当天车就被偷走了。而放在帕洛阿尔托的那一辆，一个星期也无人理睬。后来，辛巴杜用锤子把那辆车的玻璃敲了个大洞。结果呢，仅仅过了几个小时，车就不见了。以这项实验为基础，政治学家威尔逊和犯罪学家凯琳提出了一个“破窗效应”理论，认为：如果有人打坏了一幢建筑物的窗户玻璃，而这扇窗户又得不到及时的维修，别人就可能受到某些示范性的纵容去打烂更多的窗户。久而久之，这些破窗户就给人造成一种无序的感觉，结果在这种公众麻木不仁的氛围中，犯罪就会滋生、猖獗。从“破窗效应”中，我们可以得到这样一个道理：任何一种不良现象的存在，都在传递着一种信息，这种信息会导致不良现象的无限扩展，同时必须高度警觉那些看起来是偶然的、个别的、轻微的“过错”，如果对这种行为不闻不问、熟视无睹、反应迟钝或纠正不力，就会纵容更多的人“去打烂更多的窗户玻璃”，就极有可能演变成“千里之堤，溃于蚁穴”的恶果。

如果，今天早晨我没有及时制止两个孩子的行为，那这个指示牌，不久就会“尸骨无存”的。

诚然，“第一扇破窗”常常是事情恶化的起点，事情的恶化当然还离不开后面那一双双推波助澜的手。面对“第一扇破窗”，我们常常自我暗示：窗是可以被打破的，没有惩罚。这样想着，不知不觉，我们就成了第二双手、第三双手……我不由得想起了昨晚才看的报道“国庆节八天长假过后，天安门广场留下了十几万口香糖的痕迹，平均每块方砖粘有十几块口香糖。对此，环卫部门先后设计了三套清洗方案，皆因怕损坏方砖而放弃；最后仍然采用人工铲除的方法。上百环卫工人用了整整一个星期，才将口香糖痕迹清除。吃口香糖，本来是为了口腔文明，可是，天安门广场却因此没有了‘文明’。”“环境早就脏了，我扔的这点儿垃圾根本起不到关键性作用。”不少人会这样辩解。

其实，人和环境之间是互动的。环境的好坏是人的行为的体现。我们许多人抱怨环境恶劣，却很少反思自己的言谈举止。不少人盯着社会的阴暗面，结果自己的心灵也变得狭隘和阴暗，自觉不自觉地成为了社会上的一扇“破窗”。

我们不仅不能做第 N 次打破窗户的人，我们还要努力做修复“第一扇窗户”的人。即使是当我们无法选择环境，甚至无力去改变环境时，我们还可以努力，那就是使自己不要成为任何一扇“破窗”的制造者。正如刘备说过的那句话：“勿以善小而不为，勿以恶小而为之。”

——王金美

绿色心语

在绿色文明的校园环境中，师生会得到积极的暗示，和谐文明、遵章守纪，进而更好地维护校园秩序，快乐而愉悦地学习和生活。因此我们要谨慎地看待每一件小事、每一个细节，透过“破窗效应”来规避自己的责任，做一个有自立自主行为的人。

绿色德育 浸润人生

“绿色德育”，即生态德育，它不是简单意义上的生态环境教育，而是在德育工作中融入“绿色”的理念。即：教育者从人与自然相互依存、和谐相处的生态道德观点出发，引导学生自觉养成爱护自然环境和生态系统的意识，进而形成文明交往、友好协助、相互关爱的高尚品质，引导学生更好地享用自然、享受生活。它是一种旨在让学生在思想上树立起一种崭新的自然观、人生观和生存发展观的道德教育活动。

几年来，我校遵循"绿色教育"的办学理念，以培养宽容博爱、善学会用、富有潜力的绿色少年为目标，以学校文化与特色建设为主线，深化绿色德育内涵，为学生、教师和学校的发展创造优良的人文环境，全面推动学生、教师和学校三位一体的和谐发展。

一、绿意文化，熏陶莹莹心灵

校园文化建设是发挥环境育人的重要德育阵地，校园文化既是一个学校的品牌，也是一个学校的特色，具有"润物细无声"的教育魅力，因此，我们特别关注绿色校园的文化建设。

绿色校园的核心是环境绿意盎然，倡导环保风尚，教师爱心施教，学生自由成长。学校通过绿化、美化、净化校园，让一景一物、各个角落都能发挥潜移默化的"隐性"教育功能，使学校成为学生学习、探究、实践的快乐园地。校内三条道路分别命名为学林路、青禾路、卓然路，三座楼房分别是立德楼、智源楼、博翠楼，寓意深刻。每层楼都设计了主题鲜明的墙壁文化，"心拥快乐 智赢未来"的校训及校风、教风、学风等标语随处可见。班级文化建设也各有精彩，学生活动的相片、精彩习作、手工、班级荣誉等琳琅展现于班级黑板报、班级橱窗上，使班级变得越来越有家的感觉。校园内的每一块绿地、每一块墙壁，都成为会说话的老师，使学生随时随地受到感化和教育，真正体现了"校园处处皆教育"的深刻内涵。校园内人文气息和自然风光融为一体，科学精神与育人氛围相得益彰，无不彰显出"竞进无止境 共济有大成"的学校精神，激励着全体师生在绿色健康的环境中和谐共进。

随着学校"绿色教育"的深入开展，提高了学生的环境认识水平，促进了校园绿化、净化和美化工作，提高了学校整体文化建设水平，发展了学生的个性特长，促进了学生全面素质的提高，推动了素质教育的深入开展，给学校教育教学工作带来了崭新的气象，达到了环境育人的效果。

二、绿意悦读，芬芳美丽童年

如何利用书籍培养孩子们的读书习惯呢？我们学校在读书活动中做了精心的安排。

首先，学校设置"图书漂流站"，为每个学生提供读书场所和优质的阅读资料，并将空堂安排了一节阅读课，每周二、四、五早上进行 15 分钟朗读，中午进行 15 分钟自由阅读，由各班自行安排。教师领着学生走进了知识的海洋，领略知识的无穷魅力。

学校图书室全年向学生开放，学生办理借书证，随时借阅。图书漂流站的建立更是活跃了好书大家读的浓郁氛围，学校还结合“沐浴书香——经典读书主题月”，在师生及家长中开展丰富多彩的读书活动，如“诵读经典，诗话人生”朗读比赛、弟子规诵读、“同读一本书”亲子征文、“一字千金书评”等活动，最终评出校级“读书小明星”、“书香班级”、“书香家庭”，引导学生从“阅读”到“悦读”，不断提升阅读品位，为精神打底，为人生奠基。

三、绿意主题月，润养传统美德

伴随孩子成长的脚步，学校开展了一系列教育主题月活动，如10月“珍爱家园——环保教育主题月”，邀请环保专家作报告、开展“环山学子感恩社区行”等活动；11月“心苑漫步——心理健康主题月”，开展“宽容别人，快乐自己”的快乐宽容周活动；组织“绿色的呼唤健身操”比赛、举行亲子运动会。学校把“培养学生良好习惯”和中华传统美德教育有机结合起来，如结合“沐浴书香——经典读书主题月”开展的“必读书目知识知多少”、“诵读传统美德名言，争做当代绿色少年”中华传统美德警句名言诵读比赛、亲子共读同记录、我讲美德故事等活动，加深了对名言警句的理解，使经典诵读中华传统美德警句名言真正入心入脑。在“绿色科技——放飞梦想主题月”中举行了以“放飞绿色希望、成就科技梦想”为主题的科技体育节。运动项目有托球障碍、跳大绳、拔河等，科技项目有拼图、热气球、纸飞机竞距、线动飞机等15个项目，让学生在学习、生活、游戏中发现身边的各种科学现象，体验科技创新的意义和乐趣……总之，教育主题月活动的开展，让学生在活动中体验，在体验中成长。学校还开展了形式多样的常规活动，如“写美观字，做大写人”写字比赛、“课堂常规我最棒”、“快乐主持，秀我风采”金话筒主持人大赛、“放飞绿色希望，成就绿色少年”家校同“六一”汇报活动、消防安全教育活动、“勤俭节约我最美”系列主题教育活动等，激发学生的潜能，让学生在活动中积淀良习，终生受益。

四、绿意规则，陪伴文明成长

为了让良好的行为习惯深入学生心中，学校精心编写了《环山路小学学生习惯养成教育手册》，进一步细化了《绿色少年评比标准》，学校出台了“绿色少年”评比细则，把绿色少年的评比标准细化成“八星”。“八星”取义源自八仙过海，各显其能，与多元智能理念异曲同工，包括诚信礼仪星、健康合作星、勤奋好学星、环保守纪星、乐读善思星、特长才艺星、实践创新星、点点进步星。每学期在期中、期末评选两次，期末积累5星或5星以上的学生，将获得“班级绿色少年”的荣誉称号，积累7星或7星以上的学生，将获得“校级绿色少年”的荣誉称号。通过八星的评价，让“我自信，我能行”牢牢烙印在每个孩子心中，同时，学校还提倡老师用短信、喜报、家访等多种形式向家长汇报孩子在学校的各方面的发展情况，真正做到科学真实地评价每个孩子，促其健康快乐地成长。

学校先后开展了“养成良好习惯，争做文明少年”习惯养成知识过关测试、

"我写一手漂亮字"写字比赛、"课堂常规我最棒"、"文明就餐伴我行"、"小小主持人大赛"、少先队大队委竞选，"绿色少年心向党"大型歌咏比赛、"我是绿色好少年"评比等一系列活动，让学生在活动中规范自己的行为，展示自己的风采，逐步养成良好的习惯，为终身发展奠定基础。

五、绿意家校，共建德育网络

学校不断创新活动内容和形式，形成家校结合的强大育人网络。一是实行自选菜单授课。针对流动留守儿童日渐增多而导致的诸多家教问题，学校积极为家长支招，采用"自选菜单式"授课，即授课内容由家长委员会提前征求广大家长意见，经过统计汇总，由级部确定大主题，班级结合实际确定小主题。家长可打破班级界限自主选择听讲内容，使授课真正服务于家长。二是搭建义工助教平台。学校制定了《家长义工征询表》，由家长结合自己的爱好特长、可自由支配的时间段等确定参与项目和时间，并组建了"绿色家长义工团"。期末学校综合家长听课、参与学校工作、"绿色家庭"创建等情况，评选出优秀家长义工。家长义工队伍日益壮大，家校合力进一步增强。在教育局每月开展的电话家访中，学校满意度直线上升，连续多次达98%～100%。

几年来，经过全校师生的辛勤耕耘，播撒绿色的种子，弘扬绿色教育的魅力，收获绿色德育的成功。我校组织开展的"牵手汤泊温泉，关爱留守流动儿童"、"第二届科技节"、"健康山东，幸福你我"、"迎五一学生劳动技能大比武"、"节约用水宣传周"、"雷锋宣传月"等系列特色活动均在威海电视台作为典型学生教育活动进行宣传报道，深受学生家长及社会各界的好评。学生在参加各级各类大赛中有多人次获奖，我校五(3)中队、四(2)中队获得"威海市优秀少先中队"荣誉称号，学校自主创编的"绿色的呼唤"大型健身活力操先后代表我市教育系统在市金都广场、市体育中心向全市人民进行展示。我校民乐、舞蹈等特色活动在各级各类比赛中也获得了优异的成绩。学校先后被评为"威海市校园园林绿化先进学校"、"威海市绿色学校"、"威海市示范家长学校"、"威海市书香校园"等荣誉称号。

绿色，象征生命，代表着没有污染。绿色教育，不应只是形式上的绿色，我们所追求的绿色教育，是科学教育与人文教育相融合而成的，我们要主动接受新观念、新思想，循着学生可持续发展的目标实施管理，给学生一个无公害的绿色德育，让学生在一个真正的绿色空间生存，让学生有一个绿色的精神空间，还教育一片绿色。让我们的绿色教育之路越走越宽，让绿色浸润每个孩子的心灵，努力提高每个孩子的生命质量。

——邱海毅

绿色·心语

绿意文化，熏陶莹莹心灵；绿意悦读，芬芳美丽童年；绿意主题月，润养传统美德；绿意规则，陪伴文明成长；绿意家校，共建德育网络。希望我们的绿色教育之路越走越宽，浸润每一个生命，激活每一抹绿。

如何做好后勤管理工作

后勤工作是学校工作的重要组成部分，关系到教育事业的发展，关系到广大学生、家长和教职工的切身利益。认真做好后勤工作，不仅能创造育人环境，而且能提高教师教书育人的积极性，提高教学质量。我对做好后勤管理工作几点体会和看法。

一、树立服务意识，以“勤”为根，扎实工作

学校后勤工作千头万绪，繁杂琐碎，涉及面广，但其出发点和归宿点都必须落脚到教学这个中心上来，围绕和服从教学需要，保证和促进教学工作的开展。因此后勤人员必须树立服务意识，做到吃苦耐劳、有求必应、恪尽职守。后勤工作质量的提高体现在“勤”上，学校服务工作中所有部门的事都是重要的，哪一个部门耽误了都会影响工作，所以后勤人员要以“勤”字为基础，扎实的开展工作，做学校工作强有力的后盾。

俗话说“兵马未动粮草先行”。后勤人员在时间和行动上都要以“勤”为首，无论课前课后，上班下班节前假后都要勤检查，勤询问，勤修整。平时更要做到嘴勤、眼勤、手勤、腿勤，及时为师生排忧解难，全力将后勤工作达到“及时、高效、热忱、周到”的标准。如例，在维修这项工作中，我们做到维修的时间及时速度快，第一时间赶到，为师生提供最便利的服务，所有报修必须当日结束，难以当日结束的，后勤人员及时解释，并承诺期限，这样师生才能真心理解我们的工作。又如，学校安全工作中，“勤”字更要体现到位，因为安全无小事，责任大如天，它是工作的重中之重，我们建立了责任目标，分工负责，谁出现问题谁负责，调动后勤工作人员平时勤检查、勤督促、勤整改，亲自动手，无论寒暑都毫无怨言，以高度负责的精神埋头苦干，为学校安全稳定，师生平安，学校不发生重大安全责任事故做保障。

二、构建合理结构，以“细”为主，促进全局工作

后勤服务工作具有“一多”、“二广”的特点，即师生人人与后勤部门有关，涉及的人员特别多，校内外联系的面广。因此根据学校工作轻重缓急在调配人力、物力、财力时合理搭配，使各项工作严谨有序进行。经费的使用中要把每一个问题精细化。如后勤涉及的人、财、物相当多，特别是在采买过程中，我们精打细算，同商家讨价还价，坚持同质比价，同价比优，同优比服务的原则，工作中厉行节约，为学校节约每一分钱，自觉争当勤俭节约的先锋，当好学校的“管家”。不浪费一滴水，不浪费一度电，不浪费一张纸，制止铺张浪费行为。目前我们的人、财、物管理比较规范，一切按章办事，依规管理，使工作逐步走上科学化、制度化轨道。

再如，我们在制定后勤服务规范时，以管理和服务为主线，把后勤服务延伸到学校的每一个服务细节。

第一，强化管理制度，推行3项措施。一是加大考核力度，通过考核实行能者上，让想干事的人有事干，会做事的人干好事；二是完善机构设置，因事设岗，细化岗位职责，提高办事效率，克服人浮于事，避免推诿、扯皮等现象发生；三是规范合同录用制度。

第二，细化服务标准，拓展3个服务意识。一是针对本部门推行以人为本的服务意识；二是在后勤工作中确立规范服务的责任意识；三是在提升全体后勤员工整体素质。

第三，改进工作方法，强化三种能力。一是强化预见能力，不打无准备之仗；二是强化应变能力，后勤服务门在考虑重大问题时，要同时估计各种应变措施，去努力争取最好的结果；三是强化决策能力，作为后勤管理者，要多谋善断，提出全面系统的工作方案，同时要考虑各项工作之间的衔接关系，很多工作是环环相扣、相互影响的。必须做到人人有事做，事事有人管，管理有章法，不断提高后勤工作的效率，从而在细节中体现全局，在细节中关照全局。

三、关注师生需求，以“实”为体，严把质量关，提高服务效率

后勤工作必须务实，因为它在学校运行过程中起重要作用，后勤工作实不实，直接影响工作绩效，在后勤服务中，首先要关注每一名师生，师生是服务对象，我们要关注师生的感受，关注师生的需要，倾听师生的声音，抓不落实的事，查不落实的人，“抓不落实的事 + 追究不落实的人 = 落实”，“办好实事一桩，胜过空讲道理一筐”，不求形式上的轰轰烈烈，只求实打实，硬碰硬。如食堂管理我们多次征求师生意见，不满意的及时改正，一切从师生健康着想，严把食品配料关、进货关、质量关，确保食品卫生安全无事故。后勤服务工作应该以求真务实的精神抓好落实，培养服务者做实每一个环节。再如，我们把后勤工作计划细化成多个部分，并逐一落实，踏踏实实做好每一项工作。

总之，后勤是学校师生的“大管家”，“教育教学需要什么，我们就提供什么；师生需要什么样的服务，就提供什么样的服务”是我们后勤人员的口号。后勤管理工作只有做到勤、细、实，才能更好地为教育教学服务，才能符合新时期教育工作的需要。

——孙福晓

绿色·心语

勤、细、实是学校后勤工作的原则底线，更是他们全力做好保障工作的准绳法则。学校管理中，后勤工作越勤，怠工现象就越少；后勤工作越细，各项工作的纰漏就越少；后勤工作越实，越能真正做到一线教师的内心深处。

第四章

绿色德育 播撒一路阳光

绿色关键词：温暖 希望

扬起笑脸

寄存一份绿色的纯洁

张开双臂

拥抱一阵绿色的清风

打开绿色的笔盒

将一首首爱的小诗

涂抹成

心中最美丽的记忆

走进孩子心灵　关注孩子成长

当今时代的教育，受到诸多挑战。就其中最为基本的父母与孩子、教师与学生关系而言，现在的父母和老师日益难当：过去，父母之于孩子，老师之于学生，都是很有权威，以至成为神秘的形象，孩子、学生很难理解，但却很是敬重父母和老师。现在则不同，是父母、老师不了解孩子、学生，因为是信息时代，不仅是不了解他们的心理，而且不了解他们实际的知识、阅历。曾经有中学生形容自己的父母是在网络世界疑虑重重、笨手笨脚的“菜鸟”，他自认为是在网络世界无所畏惧的“老鸟”。

现在的学生，不仅是在知识阅历方面给我们提出了挑战，各种因素还使得个别学生可能就是不知道何时引爆的定时炸弹。当今的学校，校长、老师就相当于坐在火山口！这种情况亟需我们的老师对学生有足够的敬畏和尊重的不要把他们还当做什么也不懂的孩子，在他们心目中，有着对老师很公正的评价。

故事：阳光性教育。北京市有一所重点中学，一位老师，一位很是负责任的老师，时任高一班主任。在发现一位学生表现有所异常之后，就偷空悄悄检查该学生的书包，结果发现了这位学生的日记，发现了其中关于和同班一位女生亲密行为的细节描写。这位老师根本没意识到这种情况属于学生的隐私。发现情况之后，气急败坏的老师大光其火，给予急风暴雨式的批评之余，宣布不许孩子上课。同时，双方的父母也都不愿接受这样的现实，不许孩子进家门。于是，两位当事的学生，为了证明自己是“真心相爱”，就自行寻租住房，硬是将小孩生了下来。由于经济窘迫，男生就外出抢劫，结果被抓。

这样的故事的发生，其实就是老师不知道尊重学生的恶果！其实我们文登也有这样的事例。

所以，今天我想说的第一点就是，好的师生关系，胜过许多教育。

我们应该确认，成功的教育，一定是和谐的教育。学校必须有和谐的师生关系，老师的亲和力就是实施教育的基本前提。当然，家庭教育之中父母与孩子的关系亦然。

这里所说的“好”的“和谐”的关系，包括双方的相互理解，相互信任，相互尊重，相互学习，相互帮助。

曾听说，一位校长在乘坐出租车时发现，的士司机对于教师模样的自己有异样的眼光。询问之下，原来是该司机对老师有着严重的成见，缘由就在于当初的小学老师在曾经的言语之间，对他极尽谩骂侮辱。他现在还在到处寻找几十年前的这位老师，要报复他！

这个故事实际上就证明了，不尊重学生的教育，必定失败！

有一个尊重学生的典型故事：有一位老师，非常投入地热爱孩子，很注意尊重孩子，深得学生的信赖和尊重。这天，一位男生，一贯表现很好的男生，约老师一起回家。沿路漫谈交流之余，学生悄悄告诉老师，自己喜欢上了一位女生。老师不动声色地问，是谁呢？学生说出了女生的姓名。老师立即很为"欣赏"地说，哎呀，你真的很有眼光，那一位的确很是优秀哎！你说说，她到底有哪些优点呢？男生列举了若干优点。老师又追问，你注意过那位女生的什么缺点了吗？男生根本说不上什么。老师说，这就表明，你还不是很了解那位女孩。于是，老师与这位男生约定，一个月为期，请他注意观察那位女生的缺点，然后再来议论这件事情。结果，一个月后，师生相会之中，男生列举了那位女孩的一大堆缺点。就这样，老师就在不经意之间，悄然化解了一个问题。

我想说的第二点是，爱的前提是尊重，没有尊重就没有教育。

一位很是负责的老教师班上，有一位女生表现很令人头疼。在一次对该生教育未果之余，抱着恨铁不成钢的心理，老师不顾许多学生在场，疾言厉色地对那位女生说，你的学习如此不认真，长相又是很为难看，将来，你就是做坐台小姐也不会有人要！你说，你还能干什么呢？学生感到羞愧难当。于是，就从7层高楼一跃而下，自杀了！花季少女，死在了老师的讥讽之中；老师也因"诽谤罪"获刑一年(缓刑)。这样的事例网上也经常有报道，相信老师们每次看了都会感觉触目惊心。

这些事例告诉我们，对于学困生，老师应该做唤醒孩子、并为此走进孩子心灵的巨人。

比如上海市有一所学校——闸北八中，曾经号称"差生集中营"，长期为社会所诟病。就是这样一所学校，由于坚持实施成功教育，经过十多年的努力，终于根本改变了学校面貌，现在早已成为全国素质教育的典型。该校当年刚开始实验成功教育时，首先建立的实验班上，一位人称"傻大姐"的小张，成绩极差，首次物理测验，仅仅获得7分！第二次物理测验之前，老师专门做小张的工作。小张表示，就是最怕物理，很没有信心。老师说，你上次得了7分，这一次哪怕多考一分也是进步！比较自己的以前有所提高，就是进步，就值得表扬！结果，小张在第二次考试中得了37分。老师及时给予了真诚的鼓励和表扬，又是拥抱，又是送礼品，充分肯定她是全班进步最大的学生！再后来，全区统考物理，小张成绩是72分。这样的事例，我们的老师也能列举许多，人的潜力是无限的。

我想说的第三个观点是，教育的核心，不是传授知识，而是健康人格，是行为习惯养成。

何谓"习惯"？就是打心眼里认为需要、必须如此，不如此就"心痒痒的"。

陶西平先生当年作为教育局长，视察学校，一般不听学校领导介绍，就是看：一看玻璃，二看厕所，三看学生出操。他认为，学校管理之下的师生行为习惯，就在于这类细节之中。

老师们应该引导学生懂得，人的良好行为习惯的养成，就是大脑的解放。我们应该通过有效的教育，针对不同年龄层次的学生，着力养成他们“智慧型”、“社会性”和“时代性”习惯。这方面的基本步骤包括提高认识，明确规范，榜样教育，持之以恒的训练，及时评估，形成风气。

有一所学校，一位孙老师，任教40年的小学班主任。孙老师班级的风气非常之好。一次，一位学生因故与一位所谓“小学科”老师发生摩擦，学生一时之间就在课堂上故意气这位老师。刚刚下课，许多学生就自发过来，异口同声地批评这位调皮学生。学生醒悟后，找到班主任孙老师，表示将找那位“小学科”老师道歉。孙老师问，你准备如何道歉呵？学生说，鞠一个躬，说，“老师，我错了”。孙老师要求学生演示后指出，你这不是鞠躬，只是点头；你的道歉语气也不见诚恳。孙老师立即站起来，亲自为学生演示，应该如何，然后要求学生再次演示，直到合格。于是，这位学生得到了那位“小学科”老师的原谅。

这个故事告诉我们，所谓德育，不在于什么大道理，而在于“细节”教育。

我们应该重视通过细节培养孩子的好习惯。

有一位妈妈，为了改变上小学的孩子不认真作业的坏习惯，注意观察孩子的作业过程，发现他做作业一个小时，先后站起来7次，寻找吃的东西，看看电视节目，站到窗口观望风景……妈妈说，孩子，其实你很聪明，就是没有定力，所以做不好作业，学不进知识。以后你做作业时，能否一个小时只站起来3次？能够做到，就允许你下午6点时随意看动画片。如果一小时作业的走神次数超过3次，就绝对不允许看动画片。此后，妈妈严格执行了上述规定。经过一个月左右的努力，孩子终于形成了定心作业的习惯。

一个好的习惯的养成，需要21天时间。

到了中学阶段，习惯培养的重点，就是注意智慧型习惯。比如，人生有目标，做事有计划，生活自我管理，以阅读作为成长的发动机。特别是阅读习惯，培养形成这个习惯，你就会一辈子不寂寞。

我最后想说的是，真正的教育，一定是“以人为本”的教育。

俄国教育家乌申斯基说过，习惯是什么？习惯就是存放在我们神经系统中的道德资本。如果有好的习惯，一辈子享受不完这些资本的利息；但是如果有坏的习惯，则一辈子也偿还不尽这些资本的债务。

愿与大家以此共勉。

——刘凡荣

绿色·心语

我们的教育应该是充满希望的。但是，这个希望的前提和基础，就在于充分关注学生健康人格和良好习惯的养成教育，这些任务，就在我们这些教师身上，让我们做一个有道德有良知的智慧型教师吧！

绿色德育 点亮课题研究之旅

我校秉承绿色教育的办学理念，将总课题《以“校长为首，品德课程为主”构建小学德育课程体系的实验研究》作为总抓手，申报了子课题《小学品生、品社课程与各学科教学内容整合的实践研究》，以期更好地积淀学校绿色德育的内涵，通过“实践——反思——再实践——再反思”的探究模式，不断深入地探讨小学品生、品社课程与其他各学科整合实施途径和评价方法，培养学生的交际能力、合作能力、自理自立能力、创新能力以及发现问题、解决问题的能力，全面提升学生的品德修为和道德素养，铸造绿色教育品牌学校。

一、分析现状，找准绿色德育的切入点

环山路小学于2009年9月1日正式投入使用。学校地处城乡结合部，由于地理位置稍偏，学生主要来自附近的生活小区及周边10多个不同的自然村，绝大多数家长在工厂上班(或个体经营)，其中15%的家长为外地打工者；30%多的家长外出务工，造成单亲学生、留守儿童越来越多，这些学生大多以自我为中心，不合群，不会和同学交往。良好的生活、学习、行为习惯，成为大部分学生亟待发展的行为品质。

为此，建校伊始，学校提出了“绿色教育”办学理念，通过绿色管理、绿色师资、绿色德育、绿色课堂、绿色教研和绿色校园建设，打造属于环山路小学的绿色品牌，构建学生良好行为习惯培养的能量场。学校尤为重视绿色德育的构建，它的核心是热爱生命，编织梦想，珍藏快乐，活泼飞扬，以真爱之花，筑心灵绿荫。尽管学校利用升旗、班队会、开展主题月活动等对学生进行持之以恒的教育，并且举办家长学校对家长进行培训，学生、家长的素质也在不断地提升，但这项工程毕竟不是仅凭几朝几日之功就可以完成的。

作为新建学校，急需抓住教育学生的每一个契机，每一个细节，潜移默化地对学生进行方方面面的德育教育，使学生的良好品行全面开花。实验课题《以“校长为首，品德课程为主”构建小学德育课程体系的实验研究》无疑是我们进行课题研究的源头之水。我们立足学校的实际，最终确定了《小学品生、品社课程与各学科教学内容整合的实践研究》的子课题，踏上了培养学生良好品德的课题研究之旅。

二、整合内容，形成绿色德育的框架体系

1. 全面铺开，寻找内容整合的结合点

如何让品生(品社)课程与其他学科教学内容进行科学整合，需要我们深入细致地寻找课程整合的结合点。

为此，学校聘请了专家，先后进行了题为“品生(品社)如何与各学科教学整合”、“整合学科课堂组织形式与有效指导”等专题目讲座，有效引导教师认识品生(品社)与各学科课程内容整合的价值，使教师们对课题的内涵有了全面的了解，为课题的顺利开展指明了方向。

其次，由品生(品社)骨干教师牵头，列出每册书每个单元的主题内容、教学目标及重难点，并对全校教师进行培训；在此基础上，各个学科的教师都静下心来，寻找自己学科与之相关的思想内容。比如，五年级下册第一单元的《朋友之间》和《学会和谐相处》两个内容与语文学科四年级上册《中彩那天》和《将心比心》有关；第二单元《人类的家园——地球》和《重负的大地》、《我们生活的地球》和《我们那位地球做什么》、《我们生活的地球》和《当灾难降临的时候》与语文学科四年级下册《只有一个地球》、《大瀑布的葬礼》、《地震中的父与子》有关，与三年级上册的科学课程《我们周围的动植物》有关；第三单元《战争的苦难》、《放飞和平鸽》与语文学科四年级下册《圆明园的毁灭》、上册《一个中国孩子的呼声》有关；第四单元《再见　我的小学生活》与语文学科五年级下册综合性学习《难忘的小学生活》有关……就是同一个主题单元，与各科整合的内容也是不一样的，如《重负的大地》与语文学科的《只有一个地球》进行整合，其中的淡水资源与数学学科分数的计算(世界上的淡水资源相当于一个苹果的1/16的果皮那么多)可以整合，而在综合实践课程中，学生通过调查采访环保局、环卫局工作人员等，了解有关的情况。

总之，我们从理论与操作两个层面同步实施，通过以点带面、全面推进，找到与各科内容整合的结合点，为形成绿色德育科学研究的框架体系打下了良好的基础。

2. 层层递进，形成科学探究的目标序列

在整合内容的过程中，我们充分考虑学生身心发展的规律，对于同一内容，在不同年级我们要求的目标不同，使用的活动方式不同，这样就初步形成了整合课程的目标序列、活动方式序列，避免活动内容的无序和重复。如在教学品生“春天到了”这一组教材时，低年级教师带着孩子们在学校里找春天，通过各种感官，如用眼看春、用耳听春、用心感悟春天的变化。在学习语文“多彩的春天”这一单元时，学生就有了一定的生活经验，并且能通过语言表达出来，加深了语文课上对多彩春天的体验、感悟。中年级教师为了让学生更好地体会，让学生动手栽种自己喜爱的植物，在细心呵护的同时，观察记录其生长过程，培养了孩子们观察记录的能力，这对语文课堂的学习起到了很好的促进作用。高年级开展语文综合实践活动“春天的盛会”，有的收集各地春天的文字资料，有的拍摄春天的图片展，说唱春天等等，学生在体验春天、领悟春天勃勃生机的同时，各方面的能力得到了提高。

这样，每个学段的学生都有不同的要求，且随着年龄的增长，相对应的要求难度也螺旋上升，层层递进，形成科学探究的框架体系。

三、科学推进，追求绿色德育的无痕实效

科学探究的框架体系形成后，如何让学生在潜移默化中受到教育，促进学生良好品德的形成和社会性发展，成为具有爱心、责任心、良好的行为习惯和个性品质的社会主义合格公民，这才是该课题的实验目的。

如何科学推进课题研究进程？我们扎扎实实地迈好了两大步。

第一步，深入明确课程标准。也就是说，语文课是语文课，数学课是数学课，要避免把品生(品社)课上成了综合实践课等。学校要求每位教师不仅对自己所教学科的课程标准烂熟于心，还组织骨干教师培训品生(品社)课程标准，让教师了解品生(品社)课程与自己所教学科的异同。如在品社课程的学习过程中，要引导学生通过与自己生活密切相关的社会环境、社会活动和社会关系的交互作用，加深对自我、对他人、对社会的认识和理解，并在此基础上养成良好的行为习惯，形成基本的道德观、价值观和初步的道德判断能力。语文课程不仅面向全体学生，使学生获得基本的语文素养，还应重视提高学生的品德修养和审美情趣，使他们逐步形成良好的个性和健全的人格，促进德、智、体、美的和谐发展。这样，通过对比学习，为品生(品社)课程与其他学科的整合达到无痕境界奠定了基础。

第二步，巧妙整合课程资源。小学德育教育的最高境界是“润物无声”，这就需要我们整合时做到“巧”。例如，综合实践课研究《服装与健康》时，学生通过课前搜集调查，课中教师的点拨引导了解到有些商人为了牟利，私自减少工序，以假乱真等，初步认识到商家缺乏诚信对广大消费者的伤害。通过一段时间深入地研究后，他们纷纷加入打假的行列，有的用品德与社会、语文学科中学到的诚信故事、名言劝诫，有的写下倡议书到社区宣传等。在整个过程中，学生对诚信有了更深地理解，诚信之根已经深深地扎根到学生的心田，达到此时无声胜有声的境界。

四、全面开花，收获绿色德育的满园春色

1. 完善了德育的网络系统

通过课题的研究，进一步丰富了品生(品社)学科教学改革的内涵，加强了学科间的横向联系，拓宽了教育渠道，形成了学科间渗透、课内外联系、校内外补充的道德教育网络，从而进一步增强了德育的实效性。

2. 提升了教师的综合素养

教师的教学观念发生了明显的变化。大家对教学的任务更加明确，教育观、学生观、质量观有了明显的转变；对课题研究的认识在不断深化，教育教学的视角向社会、向生活延伸，朝着构建开放的教学体系方向不断发展。同时，通过层层带动，扩大课题骨干教师面，从而使骨干教师面遍及所有学科，教师写出了大量有价值的案例，十多篇案例刊登在市级以上刊物上，十多篇案例获市级以上奖励。

3. 促进了学生的道德成长

品生(品社)与各科内容的有机整合，帮助学生学会解决实际问题，使学生有了更深的体验，提高了他们的道德认识，增强了他们辨别是非的能力，逐步养成了良好的道德行为习惯，实现了教育人的目的。

五、反思设想，展望绿色德育的青青未来

学科整合不是一件简单的事情，整合得好，能让课堂锦上添花，让学生受益终生；整合得不好，会使课堂变得不伦不类，甚至对学生起到负面作用。怎样整合最恰当，需要我们在今后的实践活动中用心摸索。

在下一阶段的研究中，我校课题组将根据课题研究计划，以公开课、展示课、观摩课等形式，对所整合的课例进行反思，在反思中找差距、在反思中找问题、在反思中找出路，然后共同研究和总结。特别是就授课教师教材处理策略、教学方法选用、相应的探究活动设计、提出改进性意见等方面，我们将群策群力，努力做到透过现象看本质，做出合理的深度评价，把学科整合的研究真正落到实处，使学校的绿色德育工作走向课题研究的青青未来，让亮丽的绿色德育，真正点亮我们的课题研究之旅。

——刘凡荣

绿色心语

绿色，代表着和平，代表着生命，代表着蓬勃向上的生机。因此，绿色德育，融合了“绿色”所象征的民主、人文、和谐等思想的现代教育观。科学有效的课题研究，可以帮助我们更好地实施绿色德育，全面提升学生的修养。

老师，你能抱抱我吗

一节很有趣的数学课刚下，我正满面轻松地收拾教具，平日里羞羞涩涩的栩跑到我面前，仰着脸，洋溢着一种兴奋，一种满足，可能这节课他的表现得到我多次肯定的缘故吧，我从他的目光中竟然读到了撒娇的情绪。"有事吗?"我笑盈盈地问。

"嗯,"他扭了扭身子，挠了挠头，说，"老师，你能抱抱我吗?"

哦？我心中一愣，一个四年级的男孩子，要老师抱一抱？但是，心理辅导活动中，老师提到了我们要为孩子想，给予孩子渴望得到的奖励。是不是一个拥抱就是对他这节课极好表现的一个奖励?

虽然大脑飞速运转，但我知道，我的迟疑对孩子都是伤害。于是我非常高兴地说："当然可以!"一边回答，我一边用力把他抱了起来。

"啊——"他惊喜地大叫。

"啊——"还没来得及走出教室的其他学生也都惊奇地大叫，同时露出一份羡慕的表情。

"老师，你真有劲!"刚刚放下他，他就很大气地评价了我的举动。仅仅是因为我力气大吗？应该不是。

在回办公室的路上，我竟然想到了《爱我你就抱抱我》这首歌。

回到办公室，我就马上找到了这首歌，认真地听，用心体会。我发现，歌词中有这样的一句："爱我你就陪陪我，爱我你就亲亲我，爱我你就夸夸我，爱我你就抱抱我。"歌词中的这句话似乎在向我诉说着什么。

是啊，作为一个孩子，他需要的是陪陪、亲亲、夸夸、抱抱这些具体的表现。而不是一些虚无的大话、套话。其实，爱是什么，爱就是陪陪、亲亲、夸夸、抱抱，给予孩子渴望的这些爱的表达方式，我们的爱才会顺畅传递。

由此，我想到了学校管理中，我们要求学生不乱扔纸屑、果皮，随手捡拾垃圾；我们要求学生走路靠右边，不溜滑楼梯扶手；我们要求学生安静排队，不大声喧哗；我们要求学生讲究卫生，不乱吃零食……要求了那么多，都是因为担心学生的安全；要求了那么多，都是希望孩子可以健康地成长，要求了那么多，都表达的是我们对学生的爱。但是为什么，要求了那么久却收效甚微呢?

教学管理中，我们给予老师外出学习机会，这不是一种对老师们的爱吗？多么难得，在别的学校，老师们争着抢着去学习，而在我们学校，外派教师成了棘手问题——老师们不愿意出去；地级优质课展示，一个经过多少次打磨的优秀课例，平日里他们也没有机会欣赏，送到家门口了，甚至送到了炕头上，为什么就没有人留下来学习呢？外校教师却津津有味地欣赏着。作为教导处，组织这样的活动，不是为老师们的素质提升着想吗？教导处的一番苦心，怎么就没有人理解，没有人接纳呢？

当这些令人苦闷的问题呈现出来后，我不禁在思考：他们渴望怎样的爱的表达方式？

作为学生，他的文明行为做到了，我们是给予鼓励还是不管不问？作为老师，他积极学习了，我们是看在眼里，还是认为理所应当？可能，在学生们、老师们付出的时候，我们总是有更高的要求在等着他们。他们好不容易经过努力达到了，却没有得到一丁点的肯定，久而久之，就伤害了这样的一大批人，于是，积极性不高了，怠惰感就生成了。

还是回过头，看看那些每天很努力的人吧，关注一下这样的人，我们的爱是不是就能顺畅流动起来了呢？

鼓励，人人需要；赞赏，人人渴望。而鼓励与赞赏却不至于昂贵到我们给不起。鼓励吧，真诚地；赞赏吧，真诚地；拥抱吧，真诚地；奖励吧，真诚地……

——张红丽

绿色心语

孩子的头脑不是一个要被填满的容器，而是需点燃的火把，点燃这一火把的人，正是我们每一位教育工作者。教师用目光给孩子以鼓励，用微笑给孩子以自信，激起学生的灵感，点燃思维的火花。了解孩子、尊重孩子、爱护孩子，必定能让孩子的世界青绿起来。

“八星”评价，让生命更精彩

北京大学教授陈平原曾经说过：“每一个名校都有属于自己的永恒的风景。”这里所说的“永恒的风景”就是长期以来形成的独特育人模式。我们学校的靓丽的风景就是“星星”育人，绿色教育。学校把绿色少年的评比标准细化成“八星”（“八星”取义源自八仙过海，各显其能，与多元评价理念异曲同工，分别是：诚信礼仪星、健康合作星、环保守纪星、勤奋好学星、乐读善思星、特长才艺星、实践创新星和点点进步星）。通过“八星”，多元科学地评价学生，使他们在“选星”“追星”“摘星”的过程中成长、成才、成功。

一、“选星”——铸就成长的目标

“有了目标，内心的力量才能找到。”学校细化“八星”的评价标准，将每颗“星”具体为4句28字顺口溜，便于学生记忆。例如，“环保守纪星”之标准为：

保护环境不乱扔，低碳生活伴我行。遵守纪律公物爱，知其对错明事理。班主任老师带领学生学习，最终使他们耳熟能详，记忆犹新。然后指导学生根据自己的实际情况，选准努力方向，申报适合自己努力争取的“星”，并认真填写“我是××××星”申请表。如四年级的小胖子因为学习好、讲诚信、爱读书，本学期申请了“诚信礼仪星”、“勤奋好学星”、“乐读善思星”，下学期锻锻炼、减减肥，准备申请“健康合作星”。同时从父母那儿得到“父母期盼”，汲取进取的力量，以实际行动朝着选定的星级目标努力。

二、“追星”——迈出成才的步伐

“绿色少年争星活动”搭建了一个良好的平台，学生们对于那小小的“八星”，总是那么在乎。尤其是那些不自信、学习成绩不突出、在班集体活动中不活跃的学生，为他们提供了一个施展身手，显露特长的机遇和舞台。比如，三年级有一名同学，轮到他值日，总是把组长的话当耳边风。可争星活动开展后，这名学生改变了，能认真把教室整理得井井有条；有时，不用组长督促，也能自觉值日。学校有名的“调皮大王”也变了样，为了得到一颗“点点进步星”，课堂上，他会全神贯注地听、聚精会神地思考。学生们通过自己的“追星”行动，实实在在地去体验、去感悟、去积累、去表现，迈出了他们成才的第一步。

三、“摘星”——体验成功的喜悦

“八星”评价体系力求层次分明、每个步骤都具有可操作性，学生在任何方面表现突出或进步都可以得到激励性评价。所有的“星”都由学生自我保存、管理、兑换，极大地提高了学生自我激励、自我管理等能力。每学期在期中、期末评选两次，通过“星光闪闪”、“伙伴力顶”、“教师心语”，即自评、他评（教师、同学），每个学生至少得到2颗星，期末积累5颗星或5颗星以上的学生，获得“班级绿色少年”的荣誉称号，积累7颗星或7颗星以上的学生，将获得“校级绿色少年”的荣誉称号，并获得一枚绿色少年徽章。

摘星过程中，每个学生都能够体验成功的喜悦，四年级一班的张林同学深有感触地说：“追星”行动中，我获得了“乐读善思星”、“诚信礼仪星”、“特长才艺星”等5颗星，爸爸妈妈非常高兴，为了争当“校级绿色少年”，我要继续努力，在自己不太擅长的“实践创新星”上努力，争取在期末获得7颗星，被评为“校级绿色少年”。

“八星”评价，群星璀璨，顺应了多元智能教育理论，符合着孩子们内心发展的需求。现如今，整个校园掀起一股“追星”热，“追星”一族随处可见，大家你追我赶，形成了比、学、赶、帮、超的局面。“八星”评价已成为学校绿色德育工作强有力的支撑点，它为每个学生的健康成长指出了奋斗目标，激起了他们的“追星”激情，规范了他们的行为，使他们充满朝气和活力，促其健康快乐地成长，让他们的生命更精彩。

——邱海毅

绿色心语

“八星”评价，为学生提供了切实可行的成长目标，建立了良好的“追星”平台。摘星的过程中，每个学生都能够体验成功的喜悦，找到内心的力量。很多学生因此进入有正向能量的环境中，受到感染、受到启迪，不断地去追逐属于自己的那颗耀眼的星星，从而有了令人惊艳的表现。

留守的天空，春意融融

——环山路小学留守、流动儿童的“家”建设案例

引子：

“主任，我班的芳今天没来上学，刚才他的邻居打电话过来，说孩子奶奶病了，她一个人在家，没人照顾。我去她家看看吧？”

早晨到校没多长时间，我接到了班主任慧的电话。

又是一个关于留守儿童的教育问题。这样的情况，在我们学校已经成为一种常态。如何有效解决这个问题，确保在我校的每一个孩子都能健康快乐地成长呢？

一、形成背景

近几年来，随着社会经济飞速发展，外出务工人员日益增多，一个特殊的群体应运而生——“留守、流动”儿童。由于长期缺少父母的关爱，他们往往在心理上会产生一定时期的不适应感，严重的则会导致心理畸形发展，特别是亲情缺失导致性格缺陷和心理障碍，缺乏管教、引发行为不当。因此，“留守、流动”儿童的教育和管理问题将是一个我们需要长期面对的问题。如果解决好，对促使“留守、流动”学生身心健康成长，对解决外出务工人员的后顾之忧，对维护社会稳定有着十分重要的作用。

我校因地理位置特殊，属城乡结合部，随着城镇建设日新月异的发展，大批务工人员子女涌入我校，学生来源参差不齐。据统计，父母双方都在外的留守儿童 85 人，父母一方在外的流动儿童 156 人，合计留守儿童 241 人。留守、流动儿童占全校学生的 1/4。

面对这么多的孩子，学校该怎么做才能让他们和其他孩子一样，享受平等的

教育，获得公平的关爱呢？学校该怎么发展，才能让这些留守的花朵绽放属于他们自己的绿意童年呢？学校该怎么做，才能让这些和其他孩子一样神圣的生命在学校教育中拥有他们独特的第二个家的温馨呢？我们将这一问题提到了学校德育发展建设的重要议事日程上来。

二、实施过程与效果

为帮助解决“留守、流动”儿童在学习生活中遇到的实际困难，促进“留守、流动”儿童健康成长，学校将关爱留守儿童问题作为德育建设的一个重要组成，在班级内、少先队中对留守、流动儿童给予充分的关注，对他们的学习、生活也给予一份最真挚的关心。学校首先成立了由校长任组长，副校长任副组长，中层班子任成员的领导小组，由德育处具体负责实施对留守、流动儿童的关爱、教育工作，建立了“留守、流动儿童活动站”，形成了社会、学校、“校园爸爸妈妈”三结合的教育网络。

1. 增砖加瓦，修缮留守儿童的“校园之家”

经过多方奔走和协商，2011 年 5 月，学校在文登市妇联、文登市教育局的支持下，成立了“留守流动儿童活动站”。

秉承“绿色教育”理念的环山路小学投资了近 20 万元，于 2011 年 4 月修缮了 90 平方米的活动室，作为“留守流动儿童活动站”的活动基地，并先后购置了图书、文体用品、桌椅板凳，还配备了钢琴、电视机、电脑、亲情电话等设施，切实改善了留守儿童的学习、生活环境，确保留守儿童享受到“校园之家”的温暖。

2. 想方设法，完善留守儿童的“制度之家”

制度是保证，制度是引领。要想保证留守儿童在学校里拥有一份真正平等的关爱，我们需要制度来做保障。为此，学校先后制定了一系列的留守儿童关爱制度。

(1) 建立“绿苑春草”留守儿童档案和“绿苑爱心”帮扶跟踪记载制度。每学期开学之初，学校德育处都认真地调查，补充留守儿童的专门档案和帮扶跟踪记载卡。基本内容有：学生的基本情况、家长姓名、家庭详细地址、联系电话，家长务工单位详细地址、联系电话，监护人或其委托监护人的职业、详细地址、联系电话、身体状况、年龄等。学校安排专人对档案进行管理，并根据学生变动情况，及时补充或变更帮扶跟踪记载卡。通过帮扶跟踪记载卡的建立，促进教师和学生、家长之间的联系，使帮扶工作真正落到实处。学校内的每一位留守儿童均安排了帮扶人员，帮扶率达 100%。

(2) 建立“绿苑暖意”爱心帮扶结对制度。我校全体任课教师积极要求做“留守、流动”儿童的“校园爸爸”、“校园妈妈”，与留守、流动儿童建立“一对几”帮扶对子，帮扶教师经常找他们谈心，随时把握他们的思想动态，定期家访、关心生活、指导学习，引导他们健康成长。让留守儿童在备受教师同学关爱的集体中成长，以对他们缺乏亲情关爱进行补偿，使他们走出孤独和忧郁。

我校班主任慧老师在帮扶本班留守流动儿童方面有独特的方法。由于父母不在身边，四(1)班的明同学学习无人监督和辅导。监护人又由于家庭负担过重，没有闲暇顾及他的学习，使得他学习态度散漫，作业马虎。慧老师通过观察、家访，了解到明是个非常聪明的孩子，应该能够把学习赶上来。于是，慧老师便利用休息时间给他辅导功课，帮助他找到学习上的误区，教会他学习的方法，使他对学习逐渐产生兴趣，对生活也充满了自信。

经过了一个学期的努力，明和慧老师成为无话不谈的知心朋友。遇到委屈时，明会主动找慧老师倾诉，学习上碰到不懂的问题时，他也会主动想办法解决，学习成绩出现了明显的进步。慧老师用爱弥补了他情感的缺失，用爱引导他健康地成长。

(3)建立“绿苑携手”家访制度。我校始终重视对“留守、流动”儿童的家访工作，每位班主任都会经常深入每一个“留守、流动”儿童家庭。通过定期家访，了解他们在家生活情况，代理监护人的教育管理情况，加强与代理监护人联系与沟通，共同关心留守儿童成长。

老师们经常与“留守、流动”学生交流沟通，通过促膝交谈，了解他们的学习、生活、情绪、交友、身体等方面的情况；通过相互沟通，交流思想，引导孩子树立良好的心态和健康的心理，从而增强孩子自尊、自强、自立的信心。五(1)班敏同学父母长期在广州打工，由于得不到父母的呵护，加上性格内向，敏做事有些偏激，辉老师发现后及时家访，了解情况后与之交流沟通。经过辉老师及时的引导后，她逐渐活泼起来，学习也大有长进，上学期还被评为校级“绿色少年”了。

(4)建立“绿苑心语”心理咨询制度。小学生正处于身心迅速发展的时期，在这一过程中产生的烦恼与冲突需要倾诉的对象，需要有人能够告诉他们怎样正确对待这些问题。为此，学校设立了“留守、流动”儿童心理咨询辅导室，配备拥有国家二级心理咨询师证书的老师为心理辅导教师，加强对留守、流动学生的心理健康辅导和心理交流，及时做好对留守儿童的心理健康疏导及引导工作。

五(2)班的玲，父母长期在外打工，缺乏父母关爱的她性格孤僻，与其他同学难以相处，甚至还经常与同学发生矛盾。心理咨询师丽老师看在眼里，急在心上，于是，经常耐心的与她谈心、交流。在丽老师的关爱下，她渐渐地敞开了心扉，能与同学和睦相处了，性格也开朗了，现在还当上了班干部呢！

丽老师还经常组织留守儿童利用课余时间定期开展交流活动，比如，周一开放图书阅览室，让他们通过与书本的交流增长知识；周二开放留守儿童工作站，与学校领导交流，共同商量解决学习和生活中的困惑；周五开展“心语倾诉”交流活动，尽情倾诉心中的喜怒哀乐；另外，我们还定期邀请校外法制副校长宋晓晴到学校，和留守儿童一起进行法制、安全方面的交流，教育“留守、流动”儿童遵纪守法、了解安全常识，加强自我保护，使他们能够健康快乐地成长。

3. 凝心聚力，营建留守儿童的“生活之家”

留守儿童的生活困难如何解决？如何在校园建立一个流动的生活之家？我校做了以下两点安排。

(1)生活安排，帮扶留守儿童的生活状况。班主任统计“留守、流动”儿童家庭经济状况，留守人员情况，家庭对于儿童生活安排细节，科任教师到家核对情况，并上报德育处，分具体情况做出安排：父母均不在家，而家庭又无人手安排的由班主任统管，分配到各科任教师具体负责，每周对学生生活做出合理安排；家庭能安排的，则由具体负责教师每周查询，家长有具体委托人的(教师)，由被委托人全权负责，并定期向学校报告具体情况；父亲外出，母亲在家的由班主任定期找学生座谈，了解其家庭生活状况，每周一次。如有困难，则由班主任作出具体安排；父亲在家，而母亲外出的除了班主任定期座谈了解情况外，还要班主任安排女教师负责对其生活能力进行帮扶。

(2)学习安排，帮扶留守儿童的学习生活。无论哪种情况的儿童，都由班主任安排本班科任教师负责，确定帮扶对象，并形成固定结构，或由“留守、流动”儿童自行选择帮扶教师，教师制定出具体帮扶方案，方案要有的放矢，行之有效。

生活、学习情况都有了关注，孩子们在家里也能享受到来自学校的温暖和关照，看着孩子们满面甜甜的笑容，学校老师的心里也都感觉到万分踏实。

4. 启智求真，搭建留守儿童的“心灵之家”

心灵的慰藉对于这些留守孩子来说，才是最大的期盼和幸福。为了能够给每个留守儿童搭建一个充满温情与爱的心灵之家，我们主要关注了以下几个活动。

(1)搭建亲子沟通桥梁，慰藉留守儿童的心灵。与父母通信。各班级都会采取不同的方式激励和启发“留守、流动”儿童与父母互通信件，让他们将自己的学习和生活中的点点滴滴向父母汇报和倾诉，既联络了感情，又促进了相互了解。

充分发挥亲情联系电话的作用。为了让留守、流动学生在课间休息时、双休日或节假日与家长联系、沟通提供方便，增进学生与家长的感情的交流，学校在留守儿童之家里安装了一部亲情电话。四(3)班的轩同学已10岁了，但和父母相聚的时间加起来也不足一年。由于她日夜思念父母，上课有时不能专心听讲，学习不够安心，班主任宁老师发现这一个情况后，知道她是想爸爸妈妈了，于是就让她用亲情电话与爸妈经常联系，把思念化作动力。在宁老师的帮助下，轩同学进步很快，各科成绩在班里都名列前茅，还当上了课代表。

(2)搭建校内互助平台，增强留守儿童的信心。开展“一帮一”互助活动。学校班主任安排优秀同学与留守、流动儿童同桌，提醒、督促他们遵守纪律、专心听讲、发愤学习，课余当“小老师”，及时辅导并帮助他们改进学习方法，共同提高学习成绩。三(3)班娜同学和70多岁的爷爷奶奶生活在一起。她的父母因车祸双双离开人世，此后，娜同学变得自卑，性格内向，不愿和班上同学交流，成绩也因此落下了很多。为此，王老师不仅要求同桌帮助娜同学，她自己也以教师和母亲的“双重角色”向娜倾注着爱心。在课堂上，鼓励她大胆发言，课后及时补缺补差。娜的奶奶感激地说：“王老师经常在星期天来看望我们，给孙女送来学习用具、零食，还跟我们通报娜的在校表现，和我一起商量怎么样才能把孩子成绩搞好，我真的很感谢她。”如今，娜变得活泼多了，课堂上发言多了，和同学交流多了，主动帮助别人多了，自信心增强了，成绩也逐渐上升了。

组织各种活动。通过“六一”演出、腰鼓表演、艺术节文艺汇演、写字、绘画比赛等，为留守、流动儿童提供展示才艺的平台，通过展示自我，培养他们的爱好兴趣，使之全面发展。通过开展“学雷锋做好事”、朗读、讲故事比赛等形式多样的活动，使他们融进欢乐愉快的集体生活之中，并为他们提供展示自我、表现才能的机会和舞台。各班级充分利用节假日，有计划地组织“留守、流动”儿童开展快乐伙伴假日营活动，重点组织开展留守儿童兴趣小组、社会实践、文化体育、手拉手等系列活动，丰富留守儿童假日生活，引导他们参与健康有益的假日活动，磨炼他们的意志，培养他们的创新意识和吃苦精神，提高他们独立自主，自理及综合实践能力，激发他们热爱家乡、立志建设家乡的热情。

(3)搭建社会资助平台，关爱留守儿童的生活。文登市妇联定期到校对流动留守儿童活动站的开展情况加以关注，并定期与留守流动儿童进行“促膝交谈”活动。2011年“六一”期间，文登市妇联积极协调文登市汤泊温泉公司为学校留守流动儿童提供了参观温泉、体验温泉的“六一”儿童节特别活动，威海市传媒网“我爱威海”栏目对此项活动进行了全方位的报道。

2011年，文登市政协为学校的留守儿童捐款10万元，市妇联、体育局、物价局先后为孩子们捐赠了一大批学习用品、书籍、体育器材等，教育局还为孩子们免费赠送了校服。

2011年4月，我校在威海市教育学会举办的2011年“亲子阅读 书香威海”活动中被评为“书香校园”。

2011年5月，我校被威海市妇女联合会、威海市教育局评为“威海市示范家长学校”。

2012年10月，我校被评为山东省农村示范留守(流动)儿童活动站。

亲情在绿色中荡漾，孩子在关爱中成长。留守、流动儿童在绿色校园享受着第二个“家”的温暖。

在今后的工作中，学校将不断完善关爱留守、流动儿童工作，建立长效教育机制，把关爱"留守流动儿童"工作逐步推向深入。相信这些缺少亲情的孩子们，在社会大家庭的呵护下一定能健康成长，共享和谐阳光。

——邱海毅

绿色心语

苏霍姆林斯基说过："教育者最可贵的品质之一就是人性，对孩子们深深地爱，兼有父母的亲昵温存和严格要求相结合的那种爱。"只要每一位老师都付出这种爱，不管是留守儿童还是其他学生就会在爱中成长壮大！

长大要当"清洁工"

小强是个可爱的孩子，学习成绩不太好，但劳动特别积极，班级里扫地、送垃圾这样的活儿，他总是争着抢着去干。有一次，我开玩笑地对他说："你干活干得真好，长大做个清洁工吧！"他一本正经地说："好啊！"大家都笑了。在大家的笑声中，他似乎意识到了什么，慌慌张张地说："哦……我……我不当。"这时，学生们纷纷议论自己将来想干什么。

"我要当大款！""我要当大官！"……孩子们的回答让我有些吃惊。一个平时特别顽皮的孩子说："我爸爸是老板，我长大也当老板。我爸爸挣了很多钱，能管很多人。"又有一个孩子抢着说："当大官能坐轿车，平时还有人送礼。"有的学生还不住地点头。学生的回答着实让我吃了一惊："难道，只有当官的、有钱的人才受人尊敬吗?"这个顽皮的孩子竟然振振有词地说："没钱就是被人看不起，当官的人就算别人心里讨厌他，可是还是会拍他马屁。"

记得小时候，我们崇拜的是科学家、音乐家、作家，崇敬的是勤劳、上进、奉献的品质，短短十几年，拜金媚俗、金钱至上等成年人的那些不健康的思想言论都在不由自主地影响着未成年人，很多孩子养成了自私、狭隘的品质。作为教师，我该怎么办?

环视着教室，我看着那一双双纯净的眼睛，说："当清洁工这个理想很实在，小强从小爱劳动，对班级的卫生工作有责任心，同学们都应该向他学习。至于他将来是否就得当清洁工并不要紧，只要是尊重他人，对社会、对自己负责，能够自食其力，无论什么职业都是高尚的。老板也好，工人也好，只要是有益于他人的人，就都值得别人尊敬。如果有谁不懂得尊重他人，那么，即使他有再多的钱，别人也不会从心底里真正尊敬他。"说完这番话，我感到一种莫名的畅快。

看着孩子们都睁大了眼睛，静坐聆听，我在想：也许今天的他们并不能真正理解我说的这番话，可我相信如果我们多播撒一些真善美的种子，那么孩子们心中一定能结出美丽、芬芳的果实。

——刘敬德

绿色心语

同在蓝天下，都是大写的人。每个人的尊严和职业都应该是平等的。平等只能在平等中培养——今天我们教师如何对待孩子，明天孩子就会如何去对待他人。

老师的眼睛也会犯错

新学期开学不久，为了更好地创建绿色校园规范学生的日常行为、提高学生的精神面貌，学校决定在国庆节前组织一次队列表演赛，还特意聘请了驻地部队的教官来校指导。时间紧任务重，怎样保证在短时间内收到较好的训练效果，我绞尽了脑汁。最后决定从端正孩子们的训练状态入手，提高训练的效率。

我经常利用班会的时间教育学生：每个人都要有集体荣誉感，集体的力量是无穷的！只有大家齐心协力，我们的班级才能成为一个积极向上，团结合作的班集体！我们要像爱护自己的生命一样地去爱护我们的班集体。我还经常用"蚂蚁抱团渡河"、"天鹅、梭子鱼和虾拉车"等小故事潜移默化地影响他们。训练中，同学们比较听话，教官来训练的那两天练习得很认真。教官走后就得靠我自己了，偏偏我的嗓子不争气，沙哑不说，而且说两句话就疼得难受。于是，我充分调动小组长的积极性，以小组为单位进行训练，各小组之间开展比赛和竞争。训练的效果令人满意。

比赛那天下午，学校不但聘请了教官们来当评委，而且还邀请了部分家长来参观，场面十分隆重。有些同学有点紧张了，为了缓解他们的紧张情绪，临上场前我亲切地鼓励他们说：同学们，不用紧张，老师知道你们都想为班级争光。老师相信你们是最棒的！

同学们开始入场了，我也怀着一颗忐忑不安的心回到了班级的座位前，远远地看着他们比赛。看到孩子们饱满的精神面貌和认真的动作，我的心渐渐平静下来，脸上露出了欣慰的笑容。突然，在向后转的环节中，站在最前排的一个女孩身体在摇晃，是旭！这个旭，平时训练时做得挺好的，怎么到了比赛时就出错了呢？真不争气！回去一定得好好批评她一顿！我气呼呼地想着。转眼间，比赛结束了，同学们开始跑步向外带队，这时观众席上爆发出一阵热烈的掌声。这是怎么回事？我丈二和尚摸不着头脑。这时候，从我眼前飞过去一只鞋子，谁的鞋掉了？没顾上看清楚，我急忙安排同学们回到座位上坐好，保障赛场纪律和秩序要紧。学生们很快地一一入座并安静下来。想想这几天自己为了班上的事，累得嗓子都说不出话来还坚持训练，辛辛苦苦付出了这么多，可到最后却是这样的结果，我就按捺不住心底的怒火，准备狠狠地对旭进行一番批评教育。这时邻班的老师走过来拉了我一把，悄声对我说：“你们班这个小女孩真不错，一进场鞋子就掉了，可她却赤着脚一直坚持到了比赛结束。这孩子把集体荣誉看得比什么都重要，太让人感动了！”听到这番话，我的脑中飞快闪过刚才做操时旭摇晃的身影和那最后令我不解的掌声，哦，原来这掌声是送给旭的——孩子身体摇晃是有原因的。看着旭低垂的头，我不禁一阵脸红，为自己的不冷静而自责不已，我默默地蹲下身，把旭紧紧地搂在怀里。之后，和旭单独交流，她告诉我，当时她什么也没想，就是一个劲地埋怨自己掉了鞋子可能为班级扣分抹黑。我庆幸自己冲动的话还没说出口，否则将会给孩子造成多大的伤害啊！

著名教育家李镇西老师说：“学生对老师总是很宽容的，他们一般不会计较老师的过分或者过火的批评，甚至老师犯了错误，他们也会原谅老师。作为老师，我们应该珍惜孩子这份宽容，更应该小心谨慎地运用批评，尽量不要冲动，不要过分。”是呀，多可爱的孩子们呀！这件事带给我很深的触动，爱要建立在相互尊重的基础上，在班级管理和教学工作中，我们既不能靠道听途说武断处理突发事件，也不能片面地相信看到的场景就是事情的真相，因为先入为主的看法和观点会左右我们的判断；要尊重学生，善于克制，谨慎批评，多给他们表达意见和想法的机会，唯有如此，我们才能在成长为一名优秀教师的道路上越走越好。

——姚小慧

绿色心语

每个学生都是映照老师的一面镜子，想让镜子中的自己更美，老师就要用心去关爱用爱去浇灌。老师怀着一颗真诚的心，平等地面对学生，没有歧视，没有偏爱，而是用充分的尊重与理解，用足够的耐心和宽容，放下架子，与他们共同感受成长的痛苦与快乐，才能真正走进学生的心灵，成为他们喜欢的好老师。

离家出走——一个不能回避的痛

“侯老师，慧慧回来了！”刚下课，班主任老师就走进教室，高兴地对我说。

“是吗？太好了！在哪里？她来上学了吗？”我兴奋地追问着。

“别提了，刚找回来。孩子都饿得不像样子了。”班主任老师的表情显得格外沉重。

我们在谈论的慧慧是我班的一个经常逃学的孩子，平时平静温和，扎一个小马尾，还有一绺头发遮住眼帘，看上去，给人感觉不很清爽，但我却感觉略带些许含蓄之意。平日里，她没有过多言语，听课认真，作业也完成得很好，只是偶尔会陷入沉思，偶尔会面露执拗之意。别看她看上去安静，实际上，她可是一个让老师们叫苦连天的孩子。她有 3 次离家出走的经历，每次时间都不短，我就曾经看见过她的家人粘贴的寻找她的“启事”。

自从接手五年级这个班任教语文，我就发现慧慧对我很友好，从她的双眸中我感觉到她对我的信任。我在心里暗暗规划着在一个合适的时间、合适的地点和她进行一次合适的谈话。没想到，就在这个国庆节假期的第二天，她又一次突然失踪了。一走就是 9 天！这是我们 10 月 8 日后我才知道的。我好自责，为什么我没能早些跟她说说话，聊聊天呢？是不是孩子真的有什么问题，还是有苦无处诉？我不得而知。长达 9 天啊，一个瘦弱的不足一米五的女孩，孤身在外，她的内心世界该是多么凄凉；她可曾知道，这 9 天，他的父母没白天没黑夜地四处寻找；她可曾知道，这 9 天，她的母亲整日以泪洗面，眼睛都成了红灯泡；她可曾知道，这 9 天，她的父亲四处奔走，整天唉声叹气……

为了让孩子及早回校上课，当天晚上我急忙赶到她家。

这是一个由好几家人合租的平房，屋里不仅拥挤不堪，还杂乱无章。一个孤零零的女孩正在灶前准备烧火做饭。见我进来，她赶紧站了起来：“老师——”那怯怯的声音让我心生怜爱。“慧慧，只有你一人在家吗？妈妈呢？”我赶紧握住孩子的小手，心疼地说：“傻孩子，怎么又一个人走了呢？你知道你让大家多担心啊！”孩子的眼眶里噙满了泪水，我的鼻子也酸酸的。

真情是不需要表白的，我感到了孩子的真心，孩子也格外愿意和我交流。就这样，我们彼此挨着坐，她一边烧火，一边和我说话。不知是因为灶膛的火还是我们的心，我只感觉此时此刻，此情此景很温暖。

我问她：“这 9 天，你都在哪里睡，吃什么啊？”

“在楼道里睡，拔人家的萝卜吃。”

“唉，闺女啊，多让人担心啊，你当时怎么想的呢？不害怕吗……”

她的妈妈回来了，看见我就哭，边哭边一个劲地抱怨：“老师啊，俺家慧慧一直都很喜欢你，你好好跟俺孩子说说哈，她真不让我省心啊，我都让她气得要发疯了……”没等我接过话，她像打开了话匣子，似乎要一股脑地倒给我，“老师，你说说，我对她哪里不好，要啥我给啥，只要她不要再跑……”

从慧慧妈妈的唠叨里，我似乎读懂了慧慧的内心。这样一个妈妈，既不容人说话，也不给人理解。在慧慧妈妈的唠叨声里，我还知道了慧慧在 3 岁时曾被送给了姨妈寄养，虽然她现在已经回来了，但被遗弃的感觉一定还在。

两个多小时过去了，孩子跟我说了很多，她说她感觉在家里有一种孤独的感觉，她很害怕，就不自觉地想要离开、逃离，根本没想到过出走后会害怕，反而感觉很新鲜、很兴奋、很轻松。

望着孩子那充满困惑、迷茫的双眼，我不知道我能做什么。但从她的眼神里，我看到了叫做安全的东西；从那眼神里，我得到了叫做信任的东西。

在以后的日子里，我把她领入自己家中几次，给她辅导落下的功课，她很快就跟上了进度。虽然她依然是我们班级品行兼优的好孩子，可为什么在她身上会发生了这样令人不解的故事呢？这值得我们深思。

心理学家对离家出走的孩子做过分析，基本上可以分为“逃避型”、“向往型”、“报复型”、“盲从型”4 种类型。很明显，慧慧的表现属于逃避型。在孩子的心里，家不是最安全的港湾，于是，孩子开始到外面去寻找。

此时的慧慧正处在“心理断乳”期，特别渴望父母的理解和尊重，但是，孩子从母亲那里很难得到自己需要的理解和温暖，所以，离家出走就成了一种常态。

让我们关注孩子，从关注孩子的情绪和心理做起吧！不仅关注我们看得见的，更要关注我们感觉得到的，还要用心去接近孩子的心理世界，感受孩子的内心情绪，真正地接纳孩子、理解孩子、尊重孩子。只有这样，我们的孩子才能真正健康地成长，才能让我们生活的这片绿色校园更加绿意盎然，朝气蓬勃。

——侯亚丽

绿色心语

孩子的健康不仅仅是身体，还有心理和生命成长的过程。在我们给孩子增加饮食营养的同时，也要给孩子注入心理营养，那就是爱和宽容。生命因爱而来，世界因爱而在，爱，感动着生命，滋润着生命……

呵护一棵幼苗　收获一片绿荫

每一个成长中的孩子，都如同一棵朝气蓬勃的小树。要想让小树健康成长，我们不仅需要为他们提供充足的阳光雨露，更要细心呵护，修枝剪叶。只有这样，小树才能最终长成笔直的参天大树。

记得上个星期天下午，我习惯性地上 QQ，提示灯不停地闪烁，提醒我有好友留言。我点开一看，一下子懵了，几句粗俗下流的话映入眼帘。这是谁呀？这么没教养！我以为是自己一不留神，被哪个陌生人加了好友，于是就把这个“好友”删除了。刚删完，就接到英语老师的电话，说我班上的林子在 QQ 群里骂她。她把留言贴转给了我。我一看，这个帖子更加不堪入目。再看 QQ 号，是同一个人发的。我一向把学生看成自己的孩子，对他们关爱有加，师生关系亲密融洽，压根没料到会得到这样的“礼遇”！刹那间，气愤、伤心、委屈各种复杂的情绪一齐涌上心头。我为学生做出这样的事情感到羞愧，一时间茫然不知所措。

林子是一个聪明的男孩，学习成绩优秀，平日里给我的印象很好，就是上课管不住自己，自由散漫，且屡教不改。上周五，对林子而言是黑色的——英语课上因为不遵守课堂纪律，被批评了；语文课上偷看小说，小说被没收了。于是，不满情绪导致他怀恨在心，借机发泄。

我应该如何解决这件事呢？我陷入了深思。这个孩子自以为受了委屈，竟然用如此极端的方式、如此粗俗的语言来发泄自己的不满情绪，说明他的思想境界和处事方式存在着严重的问题。我们可以不跟学生计较，但如果让他带着这种不健康的心态、幼稚的想法、不计后果的行为走进中学、大学，乃至踏入社会，无论对自己还是对他人都存在不可预设的隐患。我要借此机会因势利导，教给他以及全体学生如何学会用理智调节和控制自己的情绪，如何抑制消极情绪和避免冲动行为。

周一晨会上，我特意打开教室的电脑，把这两个留言展示给学生看，但把 QQ 号遮住了。学生一片哗然，有的甚至义愤填膺。这是我预料中的反应，也是我需要的效果。我要让林子知道，也让全班同学知道，这种做法是错误的。我提了几个问题，让学生自由发表看法。“你认为这个同学的做法对吗?”“他为什么会这样做?”“如果是你，对老师有意见，你会怎么做?”在学生的交流中，我欣慰地发现孩子们是很懂事的，也注意到林子满脸通红地低下了头。后来，林子也站起来发言，他吞吞吐吐地说：“老师，其实，在 QQ 上，好友之间也是可以互相骂的。”我不动声色，女生们异口同声地表示反对，几个男生却点了点头。我说：“男孩子大大咧咧，不拘小节，对挨骂并不太在意。可不是每个人都喜欢用这种方式交流。再说，你愿意好友天天留言骂你吗?”那几个男生迅速摇了摇头。林子继续狡辩：“老师，电脑上有黑客，专门盗人家的 QQ 号，也许这个同学的号也是被盗了。”“那你的意思是这绝对不是咱们班的同学干的?”林子勉强地点了点头。“那如果是你，老师或家长批评你时，你怎么办?”他的嘴迅速撅了起来，一脸的不服气，就像谁正在批评他似的，看得我又好气又好笑。见他不肯回答，我把这个问题抛给了其他同学。同学们七嘴八舌起来，有的同学还活学活用起《为人民服务》来：“我们欢迎任何人的正确批评。”“当你认为这个批评不正确时，又该怎么办呢?”教室里顿时鸦雀无声，这是问题的关键。孩子们经过讨论后，达成了“有则改之，无则加勉”的共识。我看了看林子，他抬起了头，神色渐渐平静下来了。从他脸上看得出，他对自己的冲动行为有了悔意。

让林子认识自己的错误，并知道今后遇到类似问题应该怎样调整自己的情绪，是我的目的。既然目的已经达到，我又何必强求他认错，让他从此抬不起头来呢？绿色教育注重尊重儿童的个体差异，关注儿童的精神世界，强调儿童的心理健康。我们要承认并尊重学生的差异性，用比天空还要宽阔的胸怀去包容他们。包容和谅解学生的过错，给他们提供进步的空间和表现的机会，让他们学会自我调节，提高自制能力，从而形成良好的个性品质。所以，我会给林子时间，继续不断地引导和开导他，让他慢慢变得平和起来，学会在表扬中成长，也能在批评中成长，学会与人相处之道，最终成为一个品学兼优的学生。

栽下一棵小树，不要急着收获一片绿荫。只要我们对小树付出了足够的耐心，他必能健康成长，在阳光下绿树成荫。

——刘文波

绿色·心语

一棵小树需要养料、阳光和雨露才能长成参天大树，而一个孩子需要教育、呵护和鼓励方可进步，最终成为于国于家皆有用之才。每个孩子都是向善的，即使他一时冲动犯了错，我们要做的就是宽容他们，给他们提供一个更为广阔的成长空间。

宽容——班主任的美德

紫罗兰把它的香气留在那踩扁了它的脚踝上，这就是宽恕。

——马克·吐温

前几天我接到了一封来自北京人民大学的信，“会是谁呢?”我怀着疑惑的心情打开了淡蓝色的信封，哦，是甜甜——我一直引以为豪的学生。伴着一股清香，她那俊秀而又熟悉的字体映入眼帘：

尊敬的老师：

很久就想给您写信了，但又不敢写。怕打扰了您的工作，又怕我做得不好让您失望……您教了我三年，您是我的恩师。您的教育之恩我没齿难忘……老师，我有很多话想和您当面说，但是不敢说。今天，我敞开心扉说说心里话，有不敬之处请您多多原谅。您是位好老师，这是全校师生公认的，您真诚、敬业、责任心强，您对我们呕心沥血，费尽了心思，操碎了心。还记得半夜您办公室里疲惫的身影，课间您苦口婆心的教导，课堂上您沙哑的嗓音，作业本上密密麻麻的批改……老师，您的辛苦换来了我们的优秀成绩。老师，我们理解您的良苦用心，可是我们觉得很累，是心里的累。我们都怕您，怕您在我们犯了哪怕是丁点错误之后的严厉说教，怕您在我们考试失利后的大发雷霆……老师，您是否记得这样一句话——“生气，是拿别人的错误来惩罚自己”，有许多事情，当你打算用愤恨去解决问题而效果不尽如人意时，不妨用宽容去试一下，或许它能达到“山重水复疑无路，柳暗花明又一村”的效果。您太累了，老师！您不能原谅自己或他人所出现的失误与差错，这样只会给自己和他人增加心理上的负担，影响今后的正常生活与工作。因此，老师，请您学会宽容，既解放了自己又宽待了他人，何乐而不为呢？

看完这封信后，我的内心久久无法平静。有一件事马上浮现在心头：一班的一位同学平时不爱学习，英语更是他厌恶的课程。一天早上他又没有完成作业，于是他顺手撕下别人的作业写上自己的名字交给老师企图蒙混过关。这位老师发现后问他为什么这么做。他顺口回答：“我想得个 good。”这位老师明知是假话，但她还是耐着性子为他认认真真写了满满两大篇 good，告诉他这些 good 是老师预支给他的，将来要用好成绩还上的。这位同学羞愧不已，后来发奋图强，学习成绩突飞猛进。

同样的事情我班也发生过，我当场声色俱厉地教训了不写作业的同学，并且严肃地通知了家长。他也承认了错误，但是此后的他在老师和同学们的面前总是低着头，学习积极性每况愈下，现在想想都是因为我的处事不当而严重伤害了他那颗原本也想上进的心，看来都是缺少宽容惹的祸。

踏上工作岗位的第一天，我曾暗暗对自己说：“你年少时的懒散使你失去了很多，作为教师你一定要严格要求他们，使悲剧不再重演。”于是在以后的班主任工作中我面面俱到，事无巨细。我不允许他们犯一丁点错误，否则迎接他们的就是一顿“狂风暴雨”般的袭击。怪不得这些年我的学生对我敬而远之！天啊！这些年我做了些什么？我用自以为是的教育方式教育了一批又一批的学生。他们花一般的年龄本应是快乐的学习着。我的严厉甚至苛刻的教育方式剥夺了他们快乐的权利，我不敢想象我的呵斥曾给他们心理上留下多少阴影，他们还会快乐吗……我不敢再想下去了。

这件事对我触动很大，我找来很多关于班主任管理的书来读，并且和其他班主任交流，和孩子们谈心。夜深了，我独自一人在灯下反思：孩子们在成长的过程中不可避免的要犯这样或那样的错误。我希望看到孩子们的长处，但却见不得他们的短处。要知道金无足赤，人无完人呀。我不是不爱孩子们，但孩子们却从不敢像快乐的小鸟一样依偎在我的身边，他们看不到我对他们的爱。我的爱是一种自私的、一厢情愿的爱。我对他们喋喋不休，直至他们垂头丧气地低下了头为止。即使在他们意识到犯错之后，他们忐忑不安的目光遇上的也必然是我严厉的眼神。我真是得理不饶人呀，这是心理上的严重失衡。我把作为教师应具备的美德给丢掉了。如果时光能够倒流，我一定会用宽容的微笑回应他们所犯下的幼稚的错误。

在我们的班主任工作中遇到的教育事例成千上万，每一个孩子又都有着千差万别的个性。同样的错误，有的孩子只需要一个意味深长的微笑，有的孩子只需要一个关爱的眼神，还有的孩子也许需要十次八次的耐心说教才能走上正轨。每个孩子都有其独特的自尊心，班主任工作的目的就是帮助孩子改正缺点，促使他们走上正途，在这个过程中要小心翼翼地呵护他们的自尊心。一个人如果没有了自尊心，任何的教育方式都是徒劳无益的。在这个过程中，宽容凸显其独特魅力。宽容是为师之本，它并非是一时一事的犀利，而是河水深层的潜流，它有力量，但表面不起波浪。有人说，一个教师学会了严厉，只是走进了教育的一间房子，学会了宽容，你才获得走向所有教育的大楼的钥匙。

这几天我尝试着用宽容的心去和班上的孩子们相处。兰同学在课堂上做小动作，我让她回答了一个问题之后，对她的标准的普通话加以表扬，然后告诉她课堂认真听讲的重要性。果然她的表现好多了。雨同学的作业极不认真，我就在课堂上组织作业欣赏，并且让他来谈感想。他马上就意识到自己的缺点，作业也认真多了。豪同学常常因为一丁点小事就和别人动手打架，我不动声色地让他看一些青少年犯罪的报道。相信对他有了触动，以后很少看到他打架了……慢慢地，我发现孩子们见我的时候脸上多了微笑，而我自己竟然也有了一种蜕变的轻松。

有诗写道：大海的宽容，在于汇集大大小小的川流，在于包容深深浅浅的缘分。心，因为宽容显得真实；爱，因为宽容才被看见。也有人这样说：原谅别人已经认识到的过失，是一种美德。宽容就是一门艺术，一门做人的艺术，宽容精神是一切事物中最伟大的精神。

宽容似高山，它能容下鲜花，也能容下荆棘；宽容似大海，它能容下江河，也能容下小溪；宽容似春雨，它能融化顽固的坚冰，唤醒沉睡的心灵；宽容似明灯，它能照亮学生前进的路，重新点燃学生的希望；宽容似抒情曲，会给受教育者带去成功，给教育者带来愉悦。为师宽容，教育便拥有了全部的希望。

——曲淑平

绿色心语

做人如水，做事如山，拥有一颗宽容的心，才会笑对人生。宽容会在师生之间架起一座心灵的桥梁，而真正的教育存在于老师与学生心灵距离最短的时候，存在于师生情感共鸣、心灵契合之时。宽容，孕育着真，引导着善，创造着美，奉献着爱。

给孩子们一个自己处理问题的空间

下午第二节课后，我拿着书往教室走去。刚到楼梯口，就有学生慌慌张张地跑下楼来告诉我："老师，王和李在教室里打架。"

"什么？"我一听，立刻三步并作两步跑进教室。

教室后边的黑板上、地面上到处都洒遍了水点。王面向后，趴在桌上哭。李一只手拿着一瓶水，一只手正用力擦着桌子上的水滴。其他的学生都盯着我。我强压住心头的怒火，轻轻走过去，问道："谁能告诉我，发生了什么事？"两个当事人谁也没吭声，旁边坐着的刘快言快语地说："老师，刚才，李的水放在桌上，王就去拿。李不让，王就逗他，故意伸手，李就拿起尺子打他，他就哭啦。"

看到两人也无大碍，我心里轻轻透了口气。不知什么时候，李下楼去了。这时，王也抬起了头，我问王："怎么样，是这样的吗？"

"我没碰他的水，他就打我。"王带着哭腔喊道。

"哦，你认为只是个玩笑，不需要那么用力打，是吗？"我理清了头绪，静下心来。

"嗯。"王脸上挂着泪珠望着我。

"那么，你认为责任全在李身上吗？"我继续问他。听了我的话，王低下了头。

我随即缓和了一下口气："还疼吗？打着哪儿了？"

"没事。"王眼里蓄满了泪水。

"想一想，在这件事中，你的责任在哪儿？"

"我不该去逗他。"

这时，李走了过来。他的鼻孔塞了卫生纸，已快被血浸透了。

我心中一惊："你的鼻子怎么了，被王打破了吗？"

"不是。"

"那怎么流血了？"

"不知道。"

难道是因为刚才打架，太过激动引起的？我暗想。眼看着血水要流出来了，我赶紧说："你先下楼去洗一洗。"说完，他就跑走了。想想他那已经浸透的纸巾，我问："谁有纸巾？""我有！""我有！"同学们纷纷伸出手。

拿过纸巾，我本想亲自下去看一看，可回头看到王，不由灵机一动，对他说："你去帮帮他，好吗？"王点点头，接过纸巾，跑下楼去。

过了一会儿，他们回来了。李的脸已经变得干干净净，王的脸也放松了许多。我放下了这件事，开始上课了。

放学后，我把他们俩留了下来。还没等我开口，李就说："老师，我错了。"

我看着他的脸，不像敷衍我，就接着问道：“你错哪儿了？”“我不该动手打人。”“既然知道错了，那以后遇到这样的事该怎么做呢？”“老师，以后我再也不打人了。我的脾气太急，以后，我一定会注意。我会忍住的。”看着他一脸的诚恳，我用力点点头。“那你们俩？”我看看王和李，这时，王抢着说：“老师，我们和好了。都怪我，不该老逗他，我们再也不打架了。”说着，他俩相视一笑。看着他俩天真的笑脸，我的心也偷偷地笑了。

处理完这件事之后，我仔细回想了这件事的过程。以前处理类似事件的时候，他们总是各有各的理，谁也不服谁。可今天，我感觉自己处理起来很轻松，很圆满。为什么呢？我想，每个孩子都有自己的想法，都有自己处理问题的方式。或许，在我们看来非常简单的问题，在他们看来就变得很严重；而我们认为很严重的问题，也许他们又会认为没什么大不了。作为老师，我们只有给他足够的空间，为他们创造足够宽松的环境，孩子们就会很容易发现自己的问题并愿意去体谅、原谅别人的错误。而我在这件事中，恰巧在适当的时机给了他们自己处理问题的空间和思考改正的时间，可能，这就是使事情得以顺利解决的关键吧。

——杨通莲

绿色心语

教师心里要时刻装着学生，只要你走进教室，就是学生成长路上的导师，您的一举一动都会对学生产生深远的影响。充满智慧的老师，播下“善”的种子，开出“美”的花朵！

让美德之花在绿色中绽放

“虚心使人进步，骄傲使人落后。”

“读书破万卷，下笔如有神。”

“春蚕到死丝方尽，蜡炬成灰泪始干。”

……

每天清晨，漫步于环山路小学，一条条耳熟能详、朗朗上口的名言警句便会飘进你的耳朵，沁入你的心房。从这稚嫩的诵读声中，我们仿佛看到了传统美德之花悄然绽放。

为了让每位学生都能走进经典、诵读经典，让传统文化走进校园，学期初教育局免费为孩子们发放了《中华传统美德警句名言》，布置学生背诵，开学后每天利用“快乐早读”的时间诵读。

说实在的，一开始我并不看好这项活动。我所教的是二年级，我认为二年级的孩子还小，他们根本不懂这些含义深刻的警句名言，怎能从中受到教育获得启发？所以每天早读，我都会选两条字数精简、含义明了、学生易学易会的警句名言抄在黑板的左边，和学生一起读通读准确；通过一个个生动有趣的小故事帮助他们理解其含义；引导孩子们说出在生活、工作、学习中，我们应该怎样去做；最后熟读成诵。我希望通过我的努力让孩子现在多一些积累，将来长大后或许会有所感悟。同时，平时我还细心观察学生，发现哪一方面的问题，及时运用警句名言教育孩子。

一天自习，我发现军趁老师不在教室时到处乱跑。他很聪明，但父母离异后谁也不管他，他跟着爷爷奶奶生活，学习习惯很差，经常不交作业。所以，我总是用宽容之心对待他，没想到他又故伎重施。此时的我如一颗即将引爆的雷，刚准备爆发，没想到班长来了一句"'不以规矩，无以成方圆''从善如登，从恶如崩'请你坐好！"此时的我惊呆了，没想到二年级的孩子竟然能用警句名言来劝说同伴，看来我之前是小瞧了孩子们。"大家听懂了吗?"为了得到真实的答案，我决定考考大家。旁边的孩子们你一言，我一语，尽管说的不太连贯，但他们表达了同样的意思，要遵守校规校纪，我表扬了孩子们，希望他们用警句名言当座右铭，来规范自己的行为，劝说他人诚信守纪，勤奋好学……此时的军惭愧地低下了头。

几天后的早晨，我刚走进教室，只见军正在用"一年之计在于晨"劝班上的同学读书呢！这真让我喜出望外。

此后，警句名言成了我班一道亮丽的风景线。

当有的同学偷偷地把吃剩的馒头给扔了时，一句"谁知盘中餐，粒粒皆辛苦"脱口而出；有的同学违反群众纪律，拔群众的蔬菜，一声"勿以恶小而为之，勿以善小而不为"平地而起；有的同学随地扔垃圾，一句"扔掉的是垃圾，拾起的是美德"如影相随；有的同学说脏话时，一声"不学礼，无以立"已在待命……现在我班打扫卫生比以前干净彻底了，同学之间、伙伴之间也更加团结和谐了，家长们也反映孩子知书达理了，也能为长辈做些力所能及的事。在学校的诵读比赛中，我班同学声音响亮，气势震人，最终勇夺桂冠。

我校绿色教育尤为重视学生美德的培养，教学楼看板的主题分别为德育、励志和读书小故事等，塑胶操场的北边为德育长廊和绿色心语。孩子们每天置身其中，在学习锻炼之余轻声诵读，尽情享受美德的熏陶。而诵读《中华传统美德名言警句》，不但加深了学生对有关小故事的理解，而且给了他们判断是非的一把标尺，帮助他们指导和规范自己和他人的行为，激励他们不断进取，从而自信健康地成长。

感谢《中华传统美德名言警句》，它让我们的孩子拥有健康的心态，拥有积极向上的自信，拥有勤奋乐学的行动；感谢《中华传统美德名言警句》，为每个学生营造出绿色的"精神家园"，让美德之花在绿色中绽放！

——刘春丽

绿色·心语

"少成若天性，美德成自然。"经典名句的熏陶逐渐使学生养成良好的品质和习惯，这也将影响他的一生。美德教育，必须持之以恒。

老师，您看到我了吗

开学以来，班上有不少孩子到我这里来控诉"调皮大王"滔的种种劣行：上课吃东西、不认真听讲、耽误其他同学上课、对别的孩子动手动脚……没办法，我只好将他一次又一次地叫到办公室进行严厉批评，并给他调换座位，希望能让他安静几天。

不曾想，这刚调位没几天，就出事了。

一天中午，我骑车上班，走到半路，就被一个家长拦住了："老师，您快给萌调调座位吧。"

"怎么了？"我不解地问，"萌平时表现得那么好，现在的座位也不错，为什么要调位？"

"唉，还不是因为那个叫滔的同学，自从调到萌后面之后，他不仅在上课时总动她的小辫子，有时还用圆珠笔画她的衣服，甚至往她身上吐唾沫。"

"什么？"听到这里，我气不打一处来，"好，请您放心，我回去一定把这件事情调查清楚、处理好。"

刚走到教室，就看见滔在教室里大呼小叫，一副洋洋自得的样子。我更来气了，就把他叫到办公室。我像一头发怒的狮子咆哮着："滔，你到底想干什么？"可能是我这么一吼，震住了他，他低下了头。

见他低下了头，我的声调也放松了一些，问他："你为什么要这么闹？你知道那是教室吗？那不是集市。这还不算，现在人家家长已经找上门来了，扯女同学的小辫子，往人家身上吐唾沫，你让我怎么说你呢？"

没想到我这么一说，他眼睛里有什么东西一闪，接着眼泪哗哗地流下来了。我的心一下子就软了，声音也变得柔和起来，一边拿纸巾给他擦眼泪，一边对他说："你能告诉老师吗？"他哭着说："我也不想那么做，我也知道那么做对同学很不友好，会让大家讨厌，可我从一年级开始就被大家认为是差生，没有人愿意主动与我交朋友，其实……其实……我只是想引起大家的注意。”说到这里，我的心微微地颤动了一下，没想到，他还有这样的想法。

“那你的方式就是与同学打架，甚至在别人衣服上乱画、吐唾沫?”他抽噎了一下，说：“其实，我不仅想让同学们知道我的存在，还想引起您的注意，这样您就会多找我几次、多看我几眼，不会对我不闻不问。”

……

我一时不知道说什么了，原来，在他调皮的背后还有一颗如此细腻的心。我示意他在一把椅子上坐下，心平气和地对他说：“引起老师和同学注意的方法很多，比如帮老师擦擦黑板，发发作业，帮同学做做值日，学习上咱不如别人，可咱的身体长得壮，咱可以在体育、劳动上赛过别人，那样，同学们同样会喜欢你，而你现在的方法只会让同学们讨厌你，你是想让同学和老师因喜欢而注意你还是因讨厌而注意你呢?”他听了我的话，似乎心有所动：“老师，您说，如果我努力了，同学们会喜欢我吗?”“会，当然会，老师和同学都不会只看你的过去，只要你肯加把劲，好好表现，同学们一定会喜欢你。你看，老师不是到现在为止也没有放弃你吗？你千万别让老师失望哦。”他重重地点了一下头，像是下了好大的决心。我笑着拍拍他的肩膀让他回去了。

在以后的一周里，我尽量多地关注滔，我惊喜地发现：虽然他上课有时也忍不住做做小动作，有时也会在教室里上蹿下跳，不过，只要我的眼神注意到他，他会马上意识到自己错了，特别令人欣慰的是：每天早上，当我和同学们走进教室，地面已经是干干净净的了，桌子也摆得整整齐齐，而他也已经坐在座位上开始写字了。每到这个时候，我总是不失时机地表扬他，同学们也渐渐地发现他变了，愿意与他接近了。

我针对他爱劳动这一特点，安排他担任每周三的值日班长，主管这一天的卫生，从没得到重用的他干起活来格外卖劲，工作起来特别负责，很快，他所带领的这一组便被评为卫生先进小组，他更受同学们的欢迎了。在课堂上，我也会适时地多给他一些关注的眼神、鼓励的话语，让他知道，老师时时刻刻都在关注他，以往课堂上不能集中注意力的他也慢慢地让自己适应，试着起来回答问题，在单元测试时，虽时有不及格的情况发生，但我从他身上看到了希望。

从滔身上，我深深地感到：“孩子，我看见你了!”这句话的分量。每个人都需要被自己关心的人关注，每个人都希望得到应该得到的呵护，每个人都希望自己朝着好的方向发展，朝着受尊重的方面努力。只要我们老师愿意看见他们，愿意善待他们，愿意最大限度地为他们创造表现的空间和时间，他们一定会充满自信，充满力量的。

——从玲

绿色心语

班主任工作要慎言慎行，不戴有色眼镜对待学生。工作中要尊重班上每一位学生，特别是尊重处于弱势群体的学生，从细微处呵护他们的自尊心。

转 变

接过新班级的学生名单，当看到"小浩"这个名字时，我不由得心里暗暗叫苦：怎么摊上了他？说起小浩这个学生，整个学校可以说是无人不知无人不晓，倒不是因为他的学习成绩如何差，而是因为他是一个特别有个性的学生。曾经校长在课间让他把操场的纸片拾起来，他的回答是："我就课间十分钟这么点玩的时间，你还让我拾垃圾，我不干。"上课时，他给每一位任课教师的印象是，这点知识还用学吗，真啰唆。因此，他要不凝视窗外，要不趴在桌上，要不就不停地往地上吐痰，总之是怎么吸引人的眼球怎么干。但他的成绩却总是处在中等偏上的水平，让人无话可说。就是这么一个有特点的学生，在未来的四年级生活中，我该如何对待他呢？

心理学家阿德勒认为："每个人都有先天的生理或心理欠缺，只不过程度不同而已。只要处理好，缺陷也能转化为各种各样的优越感。"我从这句名言中找到解题的钥匙和力量的源泉，经过一个月的观察和斗智斗勇，我看到了小浩的转变。

一、给鼓励

一开始，我也像以前那样晾着他，不搭理他，把他的座位放在最后，希望用这种冷处理的方法让他自我感悟。可是几天之后我发现这个方法不行，小浩毫不在乎，依然我行我素。上课照样不是趴着睡觉，就是东张西望，连上课布置的练习都不做。于是我又把他的座位调到了最前面，希望通过我的监控改变他的恶习。可这样一来，我发现我因为他的出现变成了教室里最忙乱、最可笑的人。小浩和我玩起了捉迷藏，但被捉的不是他，而变成了我，变成了他时时监控我的行动。由此，我想到了"牵着牛鼻子"干活的故事，你拉得越紧它越往后赖。那我反其道而行之怎么样呢？如果我晓之以理，动之以情，多感情投资，多投入精力，一步步地促使他感知别人的期待，别人的接纳，从而从心里产生要好的念头，这样，小浩是不是就能在无拘无束中转化的更理想呢？于是，我上课时不再刻意去盯着他，找他的毛病，而是抓着他一点优点就大加赞扬。刚开始，小浩还半信半疑不知我葫芦里卖的是什么药，可表扬的次数多了，他就“三人成虎”了，就真的按照我表扬的标准来要求自己，虽然有时他的老毛病又出现了，但是这时你的批评他就能理解成善意的忠告了。

二、加压力

通过上课小浩回答问题的表现，我了解到小浩头脑特别灵活，知识面也很广，所以他的言行就与其他同学格格不入，他也从不主动和其他同学交往，总是独来独往。要改变这种现象，我想让小浩以“英雄”的形象出现。我把我班上学习成绩最差的一名同学安排成他的同桌。一节课上，我在给这名学生讲了两遍题他还不明白的时候，对小浩说：“老师也不知用什么方法才能把他讲明白，不如你来试试怎么样?”这项具有挑战性的工作引起了小浩的兴趣，他马上开始了自己的尝试，虽然有时他根本不注意课堂的纪律，在别的同学安静做题的时候他就旁若无人的高声讲起来，但我还是抓住那名差生的一点进步就用佩服的语气大加赞扬，这不但激起了他继续帮助同学的信心，也让别的同学开始佩服起小浩来，向他请教问题的同学越来越多了。我还让他当上了英语课代表，他的责任心和积极性是谁也比不了的。

一个月后的月考成绩出来了，小浩不但让同桌的成绩有了进步，自己的成绩也在班级中名列前茅。现在课堂上再也找不到那个东张西望，百无聊赖的小浩了，取而代之的是到处为同学学习排忧解难的“消防员”小浩。

通过小浩的蜕变过程，我发现对个性强、行为特别的学生，教师或家长不要把注意力集中在孩子的不良表现上，要更多地关注孩子的优点和特长，更多地加以渗透性的教育，多旁敲侧击，使之一步步放开自己的心绪，慢慢地转变看待周围事物的不正确思想，将自己融入到集体中去，一点点感受大家给他的善意和他给大家的帮助，从而将自己的注意力转移到父母、老师、同伴上来，最终消除与所有人的隔阂，乐于接受教育者的教育。

——于霄娟

绿色心语

我们要善于捕捉一切教育的契机，大胆地艺术性地进行教育实践。只要我们有真诚的爱心、足够的耐心，用坚定的信念来引导和教育我们的学生，一定会有意想不到的惊喜在等着你！

"爱"PK"周一恐惧症"

又到周一，和往常一样，我早早地来到教室迎接学生。7 点半了，坐最后一趟班车的光走了进来，叫了一声："老师……"我的心一沉："文又没来?"光说："老师，他妈妈说他肚子又疼了。"我无奈地叹了口气，这已经是第五次了！

文是个比较腼腆的小男孩，在四年级的时候，学习上比较刻苦，成绩在班级中游，其他各方面也都不错。谁知道，才上五年级不到两个月的时间，竟然有 5 次在周一因为肚子疼而不来上学。起初，文妈妈打电话请假，我还很担心，让她赶快带孩子去医院检查；再后来，周一就成了他例行的"肚疼日"，有时还伴有呕吐。做父母的担心孩子身体真的有病，带着孩子到了好几个医院，做了各项检查，可各种检查结果显示，身体一切正常。家长说，文周六周日在家里那叫一个开心呀，周一早上吃完饭，他就开始肚子疼，都疼得满头大汗，也把家长给折腾得不轻。这个病可真奇怪！

根据多年的班主任经验，我判断他的肚子疼是假的，不愿意上学是真的。暗中，我一直在调查，是不是文在班级和哪位同学闹矛盾了，或者哪位老师批评他了，所以他不愿意上学；我也一直在反思，是不是我的班主任工作不够细致，孩子觉得老师不重视他，因而故意引起老师的注意……但是，实践证明，我的猜想都是错误的。除了周一，其余时间文是一个完全正常的喜欢上学的小学生，并且每次作业都写得非常认真。问题到底出在哪里呢？我百思不得其解。

一个偶然的机会，我想起了上初中的儿子。每到周一早上，他总是找理由和我吵架，心情不好地去上学。难道这两个孩子的情况有什么相通之处吗？我仿佛还记得儿子经常念叨的什么"星期一走向深渊，星期二长路漫漫，星期三一片迷茫，星期四黎明前的黑暗，星期五归心似箭，星期六胜利大逃亡，星期天快乐自由"。看来，周一不愿意上学不是个例，而是普遍存在的，只不过程度轻重不同而已。就像我们上班一族，到了周一，我们不是也很打怵上班，希望周一永远不要来到吗?

通过上网查阅相关资料，我分析文的这种表现，在心理学上叫做"周一恐惧症"。患上这种病征的孩子总是借口身体不舒服，如头痛、肚子痛、呕吐等而拒绝上学，并且对学习不感兴趣，常常伴随学习困难。

问题找到了，该怎样帮助他摆脱"周一恐惧症"呢?

我决定先从培养文的学习兴趣入手，给他预设小的较易实现的目标，让他感觉进步不是一件难事。在课堂上，给他更多的表现机会，当他回答问题正确时，我就和全班同学一起为他鼓掌；每当他做对一道数学题或者背诵了一段课文后，任课老师也是及时表扬，让他真切地感受到“我也行”，慢慢地，他对学习有了兴趣。

我又和家长沟通，想方设法让文体会到老师和父母对他浓浓的爱。我告诉家长，近一段时间可以帮助孩子一起完成作业，出现错误也不要指责，减少给孩子的压力；同时利用课后时间，我和其他任课老师帮助他补习落下的功课，减轻了他学习上的压力。我还在班级上发动学生和文做好朋友，让同村的光和文一起做功课，增加他与小伙伴交往的时间，让他体会到同学对他浓浓的关爱。

经过老师、家长、同学的共同努力，文逐渐摆脱了“周一恐惧症”对他的折磨。现在的文，性格开朗，学习刻苦，每周一早上都会看到他灿烂的笑脸。我们由衷地为他感到高兴。

文的问题解决了，那么其他同学会不会也存在这样的问题呢？看来在今后的班主任工作中，我要特别关注孩子们的心理健康，不能忽视任何可能对孩子心理造成影响的细节。真切地希望我的学生们永远不受“周一恐惧症”的折磨，享受学习的快乐！

——苗延凤

绿色心语

每个学生都是老师心中的宝贝，想让自己的宝贝健康成长，老师就要怀着一颗真诚的爱心，用充分的尊重与理解，用足够的耐心和宽容，走进学生的心灵，真正成为他们灵魂的工程师。

棋争·悟道

一个年轻人下棋入魔，认为棋的世界里只有欺骗，苦恼不堪，诉之于修道院院长。院长回答：“下棋是一种修持。”不以为然。院长遂叫来一修士，与其赛棋，赌注是修士在修道院中的地位，若赢，将取而代之。年轻人对此位思慕已久，狠招迭出，志在必得。然而毕竟稍逊一筹，逐渐显出败相，他绝望了。忽然修士臭招连出，败给年轻人，说：“你全心投入这盘棋，有资格得到你想要的，我离开。”说完起身要走。“你也有资格留下，”院长说，“因为你能成全他人。”

修士怜年轻人的窘迫，成就他人的同时也成就了自己，提高了修道的境界。由此，想到了我们的研修。研修网上，有教坛泰斗有新秀，更多的是名不见经传的普通老师。纵是泰斗，成就的背后付出的是无尽的艰辛。若此时他们是奥运赛场上的选手，断不肯将毕生所学和盘托出，恐怕得其一二也是不可能的。然而在研修平台上，专家的引领、点评无不是心血的凝聚，让如久旱盼甘霖的老师们如醍醐灌顶，豁然开朗，如道似佛，普度众生。然老师们又何尝不是在修持？心中念念不忘的，是那群嗷嗷待哺的幼苗。若不成就自己，如何成就学生？只因心怀桑梓、情系教育，所以不惧骄阳炙炙，甘负星辉朗朗。键盘嘀嗒传送的岂是一个“研”字了得！

子曰：“三人行必有我师。”《棋争》中的年轻人以下棋为欺骗，若能蓦然回首，未尝不能收获灯火阑珊。欺骗，可理解为诱导。如能诱导学生抵达我们期待的境地，倒不失为良策。就像我们的教育教学行为，有法而无定法，有道又需悟道。道，无处不在。道，忘其形而解其意后善其行。酷暑研修挥汗如雨老师们却甘之如饴，毕竟成长是每个人毕生的渴望，我们总把目光投向更高更远的天空。暑期研修如精英荟萃的棋，局有散时，情无终了。用一句老百姓最常用的话说：师傅领进门，修行在个人。如果研修是引领，那今后真的是路漫漫其修远兮，吾将上下而求索！

修己悟道，我们才刚刚开始。

——孙茂平

绿色心语

心怀桑梓、情系教育，不惧骄阳炙炙，甘负星辉朗朗。酷暑研修挥汗如雨，老师们却甘之如饴，只因若不成就自己，如何成就学生？

老师喜欢你

今天一进教室就发现第一排的晓燕没来，我知道她又没有背上课文，因为这样的行为两周前已经有过一次了。

晓燕是一个性格腼腆而又总想偷懒的孩子。课堂上回答问题时，其他同学都争先恐后地把手举得高高的，她却总是懒懒地趴在课桌上，两只小手搭在胸前，垂着眼皮，偶尔抬眼看看周围的小朋友或者老师，视线跟我一接触，脸就红了，然后赶紧把头使劲低下去，再也不抬起来了，尽力把自己缩成一团。有时候我有意识点名让她回答，她扭扭捏捏地站起来，小脸早就红了，半天也不说话，这时候周围的同学就当仁不让地“抢答”：“老师，我说！”“老师，还有我！”这时的她当然就被忽略了。可是跟其他性格内向的小朋友不太一样，她不是一个很用功的孩子，家庭作业有时候不交，布置的课文背诵也总是一拖再拖，实在完不成任务就请假不来了。

如何让这样的同学爱上语文？我不得其解。课间正好碰到了数学老师，我就把晓燕的事情说了一下，向她讨教。数学老师想了想，然后胸有成竹地笑着说："这件事交给我，你就等着看好吧！"什么灵丹妙药？我越想知道，数学老师就越是卖关子不肯说。

接下来，我开始下意识地关注晓燕。过了几天，我惊奇地发现晓燕开始有了明显的变化，课堂上她抬起了头，眼睛也亮晶晶地有精神了，脸上明显有了笑意，偶尔也怯生生地举起小手。并且，听写的正确率比以前高了，课文也逐渐能背上来了。

怎么会这样？不行，我一定要把这"高招"学到手！

"我跟她说了，语文老师跟我说其实她很喜欢你！"数学老师笑嘻嘻地说。

"就这么简单？"

"就这么简单！"

"老师喜欢你"这简简单单、平平常常的一句话，竟会蕴藏着这样核能般的力量？我开始进一步留心观察这个慢慢变化的孩子。课堂上她会偷偷地看着我，脸上带着浅浅的笑意，视线总是"黏"在我身上，走到哪里她就看到哪里。集体回答她会用最大的声音说话，个别提问的时候她也会把小手举得高高地，唯恐机会被别人抢去了；背诵的时候她会板着小脸非常认真地背了。慢慢地，课间她也会像其他小朋友那样，主动跑到我身边跟我说话了。而我也会把更多的表现机会留给她，对于她的点点滴滴的进步，我会及时在课堂上表扬。每逢此时，她还会红了脸，低下头，但我分明看到那小脸上洋溢着暖暖的笑意。

简单的一句"老师喜欢你"就让一个孩子发生这么大的变化让我很意外。原苏联教育家赞科夫曾说："当教师必不可少的，甚至几乎是最重要的品质就是热爱学生。"理论上我早已熟记于心，而在实际工作中，对于学生出现的错误，更多的是疾风骤雨般的批评与说教，缺乏对学生最起码的关心与沟通。这件事让我明白了：爱心才是开启学生心灵的钥匙！教师只要真诚真心付出爱，不但可以让学生体会到温暖之情，而且还很容易打动学生。只有教师捧着一颗宽容的爱心对待他们，他们才会在爱的力量下变聪明，才会进步。

"老师喜欢你"简单的一句话似春风拂面，拉近了我与学生的距离，让我静下心来，不断地反省自己，要做一名尊重学生、关心学生、爱护学生的老师。

——林燕晓

绿色心语

"老师喜欢你"真的是简简单单、平平常常的一句话，但是学生却从中体会到了温暖，心灵受到启迪。爱能滋润万物，爱是沟通心灵的桥梁，有了爱，师生才能以诚相待，心心相印。

一盆绿吊兰

学校开展“创建绿色家庭，争创绿色使者”活动，同时号召每个班级养一盆绿色植物，我把家里一棵长势旺盛的绿吊兰移栽到教室的一个空花盆里摆放在窗台上，顿时教室里一片绿意盎然。

第二天，我刚迈进教室，一群孩子跑到我面前七嘴八舌地向我告状：“老师，阳把我们班的花弄坏了。”我一眼看到那盆绿吊兰正无精打采地歪在花盆里，走近一看，原来已经被人从花盆里连根拔起。看到吊兰的惨状，一股怒气油然而生。又是他——阳，这个不久前刚从外地转来，昨天中午刚把别人头打破的孩子。“阳，你过来!”我几乎用尽全身力气喊着，真想劈头盖脸地好好批评他一顿，但是当我看到他耷拉着脑袋，小心翼翼地走到我面前时，突然想到前天我的儿子壮壮，不也把我放在卫生间的一瓶洗手液当成泡泡吹得满屋子都是吗？儿子犯错我没有批评他，而是耐心地和他讲道理，因为我知道孩子在这个年龄正是调皮淘气的时候，我要原谅孩子“随心所欲”的错误，假如今天站在眼前的人是我的儿子，我也会给他当头棒喝吗？想到这里，我用手摸摸他的小脑袋温和地说：“阳，能告诉老师为什么拔吊兰吗?”这个调皮的孩子愣了一下，怯怯地说：“老师我想看看吊兰有没有扎根?”多么天真可爱的孩子呀！我微笑地打量着站在我面前的孩子，所有的怒气一瞬间烟消云散。接下来我对全班同学说：“瞧，阳同学和老师想到一块了，我也非常想知道昨天栽的吊兰现在有没有扎根，但现在我们看到吊兰还没有长好，同学们回家自己栽种一盆绿色植物，仔细观察它的生长过程，等到过些日子带到学校里我们一起观赏好吗?”阳郑重地向我点了头。接下来我没有按原定计划上语文课而是对全班的同学谈到了我们要爱护身边绿色植物，接着组织大家讨论如何做一个爱绿护绿的好学生，最后讲到我们学校的绿色办学理念，整节课同学们听得特别用心。

我庆幸阳毁坏吊兰那件事我没有火冒三丈地呵斥批评这个孩子。试想那天我若大发雷霆，那满怀怨气的指责必定会让年少无知的孩子不知所措，同时会让班上所有的学生惧怕我的威严。然而理智的改变让我在瞬间抓住了教育的契机，看到了“柳暗花明”，最后达到教育学生的目的。教师对待工作要有爱心、诚心、责任心、感恩心，即“四心”。面对七八岁孩子犯下的“错误”，我们教师如果都能用一颗做母亲的爱心去包容，静静地等待孩子成长，我想所有的“错误”都不是错!

——荣丽芳

绿色心语

小学教师面临的是一群年龄很小的孩子。他们都很天真，调皮，有时候所做的事情不可理喻甚至令人愤怒，这时候我们应尽量克制，要多一份宽容，因为教育本身就是一个长期的过程，而学生就是在不断的受教育的过程中成长。

我班的“健心房”

又是一个周五的清晨，我从班级“健心房”里发现了一张没有署名的卡片：“老师，昨天的录像课，我不是有意捣乱的，我也想维护我们班级的荣誉，希望您能原谅我。”虽然卡片上没署名，但我心里明白……

那是一节全程录像的综合实践活动课，同学们思维活跃，小组合作高效有序。可是，在各小组选派一名代表展示发明成果时，不和谐的一幕却出现了：三组的两个男生拽着他们的小发明正在暗暗较劲，组长劝说也不听，全班同学都在看着他们，等着他们。时间一秒一秒地过去，我定了定神，只好把他俩都请到了前面。谁知展示过程中，两人还是不依不饶，谁都不肯松手。我赶忙打圆场：“看来，这两位同学对科学小发明都有着浓厚的兴趣和爱好，相信未来的他们一定能成为优秀的发明家。”

课后，我当着全班同学的面，严肃地批评了他们以自我为中心、不懂合作的做法，两个孩子都低下了头。

当我看到“健心房”里的这张卡片时，直觉告诉我当时处理得过于简单了。我把两个孩子请到了办公室，望着他们眼神里流露出的胆怯和委屈，我为我的武断向他们道歉，并耐心地询问他们原因。这对好朋友告诉我，课前曾约好课堂上要好好表现，看谁回答问题的次数多，看谁能代表他们组发表更多的观点，于是他们为了这次展示的机会，出现了争抢的现象。看来，孩子们的出发点是好的，倒是我有点得理不饶人了。

我庆幸自己用宽容化解了愤怒，用真心呵护了心的成长。而这一切，都源于我在班级中设立的“健心房”，是它为孩子们构建了一处温暖的心灵港湾，是它为孩子们撑起了一方心理的晴空。

一、化解烦恼，构建一处心灵港湾

每学年开学初，我都会真诚地为班级“健心房”进行“真情推荐”。为了打消学生们的顾虑，我避开“心理问题”这一骇人的说法，而以“烦心事”来代替，让班上的每个同学对这个新生事物有个初步的认识：

“小小少年，太多烦恼。”随着我们年龄的增加，一种叫烦恼的东西也悄悄进驻我们的心中。和同学闹矛盾了；和爸爸妈妈吵架了；老师错怪你了；考试成绩退步了；做错事情内疚了……

别急也别烦恼，成长中谁没有烦心事呢，来我们的班级“健心房”吧，发泄一下你的不满，倾诉一下你的心事，让我来陪着你一起动脑筋想办法，让快乐再次回到你的身边……

“健心房推荐函”发到每一位学生手中后，他们会好奇地讨论着“健心房”的神奇本领，有几分怀疑，又有几分向往，还有的孩子会舒心地相视一笑。“健心房”给他们惴惴不安的心照进了一缕阳光，让他们在开学后的第一时间里，对新环境、新同学、新老师不再有陌生感和距离感，使他们愉快地向新的学习生活进发。

同时，我还要求同学们把“健心房推荐函”带回家，请家长过目并签名，让家长们也了解我们班级设立“健心房”的目的，让家长也能及时了解孩子心理变化，鼓励并帮助孩子在遇到困惑或困难时到“健心房”求助。

回想开头两个孩子争抢展示机会等冤假错案中，如果没有“健心房”这处心灵的港湾，孩子的委屈与困惑很难有倾诉的场所与机会，师生间的隔阂与误会就会不断加深，这对孩子的健康成长与班集体的和谐发展都是无益的。

二、挥别困惑，收获一份轻松愉悦

每个学生在学校中都需要一个友好的成人的支持，这个人必须是学生所信任的，而小小“健心房”，帮我找到了与同学们进行心灵对白的重要通途，赢得了班上每个学生的信任与支持。针对有的学生比较内向、不善谈吐，有的学生开始进入青春期，想法比较叛逆等情况，我鼓励同学们把自己的心事写在专供的心形卡片上，可以署名也可以匿名。卡片上的内容，只有我才能阅读，其他任何人是无权查看的。每周五，我都会郑重地取出“健心房”里的每一封信件，利用课余时间认真地阅读并回复。碰到疑难问题，我还会向学校心理咨询方面的专业人士请教，或者上网查找资料，力争用最科学有效的方法，为孩子们驱走烦恼、解开心结。

对于署名的卡片，我利用课余时间找到主人公，倾心倾情耐心倾听他们在学习技能、自我评价、沟通交往以及个人卫生与健康等方面的困惑，对他们表示同感，取得他们的信任，科学公正地引导孩子们正确看待和处理这些困惑。对于不愿署名的卡片，我把内容汇总整合以后，写好回复并在教室后面的专栏中张贴出来。这样，既能帮助这些未署名的学生，更能够给其他同学以启迪。孩子们课后都喜欢在“健心房”专栏前面驻足细看，从中看到自己的影子，找到自己的心灵寄托。

“健心房”，给了学生们倾诉的机会，使他们能够随时把心的负累卸载下来，保持一颗轻松愉悦的心，也使我能够在第一时间了解到学生们的心声，及时地帮助他们解疑释惑，在他们的心田播下希望的种子。更重要的是，在辅导学生的过程中，我也会发现自己工作中存在的失误和不足，从而不断地接受心理的再教育，不断地完善着自己的人格。

三、扫除阴霾，撑起一方美丽晴空

由于环境、性格、智力等方面的差异，班上总是有那么几个默默无闻的“丑小鸭”，他们犹如离群的孤雁，生活在自己的世界里，自卑而自我。针对这样的孩子，我会在背后关注着他们情绪和行为举止的变化，寻找打开他们心扉的钥匙。为此，我们的“健心房”每隔两周都会从同学当中邀请一位“健心嘉宾”，这位嘉宾可以获得班上每位同学赠送的写满他的优点的卡片，当这些孩子看到大家对自己的夸奖与表扬时，就会有着强烈的被接纳与被认同感，就会在以后的学习和生活中重拾自信，找回开心与快乐。

很多家长在面对孩子出现的心理问题时，要么束手无策，要么熟视无睹，要么打骂、训斥，简单粗暴。针对这种情况，我努力争取到家长的支持、配合，把“健心房”同时打造成了孩子与父母交心的家园。记得有一次，我从“健心房”里发现了这样一封信：亲爱的妈妈，虽然当着您的面，我从未叫过您妈妈，但是现在，请允许我大声地叫您一声：妈妈！为了支持我参加学校大队委竞选，您陪我练习演讲到深夜；为了增强我的体质，您总是变着花样为我做好吃的，自己却从不舍得吃一口……这一切女儿都记在心上，我不会让您失望的……当天晚上，我就利用家访的机会把这封信送到了孩子妈妈的手中。这位继母看着孩子的表白泪流满面，母女俩紧紧地拥在一起。孩子封闭已久的心灵此刻得到了尽情释放，“健心房”给了她坦露心迹的空间，家长也从孩子的笔端了解到了孩子的内心世界，使亲子感情更加真挚深厚、亲子沟通更加顺畅。“健心房”使家、校、班级形成同“心”圆，帮助孩子巧解心结，扫除阴霾，为每个孩子撑起了一方心理的晴空。

班级“健心房”，让每个生命变得坚持、坚韧，让每个心灵变得宽广而厚实。

——姜芳

绿色心语

教育的本质是给予学生的教育，即使它本身被遗忘了，却仍然把种子留在学生身上，传递给学生的是信念的火种。班级心理健康辅导是无形的，是无所不在的，就像“润物细无声”的春雨，潜移默化地滋润着学生的心田，陶冶着学生的情操，塑造着学生的灵魂。

小小"议事会"，炫亮孩子的一片晴空

一天，我刚下课回到办公室，就有几个同学满面气愤地跑到办公室来"告状"：力和强正在教室里决斗呢！决斗？一听这话，我急忙三步并作两步跑到教室，那里已经乱作一团，里三层外三层地围满了学生，他们有的在拉架，有的在批评这种行为，有的不知所措……看到我，大家都安静下来，余怒未消的他俩，很不情愿地停下拉扯的双手，力用那被撕扯的快裂缝的校服袖口擦了一把就要"过河"的鼻涕，狠狠地瞅了强一眼；强却挑着眉毛，眼神里满是"有本事你继续来呀"的神气。

待他们平静后，我仔细询问了一下，发现原来是这么回事：力和强是前后桌，在前面的力嫌强的课桌搬得太靠前了，挤得他要命！他把强的课桌向后挪了一点，强很不高兴，又将课桌向前移来，还威胁要打他。

当时，我也没多想，一看，果真如力所讲，就对强说："强，同学之间要互敬互爱，你挤占别人的座位已经不对了，还要打人，是不是就更不对了！"一通批评教育后，强极不情愿地将课桌挪了回去。

本以为此事就这样化解了，不曾想，放学时力又跑到我办公室来，说强又故伎重演，而且还扬言："有本事你去告老师呀！我谁也不怕！"

作为班主任，如果仅从班级管理的角度考虑，或许可以简单地把他们的座位调开，但是，问题不解决，迟早是个隐患，还不如趁势彻底解决呢。怎么解决？类似的事情在各个班级里常见，如果事必躬亲，定会劳心劳神；但是放任自流又有可能累积成"顽疾"，矛盾一旦激化，后果非常严重。怎么办呢？

晚上回家，我也一直在思考解决的方法。此时，电视上正在播放全国"两会"的情况。政协会议上各民主党派各抒已见、共商国是的方法使我得到了启发。政党与政党之间可以这样坐下来商讨，人与人之间不也可以如此吗？为什么我不可以在班级内成立一个协商的机构，让同学们在商讨中学会正确的沟通方法和处理矛盾的方式呢？

于是，第二天，利用班会的时间，我用漂亮的彩色粉笔在黑板上写下了"小小议事会"5 个大字，同学们都睁大了眼睛，疑惑地看着我。

"同学们，咱们学校是倡导绿色和谐的人际关系的，昨天力和强因为一些事情发生了矛盾，这种现象在我们学校是很不应该出现的，大家说，是不是？"

"是！"同学们边回答边继续用疑惑的眼神看着我。

"那力和强到底该怎么做，才能保证不闹别扭呢？谁来帮忙出出招？"

一石激起千层浪。同学们一听我这话，都纷纷地举起了手，有的可能因为着急，小脸都憋得通红。

“我觉得强如果跟力好好说自己的想法，可能就没有问题了。”小班长宁站起来说。

“我要是力，我才不会随便告状呢，一告状，强就更加生气。强，你是这样想的吗?”力的同桌珊说出了自己的想法。

“嗯，我一看见他去告状，我就不服气!”强见有人帮自己说话，赶紧站起来说。

“可是，力是受害者。”没想到，二年级的学生竟然学会了用“受害者”这样的词语表达意思。

“是呀，强都把我挤得喘不过气来了，我再不告诉老师，就出大事了。”

……

见到同学们纷纷表达自己的看法，我觉得时机成熟了，就对大家说：“同学们，这样的事情，你们能通过自己的讨论拿出一套解决方案来吗?”

“能。”小班长宁站起来说，“这个事情，力，你先说说，你认为该怎么做才能保证我们班级内的和谐?”

“我在保证我能够舒服地坐着听讲的基础上，保证不随便到老师那里打小报告了。”力说起话来掷地有声。

“强，你呢?”

“我尽量保证我的桌子不随便乱动，可能是我太胖了的缘故吧。嘿嘿……”

嘻嘻嘻……

哈哈哈……

孩子们笑成了一团。

“同学们，刚才我们进行的这个过程就是‘小小议事会’的议事过程。”我用手指向了黑板上的5个大字。

哦，同学们恍然大悟。

“那以后，咱们同学之间有什么小别扭需要解决的话，我们可以怎么做啊?”我引导着。

“开会!”

“开这个‘小小议事会’。”

“对。可是，咱们的议事会需要大家民主选举议事会成员，再由成员选举议事长，每届任期半年，定期召开会议。咱们现在就推选议事会成员吧?”

“好!”

……

从那以后，班级里发生的矛盾纠纷，全归“小小议事会”负责。“小小议事会”中，大家就某一矛盾一起讨论，矛盾的当事人也可以参与其中，最后形成大家都能够接受的解决方法。

"小小议事会"的设置，不仅让同学们能够七嘴八舌地参与讨论，还能够通过讨论引导大家认识到怎样才能正确地处理纠纷，在潜移默化中形成凡事商量、不打不骂的行为习惯。经过一段时间的实践，我们班的"小小议事会"式的主题班会使班级矛盾处理得更加高效了，同学们之间的冲突也明显得减少了，绿色和谐的班级风气也悄然荡漾在每个孩子的眉梢。

我想，只要我们真正走进孩子们的内心世界，就一定会用我们的智慧炫亮他们的一片晴空。

——刘晓玲

绿色心语

总是发现学生们不喜欢上班会课，究其原因，首先是班会课经常被上成了"批斗课"，其次形式老套，常使学生们昏昏欲睡，参与积极性不高。作为班主任要善于从学生们的日常生活中发掘创新班会的形式。"小小议事会"的设置，不仅让学生们能够七嘴八舌地参与讨论，还能够通过讨论引导同学们认识到怎样才能正确地处理纠纷，在潜移默化中形成凡事商量、不打不骂的行为习惯。

赏识＋期待＝转变

新学期，我跟着同学们一起"升级"到了三年级。拿着花名册，看到了许多熟悉的名字，心里竟泛起了丝丝暖意。突然，一个令人皱眉的名字跃入了我的眼帘，我的心顿时沉了下来。唉，他怎么又被分到了我的班上，这可怎么办呀？让我如此头疼的是一个名叫小瑞的男孩，去年就在我的班上，由于爸爸妈妈工作忙，无暇顾及，他入学前一直是由爷爷奶奶照看，隔辈亲的溺爱和娇生惯养使他变成了一个名副其实的问题孩子：贪玩、不遵守课堂纪律、欺负同学、撒谎、偷拿别人的东西、午睡时要么说话干扰别人休息要么就偷溜出去打卡，甚至在家里也唯我独尊地不听劝导……去年接手这个班级后，我软硬兼施，一年下来也不见起色。本以为把他送走了，可没想到，我们又幸运地"相逢"了。

今年，我还能让他继续这样"破罐子破摔"吗？反思自己去年对他的"苦口婆心"没有收到一点成效，今年，我该怎样做才能帮助到他呢？正当我冥思苦想寻不得法时，一本教育类杂志上著名教育家霍懋征老师的一句话映入了我的眼帘："我的教育方法就是'激励、赏识、参与、期待'，以极大的爱心、耐心、细心、信心、责任心，把孩子教好。"是呀，孩子的缺点哪能一次两次就改好呢，为什么就不能给小瑞一个美好的期待呢？对，在新学年，我也要向小瑞敞开怀抱，尝试容纳他的缺点，挖掘他的亮点，肯定他的进步，真正让他融入班集体。

抱定了这个想法，当小瑞出现违反纪律的现象，我尽量控制自己的情绪，做到不发火，坐下来和他谈心。刚开始，小瑞也不适应我的变化，感到手足无措。拉过他的小手，我像和朋友聊天一样与他交流，聊我们的班集体，聊小男子汉的责任心，聊他的兴趣爱好……

一次、两次，三次……聊起来，我才慢慢发现，小瑞心底的自卑感特别强烈，他之所以屡教不改，是因为他也像老师和其他同学一样，对自己全盘否定了，认为自己就是个学不好的孩子。了解到这一点之后，我开始用心寻找他的优点。正好赶上国庆节，学校开展了军训会操活动。在队列训练时，我发现他的齐步走、三面转法等动作都非常标准，我就瞅准这一点，在班里大力表扬他，并让他当小老师教其他的同学。

看得出，小瑞对于能够得到同学们的肯定深感意外，也很开心，“小老师”干得也有模有样，特别得认真、卖力。在他的带动和帮助下，整个班的学生在军训时都特别卖力，最终，我们班在会操比赛时取得了年级第一名的好成绩。小瑞在同学心目中的形象有了很大的改观，他对自己的评价也有了一点正面的因素。

我始终坚信一个好孩子的成长需要家校携手，共同努力。因此在赏识、赞美、激励小瑞进步的同时，我积极与他的父母交流，并进行了多次家访活动。我通过一个个生动鲜活的事例，让小瑞的父母认识到家庭教育对孩子的影响，并向他们推荐了卢勤老师的《给知心家庭》一书，指导他们如何教育孩子。家访活动非常成功，我得到了小瑞父母的大力配合，从小瑞的作业完成情况和阅读记录卡上，我感觉到小瑞父母对他的家庭教育力度明显加大了。在班级里，我不断地抓住时机鼓励、肯定小瑞，我还和他的父母约定，无论孩子在家还是在学校有了进步，一定要及时“通气”，并由对方相互肯定孩子的积极表现，让小瑞在家和在校都能感受到进步带来的喜悦和成就感等正向能量，以此增强他的自信心。就这样，QQ 群、电话、网校信息平台都成了我们家校之间相互沟通交流的渠道。付出终于得到了回报，我和小瑞的父母在持续沟通了两个多月后，他在学习、卫生和纪律等方面有了明显的进步。

课堂上，小瑞的字迹变工整了，我表扬他；课文背诵流畅了，我肯定他；哪怕他的坐姿端端正正地坚持了一小会儿，我也极力赞赏他……在我的鼓励和赞美声中，小瑞的腰板坐得更直了，课堂上总能看到他那高高举起的小手，其他同学的告状声也逐渐消失了，家长更是多次到校反映孩子的巨大进步。

在这个蜕变的过程中，虽然小瑞仍会犯错，可是我给予他的不再是斥责、冷落，而是一个温柔、鼓励的眼神。而小瑞犯错之后也不再是嬉皮笑脸、无所谓的样子，当我们的眼神对视后，我看到的是他那低垂着的头。我想这就足够了，因为孩子已经拥有了“正能量”，有了知错就改的上进心，相信他一定会成长为一个优秀的学生。

小瑞这样的“学困生”，身上既有优点，也有很多提起来就让人头疼的缺点。可是，当我们真诚地付出耐心和爱心，勇敢地给予关注和期待，他们身上就会发生令人感动和惊喜的变化。赏识引向成功，抱怨导致失败。作为教师，耐心、爱心是转化学困生的感化剂，赏识、激励就是转化学困生的良药方。实践告诉我们，阳光属于每一个孩子，用爱心赏识学生，才会迎来桃李芬芳的春天，才会品味到“百花争艳”的教育美景。

——姚小慧

绿色心语

美国心理学家威普詹姆斯有句名言：“人性最深刻的原则就是希望别人对自己加以赏识。”在教学中，相信学生，理解学生，尊重学生，不断地用赏识、激励、期待的方式，让学生充分发挥自身潜能。

爱，伴我班主任之路同行

“爱”不是一个人偶然幸运地体验并陶醉的一种纯粹的快感，而是一门艺术，一门需要努力才能掌握的艺术。自从毕业分配踏上教师这一工作岗位，十几年来，我一直在这个神奇的国度畅游，摸索前进。记得古希腊神话中有这样一个故事：年轻的国王皮格马利翁精心雕刻了一尊象牙少女像。他对自己的作品非常欣赏和钟爱，每天都含情脉脉地凝视着她。日久天长，奇迹发生了，一尊无生命的雕像获得了生命，变成了一位亭亭玉立、婀娜多姿的少女。正是这份发自内心的爱创造了奇迹！2009 年 9 月开学，我有幸来到环山路小学，接手了二年级二班的班主任工作。面对这所崭新的现代化校园，我暗自下定决心：做一回“年轻的皮格马利翁国王”，用“爱”浇灌 51 棵幼小的花朵，再现奇迹，让他们更茁壮、更美丽！

低年级的班主任工作，对我个人来说是一个新挑战。一直以来游刃于中高年级，施行自己那套学生管理班级的方案，一下子行不通了。开学第一天，我站在讲台上，看着眼前的 51 张小小的笑脸：有试探性的讨好，有天性的调皮，有耐不住的烦躁……刹那间，我决定了：以自己的一颗真心去善待孩子们！没有长篇大论的演讲，我走到孩子们的中间，从他们的一年级生活入手，孩子们很快就与我交谈起来，摆脱了师生间的拘束，而且还谈起自己许多童年趣事。同时在接下来几天，我与同学们一起整理教室，打扫卫生，整理草坪……以自己的实际行动给他们传递着一个信息，那就是老师是容易亲近的，是一个时刻能为他们伸出双手，值得他们信赖的好朋友。所以很快我就和孩子们拉近了距离，打响了胜利的第一炮。

就这样一天、两天……渐渐地，我发现班上有一个男孩子泽很特别。我很欣赏他，因为他很聪明，有时我的问题还没有说完，他就能随口说出答案。但是我对他又很头疼，因为他没有一时是安安静静的。在集体活动时，他总是变着法儿地扰乱别人，被老师发现后，他就坏坏地笑着，把一个手指放在嘴角，一边咬着一边蹦出一串串无辜的话语，不但不认错，还有说不完的歪理儿。午睡也是大问题，“我睡不着”，乱转、捡东西、动桌子……让你哭笑不得很是无奈。刚开始，工作杂而乱，我也顾不得耐心教育，狠狠地瞪一眼或者大声呵斥几句，简单完事，结果他也就继续着他的调皮。有一天中午，他又开始故伎重演。这次我没有简单地呵斥他，而是静静地坐在讲台上，也不说话，只是一直盯着他。开始他也偷偷抬头看我，看着我注视他的目光，一会儿他慢慢地停下了吵闹，不好意思地坐了下来，最后慢慢地睡着了，我也发出了会心地微笑。那天课外活动时，我趁热打铁总结了午睡情况，将他和十几个孩子的名字写在粉红色的“心”里，贴在“温馨提示”上，然后再次大大地表扬了这些同学，特意走到泽面前，摸了摸他的头，然后夸张地给了他一个赞许的眼神，还有一个灿烂的笑脸。泽露出了喜悦的微笑，然后小脸红了一下，低下头轻轻地说了一声：“老师，我错了……”我摇摇头示意他不要说了，又点点头握起拳头，只说了一句：加油！他高兴地一个劲地点头。在以后的日子里，我对泽多了一份格外的关注。当他上课走神时，我会走到他身边，低下头给他一声轻轻地问候“你怎么了？”当集体活动他有小动作时，我会走过去给他一个轻轻地抚摸；当他一天都表现优秀的时候，我会给他一份小小的礼物：亲手画的小动物……

功夫不负有心人，短短两个周的时间，泽变了！家长会上，他母亲告诉我：一年级的时候经常接到老师说泽犯错误的电话，我们都很头疼，很高兴看到二年级的他长大了，懂事了。老师，孩子让你费心了，谢谢你。”一声谢谢虽然很平常，但却让我很是欣慰，为泽，也为我自己。

静下心的我时常会想，现在的学生独生子女多，表现出了很多问题，有时真的让人很生气，但他们也许并不是本质的坏。他们的年龄特点决定了在成长的道路上一定会犯错误，我们应该首先从孩子的角度去理解他们，然后用我们家长的爱、老师的爱，慢慢地教会他们如何生活、如何学习、如何做人，这才是一条孩子成长的正常轨迹。泽的变化就是一个很好的例证。

我的新班主任之路才刚刚开始，前方肯定还有很多荆棘坎坷，但我相信：爱是教育的重要源泉，爱心是成功的基础，只要我们心中有爱，就能赢得孩子们的心灵，我们的爱定能在孩子们的心中浇灌出纯洁美丽成功的花朵。

——张莉婧

绿色心语

唯有用爱铺就一条绿色的情感沟通桥梁，才是授业、解惑的最完美方式。平凡或伟大都随岁月的流逝而平淡，继续用快乐的心态去引导学生，带领学生书写美好的绿色人生才是教育之真谛。

快乐的小军营

——班主任绿色管理手记

引子：

"叮铃铃……"上课的铃声响了。

一年级五班教室里。

"老师，我要尿尿，快憋不住了……"一张委屈的小脸出现在我的面前。

"刚才下课时间，我不是叮嘱过你们要快点去洗手间吗？"我有点不耐烦，挥手示意他快去快回。

"哇"的一声，圆圆刚冲出了教室，叫了起来，边跑边喊："我要找妈妈，我找妈妈！"这可怎么行？我慌忙去追。

好不容易连哄带劝地将圆圆带回教室，昊和佳才急匆匆跑回教室，兴奋地告诉我，"老师，老师，我们学校的小鱼塘，有2条小红鱼……"

我无奈地看看班里的其他孩子，有的在偷偷地哭，有的在抢铅笔，有的在啃手指头，还有的一头钻到了桌子底下找东西……

我该怎么办？还没等我静下来，下课铃声响了。没等我宣布下课，班里的几个孩子已经抬脚飞奔出了教室，他们旁若无人地追逐着、疯闹着……

"哎哟，你敢打我的脸？"

"我抓死你！"

"我告诉老师去！哇……"哭声喊声一片。

我则是手忙脚乱地带着受伤的孩子上医务室包扎，给家长打电话，接受德育主任的追问……

新生一年级入学的第一个星期，我就是在这样的忙乱中度过的。

经验丰富的老教师好心地告诉我："一年级学生刚入学，啥都不懂，老师得把脸绷起来，让他们害怕。下课时，尽量将孩子组织到你周围，不要让他离开你的视线……”

一、军嫂的思考

望着老教师煞有介事的样子，我将信将疑。把学生控制在自己的视线之内，这不是在捆缚孩子吗？学校倡导的绿色教育不是要我们尊重生命，尊重孩子成长的规律吗？这种捆缚的方法，只能限制孩子的思维，压抑孩子的天性，不利于孩子的健康快乐性格的形成。我觉得教育的主要目的是让孩子们健康地成长，让他们一个个充满灵性，成为自由的个体。可是，在这种混乱的状态下如何引领孩子健康快乐地成长呢？我陷入了沉思。

我是一名军嫂，曾在部队大院中生活了近 10 年，经常会看到年轻的战士充满阳光，充满朝气，动作齐整，训练有素，无论吃饭、开会，他们都安静专心。究其原因，是因为部队有“铁的纪律”。我能不能把军队的管理模式带到我的班级中试试呢？说干就干，于是，我在班里开了一次特殊的会议。

二、“8 字口号”

“孩子们，你们喜欢解放军叔叔吗？”

“喜欢！”

“为什么呀？”

平时最调皮的几个男孩子高高地举起小手：“叔叔勇敢！”“叔叔本领大！”……

每个孩子都对解放军叔叔充满了仰慕之情。

我接着说：“可是，你知道叔叔们那些过硬的本领是如何学成的吗？”

“每天练习呗！”调皮大王昊着急地说。

我奇怪地问：“他为什么要练习，练习多苦呀，要是我，我就不干！”

“那怎么行呢？不听话就不是好士兵。”机灵鬼宁着急地说。

“是呀，叔叔知道苦，叔叔知道累，可他们就是这么坚定地坚持锻炼自己，都是因为铁的纪律！”

“孩子们，你们想不想成为战士中的一员？”

“想！”喊声震动了教室内外。

“好，从今天起，我将不再是你们的老师，而是你们的总司令，你们也将不是我的学生，而是我的士兵，表现突出的同学就由士兵升为组长，班长，排长，连长……我要根据你们的表现给你们晋级。”

孩子们都瞪大了眼睛，好奇兴奋地看着我，拼命地点头表示同意。

我终于发现，这些小皮猴，竟然会注意力如此集中地听我说话，而且听得如此认真。这时，我们郑重确立了班级上课的口号——“抱臂”、“坐正”、“眼睛”、“向前”。

这“8 字口号”作用真不小，我一旦发现学生有松散的状态，就会大喊一句

“抱臂!”每每听到这句话，他们就会挺直了腰板，乖乖地喊出“坐正”，眼睛齐刷刷地看向我。从那以后，在一年级五班，大家总能听到整齐有力的口号声。来班上听课的家长、老师和领导，都为我们的快速、整齐、有序的状态感到震惊。我很开心，因为，在这种口号声中，我的很多班级制度准确清晰地传递到每个孩子耳中，并充分利用学校“绿色少年”的“八星评价标准”，根据学生的表现，随时评选出“诚信礼仪星”“环保守纪星”“健康合作星”……“小皮猴们”终于上进了，看来，“8 字口号”调控孩子的注意力成效显著。

三、“跑步小军官”

解决了注意力问题，课间安全问题便呈现在我面前。我发现，孩子课间受伤的主要原因是孩子们不会安静走路，抬脚就是跑。有人不小心摔倒后，周围的孩子还不会躲避，于是出现相继摔倒、叠压的危险场面。如何避免课间安全事故的发生呢?

结合班级中的军营晋级制度，我决定进行跑步训练。每天，我们一年级五班都会挤出 15 分钟时间，喊着“一五一五，英勇威武，要争第一，不争第五”的口号在操场上跑步。我要求 4 个人一排对齐，喊着口号慢跑。初期的时候，难免会有同学不小心摔倒，接着孩子们会哈哈大笑，有的同学还会故意绊倒来吸引别人的眼球。

为此，我郑重地表示，给会跑步的孩子晋升一级，由普通士兵直接提拔成为组长，已经是组长的队员直接提拔为班长……提拔的唯一标准就是跑步不会摔倒。这个标准一出台，就再也没有一人主动摔倒。经常摔跤的孩子，在组长、班长的不断指导下，渐渐懂得如何防止自己摔倒。时间长了，他们还学会了保持一定的安全距离。就这样，我们的跑步“小军官”越来越多。这个方法，不仅让孩子释放了自己旺盛的精力，而且体验到成功的快乐，上课精神明显好多了。

在跑步的基础上，我们又集体参与丢沙包、跳绳等群体活动，在每一项活动开始之前，我们都要立好规矩，讲明游戏的规则，我则由“带领者”变为“参与者”，渐渐地成为“旁观者”，孩子们自己也会轻松安全地参与群体活动了。这让我暗自庆幸，我的小军营式的管理，将安全隐患降到最低，使我们的孩子快乐安全地度过了一年级的关键期。

四、“稽查队长”

在我们一年级五班，有一道特殊的风景——学习用具摆乱了，会有学习用具监督员来提醒你；饭前便后，会有手指卫生督导员提醒你要洗手了；甚至是大桶水没水了，都会有大桶水提醒员提醒老师更换大桶水……班级内，每一个孩子都有提醒任务，班级内的每一件事都有人负责。

我校有个特殊情况，由于部分家长上班时间较早，很多孩子需要 7 点送到学校，这离正常上课时间整整提前了一个小时。作为班主任，我无法保证每天都能那么早到学校看护他们，可他们在教室里自由活动却成了我的一块心病。有一天，在班会上我发愁地说："哎呀，同学们，老师真发愁。"孩子们很疑惑地看着我，我接着说："你看咱们班，每天有几个来的这么早的同学，老师不能保证每天7点到学校。这可怎么办呢？"大家七嘴八舌地帮我出主意，最后，终于达成一致：同学们来早了以后，主动地拿出自己准备的故事书阅读，安排一名同学当"稽查队长"进行管理，这位同学早晨需要早点到校，负责在班级门口提醒大家保持安静。

谁来当这个稽查队长呢？经过大家的商讨，决定集齐学校8星中的3星，才有资格当选。班级内，每天都要根据各位同学的集星情况进行选定。这个活动极大地刺激了"战士们"的集星热情。

在班级稽查队长的带领下，晨读成了一年级五班的一道独特的风景，而作为老师的我也总是毫不吝啬地给予孩子们以赞美。渐渐地，我发现，我不在时的纪律，比我在的时候还要好，更令我没有想到的是，遇到临时开会等事件，班级内虽然没有老师，孩们也会井然有序地自己看书。

每到放学时间，我经常会听到孩子兴奋地告诉爸爸妈妈："明天，我当稽查队长啦，一定要早点到校呀！"看着家长和孩子都笑成了一朵花，我的心里别提有多幸福了。

是呀，每个孩子都是一朵充满灵性的花，他们需要阳光般正向的引领，需要雨露般智慧的点拨。你瞧，在我们这绿色校园里，快乐的一年级五班的小军营已经是晨号嘹亮了。

——张霞

绿色心语

教育中真正的爱，意味着对学生的成长以至未来一生的负责，因此，这种爱必然包含对学生的要求，凡是离开了严格的要求，迁就和纵容学生的"爱"绝不是我们提倡的真爱。是的，每个孩子都是一朵充满灵性的花，他们需要阳光般正向的引领，需要雨露般智慧的点拨。

绿色论坛：

如何有效地对学生进行传统美德教育

主持人（邱海毅）：中国历来重视一个人的品德，无论是"上下求索"的屈原、"北海牧羊"的苏武，还是"精忠报国"的岳飞、"天下为公"的范仲淹，无不受到人们的称颂。中国教育历来是“育德为首”，对学生加强思想道德建设是每位教育工作者义不容辞的责任。如何有效地对学生进行传统美德的教育呢？谁先谈谈自己的理解？

曲学杰：我觉得“注重引导”是德育的重要方法。昔日“大禹治水”以“疏导”成功，而其父鲧“堵塞”却失败，育人亦如此，因为我们面临的是一个个活生生的、有血有肉有感情的人，更应该重视引导。

姚小慧：我同意曲老师的说法。我曾经教过一个五年级的学生谢某，家境不错，父母忙于做生意，无暇顾及他，将其送给奶奶看管。其实奶奶根本管不了他，于是他成了网吧的常客。为此，谢某不知挨了多少老师的批评，不知受了多少次长辈们的训斥，可他仍然我行我素。我接手这个班后，通过观察，了解到他去网吧也只不过是为了“聊天”。原来长期得不到父母疼爱的他备感这个世界的孤独，就经常到网吧的虚拟世界“聊天”，寻找所谓的“朋友”。对此，我采用了疏导的方法，在班级组织了“聊吧”，也就是真正的“聊天”。将班级同学随机安排，在特定的时间内统一互相交流，彼此了解以增进同学间的友谊。通过一段时间的聊天，谢某了解到不少同学家境贫寒，还有同学在半饥半饱的情况下坚持求学，而自己是“身在福中不知福”。后来，谢某多次把自己积攒的零花钱无偿捐献给那些家庭有困难的同学，当然也渐渐远离了网吧。

姜芳：培养自信也是德育成功的一半。有许多学生自暴自弃，并不是不想好好学习，而是因为对学习失去了信心，因此我认为帮助他们找回自信心尤为重要。我班有一个学生李某，人挺聪明，可经常“拳大为哥”，打架斗殴，尤为拿手。他的父母祖祖辈辈守侯在这片古老的土地上，很希望他能够走出去。可李某从小受人欺负，在他幼小的心灵里埋下了复仇的种子，精力根本不放在学习上。

其实每个人都渴望受到赏识的，我先给他讲了周处的故事，指出“浪子回头金不换”的道理，声明只要知错能改，就是好孩子。我还给他讲了“与人为善”、“平易近人”、“推心置腹”等成语即说明了人要以善良、谦让、诚恳、宽容的态度处理人际关系，而不是靠“武力征服”别人，更何况世界上没有哪一个民族能靠武力征服另一个民族！将一些道理摆在了他面前，夸奖他以前是何等的“荣耀”，而如今平平一般，都是对自己缺乏自信心的后果……周而往复，慢慢点起了他心灵深处的火焰，终于他变得自信了，成绩也慢慢提高了。

张辉：为唤起每位学生心中的自信心，在班级管理中，我提出了“进步就是一百分”、“我进步我快乐”等口号，将班级出现的“纪律之星”、“礼仪之星”、“体育之星”、“智慧之星”等张贴出来，举行“榜样在身边，我们该怎么办”的主题班会，调动全体学生的学习积极性，使每位学生找到自己的闪光点，信心十足地投入到学习中去。

王仁萍：我们的美德教育还要注重对学生“诚信”的教育，这是德育的枢纽。

我们的改革“与时俱进，再创辉煌”，我们学生的思想也在跟着时代走。我想很多很多班级都出现过这种情况：一个学生在学校里搞卫生不怕脏、不怕累，在家里却连一条手绢、一双袜子都不洗；一个学生在学校被老师视为懂礼貌的孩子，他却从不理会邻居长者；一个踊跃为灾区捐款的学生在其他方面却是“小气鬼”……我们当然不需要这样的美德教育，却出现了这种情况。因此，我们不得不反思德育中的若干问题。以诚信为例：什么是诚信？为何要诚信？怎样做才能诚信？谁来教和谁能教会诚信？

主持人：美国的两位学者哈茨霍恩和梅益在诚信问题的研究上得出结论，不能把世界上的人们简单地分为讲诚信的人和不讲诚信的人。几乎所有的人在某些时间都欺骗过别人。如果一个人在某种情况下进行过欺骗，并不说明他在另一种情况之下是否欺骗。换句话说，一个孩子在某种情况下欺骗，并不说明他具有不讲诚信的品行。

胡丽萍：是啊，一个人口头“诚信”是一种道德价值，和他的行为并没有关系，一些欺骗别人的人在口头上完全和那些不欺骗别人的一样，也是不赞成说谎的。过去我们把孩子们当做一只只口袋，把我们的德育当做类似诚实、勤劳、勇敢、谦虚等美德的运输车，把我们的德育当做往口袋里填满美德的、形式上很认真很负责很耐心的活动，现在看来是行不通了。因此，我们教育工作者在继承传统教育的同时，还更得注重诚信教育。

主持人：所以，德育就是最大的人育。教育者们(包括家长)且把“人”字写大、写清楚、写端正，收拾起传教士般的冷漠面孔，还原和善袒露丰富的表情，收拾起过去的、跟不上时代步伐的老方法，换成适应新形势下适合青少年心理特点的德育途径，让学生们汲取我们民族精神中的精华，积极、快乐、健康地成长。

第五章

绿色教学　滋养教坛百花

绿色关键词：智慧　阳光

晨风荡起绿色的波浪
晴翠在明媚的阳光下
闪亮
绿色的精灵
在麦尖上
起舞翩然
在和风中
潇洒飘荡

落地教研

网络评课的做法与体会

为了全面提高教师的教学理念和授课水平，我校在各学科举行了树标、学标、达标活动。树标即在各学科精选出两节公开课作为听课教师授课的标准；学标即通过评课议课，去粗取精、去伪存真，将新课标的理论融入教学实践；达标即由学校成立评议小组，对教师的授课进行评价达标。但根据以往的经验，上公开课时有很多老师听课不认真，在互动的时候，往往提不出有价值的问题，有的根本就提不出问题，使树标课一开始就成为了花架子，针对这一现象，在今年的教学评课互动中，我们采取了如下的方法，取得了较好的效果。

一、网站发布授课教师教案，评课有的放矢

评课议课是公开课的重要组成部分。参加教研的老师要在评议中言之有物、高屋建瓴，则必须对教材文本烂熟于胸。否则，评课、议课时就会主次不分、盲目无序。为此，我们将公开课的教案提前一周在学校网站上发布，老师们在组长的组织下认真学习，展开讨论。并明确提出，每个教研组至少一人在评议课时，谈谈课后的感想与体会，多者不限。评课教师最好能结合自己的经验谈一谈如果是自己上这节课会如何设计，为什么这样设计，这样的设计与授课教师异同点在哪儿，有什么优点。由于措施得力，听课的教师都能认真听课，详细记录，在评课阶段，踊跃发言，提出了很多有建设性的意见。

二、论坛评课大讨论，认识和谐统一

根据以往的经验，在评课时由于碍于面子，大家对授课老师大多从正面表扬，却缺少有价值的商榷，更没有对立面的争论，评课教研成了“形势一片大好”的吹捧会，这不仅使公开课流于形式，浪费了大量的人力、物力、财力，更重要的是不利于提高教师的理论和实践水平。如何才能让每一位老师都能说出自己的真心话呢？我们尝试着在市学科网站的论坛上开展了“听课后你的感受”大讨论。在讨论中教师可以用昵称，也可以以游客的身份讨论，由于教师们不用面对授课者和组织者，讨论的场面一下子打开了，很多老师都争先恐后地发表自己的观点，有的教师认为，现在的公开课纯粹是做秀课、是假课，让人感到可望而不可及。一位网友对公开课打假曾写出了三条总结：①虚假的“自主”学习；②本末倒置的“创新”；③画蛇添足的小组“讨论”。

应该说这位老师一言中的指出了现在公开课的种种弊端，给我们组织者敲响了警钟。但也有更多的教师对公开课给予肯定，胡增荦教授也参与到这一评论中，他认为：公开课有它一定的作用与意义，它集中地反映了人们对新课程的认识和理解，因此，我们对上课教师不应该求全责备，而是应该寻找课的闪光点，并将这些闪光点运用到我们自己课堂的教学过程之中，提升自己的教学水平。应该说这一议论代表了大多数教师的观点。为此我们适时抓住机会，引导老师展开“公开课我们应该看什么”的话题讨论，最后我们得到以下共识。

一看授课理念。看一节公开课最主要思考的是公开课反映出怎样的教学理念。比如我们学校的体育公开课，倡导的就是在课程标准的指导下，实施“小学体育课‘四化’教学”，即教学语言儿童化、教学组织趣味化、教学手段形象化、教学评价人性化。当然授课教师的凸现理念的方式有多种，比如重视体现“语言儿童化”的课堂，反映的是以人为本的理念；突出“趣味化”的课堂，展示的是师生互动的理念；关注“教学手段形象化”的课堂，突现的是教与学融合的理念……因此，在以课堂教学展示为重点的学习活动中，面对着精心准备的“公开课大餐”，教师可以从中了解到当前教育教学改革的最新动态和指导理念，这是我们应明确的核心目标。

二看教学设计。每一节课教师都要围绕着教学内容和教学目标进行教学设计。我们要看的是，今天的授课内容，教师如何围绕着学生可能呈现的思维形式和思维状态进行设计？在学生的学习过程中，教师对哪些信息、结论采用了接受式学习方法，来保证学习的效率和速度？哪些信息、结论采用了发现式学习方法，以有效地促进学生综合能力的发展？哪些信息和结论教师采用了创新式学习方式，以提高学生的技能素质？这些问题都是课堂教学最优化的着眼点，也是公开课中最有价值的观察点。比如，刚才我们谈到的这节课，授课老师就是根据学生喜欢听故事的特点，设计了乌龟和小白兔的比赛，由此引导学生模仿小乌龟的滚动。这样，学生在练习的过程中，就会发现滚翻问题，如顶得头痛，摔得背痛，滚不过去等现象。这时，老师就引导学生思考：为什么会有这些现象产生？怎样解决这些问题？然后教师再通过示范、图片、讲解等手段帮助学生释疑解惑。

三看教师基本功。作为一名教师，平日的授课都需要哪些基本功？这个问题能在公开课授课教师的言行举止，谈吐仪表、驾驭课堂教学等方面一一显现出来。比如，有的教师上课比较重视训练学生的课堂常规，像体育课中安排的分组练习，他会提前培训好小组长，上课时学生会井然有序地进行练习；有的老师特别重视学生的创新训练，那么，在公开课上，他就一定会在练习中培养学生的创新思维；在教学中常有一些突发事件的发生，公开课上教师如何处理，就能看到授课教师的教学机智……这些教学基本功，都是我们教师最需要提高的。

通过讨论，大家达成了一个共识：公开课是我们大家共同的事业，我们不仅应该把眼光放在授课教师的闪光点上，更应该把自己看到的，认识到的，尝试运用到自己的教学中，提高自己的授课水平和理念水平。

三、博客评课深入反思，完成感性到理性的飞越

老师们有了如上的认识，那么，我们如何引导他们进行全方位、深刻的反思呢？为此，我们尝试利用博客将评课引向深入，完成由感性认识上升到理性认识的飞越。

首先，我们要求每一位老师要整理亮点。一次活动有一次活动的目标和特色，一节课有一节课的风格和亮点。听完课后，首先要考虑的是，这次活动的特点和亮点是什么？它是怎样形成的？对我们有什么样的帮助？分析特点和亮点实际是就概括和小结。小结是一个思维过程，需要全面的回顾和清理。当整理好之后将文章上传到自己的博客中，让更多的人借鉴和学习。

其次，每一位老师要实际尝试。因为，有了一些新的想法，学到了一些新的东西，最有效的方法就是运用于自己的实践中，进行大胆尝试，在实践中加深理解。这样，就形成了从理性到感性、再从感性上升到理性认识的飞跃。当然，运用于实践，并不是说依样画葫芦，应该加入自己对课的认识，这样才能灵活的把新的教学理念、科学的方法合理的运用到自己的教学中。最后再将自己上课的收获写出来，上传到博客中，促进每一位教师共同提高。

总之，网络评课以促进教师自我表现为动因，以提高教师学习、实践、反思能力为目的，实现了跨区域、多层面的交流和相互影响，对于促进老师的自我成长有着传统评课所不能替代的作用，它必将成为现代教师教研的一种极其重要的方式。

——刘凡荣

绿色心语

开展网上教研，可以实现全员参与，扩大教研范围，方便快捷准确地传输信息，实现网上资源共享，是一种民主、平等、对话、协商、合作的新型教研文化。

走出“听课”的尴尬境地

“听课”是促进教师专业化发展的一条重要途径，为此，几乎所有的学校都明文规定教师每学期必须完成一定的听课次数，并依此对教师进行严格的考核。但其结果往往是学校和教师都陷入了“两难”的尴尬境地。对于学校来说，虽然教师的听课次数都达到了要求，但效果却很不理想；对于教师来说，尽管对听课没有兴趣但为了完成“指标”还是要想尽办法应付检查，甚至临时“抱佛脚”。据了解，在检查前集中突击听课者有之，相互抄袭“听课笔记”者有之，还有的教师抄写几年前别人的听课笔记，而改动的只是名字。

为什么教师要把听课当成一种负担？一个根本原因就是学校下达的任务不切合实际，动辄要求教师一学期听二三十节课。试想，一个学期有哪个学校能组织起这么多高水平的课？即便是能组织起来，也不是所有的教师都能够去听。如果为了完成任务，完全可以采用随机听课的方式，这样既可以考察真实水平，也能够从中取得经验和教训。教师不喜欢听课的另一个重要的原因是很多教师一直没有执教公开课的机会，因此他们对这项活动没有足够的热情。

那么，如何组织教师听课、评课？又如何提高教师听课、评课的热情？解决这些问题的关键是学校要转变观念，科学界定听课对于促进教师专业化发展和教学水平提高的本质功能和价值意义，切实改进对教师听课的要求和评价标准；由形式上的检查转变到实质上的指导；由评课“走过场”转变到考查教师听课所取得的“听后反思”和“听后改进”上。也就是说，由被动“应付”向主动“参与”的听课方式转变。

我认为要达此目的，应做好以下几点。

第一，学校领导应该带头听课。这样，才能有效地把握教师教学的“脉搏”，准确地找到解决问题的突破口。同时还能对教师起到督促和监督作用，让每一名教师都能主动地参与听课。

第二，学校要有针对性地组织听课。各级教研中心组织的公开课、优质课都是一些水平较高的课，具有很高的学习和借鉴价值。但是这样的课一个学期也只有一二节，对于一所学校的教研来说是杯水车薪，因此应该有针对性地组织同学科教师互相听课。通过多年的教学实践我们体会到，同学科教师之间听课，对提高教研水平有较好的效果。同科教师互相听课可采用“同课异构”的方式进行，也就是说，所有听课的教师都要上课，并执教同一教材。每一名教师可根据自己的生活经历、知识背景、情感体验，结合所教学生的实际情况，建构出不同意义的设计，呈现出不同教学风格的课堂，赋予静态教材以生命活力。“同课异构”

教研活动，不仅能够使每一位教师积极参与教研，而且能让他们进行有效的比较，并从多层面、全方位的合作中，打开自己的教学思路，提升自己的教学水平。

另外，我们还可以举行一些校级的说课、模拟课比赛，开设教研组示范课、校级展示课等，为教师提供更多的展示机会，让每一名教师通过比赛全面提升自己的教研水平，同时，也提高了自己听课、评课的能力。

第三，领导要及时指导教师写好听课的眉批和总评。眉批是指听课教师在听课时针对执教教师的教学细节进行点评，或精彩之处，或疏漏之处，或自己的想法。而总评是听课教师针对这节课的优缺点进行总体的评价，也可以将自己的想法和体会写出来。我们很多教师都说自己不会写文章，其实在听课的时候有很多新的想法，新的观点都是写文章的好材料，只是我们没有注意积累，而这些思维的火花往往瞬间即逝。

第四，学校要有针对性地进行评课。评课首先要求执教教师作自我反思，反思时要着重反思教学目标的实现情况，即课堂的得、失、疑、特、灵。“得”即指课堂的成功之处；“疑”指课堂的疑问之处；“特”是独特见解；“灵”即是教学灵感、顿悟。然后大家针对个人反思，进行查漏补缺，不正确的地方进行纠正，从而让每一位教师都能提升自己的课堂理念，提高自己的教学艺术。然后，所有参赛教师再认真修改教学设计，进行第二次备课，再试讲。每上完一次课，都要求教师要议课。评课、议课之后，再经过认真整理写成听课、评课反思，由学校统一指导修改后收集起来，装订成册，供全校教师借鉴和学习。

第五，要认真组织教师写教学反思。只要我们认真组织了教师进行上课、听课和评课，每一位教师都会对课有一定的认识。这时，我们要适时地组织教师结合听课和评课的感受写出教学反思，让教师能够从感性认识上升到理性认识，只有这样才能让教师在教育的大潮中不掉队。

总之，学校要努力做到切切实实地让教师成为听课、评课的受益者，真正有效地提高听课、评课的针对性，加强对教师听课、评课实际意义的监控。

——刘凡荣

绿色心语

听课与评课是学校经常开展的教研活动，它是领导检查指导教学工作，教师之间互相学习的主要途径，运用得当，对于探索课堂教学规律，提高课堂教学效率，可以发挥重要作用。但是，如果听课目的不明确，评课标准不科学，方式不恰当，也可能流于形式而失去教研的价值。如何让教师切实成为听课评课的受益者，是值得我们深思的。

借力巧学方法 顺势妙育良习

——"学生自主学习能力培养实验"之我的思考

我在实验研究过程中，作为教导主任，有一些思考与摸索。

一、我的思考：跳出实验看实验

刚接触"目标导学"自主学习能力培养的实验课题时，我觉得学生年龄小，在他们身上进行该项实验不大可行，可是上级要求我们课改，为此，我深入学习了市教研中心配发的"自主学习能力培养材料汇编"及网上的相关材料，发现这种"先学后教"的教学方式可以准确地确定学生学习的难点，便于教师和学生在课堂上有的放矢，对症下药。于是，我们开始了实验的起步工作。说实在话，刚开始，别说是老师、家长，就连我都担心实验会影响教学成绩。因此我们只是在教研中心领导的指示下以"导学案"为切入点，开始了课堂实施的探索，我们找方法、清思路，踉踉跄跄地一步步向前探索，认认真真地一次次返工重来……

随着改革的步伐步步加紧，深入的思考亦从未止步。在导学案的使用过程中，我们发现，学生们的预习充满了应付思想，教师们的使用也束手束脚……为此，我们"跳出实验看实验"，定了新的实验重点：优化学习方法，培养学习习惯。

二、我的探索：借力打力，顺势造势

太极讲究顺势借力，本次课程改革，我是不是也可以借力打力，顺势造势？于是，我在课程实验中做了如下探索。

1. 借"导学案"之力，巧纳学习方法

导学案是本次实验研究的一个重要载体，如何让学生在使用导学案的过程中巧妙地学会学习方法，我们做了如下探索.

(1)指导语，引导学生学会"确立小目标"的学习方法

我们在设计导学案过程中，特别安排了"学习小目标"的引领法。例如，数学学科的导学案我们设计了"这些题目我会做"、"这些内容我能做"、"这些题目，我一定要做对"等暗示语，让学生在自己的语言情境中有梯度地完成学习任务；同时，我们还在导学案中增设"会做的题，我做对了吗？""面对新问题，我用心思考了吗？""开始测试，我仔细了吗？"等指导语，向学生渗透"确立小目标"的学习方法。

这些小目标的确立，降低了学生在学习过程中的畏难情绪，有效地引领了学生高效学习的思路。

(2)每课一法，帮助学生积累"学习小策略"

为帮助学生有效开展自主学习能力的培养，我们还设立"每课一法"环节，

即每堂课，教师或学生要根据学生学习的需要，为全班学生推荐学习本课知识的一种小策略，如“一画二试三分”的预习方法，即圈画知识要点，尝试简单练习和区分已经会的和没有懂的知识点；再如“眼到心到口到”的听课方法、“每天一题”的错题整理方法等。

我们还鼓励教师将平日教学过程中观察、创新到的小策略、小方法写下来，学校装订成册，教师互相传阅，资源共享。比如，侯晓俊老师的“培养学生验算习惯”的小策略在广大数学教师中被广泛试用，转而衍生出“验算顺序小招式”、“计算、验算别分家”等新策略。这些策略被实验教师借用到“导学案”中，设计出了“我的验算有顺序”、“这次，我验算了！”等指导语，优化了学生的学习方法。

关注学习方法的导学案成了学生吸纳各种有效的学习方法的泉源。这样，借“导学案”之力，我和我的团队成员将学习方法巧妙地送与学生，使学生的学习方法得到了有效地优化。

2. 顺“目标导学”之势，培养学习习惯

良好的学习习惯能有效地保持学习质量。实验过程中，我发现，“目标导学”的教学模式可以培养学生良好的预习习惯、思考习惯、整理习惯等。

(1)课前诊断，培养预习习惯

我们的“目标导学”教学模式中设计了一个重要环节就是课前诊断，通过引导学生完成诊断内容，有效地指引了学生如何进行预习，明确本节课的重难点等，这样的有效预习为高效课堂奠定了基础。

(2)思维笔记，培养思考习惯

孔子认为“疑，思之始，学之端。”我们的“目标导学”活动中，很多孩子的“课前备学不思考”状态令人担忧，盲目的照抄教科书、胡乱的完成课前练习题，甚至是死记硬背一些做题步骤的现象时有出现，为此，我们为学生设立了“课前备学本”，记录课前备学时的收获和疑问，有序地做好思维笔记，促使学生对问题进行深入思考。如三年级语文的“课前备学本”，逐步引导学生在备学作业中引经据典，而不是单纯罗列资料，在课堂上由念答案过渡到自己发挥。这样的思维笔记，能够促进学生对课堂内容进行深思考，较好地培养了学生思考的习惯。

(3)三管齐下，培养听讲习惯

目标导学的授课模式让学生明确了每节课的学习重点，这为学生好好听讲提供了基础。但是，学生在上课的时候经常会有“上课听不懂没有关系，反正有书，课下再看。”“上课听不懂没有关系，反正有爸爸妈妈。”“上课听不懂没有关系，晚上可以问辅导班老师。”等想法。如何让每个学生都能够时刻做到会听讲呢？我在引领学校教师进行实验的时候，重点做了以下3方面的工作。

首先，树立一种理念：“当堂知识，当堂掌握”。即在开始学习新知识之前，教师要以不同的形式提醒学生注意，如：“当堂知识，我一定要当堂掌握！”“我的学习我做主。”“不靠天不靠地，好好学习靠自己！”等。其次，关注一种状态：“学生学习的投入度”。为了关注学生的学习投入度我们主要采取两种措施，一是开展“疯狂晨读　静心午练”活动，每天早晨、中午各确定15分钟，学校组织专门人员对学生晨读、午练的投入度进行检查评比，活动开展了三个月，学生做事投入的状态基本形成；二是利用课堂观察表——“学生投入度观察量表”进行即时观测和监督，这样，教师、学生在听课教师的观察中更加自律，认真听讲的习惯也在逐步形成。最后，做好一种处理：“顺势理答，巧妙回应”。我们在课堂观察量表中专门设置了“教师理答情况量表”，对课堂中学生的回答，老师要鼓励引导，保护学生的自尊心，进而使其产生“亲其师而信其道”的求知冲动，以良好的心态进入学习活动中。这样，老师的理答，不仅是学生认知过程的需要，更是开放式教学和融洽师生情感的需要。

当然了，我们在实验过程中，还有许多的困惑，如“目标导学模式”中小组合作策略的运用，复习课中的导学案设计与使用，自主学习能力培养实验中，如何关注学困生等，这将是我们在实验中继续研究的问题。

我知道，在自主学习能力培养的实验之路上，我们还需要付出更多的思考与努力。即使我们没有马上看到成绩，但我坚信，坚持去做，用心去做，就一定会有收获。

——张红丽

绿色·心语

培养学生的自主学习能力，关键是做好学法的指导。备课中要有“学法”设计，上课时要有“学法”指导，课后要有“学法”总结。实验中力争做到在建构新知识时，教给学生课前预习、查阅资料的方法；在复习时教给学生归类、整理、综合性学习的方法；在出现错误时教给学生纠正、反思的方法。让每个孩子都能成为自主学习小主人。

石火相激成灵光

本次课例大教研活动是围绕着《比多比少应用题》进行的。在本次活动中，我积极参与，收获颇丰。在此，做一简单总结，以自勉。

一、校内教研，倾心互动，八仙过海显神通

本次课例大教研活动是我校教师最竭尽全力参与的一次活动。为了将活动真正开展得有实效，我校教导处决定将本次课例研讨活动的课题定为我校教师课堂教学评比的内容。为此，全体教师竭尽全力研究教材，深入把握教材重难点。我在二年级数学组，真正感受到教研的浓浓氛围。在研讨过程中，组长将自己的思考和盘托出，其他老师也提出了自己的看法。因为本节课属于应用题教学，对于我这个数学教学领域的新兵来说，实在是“丈二和尚摸不着头脑”。于是，我只谈了自己作为一个什么都不懂的行外人的几点看法。

第一，作为二年级的孩子，他们的思维发展水平是由具体形象思维占主导，所以应该尽量尊重他们的已有认知，纸条的使用要注意观察孩子的意向，不能过分关注教师自己的教案。

第二，要重点弄清楚“合在一起”的概念，所以在展示纸条图的时候要将代表“多余的 38 只”的纸条展示给学生看，然后，合在一起。让学生深刻体会为什么这个时候用加法；对于“比少”应用题，我们要将代表少的“12 只”的纸条撕下来，展示去掉的过程，让学生明白此时为什么用减法。

听了我的意见后，组内同事同时谈到了可以给学生不同长度的纸条，让学生自己选择，体现“估算”能力的培养。

组内教研后，我们每个人都根据自己班级学生的特点设计了教案，实课展示中，组长的估算和将学生选定的代表 38 只的纸条从远处慢慢向一般长的纸条靠拢过来，以体现“合在一起”的算理。学生非常清楚地理解了本课的重难点。

另一位老师则在理清算理过程中，更多地关注了“一般长”的理念。她选择了拍手游戏，她拍 3 下，要求学生拍的比她拍的多 2 下，于是有学生先拍 3 下，再接着拍 2 下。因为要比老师拍得多，首先要和老师的“一般多”。有了这个理念，再理解“比多比少”的算理就容易了。我在设计本课时，则重点关注了线段图的引入，首先我由用一个正方形纸片代替一只虫子，引导出 3 张正方形纸片代替 3 只虫子，将 3 张正方形纸片连在一起，引导出用纸条代替任意一个数；然后慢慢将纸条变细，从而引出线段图。我更多的是关注线段图的引入，忽视了算理的辨析。

二、双向视频，科学整合，石火相激成灵光

身为二年级数学核心团队成员，我深知自己的能力有限，于是非常认真地参与论坛研讨，在活动中，我发现很多学校的老师观念新、策略新，让我受益匪浅。于是，在双向视频活动中，作为核心团队成员，我积极参与总结活动，并承担了就纸条图进行算理分析的授课环节部分的资料整合。在整合过程中，我发现老师们就纸条图的使用多数是尊重了学生的已有认知，注意体现“一般长”和“多多少”、“少多少”部分的处理，而一小的谭晓丽老师的线段图的展示让我很是不接受。后来发现，作为二年级的孩子是应该慢慢接触线段图的，因为在后面的教材中是有线段图出现的，为此，我发现，如果没有这个整合过程，我是无法看到自己对教材了解的不足的。感谢双向视频活动给予我的整合知识，感谢谭老师的精辟见解。

三、上研讨课，课前课后，缕缕温暖漾心头

1. 课前，指导与帮助温暖我心

这次，最让我意想不到的是上研讨课的机会落到了我的身上。接到任务后，首先是欣喜，更多的是压力。如何将全市教师对本节课的思考充分体现，同时又能将自己的设计思路贯穿始终？如何做才能既尊重了大家的思考，又体现出自己的创新精神呢？经过了全体教研组的共同思考后，在视导检查时，全体教师和教研员吕老师再次走进我的课堂，对我的课给予了最真诚、最无私的帮助和指导。我知道：我不是一人在战斗！经过我自己的消化吸收后，我的课终于成型了，在二年级的其他几个班级中进行了轮番试讲。

2. 课上，真诚与创意温暖我心

当我真正走上讲台，我知道，二年级七班的孩子们将这一内容留到现在没有进行，只为了我的这堂课。我好感动，同时，我也下定决心：虽然进行我的课是主要的，可是孩子们的成长更重要，我没有任何理由不把孩子们教会！抱着这样的一个原则，我开始了我的课堂教学。课堂上，我发现这些孩子是那么可爱，他们的思路是那么有创意，他们的想法是那么有特色，我慢慢走进了课堂，好像他们就是我自己班级内的孩子，我忘记了我是在高高的舞台上。当台下有人提醒我时间到了时，我才恍然回到现实。

3. 课下，鼓励与关爱温暖我心

会后，大家就我的课堂进行了激烈的讨论，其中二小岳红梅老师、柳林完小的赵丽老师等对我的课进行了全面深刻的总结和点评，他们都提到了我对学生学习方法的指导、学习策略的引导、学习习惯的培养等，我知道，这是鼓励！其中一小的谭晓丽老师、文峰的张爱景老师提到了“啄木鸟比黄鹂少的就是黄鹂比啄木鸟多的”一句话需要推敲，是呀，我恍然大悟，在孩子们后面的学习中，比多比少是要关注单位“1”的变化的，我这样说，对孩子们今后的学习是容易误导的，感谢两位老师的指点。语言的严谨性对于我来说还是今后的一项重大工程。我感觉自己太幸福了，因为，我虽然刚刚接触数学，但在大教研活动中，我真正成长了，更重要的是，我还得到了那么多同仁的鼓励和支持。我知道，这是大家对我的关爱和呵护，我会珍惜这份信任，继续踏实地走在数学教学的田野中。

——张红丽

绿色·心语

一节优质、高效的课堂凝聚着大家的智慧，正是在一次次课例研讨中，在众人思维的碰撞中获得灵感，成就优质课堂。课堂打磨，磨出了潜能，磨出了团结，磨出了专业成长。

巧追问，让课堂锦上添花

“追问”，顾名思义就是追根究底地问，它是为了让学生弄懂弄通某一问题，在一问之后又再次补充和深化、穷追不舍，直到学生能正确解答、深入理解、沟通联系。追问作为课堂教学中对话策略的组成部分，追求的是学生思维的深度和广度，在数学课堂上越来越多地为教师所运用。那么，在小学数学课堂教学中如何选择合适的时机进行追问，让课堂锦上添花呢？日前，在参加省优质课比赛观摩的过程中，我领略到各位名师在课堂中巧追问的风采，摘录部分片段如下。

一、在出现错误之处追问——以错纠错

“理想的课堂是真实的课堂”，学生在课堂中出现了一些差错是不足为奇的，这时不应以一个“错”字堵住学生的嘴巴或把正确答案双手奉上，而应正确解读学生的错误，弄清产生错误的原因，把握合理的纠错时机和掌握正确的纠错方法，让学生自己认识并纠正失误，使之更为有效地为教学平添一些美丽。

片段：《分数的初步认识》一课

老师让学生想办法表示出“一半”，在交流展示时有一个学生用了大半个圆形表示一半。如果单从图形来看，这样的表示方法肯定是不行的，而此时老师并未武断地说这种方法不对，反而提问：“谁能看懂他是怎么画的？”

“把一个圆形从中间分开，其中的一部分就是一半。”一生回答。

“嗯，为什么要从中间分开呢？”老师追问。

“这样两边就一般大了。”

“哦，看来要想表示出一半就必须两边一般大，我们也可以说成是把圆形纸片平均分成2份。”教师适时引出“平均”一词。正是这适时的“追问”，体现了老师对学生的理解和尊重，坦然公开了学生在画法上的错误，在这错误的经历中，学生对于知识的理解就会更深刻，记忆就会更牢固。

二、在缺乏深度之处追问——触类旁通

学生在积极学习、认真思考中，有时思维会遇到障碍和矛盾，不能进一步地进行深层次思考，使得回答缺乏深度。这时，教师要有意识地追问和引导，搭设思维跳板，帮助学生开拓思路，突破难点，并在更高层次上继续思考，激起学生思维的火花。

片段：《平移和旋转》一课

在教完平移和旋转后，老师让学生找出生活中的平移和旋转现象，有学生举例：“汽车走的时候是平移现象。”老师马上追问：“怎么走？这样走吗？”（老师做了一个小鱼摆尾巴曲线前进的动作）。学生马上意识到：“不是不是，是直着走的时候。”

在学生思考欠缺深度时，教师要通过追问将问题不仅指向学生思维的深度，更要指向学生思维的过程，使之知其然，又能知其所以然。

三、在产生歧义之处追问——辩出真理

爱因斯坦曾经说过：“提出一个问题往往比解决一个问题更重要。”在教学过程中，教师要充分发挥数学的学科优势，鼓励学生多角度思考问题，发表自己独特的思考与见解，甚至鼓励他们“异想天开”。要培养这种品质，教师就要善于发现学生对同一个问题产生的不同意见，并巧妙地利用追问引导他们“真理越辩越明”，在争论中求真知。

片段：《分数的初步认识》一课

学生在认识并会读了1/2后，老师问：“会写这个分数吗？”学生们跃跃欲试，各抒己见。有的认为应该按照从上向下的顺序写，有的则认为应该从下往上写，还有的认为应该先写数字，再画分数线，意见不统一，每个人都有自己的理由。此时，老师追问：“想一想刚才的分法对你有没有什么启发？”学生恍然大悟，在争辩中明确了分数的写法。

当学生对一些问题意见不一时，通过追问，可以激发学生强烈的学习兴趣，让学生在辩论中思维更加敏捷，对问题的思考更加深刻。

追问是一门教学艺术，有效的课堂追问可以激发学生的求知欲望，促进学生的思维发展，从而提高教学质量和教学效果。因此在课堂教学中，我们要把以学生为本落到实处，让课堂追问真正成为师生互动的平台，让学生的思维与表达得到实质性的提升，让平淡的课堂锦上添花。

——王金美

绿色·心语

法国教育家保罗·弗莱雷说过：“没有对话，就没有交流，也就没有真正的教育。”课堂上适时恰当地追问是学生探究性学习的动力，也是理性思维深入的标志。情到浓时方为真，层层追问让新课程课堂教学回归本真。

动静相宜，让学生“Enjoy English”

很多一线英语教师都有这样的感觉：小学英语课堂教学中由于加入了唱歌、游戏等，学生参与的积极性很高，但最后的课堂测试效果往往不尽如人意。认真审视一下我们的课堂，会发现“动”的内容几乎主宰着课堂，恰恰缺少让孩子静下心来思考的部分，才会使英语课堂流于表面的热闹，而失去了让学生独立思考、自主学习的机会。为改变这种状况，我在设计外研社教材《Book 3 Module 5 Unit 1 <Do you want some rice? >》一课的教学环节时，考虑更多的是如何变换师生角色，大胆放手，提高学生的自主合作学习能力。

一、角色互换，让学生静下心来，学会巧妙提问

在第一个环节 Warm up(热身复习)部分，我设计了师生角色互换，让学生扮演老师对我进行提问，提问的问题涉及范围广，并且与本课知识点联系密切的，将获得一定的奖励。

例如，在 Greeting 环节，学生用"Good morning""How are you?"等常见的日常用语与老师打招呼，有的同学会问到"What's your favourite food?"，我马上很高兴地回答"I like rice and noodles"；还有的学生问到"Do you like milk?"这个问题中不仅有本节课要学习的课文中出现的单词，而且还是个和"Do you want some rice?"很类似的句型。可以看出来，能够提出这个问题的学生确实是下了一番苦功复习旧知识，主动学习的意识已经得到了培养，同时也为其他同学进行自主学习带了个好头。

二、"半放手"，让学生静下心来，展现自己的"与众不同"

在"Free talk"这一环节，我直接呈现模板句型"Do you like noodles? Yes, I do. /No, I don't. "，并要求学生仿照例句说句子。为了不与别人的问题重复，学生是绞尽脑汁地想出了很多个类似的句型。学生们思维活跃，提出了很多有价值的问题，如"Do you like milk?""Do you like basketball?""Do they like meat?""Do you watch TV every day?"等。这些句型结构类似，答语基本相同，但是用词不同，适用主语和语言环境也不同。在这一环节，由于设置了"半放手"状态，规定了句式结构，又给学生很大的发挥空间，督促他们主动复习旧知，以旧引新，降低了学习难度，同时也让学生体会到了自主学习才能获得的"与众不同"的乐趣。

三、大胆放手，"逼"学生静下心来，自主学习

在新授和操练巩固环节，我大胆放手，"逼"学生去自主学习并享受成功的喜悦。

在 Presentation 新授部分，我没有像以前那样把单词和句型直接呈现，然后领学生去读、去练，而是采取了让学生"以旧知猜新知"的方法，"逼"学生静下心来，独立思考或者与其他同学合作获得答案。例如，我让学生由 taking 猜出了 making 读音，学生初步享受成功的喜悦并牢牢记住_ ake 类型单词的发音规律。

在巩固环节，我大胆放手给学生，让他们自编紧扣课堂学习任务的儿歌，这么做同样是在"逼"他们改变了以往学生"等唱"的习惯，让他们很主动地去把学习的单词和句型进行归纳编排，"逼"着他们成长。

我给出了一个 chant 的模板：

Do you want some noodles?

Yes, please.

Yes, please.

Do you want some rice?

No, thank you.

No, thank you.

以此为模板，让学生参照格式独自或者与其他同学合作，根据基本句型和单词，编制小 chant，并互相交流，然后同学之间进行评价。学生们不但编排了包含所学食物和学习用品单词的 chant，还有部分学生脱离了模板的限制，给很多节奏明快的儿歌配上了新词，如根据《两只老虎》曲调编排的 chat：

Noodles, noodles,

I like noodles,

Do you want some noodles?

Yes, please.

No, thank you.

四、我的思考：动、静相宜，才会真正提高学生自主学习能力

课堂教学中精心设计的“静”的部分，确实会提高学生的自主学习能力，但是也会存在一些问题。例如，有的学生，特别是学习吃力的同学，在需要静下心来思考的时候，会感觉压力大，不自信；还有的学生一开始就感觉与自己没有关系，无所事事，参与度不高，没有真正“静”下心来思索，也就享受不到学习英语的乐趣。另外，如果课堂教学中“静”的部分太多，也会使课堂气氛过于沉闷，尤其不适用于三、四年级学生的英语学习。因此，一节优秀的英语课堂，不能过分强调“静”，忽略了“动”的部分，而应该是动、静相宜，该动的时候，就要让全班学生都活跃起来，积极参与每个活动；同时，也应该给学生静心思考，倾听他人的机会，让他们既参与“动”，又参与“静”，这样才能真正提高他们的自主学习能力，也会让学生真正地“Enjoy English”。

——苗延凤

绿色·心语

课堂教学改革如火如荼，我们倡导绿色、激情、活力的课堂教学，但过分活跃的课堂，会起到过犹不及的反作用。到底什么样的课堂才是科学的呢？我们一直在探索……

绿色论坛：

分享智慧的源泉

“我班上那几个不写作业的孩子呀，现在像变了个人似的，每天早上来到教室第一件事就是让我帮他们批改作业！看来刘老师教给家长的方法还真灵！”

“可不是，我现在发现，学习成绩不太好的孩子也有自己的优点，我不再盯着他们的缺点不放了，也不再对他们大声训话了，我突然发现，当老师心平气和的时候，孩子们也变得善解人意了。”

……

这是第三届绿色论坛结束后，在一次教研会议上我们数学组几位老师的交谈。究竟是什么样的灵丹妙药让我们的学生爱上了学习，使我们的老师心灵充满阳光、学会用自己的慧眼发掘学生的闪光点，春风化雨、润物无声了呢？

我的思绪回到了两个月前的那场绿色论坛……

一、在反思中充实

第三届绿色论坛的主题是“质量是教学的生命线”。确定后，学校领导对我们参与人员提出的要求是，用来自教研教学一线的最真实、最直接的经验与资料，向大家讲述自己的心得与收获，体会到教无定法、贵在有法，为下届论坛主题“各科教学小策略”做好准备。

明确主题与分工后，我开始反思整理自己在提高教学质量方面的心得。可当我提起笔以后却发现自己的文字是那样笨拙，倾吐出来的语言是那样蹩脚，这让我明白了，平时的思考与积累是多么的重要和必要。为了把自己的点滴心得与大家分享，我又重新拾起了搁置已久的《数学教育心理学》、《小学数学教学策略》等书籍，再读时，已没有了枯燥乏味的感觉，理论上的再学习使我对自己的教学实践有了更清晰的理解与认识。同时，为了准备应对现场同伴的各种提问与质疑，我更是把读书与反思当成了每天的必修课。这一切，对于第一次参加论坛的我来说无疑是一次全新的挑战，同时也是一次全面的提升。我用心地准备着……

二、在思辨中分享

在论坛现场，刘老师结合自己的亲身经历，向大家讲述着她与后进生的故事：不急不躁，要有爱心和耐心；要把他们一丁点儿的学习热情给放大、点燃——而不是用怀疑的心态，扑灭上进的火花；每周综合评定如果比前一周有进步，就为家长送一份喜报……

主持人的总结“只要你心中有爱，每一个孩子都是优秀的”话音未落，听众当中就有人回应道：是啊，有时实在气极了，就想，如果这是我自己的孩子，我该怎么办；如果我就是这个后进生，我会怎么想。这样，心情就会慢慢平静下来了。其实换位思考也是个好办法。

我则与大家分享了教育教学中的一字诀：静。经常有同事对我说，看你平时在教室里的声音柔柔的，为什么孩子们都那么安静听话呀？其实，静和柔是会传染的，老师的声音小而柔和，那么安静就会从一些孩子到达另一些孩子的，而静能生慧，学生在安静的环境里更能静下心来读书和思考。所以，并不是声嘶力竭才有震慑力。

还记得大嗓门儿的苗老师打趣道：原来如此，怪不得我的嗓门儿高可学生们的嗓门儿练就得比我还要高！引来大家一片笑声。

台上与台下互动，情感与情感交流，智慧与智慧碰撞，荡起片片涟漪。论坛让我们每个人都有了倾听、思考、讨论与分享的机会。在教育教学过程中，需要我们思考和探求的事情太多了，虽然我们的工作和生活有时像蚂蚁一样忙碌，但只要我们有心，在日复一日的工作中也可以像蝴蝶一样轻舞飞扬自己的美丽。而绿色论坛就是一座为我们提供精神养料的后花园，为我们带来的不仅是清风徐徐，更是一种温暖，一种爱。

三、在实践中升华

论坛中老师们提出来的每个好点子、妙招数，我都会自觉地用来指导自己的教育教学，并在此基础上加以创新改进。比如，有一期论坛中老师讲到如何与家长沟通的问题，我们教研组老师联系自己的教学实践和经验，总结出了家校沟通秘诀：时间下午三四点，首次见面树威信。坦诚相待敞心扉，一分为二来评价。多报喜巧报忧，产生分歧退一步。对症下药理服人，沟通方式策略多。适时家访解详情，共商育人好方法。同时，我们还把论坛与教研活动结合起来，把实践过程中的成功经验与困惑通过教研活动进行交流探讨，所以才有了前面教研活动中几位老师的有感而发。

至今，我校“绿色论坛”已举办了5届，它倡导“科学求真，人文求善”，将科学与人文完美交融，它致力于提升每位教师的科学文化素养，同时也浸润了深切的人文关怀。在这个平台中，我们分享智慧、提升素养，把自己对生活、对学习、对教育甚至对生命的感悟通过这个平台“秀”出来，让每位参与者、聆听者得到启迪，引领大家不断走向成熟，让老师们心灵的隐形翅膀从这里飞向蓝色的天际。

——姜芳

绿色心语

教研组是我校教师最基本的、现实的、主要的学习型组织。在这个组织里，每位同事都秉持专业成长的意愿，围绕共同的目标营造出一种开拓进取、勤奋学习、民主开放、合作共享的教研环境和氛围。目前，我们的教研团队已成为一个能不断从中汲取智慧和力量，感受相互支持、相互激励的温暖而舒适的温馨的“大家庭”。

绿色教研　伴我成长

来环山路小学工作已经3年了，我感受最大的是置身于浓厚的教研氛围中，大家团结协作，共同研磨高效绿色课堂，共同分享智慧，共同成长。2012年3月，我参加了文登市科学优质课比赛，取得了一等奖的好成绩；4月我又参加了威海市科学优质课比赛，获得了二等奖。回首这次比赛历程，一个多月的时间里我经历了多次试讲。如今想来，那一幕幕犹在眼前。一次次的磨课经历，无不凝聚着校领导的殷切厚望与鼓舞，无不牵引着教研员老师的热切期盼与指导，无不跃动着团队成员的辛苦努力与智慧。整个磨课过程，犹如我的生命试炼般刻骨铭心，在一次次的试讲、评课中，大到整个课堂教学设计，课堂的有效组织、课堂语言的运用，小至过渡语的流畅、语速的快慢，眼神、手势动作的自然点睛，我都在收获着点点滴滴的温暖感动，获得一步步的成长力量。

一、磨课感悟——衣带渐宽终不悔，为伊消得人憔悴

本次优质课比赛是给定课题的，文登初赛因是模拟课，我从学生的猜想“土壤里都有什么呢”入手，引入对本课知识的探究。我自认为课设计得较有特色，可是当教研组老师听完课后，从语言、教态到教法、设计等，都提出了许多宝贵的意见。结合同事的建议，我反复修改教案，并再次试讲，再次评课。就是在这一次次的修改完善中，我对本节课有了更深层次的认识。最后，经过激烈的角逐，我以一等奖的成绩获得了参加威海市比赛的资格。当时我受宠若惊，这可是我从教十几年来第一次参加威海市级的比赛，在欣喜的同时我又倍感压力。因威海市比赛是实课展示，要求教师有更强的课堂调控能力，我必须重新根据学生的认知水平改变教学思路，这对我又提出了更高的要求。我迅速地投入到准备中去，课堂语言不够精炼就重备，问题不合理重新设置……为了保证课上学生实验现象明显性、安全性和可操作性，我一遍遍地亲自做实验，仅仅是一个供加热用的玻璃片的选择，就经过了5次“改良”的过程。不仅是我校科学团队的成员，教研员及伙伴校的老师们也毫无保留地给我提出了许多中肯的意见。那段时间白天我忙着上课批改作业，晚上回家不断修正教案、一遍遍地试讲，就连儿子都成了我忠实的“听众”。一周下来，眼睛熬红了，面容憔悴了，体重减轻了，但我还是坚持挺了过来。经过反复地磨课，课终于日臻完善。磨课的过程是艰辛的，但却又是幸福的，因为它是我们教师教学生命成长的过程。

二、赛课收获——欲穷千里目，更上一层楼

参加如此重要的比赛，把自己的教案背得滚瓜烂熟是许多老师的策略之一，作为新手的我更不例外。可是，试讲过程中出现的许多意外，打乱了我教案的预设。课后评课时，教研员栾老师的一番话使我茅塞顿开。我只着力于“心中有案”，但忽略了“目中有人”。我面对的学生是丰富的、灵动的，他们不是一架早已设定好程序的机器，我应适时根据学生课堂反应情况调整教案。优质课比赛的课堂上，比的不仅仅是这节课的设计，更重要的是从这节课中折射出来的教师临场应变能力及综合素养。这无疑对我提出了巨大的挑战。为此我利用空闲时间，查找有关土壤方面的资料，不断增加自己的“内存”；课前我认真思考：在每提问一个问题后，学生会怎样回答？我不仅进行了课前调研，而且预设了许多学生回答我的应对策略，于是，一次次地修改教案思路，无数个思路的交集在我脑中反复思考过滤。最终我对本节课的重难点的处理做到游刃有余，比赛课堂中在系列问题的引领下，孩子们积极地思索，踊跃地回答问题，一步步实验验证，从而得出科学的结论。课堂上孩子们跳动的思维与精彩的回答碰撞，我努力实现着我的教育理想——让孩子们的生命在绿色课堂中绽放。

三、课后反思——路漫漫其修远兮，吾将上下而求索

一节课结束了，回过头反思整节课，我觉得还有待改进之处：课堂上的语言可以再丰富、有感染力些，要充分发挥教师的主导作用，多利用激励、点拨引导等方法，激发更多学生的兴趣；真正做到丢掉“案”，关注“生”，关注学生学习的状态，根据学情及时调整策略；应真正做到以生为本，针对学生的薄弱点进行有效指导……

通过参加科学优质课评选，我感觉自己成熟了许多。不仅拓宽了知识层面，而且提高了专业素养，让我得到了质的提升，实现了我最大的梦想。这种经历了“磨”的阵痛后的幸福，就像蚕蛹化蝶一样的美丽。通过参与这次比赛，让我充分认识到比的不仅仅是个人的教学能力，更是教研组团队的智慧，它还是我们全体教师专业成长的有效途径！我深知：教学机智和技巧并不是一朝一夕形成的，只有靠平时的多总结多反思，这样才能使自己的教学能力得以提升。今后我要不断加强自己专业知识的学习，丰富自己的知识储备，在教学实践中吸收他人精华，不断锤炼自己，从而提升教学能力，创建出尊重儿童成长规律，激发学生兴趣原动力，贴近学生生活，理解生命、热爱生命的“绿色课堂”，促进学生和自身的生命发展。

记得有人说过，“人生重要的不是所在的位置，而是所朝的方向”。优质课评选活动的结束不是我追求的终点，而是新的起点。我会带着学习的收获去实践，带着实践的反思去改进。我会用每一次的付出、每一次的努力、每一次反思后的提升让自己变得更加丰富。参加威海市优质课比赛，让我经历过程、感受阵痛，更让我学会了等待花开、收获喜悦。

——于宁

绿色心语

教育的智慧来自于教研学习。智慧从集体中来，力来自于凝聚。单靠一朵美丽的鲜花，打扮不出美丽的春天，个人只有融入团结的集体才能实现宏伟目标。只有教师之间形成了团结协作的氛围，我们才能从集体中享受到职业人生的和谐快乐，我们的学生才能是幸福的，我们的教育才能是完满的。

一路打磨，成就化茧成蝶的美丽

“课上得不错，孩子们真正走进了文本，和小女孩一起体验人间的冷暖……”

“是呀，那个小女孩读着课文竟忍不住流下了同情的泪。可见，此情此景是真的打动了她的心。”

身临我校承办的文登市小学语文课例研讨会现场，听着文登小学名师中肯的评价和会场上的阵阵掌声，想想从课例大教研活动一路走来的磨课，一路打磨，几多辛苦，几多汗水，更多的是成长的喜悦，因为我们经历着化茧成蝶的美丽蜕变。

一、抽丝剥茧，切入文本的脉搏

选课题，制计划，定目标，解读课标，研读教材，研究教法，要做的事多如牛毛，要想的问题千头万绪，怎一个“难”字了得。学校领导运筹帷幄，为我们合理分工。首先确定五年级下册第六组第一课《卖火柴的小女孩》作为打磨课例。大家分头行动，查资料，联系课标，吃透教材，分析学情，积极为第一次研讨做准备。集体研讨中，我们对文本进行了反复的深入咀嚼，设计思路层出不穷，讨论进入了白热化。从人物命运的处理、语言、细节到文化背景，我们努力作出独到的解读。要讲的内容太多，从哪里寻找切入点？我们困惑迷茫，经历了抽丝剥茧的寻觅，我们拨云见日理清了思路，切入了文本的脉搏——“可怜”二字。

二、删繁就简，体验成长的阵痛

聆听了胡老师呈现的课堂，感觉学生对“可怜”理解不够到位，对文本的思考还不够深入。为了让课更加扎实、有效，评课中我们摒弃了“多讲好话，少讲缺点”的陋习，结合观课量表，客观地分析，用数字说话。大家各抒己见，坦诚相待。有时为了一个环节据理力争，寸步不让。尽管每一处设计都凝聚着大家的智慧和心血，但为了这节课的完美，我们还是忍痛割爱，删繁就简。针对学生的年龄特点，从教学目标的细化，到教学环节的调整，再到教师课外拓展的巧用，学生小组活动的安排等方面都进行了反复讨论修改。一次，两次，三次……在细节上再进行润色，甚至对教师的过渡、小结语言也进行了反复斟酌，力求寻找最适合的。为了达到我们预期的阅读教学目标，老师们废寝忘食一头扎进磨课中，思考，设计，否定，重生，体验着不断成长的阵痛。

三、化茧成蝶，成就蜕变的美丽

面对课堂的生成，老师不敢及时巧妙地点拨和引导，生怕节外生枝，影响整个教学的过程，这真是“作茧自缚”。呕心沥血凝聚着集体智慧的教案竟成了束缚老师手脚的“茧”，难以挣脱。但课堂教学要的不是老师的预设，而是学生学习反思后生成的智慧。胡老师虚心听取我们的意见，不断地调整自己，一遍遍地试讲，一次次地改进，再次上课时她密切关注课堂上的生成，适时调整教学环节。紧紧围绕文本展开教学，环节之间过渡流畅自然，整堂课如行云流水，滴水不漏。在掌声雷动的会场上，她最终“破茧而出”，变成美丽的蝶。

纵观整个磨课过程，我们在辛勤耕耘后更多的是收获，我们享受的是过程，体验的是探索，收获的是思考和提升。“一人上课，多人受益”，这是我们在磨课中的切身体验。同样的内容，不同的感受，一次次的试教，一次次的反思，一次次的更新，一次次地收获……正是在“一路打磨”的过程中，让我们凝聚了教学艺术，积淀了教学智慧，更新了教学方法，提升了教学水平，成就了“化茧成蝶”的美丽。

——张辉

绿色·心语

面对困惑迷茫，我们抽丝剥茧，百转千回，最终拨云见日。一路走来，一路打磨，几多辛苦，几多汗水。阵痛中成长，涅槃重生，我们凝聚了教学艺术，积淀了教学智慧，更新了教学方法，最终破茧而出，变成美丽的蝶。

生命课堂

以学定教 顺势而导 实施自主有效教学

——《百分数应用题》教学实践及研课思考

2011 年 3 月 17 日，文登市小学数学课例教学研讨会在我校举行。会上，我执教了五年级下册的《百分数应用题》一课。在多轮研课试课过程中，我们教研团队尊重学生真实基础，准确定位教学目标，关注细节，让知识链接真正发挥了作用。

以下是我们进行的 3 次研课试课过程及点滴思考，仅供大家参考。

一、初次研课试课：迁移类推，触及皮毛

《一个数比另一个数多(少)百分之几应用题》一课，是学生在学习过分数应用题和较简单的百分数应用题的基础上进行教学的，是“求一个数是另一个数的百分之几”这类题型的发展。本节课的内容一直是教学的一个难点，学生理解起来比较困难。但也有不少老师认为学生已经学习了分数应用题和简单的百分数应用题，它们从解题思路和解题方法上讲是一致的，所以引导学生利用知识的迁移类推能力，解决此类问题已经具备了一定的可行性。在研课初期，教研团队中出现了截然不同的两种意见。为了更好地了解学生的知识基础，把握学生的已知水平，我们在上课之前对一班 45 位学生进行了课前前测。

课堂前测

果园里有桃树 125 棵，梨树 100 棵。

1. 桃树的棵数是梨树的百分之几？
2. 梨树的棵数是桃树的百分之几？
3. 桃树比梨树多百分之几？
4. 梨树比桃树少百分之几？

测试结果如下：全部会列式解答的有 18 人，占全班学生总数的 40%。这个结果在我们的意料之中，但当我们挨个询问这样列式的理由时，却发现情况并不是很乐观，只有2个人能把自己为什么这样列式的依据说明白，其余的学生全部都是在上学期求“一个数比另一个数多(少)几分之几”的基础上套用公式，知其然不知其所以然。通过分析，我们认为学生如果死搬硬套公式解决这样的问题应该没有多大的困难，但是要找准“谁和谁相比”，真正理解问题的含义，还需要进一步的引导。数学课程标准中说到“在数学学习的过程中，要让学生经历知识与技能形成与巩固的过程，经历数学思维的发展过程，经历应用数学能力解决问题的过程，从而形成积极的数学情感与态度。”基于以上认识，我们认为：借助对百分数意义的理解将画线段图分析题意引入本节课的教学很有必要。因此，在知识链接部分我们设计了以下习题：

知识链接

1. 女生人数占全班学生总数的80%。80%表示(　　　　)。
2. 男生人数是女生人数的120%。120%表示(　　　　)

【本环节旨在让学生通过对百分数意义的理解交流，加深印象，为下面的学习做好铺垫】

小组自主学习后全班交流，接着教师出示了“学校合唱队有男生25人，女生20人”的信息，让学生自由提问。

……

师：对于“男生人数比女生人数多百分之几”这个问题你是怎样理解的？

生(无应答)。

师再提示：百分之几表示什么意思？结合知识链接中百分数的意义说一说？

只有几个人犹犹豫豫地举手。

生：男生比女生多了百分之几？

师：多了谁的百分之几？

生(无应答)。

师：这样吧，可以和同桌说一说，也可以画画线段图，找一找这个百分之几到底表示什么意思？

(学生或自己试做，或小组讨论，之后全班交流)

全班交流中，有几个学生列出数量关系式，并能明白说出算理，只有一个小组通过画图进行了学习，全班交流得并不到位。直至下课铃响了也没真正弄明白意义，课堂练习匆匆而过，更别提课堂检测了。

课后反思：

课后，我们对学生的练习进行了认真评析，展开了热烈的讨论，查找存在的问题：第一，本节课的目标定位过高，原本想让学生借助对百分数意义的掌握通过画线段图这根拐棍来理解题意，明确含义，可却忽视了学生的真实基础——学生不会画图。拐棍都不会用，更别说借助拐棍学习新知识了。第二，知识链接中只出示了“一个数是另一个数的百分之几”的习题，对于多(少)百分之几没有起到直接的引导作用。第三，过高地估计了学生的学习能力，在没有任何提示作为学习支撑的情况下，学生还不能自主完成新知学习。第四，大多数学生只实现了方法的类推与迁移，而舍弃或忘记了内在关系的类推与迁移。所以，本节课的重点应该放在让学生通过画图，自主理解“一个数比另一个数多(少)百分之几”就是求多(少)的部分是单位“1”的百分之几。

根据讨论，我们又制定了新的上课方案，进行了第二轮的研讨试课。

二、再次研课试课：借图理解、山重水复

我们依然没有放弃线段图的直观作用，希望通过画线段图，帮助学生加深理解。因此，我们对知识链接部分进行了改动，由用语言表述改成通过画线段图来表示。

知识链接

用线段图表示出下面各题中的百分数：

1. 女生人数是男生人数的80%。
2. 男生人数是女生人数的120%。
3. 女生人数比男生多20%。
4. 男生人数比女生少10%。

课堂效果：

本次试课在知识链接部分增加了“女生人数比男生多20%；男生人数比女生少10%”，目的在于让学生通过对百分数意义的复习，感知数量之间隐含的关系，借助线段图加深理解。当表述多20%和少10%的意义时，大部分学生卡壳了。于是我把这个内容纳入了小组的学习当中。学生在老师的逐步提示下通过画线段图弄明白了多20%表示的是女生比男生多的人数是男生的20%，此时，本节课的难点更加显而易见了，线段图的作用也凸显了出来，同时也为解决下面的问题在方法上和意义上都做好了铺垫。但是，本环节费时14分钟，直接影响到下面做练习的时间，课堂小测依然没能完成。

课后反思：

本次试课后总体感觉要比第一次效果好，学生能借助线段图比较形象地理解20%和少10%的意义，但依然存在着许多问题，具体表现在：第一，知识链接部分用文字表述不够直观。学生是先通过文字的表述，而后借助画线段图来理解题意的。在画图时，不少学生犹豫不决，不知从哪儿画起。第二，知识链接还是没有真正起到作用。班上只有几个人能在老师的点拨下理解含义，其他学生则是不懂具体含义，只会照搬计算。当遇到"增产百分之几"和"降低百分之几"的问题时正确率就大大降低。课堂上，我们需要的是面对全体学生，让大家在理解的基础上自主探索，发现方法，总结规律，而不是生搬硬套。第三，过高地估计了学生的自主学习能力。学生依赖于教师的提示，而不是通过知识迁移，自主学习，内化理解的。

基于以上的分析，我们又大胆改进，进行了第三次的研讨试课。

三、第三次研课试课：直观形象 促进迁移

本次，我们在知识链接部分就直接出示了线段图(如下图)。

知识链接

结合线段图，说出下列百分数或分数所表示的意义。

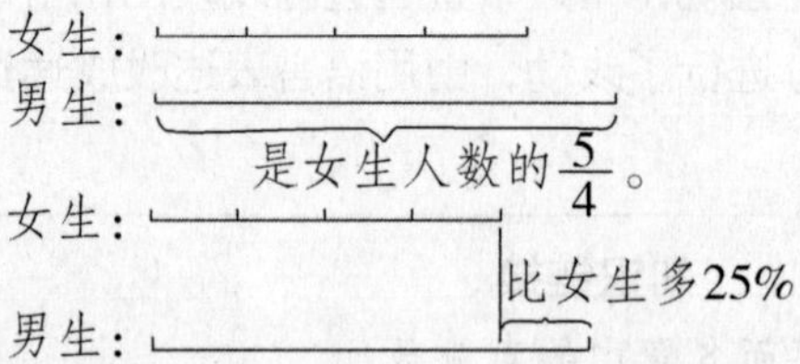

(原题中先出现1/4，然后再将1/4 改成25%)

教学片段一：

师：请结合线段图，说出下列分数或百分数所表示的意义。

生1：女生人数是单位"1"，平均分成4 份，男生人数是女生人数的5/4。

师：嗯，我们在用画线段图表示数量关系的时候，通常是把表示单位"1"的量画在上面。

生2：第2 题也是把女生人数看成单位"1"，平均分成4 份，男生人数比女生人数多1/4。

师：能再具体说一下你是怎样理解这个1/4 的吗？

生2：就是把女生人数平均分成了4 份，男生比女生多出了一份，多的一份占女生的1/4。

师：说的很具体，可以说成男生比女生多出来的人数占女生人数的1/4 吗？

生：可以。

师：看这里，我把1/4 改成25%，你能说出多25% 是什么意思吗？

生3：就是男生比女生多了女生的25%。

师：你为什么这样认为？

生3：这道题的单位"1"没变，还是女生人数，所以还是把女生人数平均分，男生比女生多的人数占了女生人数的25%。

师：说得真好。谁能再来说说看？

(抽生回答)

教学片段二：

师：学校合唱队有男生 25 人，女生 20 人，根据这两条信息，你能提出用百分数解决的问题吗?

生提问……

师：我们先来看“男生人数比女生人数多百分之几?”这个问题，对于这个问题，你是怎样理解的呢？嗯，有不少同学已经有想法了，请打开导学案，把你的想法写在新知学习(一)中。

师：有不少同学还在小组之间交流了自己的做法。谁来展示一下?

生 4：我画了线段图：女生人数是单位“1”，先画出一条线段代表女生的 20 人，再画出一条线段代表男生 25 人，这一部分是男生比女生多出来的人数，求男生比女生多百分之几，实际上就是求多出来的这一部分是女生的百分之几。

师：所以你的意思是要先求出什么?

生 4：男生比女生多几人?

师：然后呢?

生 4：用多出的人数除以女生的人数……

教后反思：

本次执教之所以顺利进行，源于以下原因

第一，知识链接直观形象。学生通过直观的线段图，理解多 1/4 是把女生人数看做单位“1”，男生比女生多出的一部分占女生的 1/4。这时，再将 1/4 改成 25%，有了上面的基础，学生很自然地就理解了因为单位“1”没有发生变化，25% 指的是男生比女生多出的人数占女生人数的 25%。这样的设计符合学生的认知特点，比较容易理解，并为下面新知学习中自主画线段图做了铺垫，降低了学习的难度，达到了真正的实效。

第二，知识链接起到了真正的链接作用。从片断二中可以看出，有了前面知识链接作为基础，学生在自主学习新知时效率明显提高，小组和全班交流得也特别充分，而且课堂时间充足，课堂达标结果显示学习效果很好。“一个数是另一个数的百分之几”的问题是前一个信息窗刚学的内容，“一个数比另一个数多(少)几分之几”是上学期学习过的内容。让学生在复习的基础上感受到分数与百分数应用题在解题方法和思路上的异同之处，既在方法上做了铺垫又在意义上加深了印象，为理解百分数应用题的数量关系及方法的迁移和类推奠定了很好的基础。

第三，小组合作“兵教兵”的学习模式达到高效。有部分学生在自主探索新知时，有了知识链接内容作为基础，能快速找到解决问题的方法，较好地进行知识的正迁移。但由于学生知识水平和能力的差异，有的学生却感到困难，存在许多的疑难问题，还达不到自主学习的能力。因此通过小组成员之间的合作，实施“兵教兵”的学习模式，让学生针对自学过程中所遇到的问题相互交流，互相切磋，互通“有无”，形成自己的独立见解。

——王金美

绿色心语

要固本培根，就要以学定教，顺学而导，贴近学生的心，走进学生的世界。学生，才是课堂的“源头活水！”只有顺学而导，才能固本培根，让学习之树根深叶茂！

让学生“教”我

前几天，听当中学教师的姐姐说了一个笑话，她同事的孩子刚上一年级，非常感叹地说：“我们的老师可真笨，什么都不会，还要我们教他。”其实，这非常真实地反映了小学的教学方法——引导。孩子们在不知不觉中被老师引导着学习了新知，可是他们却全然不晓，有趣！

回想自己，担任着二年级的数学课程，不是经常这样吗？比如说昨天的数学课——方向，我就是让学生来教我的。

当我讲到几个小同学走到村口不知道怎么走，有人说：“往北走”时，问：“往北走是往哪儿走啊？我似乎转向了呢！”

“就是往上走！”一个孩子很得意地说。

“往上走？那怎么走？要飞吗？”我故意装迷糊。

“你看那图！”

“什么图？”我继续装。其他孩子也很迷惑。

“书上那个小男生手里拿的！”这小同学有些急了！

“别急别急，大家看看，有个图吗？”我手里不带课本，就为孩子们提供了很好地为我讲解的理由。

孩子们急忙低头仔细看图，“有，有，有！”

“什么图啊？”我故意装作看不明白。

“上面就是画的我们的情景图。”有的孩子这样说。

“哦，那有什么用？两个图一样，还不如看大的来得方便呢！”我很不屑。

“老师，您弄错了！这个图不是那个图。不一样！”

“说说看。”

“这个图上只用一个方框加上字就可以了，不用画树和房子。”

“哦，是这样的吗？”我一边听他们解释，一边在黑板上画。

“还有什么？”

“树林。在麦田的上面。”一生抢答，我按照他说的画。

“桃花村，在树林的右面。”

……

“终于画完了！”我如释重负地拍拍手上的粉笔灰走下讲台！

“不对，老师，还有一个箭头和一个‘北’字。”眼尖的同学大喊。

“哦？是吗？”我半信半疑地走上讲台。“哪个位置？”

“整个图的右上角！”几个孩子一起喊。

“知道了！”我很轻松地找到整个图的右上角，画了一个朝右的箭头，写了一个“北”字。

“老师，又错了！是朝上的箭头！”

“是吗？”我很不情愿地改过来，问，“这是什么意思啊？”

“朝上就是北呗！”一个孩子很认真地回答。

“为什么这样呢？那我把这个北字改成南，行不行？”我似乎为自己的独特想法感觉很得意。

“肯定不行！如果能改的话，那这个地方就不会这样写了！”

……

看孩子们似乎也不会再有什么想法了，我笑了，说：“孩子们，今天你们做得真棒！谢谢你们帮我看懂了这张平面图！在生活中，我们的老祖先就这样规定了，图上的方向，就是上面，是北！”

“我知道，我知道！上北下南左西右东！”

“是吗？像儿歌，真好听！我们一起来唱一唱吧？”

于是，在不知不觉中，我已经完成了本节课的教学任务。

让学生“教”我，真好！

——刘增琳

绿色心语

新课程提倡“一切为了学生，高度尊重学生，全面依靠学生”的生本教育理念，这就要求教师要努力营造学生在教学活动中独立自主学习的时间和空间，使他们成为课堂教学中重要的参与者与创造者，让课堂焕发生命的活力。

不当“作业”的奴隶

说起作业，学生听见头疼，老师听见头大。为了作业，学生们或苦熬苦干，或想方设法逃避，或编筐编篓说瞎话“做了，又如何找不着了”之类，言之凿凿，眼泪汪汪，让老师们难辨真伪；为了作业，老师们绞尽脑汁围追堵截，追查、纠错，冥思苦想如何对付撒谎者、逃避者的好方法、好策略，如此种种，不胜枚举。

因为作业，有的孩子逃课、逃学，上演了一幕幕离家出走的悲凉场面；因为作业，老师们围追堵截，坚决杜绝不写作业的现象，也上演了一幕幕家校矛盾激化、上访信件层出不穷的寒心场面。

试问，我们的孩子为何如此拒绝作业？因为不喜欢作业？我们的老师怎么就如此出力不讨好？因为对作业追得太紧。反反复复出现在我们面前的都是“作业”两个字，我一直困惑的是，为什么我们——老师和学生都同时被“作业”苦苦缠身呢？是谁为我们套上了这个枷锁？

静心思考后，我们不难知道，写作业对于学生来说，可以巩固课堂所学新知，可以培养他们持之以恒做事的毅力，可以培养他们认真学习的习惯等。而正因如此，老师们加大了对学生的作业力度，因为这样做的最直接目的就是可以最大限度地巩固课堂知识，减轻第二天的学习阻力，也从另一个侧面对当前正盛行的教师考核加了一道救命稻草一样的“保险”。可是这保险，任何人都不会放心的，于是，越不放心就越要加大学生的作业量，越加，学生就越反感，越反感就越想办法逃避。而此时，教师别无选择，只能对学生紧追不舍，于是，矛盾就滋生了，情绪就恶劣了，问题就严重了……于是，学生、老师甚至家长都被牢牢地捆缚于“作业”的井绳上，都实实在在成为了“作业”的奴隶！

回过头来想一想，何必呢？写作业就是为了巩固知识，如果这个理由也添加了功利色彩，那还有什么是真正属于教育的？还有什么是真正属于进取的？

为何不让作业轻松而灵动？为何不让作业富于色彩而充满激情？为何不让作业成为学生的梦中美差、现实向往？

比如，针对学生的学习状态，实行“作业大酬宾”活动，让总是得“优”的学生享受“打折”优惠——精选作业，精做作业。而对于掌握状态不佳的孩子，则选择基础题目，保证量少内容精，不成为学生的压力，而成为学生愿意克服的一个小困难，我想，那样一来，作业就不是捆缚我们的井绳了，我们就不是作业的奴隶了。

再比如，“考倒我的爸爸妈妈”系列活动，让孩子将课堂上学的知识以趣味作业的形式，回家“考倒爸爸妈妈”，只要爸爸妈妈被考倒了，学生就有资格给爸爸妈妈当一回“小老师”，用心讲解，直到爸爸妈妈听懂了。

趣味作业、灵动作业，时时可以实施，关键在于教师是否将功利之心先放那儿歇歇，用心爱学生，用心爱教育。只有这样，教师才可以轻松，学生也可以灵动。

无论何时，我们不能忘记，作业是我们教师引领学生巩固知识的一种手段，但不是唯一的手段。让我们将心放低，将心放平，将功利稍微抛开一点点，我们就会发现，教育很有趣，学生很有活力，作业也会妙趣横生的……

抛开功利，不当“作业”的奴隶，还作业轻松之身，还学生快乐之源，还教师健康之本！

——刘明

绿色心语

适当的作业对学生的学习来说是有帮助的，但是作业量过多成为现在教育的一种普遍现象，过多的作业不仅起不到复习巩固的作用，反而使学生厌烦学习。作为教师，应该摆正我们的心态，让灵动、趣味的作业发挥其作用，让学生真正享受到作业的乐趣。

等饭的精彩

习作来源于生活。著名教育家叶圣陶先生说：“作文教学这件事离不开生活，生活充实到什么程度，就会成什么文字，把生活和作文结合起来，多多练习，久而久之，将会变成作文是生活的一部分，是一种发展，是一种享受。”作为教师的我们要善于捕捉生活中的各种教学契机，引导孩子观察体验，积累素材写出充满生活气息的习作。还记得那次等饭的经历——“老师，包子还没好吗？”“哎呀，我快饿死了。”听着同学们唧唧喳喳的吵闹声，我也心急如焚。可是，因为临时停水，厨房师傅们正在加紧赶做包子。我只能做好安抚工作了。看到银耳汤分好了，我赶紧说：“先喝点汤，热热肚子，饭一会儿就好。”可银耳汤几分钟就喝完了。眼瞅着同学们又开始嚷嚷了。而负责分饭的同学又从厨房带来了不好的消息——包子还要再等10分钟才能好。这可怎么办呢？看着同学们一个个摸着肚子，皱着眉头的样子，我灵机一动——这可是难得的机会。我们一直在进行“生活化习作”小专题研究，此时同学们的感受最真切，何不趁机引导他们加深体验。我笑着对他们说：“谁能说说现在的感觉？”“老师，饿呀！”“怎么就一个词呀，说具体点儿。”我不满道。小伟说：“我的肚子早就咕噜咕噜地叫唤了。”“我的肚子也开始唱‘空城计’了。”小亮接过话。“哎呀，要是包子来了，我准能吃上100个，也不会撑死。”听到小强的这番话，同学们“哈哈哈”地全笑出了声。“包子，包子，快快来呀！”小明一边念叨着，一边双手合十祷告着。那滑稽的样子逗得同学们再次哄堂大笑。这时，我想到《金色的鱼钩》，就说：“同学们，还记得老班长吗？他舍不得吃鱼汤，自己已经奄奄一息了，心里想的还是小战士。再想想二万五千里长征，多少战士缺吃少穿，而他们克服了千难万险，最终取得长征的胜利。我们呢——”话还没说完，小李就抢着说：“我们当然也能克服饿肚子的困难，等到包子的到来。”小李的话又引来一片欢笑。“以前，饿过肚子吗？”我又开始了新话题。有的同学说饿过，有的说没有。“那现在，咱们就说说饿肚子的滋味。”“饿肚子的滋味可真不好受呀！”……同学们七嘴八舌地谈开了。

终于，漫长的10分钟结束了。热腾腾的包子端上来了，孩子们狼吞虎咽地吃着，我又有了新计划。吃过午饭，回到教室我问同学们：“今天包子的味道怎么样？”“太美味了，我从没吃过这么好吃的包子。”“光顾吃了，没什么感觉。”“你吃了几个？”“三个”“你呢？”“两个。”“看来，只有经历过饥饿，才能品尝出食物的美味。”我不禁感叹道。“老师，我以后一定会珍惜粮食！它对我们来说太重要了！”家庭条件优越的杨，一直默不作声，这时一脸认真地对我说。真没想到，以前最能浪费饭菜的“小少爷”能有这么大的变化。“说得对呀！”我赶紧接过话来，“我相信通过这次的体验，你们都会爱惜粮食的，对吗？”“对！”教室里响起响亮的回答。“同学们，这节语文课我们改成习作课，就写‘等饭的滋味’怎么样？有内容写吗？”“太好了。”“有内容，有很多。”看着同学们自信的脸，我真高兴。也许，正是因为有了切身的体验，同学们奋笔疾书，很快就写好了。

作文收上来一看，和平日的作文大不相同。同学们用词特别准确，而且把学过的一些课文中运用到的词语、句式都恰当地运用了，还把自己当时的真实体验写得非常具体。我都不敢相信这是我们班那些调皮的孩子们写出来的。

王同学写到，“唉，今天的包子咋还不来呢？”“是啊，是啊，怎么回事啊……”同学们正在餐厅里七嘴八舌地议论着。“咕咕咕咕”这是什么声音啊？是我的肚子在打鼓呗！（“是呀，是呀，”仿写《穷人》中渔夫的喃喃自语）

李同学写到，“终于，那等待已久的包子蒸好了，我们提着桶，边走边喊：‘包子来了！’同学们听到喊声，迫不及待地蜂拥而上，你争我夺，像饿狼扑食一样扑上来。拿到包子后，大家狼吞虎咽地大吃起来。”（“迫不及待、你争我夺、狼吞虎咽”等词生动形象地写出了同学们饿极了抢吃包子的情形）

强写到，“我的肚子开始咕噜咕噜地直叫，我心想：包子，包子，快来吧！我的肚子已经饿坏了，你就让我吃一口吧！我左等右等，始终不见包子的影子。我目不转睛地盯着厨房，心想：包子是不是被阿姨偷吃了，还是长翅膀飞走了吧？现在我满脑子都是包子，但是包子却千呼万唤不出来。”（抓住了人物的神

态，心理活动刻画的惟妙惟肖）

看到同学们的优秀习作，我打心底里高兴，幸亏及时抓住这次等饭的好时机，使同学们不仅受到了爱惜粮食的深刻教育，同时体验到饿肚子的滋味，还练习了把生活和作文结合起来。习作来源于生活，只有让学生走进生活，感受生活，体验生活，扮演其中的角色，习作才会有真情的流露。

——张辉

绿色心语

教育无小事。课堂上、生活中每一次“意外”的出现，都闪烁着思想的灵光。这灵光不仅仅是学生的奇思妙想，更是教师处变不惊、化腐朽为神奇的智慧之光。

谁偷走了孩子们的想象

想在班级办一份属于自己的报纸，借以鼓励写作好的学生，又给能力差点的孩子提供一个学习的平台。为了更大地调动他们参与的积极性，我让大家回家想，给咱班的报纸起一个既有意义又有新意的名称，第二天上课开讨论会，看谁想的报名最有新意，最能体现班级的精神面貌，就采用谁起的名。

第二天，我满怀信心地走进教室，想象着孩子们会怎样激烈地讨论，会怎样为自己起的报名而争得面红耳赤……我还信心百倍地想：课后再让他们写篇作文，一定能写得栩栩如生。

上课伊始，我让他们把想好的报名写在黑板上。刚开始只是几个学生上去写，慢慢地上去一大群，有的甚至上去好几次。看着他们兴致高昂的样子，我也很兴奋，但随着黑板上的字迹增多，我的心在逐渐地下沉。“作文大全”“快乐作文”“作文大本营”“写作天地”……天呀，满黑板的“作文”。望着歪歪扭扭的毫无生气的字迹，我想，这就是我的学生想出来的所谓的“报名”？我没有让他们再写下去，因为再写下去也离不开“作文”二字。于是我拿起黑板擦，把“作文”二字擦去了，让他们添上其他的词语。很长时间没有人举手。我望着他们一双双茫然而又似乎无谓的眼神，心情立刻颓废起来。

我愣神了好几秒，一节课不能就这样上完了吧。于是转身在黑板上，写下了“小脚印”“小雨点”“小荷初绽”等几个字。可当我问：你们看，用“小脚印”好不好呢？他们异口同声地说：“不好！”我瞠目结舌。如果有一个学生说还可以，那我就会引导他们说说好在哪，然后再说说我的想法，我并不是想让他们知道我起的题目有多好，而是想以此为平台，打开他们思维的另一扇窗。我不死心，又问了剩下的几个题目，他们依然异口同声地说“不好。”有的甚至笑出了声，笑我起的名字多可笑！这节课在我的愕然中结束了。

课后，我想他们怎么会是这样的呢？是谁偷走了他们的想象，盗走了他们的思维呢？

我想，首先是定势的作用，现在充斥市场的、关于习作的书籍，书名大都是《作文大本营》、《快乐作文》、《考场作文一点通》……等大同小异的书名。因此在他们的思维意识里，好像和作文有关的书籍报刊，就应该是类似的名字。类似的情形还有：要求写一件你印象深刻的事，题目自拟。100%的学生起的题目是“难忘的一件事”、“我印象深刻的一件事”……在他们的意识里，这样的文章就应该起这样的题目，他们习惯于这样，懒得动脑再想其他的题目了。

其二，老师的引导有缺陷。没有换种问法打开学生思维的另一扇窗户。例如这节课，也许我从另一个角度入手，会是另外的一种情景。比如，这样提问：“小脚印”让你想起了什么？当他们有了感受，再问他们如果用它来作为我们的班报的报名怎样呢？或许这次他们的回答不再是异口同声地说不好了。

其三，周围环境的长期影响。现在是一个读图时代，电视、电脑、VCD、MP4，各种各样的连环画，甚至有些名著也都配上了图画，可谓是图文并茂。无论大人还是小孩都喜欢观看图画类的作品，特别是小孩子。他们长期地接触这些图画作品，对阅读文字的兴趣会越来越淡。而文字带给我们的想象是无穷的。不是说一千个读者就有一千个哈姆雷特吗？记得曾看过这样一个故事：歌德小时候，他母亲常给他讲故事，他母亲的讲话就像报纸上连载小说那样，每讲到关键的地方，就“且听下回分解”，以后的故事情节由歌德自己去想象。在“下回”开讲之前，母亲先让歌德讲讲是怎么想的，然后再绘声绘色地讲给他听。长此以往，歌德的想象力越来越强，知识越来越丰富，以至最后以博学多才而闻名于世。

再就是家长、老师的包办代替。有时为了节省时间，或者是少走弯路，直接告诉孩子答案或者直接告诉孩子应该怎样去做，使孩子缺少一个独立思考，自己发现的过程。长此以往，会使孩子的思维产生依赖，越来越狭隘。

人类的一切文明，科技的发展，社会的进步都离不开想象。想象是一种多么重要的能力！而我们孩子们的想象力正在一步步地被扼杀，逐渐地泯灭。我们做教师的又应该做些什么呢？

——周华丹

绿色·心语

一个大人发现一个小孩蹲在路边，聚精会神地观察蚂蚁，便问：“孩子，你在干什么？”孩子仰起稚气的脸，得意地说：“我在听蚂蚁唱歌。”大人哈哈大笑：“蚂蚁怎么会唱歌？”孩子不高兴地答道：“你不蹲下来，怎么知道蚂蚁不会唱歌。”让我们每一个人都“蹲”下来，用一颗童心呵护孩子，爱护孩子们的创新精神，给孩子们插上想象的翅膀，让他们在辽阔的蓝天上放飞美好的理想。

寻根究源　生成精彩

——《圆的周长和面积》练习课教学片断引发的思考

今年初次执教五年级，在讲授第一单元“圆”的知识时，为了激发学生的学习兴趣，进一步理解并掌握圆的面积和周长公式，从而达到发展空间观念和空间想象能力的目的，我准备了一节练习课。其中设置了一道拓展题，如下图所示：求涂色部分的周长和面积。

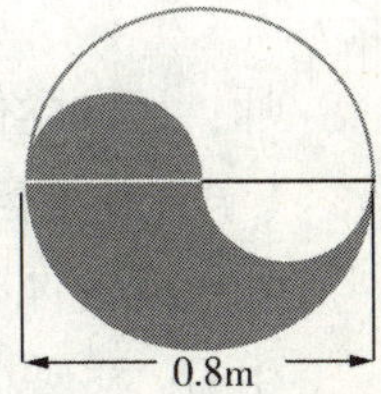

题目一出示，马上有学生就摩拳擦掌、跃跃欲试了。这是授课过程中的一个小片段：

片段：求阴影部分的周长

师：涂色部分的周长怎么求呢？

（学生尝试独立完成，几分钟后，我请一位平时数学成绩中等偏上的学生 A 来回答）

生 A：将小半圆向右平移。

（我顺着他的思路，用课件演示小半圆平移到右边的空白处的过程。心中窃喜：这孩子还真会思考）

生 A：老师，不对，是移到下边。

（我一听他这样说，一时竟没反应过来，他为什么改成移到下面呢？原先的思路很准确呀。但我还是要先听听他的想法）

师：怎么“平移到下面”？你能上来演示一下吗？

（生 A 大步跑到讲台前，高兴地演示起来。哦，原来他的做法是跟前面求面积的方法一样，先将小半圆平移到右边再旋转到空白处，只是表述得不太清楚）

师：你这样做的理由是什么呢？

生 A：因为这样移过来以后，也就是变成了一个大半圆形。那原来涂色部分的周长就变成了大半圆形的周长。

（下面不少学生也连声说对，表示赞同。我很疑惑：求涂色部分的周长也能像求面积一样的移法？）

师：大家也同意他的观点？有没有不同意见？

（全班没有一人举手，看来学生对组合图形周长的概念认识不清；学生空间理解能力较弱，对形成组合图形的动态过程不清晰。三年级数学上册“认识周长”一课给周长下的定义：封闭图形一周的长度就是它的周长。看来学生只是一知半解，并没有真正理解这句话的含义。因为学生没有充分感知周长的意义，没有认识现实中和几何图形中所表现出的周长的各种变式，所以只是按照已形成的思维定势，理所应当的认为应该这样做。我及时调整了预案，我想先顺着生A的思路说下去，让学生自己找出错误的根源）

师：难道周长与面积的意义是一样的，所以求法也一样吗？

（经我这样一问，马上有学生发现问题了，举起了手。我请学生B来说说他的想法）

生B：原先涂色部分的周长是这些线的长度和（说着他用手指着涂色部分一周的长度）。但如果将它移到这，周长就变成了这个（接着他又指出半圆的周长）。

师：请同学们试着自己描描涂色部分的周长看看。

（学生开始自己动手试着描）

师：说说你有什么发现？

生C：移动小半圆之前涂色部分的周长与移动以后的周长是不一样的。

生D：原来涂色部分的周长是下面的大半圆弧再加上两个小半圆弧的长；而如果平移，周长就变成一个半圆的周长了。这两个周长不一样。

生E：移动之前和移动之后，都有下面的大圆弧是公共的部分，但剩下的两个小圆弧的长度和根本不等于大圆直径的长。

（我用赞许的神情示意他们坐下）

师：大家有没有同样的发现？用平移后再旋转的方法，涂色部分的面积转化为大半圆的面积，但是周长怎么了？

生（众）：周长不等于大半圆的周长。

师：因此我们不能用前面求面积的方法来求周长。那到底应怎样求涂色部分的周长呢？在小组内交流一下你的做法。

（生积极地投入到小组交流中去）……

接下来经过我的点拨和启发，绝大部分学生找出了正确的计算方法，求出了周长。

反思：

通过这个小插曲，我意识到，在周长和面积教学中，应让学生充分感知、清楚地认识周长、面积的概念。在今后的教学设计中应当为学生创设情境，让学生用足够的时间经历概念的形成过程，从而为后面的学习打下基础；平时也要注意对学生空间能力的培养。比如，多给学生提供实物和模型，让学生多参与操作过程；日常教学过程中还要培养学生用语言精确描述图形运动变化的习惯。另外，要重视课堂前测的作用，这样可以了解学生学情，有的放矢地开展教学活动。这样才能逐渐提升学生的思维能力，在数学方面得到更好的发展。

——于宁

绿色心语

作为数学教师，要有一双“慧眼”和善于倾听学生发言的“聪耳”。在处理练习时，不仅要让学生知道做对的理由，更要明白自己做错的原因，只有这样才能深入理解数学概念，把握概念的本质，提高做题正确率。

高处不胜寒　低处纳百川

——从“拼音教学到写字教学”引发的思考

很久都没有尝试低年级的教学了，今年有幸任教一年级的语文，望着语文课本上那简单的内容和幼稚的画面，我满心不屑，和高年级的语文相比，这简直就是“小巫见大巫”，让我教一年级，这不是便宜我了吗？

但是，好景不长。这都一个多月了，我为学生愁得焦头烂额，会写不会拼，看着书会写，单个默写就是不会。想想，就这么几个声母、韵母、整体认读音节，有这么难记难认吗？我百思不得其解。私下了解了一下情况，才知道很多孩子在幼儿园接触拼音少，猛然给他们这么多的压力，他们还不习惯有约束的学习，没有做好学习的准备。

既然是这样，我就知道我该干什么了。于是，我耐下心来，给孩子们时间，教家长们方法，和家长一起帮助孩子闯过拼音关。

功夫不负有心人，在家长和我的共同努力下，我们看到了孩子的进步。这期间，我和家长们通过班级 QQ 群，沟通孩子们在校的拼音学习情况，从群中一条条的留言，我看到了家长们着急的心情；我还通过家长网校信息平台和家长们进行信息联系，反馈个别学生的学习困难和好的做法，从家长们的一条条回复信息中，我看到了家长的努力和干劲；同时，我还热情地邀请家长到学校和孩子们一起上课，有针对性地了解孩子的上课状态，从一个个家长豁然开朗的面庞中，我看到了孩子们拼音学习的希望。

果然，有了家长们一对一的辅导，班级里几个拼音学习困难很大的孩子有了明显的进步，他们不但能牢记声母、韵母、整体认读音节，还能拼读词语呢？这让我始料未及。我想，这或许就是我们与家长一起努力，一起付出，一起期待的结果吧！

没想到，在家长的协助下，我刚刚跌跌撞撞地闯过了拼音关，却在自己的写字教学上再遇困惑。

一年级识字教学的第一篇课文是古诗《一去二三里》。这首小诗语言简洁优雅，美景错落有致。文中10个数字按照从小到大的顺序，自然和谐地融于山村的美妙意境之中，学习这首古诗，不仅可以激发学生热爱自然的情感，而且能引发其识字的兴趣。我也被其中的十个数字吸引了，心中不禁联想到数学的"1、2、3、…10"，于是，将语文上大写的"一、二、三、…十"和数学上的数字联系到了一起，自以为很巧妙地将语文、数学学科整合到一起了。于是，我在写字教学中从田字格中的"一二三"一直延伸到"四五六七八九十"，我当时还自以为自己技高一筹而沾沾自喜，我一边教孩子们认识田字格，一边教基本笔画"横、竖、点、撇、捺、竖弯钩、横折弯钩、横折、竖弯"……凡是这些生字能体现的基本笔画，我都很认真地一一板书在黑板上。孩子们从简单的"一二三"到"四五六七八九十"一个个地在进行书法练习，可是，你看，孩子们的小手在空中犹犹豫豫，胡乱比划，我是教完了这个又教那个，折腾了一身汗：这么简单的书法练习，怎么就这么难学呢？望着孩子们难看的书写，乱糟糟的笔顺。我一下子懵了，这样教下去是百害无益啊！

课下，我在组里说起我这突发奇想的创新，结果却引来大家的哄堂大笑。大家有的说："你这是还站在高年级的讲台上，没下来呢！"还有的说："你这是揠苗助长啊！"……大家众说纷纭，都是有丰富的低年级教学经验的老师，她们的话，让我不由地反思起自己的教学。这说笑中隐藏的问题有多严重，我真的该调整一下心态，好好审视自己了。不能小瞧这一年级的知识，应该好好学习课标，认真钻研教材，了解儿童的特点，才能更好地面对一年级的课堂。

于是，我认真地研读新课标，努力吃透低年级识字和写字教学的要点，发现问题出在自己身上，是自己没有真正"从高到低"走下来，没有和孩子站在一条水平线上，没有把握好孩子的接受能力，过高地估量了孩子的能力，使得老师感觉"怎么就教不会？有这么难吗？"孩子则感觉"太难了，搞不懂啊，不会写啊！"……徘徊在难上难下之间，我觉得应该给孩子少而精的东西，正如书上田字格里的体现，只有一两个字，却是有编者深刻的道理，绝不是自己可以妄意增添的。

有了对孩子认知领域的了解，我也真正俯身慢慢地接近孩子，和孩子站在一个水平面上，用孩子们接受的方法教给孩子如何写字。虽然，写字教学有它独特的套路，但是，真正运用在那么多稚气可爱的孩子身上，竟全然是另一番风景。

于是，我揭下了一本正经的脸，用上了甜美的孩子腔，跟孩子们一起奇思妙想，一起天真活泼。还巧用时机引导学生变换形式，不断满足学生的好奇心，使学生真正“动”起来，做到玩中学习，玩中思考，玩中创新。

就这样，我的写字教学有条不紊地进行着，孩子们既饿不着也撑不坏，真可谓松弛有度，教学得法。我没有对自己今天惹出的笑话而难过，相反，我感到高兴，因为它的生成让我知道如何去学习，如何去探索，如何去改进，如何让“高处不胜寒”变为“低处纳百川”，这也更让我在今后的教学路上增添了一股百折不挠的韧劲！

——侯亚丽

绿色心语

教师不仅要对课标认真研读，还要对学生的认知领域进一步了解，要真正俯身慢慢地接近学生，和学生站在一个水平面上，用孩子们接受的方法教给他如何识字写字。正所谓“松弛有度，教学得法”，这不正是让“高处不胜寒”变为“低处纳百川”的源泉和动力吗？

被拒之门外的小插曲

一年级的学生最有“个性”，课堂上总是小插曲不断，如果老师不做好充分的准备，很难完成教学任务。我曾暗自庆幸，庆幸自己有着独特的招式——“军事化管理”，学生总会心随我动。可是，一个偶然被我拒之门外的小插曲，却让我陷入了深深的自责。

记得执教《大雨和小雨》这节课时，我针对难点，早早地将“跺脚、拍手”游戏引荐给学生，引导他们用跺脚理解大雨的强，用拍手感受小雨的弱，课程按照预设顺利地进行着，我暗暗自得：哪个一年级的班能有我这样的效果，多么整齐划一。就在此时，坐在前面的一个女孩子“不识时务”地举手示意。她的这一举动让我很是恼火，我一边带领其他同学积极地参与活动，一边用眼神示意这位女孩，希望她安静下来，在这师生融洽的时候，我可不希望任何与我预设无关的事情发生。

可惜，我的目光不但没能制止她，反而像给了她无穷力量似的，她的手越举越高，屁股也开始不安分起来，甚至嘴里还嘟囔着“老师……老师”这样烦人的声音。在她的影响下，她座位旁边几个不安分的小男生也顺势东倒西歪起来。很明显，她的动作开始影响到我的课堂秩序了。于是，我把目光投向其他同学，对她恍若未见。余光中，我发现她的小手终于慢慢地收了起来。果然，没了这个“另类”，学生们表现得越来越好了。预设的情境得到了完美的呈现，我陶醉在这种“成功”的喜悦中。

“大雨拍手，小雨跺脚”，又是那个怯怯的讨厌的声音，我愣了一下，好心情一下子没了，我强忍着不耐，继续和谐地引导学生们体验着。

“老师……”，我再也忍不住了，厉声喝道：“闭嘴！”然后厌恶地瞪了她一眼。终于，她老实了，头深深地埋了下去。我的心一震，这是我要的么？为什么我的心里会很不舒服？

这节课结束后，我脑海里不断地回响起女孩的那句话。回到办公室，我一遍又一遍地尝试着她的对比方法，心里越发不安起来。确实，她提供的方法要比我预设的好得多，拍手的声音听起来确实要比跺脚的声音强，这样的强弱对比更符合听觉的规律。我开始后悔自己不理智的行为，后悔没有抓住这一契机，让课堂在生成中绽放异彩，更后悔我的行为深深地伤害了这位善于聆听、善于思考的孩子。

我查阅相关的资料，认真学习起来，一番苦读，终于真正地明白：预设中有生成，生成离不开预设，只有预设的课堂也许是有秩序的课堂，但会缺乏些许灵气；秩序的课堂是重要的，可将课堂中的一些“小插曲”给“拒之门外”，就会真的俨然有序了么？其实，适时引导这些“小插曲”，不但会为你的课堂增添色彩，更能够让孩子轻松地全身心投入，打造出真正有序的课堂。我们的教学是需要不断创新、探索的，让我们细心、大胆一些，不再将“小插曲”拒之门外，用爱心、真心对待每一个“小插曲”，细细地体验、品味，让我们的音乐教学更富有灵性，更能彰显出属于孩子们自己的独特智慧。

——谭建妮

绿色心语

教师往往为了有秩序的课堂，提前预设教学过程。提前预设教学过程是必须的，但教学过程也是一个充满智慧、富有创造性的过程。如果单单为了有秩序的课堂而将一些可取的小插曲给拒之门外，那样的课堂如同一潭死水无法激起波澜。相反，如果我们用爱心、耐心、真心对待每一个小插曲，那课堂会更加绚丽，更有灵性。

一艘“不生病”号的大船

刚休完婚假第一天上班，我便急匆匆地奔赴教室，要知道，孩子们可喜欢上美术课了。每当上美术课的时候，他们都很兴奋，那一双双闪亮的眼眸中流淌的期盼总让我心底湿润润的。

这一节课是一年级的，主题是《乘上大船游世界》。通过激情导入、观看视频等环节，我让孩子们了解了船的结构、功能、特性等后，他们就开始了有趣的创作之旅。在“展示作品，创意交流”环节，班上的小淘气峰站了起来，说道：“老师，我给我的大船起好名字了，就叫‘不生病号’。”我在心里嘀咕，真好笑，“不生病号”，难道还有“生病号”吗？看着他兴致勃勃得像个小演员一样，我没忍心打断他，让他继续说。他有点羞涩地说：“老师，您有两节课没来给我们上课了，是不是生病了？我要建一艘不生病的船让你坐上去，让你一辈子不生病。”说完，孩子笑了。我的小心脏也被孩子稚嫩的话语撞了一下，很激动、很感慨。孩子们并不知道，我是回家结婚了。可是，这充满祝福的“不生病号”大船却是我婚后收到的最好、最让我感动的礼物。

我笑了，很灿烂地笑着说：“谢谢你，谢谢大家。”我心里却在高呼：“做老师真好！”平时工作的苦和累在这幅稚嫩的“不生病号”大船面前都不值一提了。

谁说小孩子不懂得爱？谁说小孩子不会付出爱？今天的我就收到了来自孩子内心深处的浓浓的爱——一艘“不生病号”的大船。

——孙惠瓶

绿色心语

要教育好学生，就得走进他们的心灵，给他们多一份微笑，多一句赞语。你对学生付出了爱，学生就会回报你爱心，用心去爱我们的学生吧！

尊重意外的提问　收获预期的效果

——《两只鸟蛋》教学反思

在教《两只鸟蛋》一课时，我指导学生在熟读课文后，提出自己不明白的问题。只见刘文龙高高地举着小手，眼神中流露出掩饰不住的期盼。我马上叫起他，“老师，书上画的鸟窝在很高的大树上，那个小朋友怎样取下鸟蛋，又把鸟蛋送还呢?”他一脸的迷惑。“是啊！这么高的树……”这一问马上引起同学们的共鸣。

这个问题我还真没想过。这篇课文主要是说一个小朋友从取下鸟蛋到送还鸟蛋的事，我们能看到孩子幼小的心灵里萌生出对生命的珍爱，对小鸟的关爱，以及对大自然的热爱。一个小小的孩子怎么够得着这么高的鸟蛋呢？这个问题是否与课文主题有偏差呢？新课改提倡尊重每一个学生的想法，从孩子的角度考虑，我认识到不能忽视这个问题。于是，决定把这个问题交给大家来解决：“是啊，同学们想一想有什么办法?”孩子们的积极性一下子被调动起来。

“可以借助梯子上去拿!”

“可以爬树!”

“可以扔一根绳子上去，然后抓着绳子往上爬。”

“还可以找小猴子来帮忙!”

……

听了同学们的回答，我顺势引导：“你们都能动脑筋来解决问题，真了不起!那么你们怎么看待爬树和抓着绳子上去等行为呢?”教室出现片刻宁静。

“这样做不好!”有几个同学嘀咕起来。

“为什么呀?”我接着问。

“太危险了!”

“大树会疼的!”

“万一拿不住，鸟蛋会碎的。”

……

“是呀!”我接着说道，“大树是有生命的，我们踩在它身上，它会疼；我们人是有生命的，不小心从树上摔下来，妈妈会心疼的；小鸟是有生命的，鸟妈妈发现鸟蛋丢失，会难过得大哭一场的……”此时，虽说“这两只鸟蛋”怎么“取”“还”很难有一个“标准”的答案，可我感受到，孩子们在探究这个问题的过程中，收获的是对文章主题“热爱生命”的感悟，对一年级的孩子而言，这足够了!

课堂教学应该是师生、生生积极互动，动态生成的过程，既要有一定的预设性，又要密切关注课堂的“生成性”。正如布卢姆所说：“人们无法预料教学所产生的成果的全部范围，没有预料不到的成果，教学也就不成为艺术了。”为此，教师必须认识到我们的课堂应是动态生成的，教师在课堂中要随时准备适应种种“意外因素”，“以学定教”，鼓励学生大胆发问。对师生互动出现的创新的火星，教师应敏锐地捕捉到，并予以引燃，使意外的信息生成宝贵的教学资源，从而收到预期的效果。

——周婵娟

绿色心语

语文课堂中，我们不仅需要关注静态的语文教学资源，更要善于发现和利用教学时的灵感、教学机智以及学生的感受、突发事件等，使语文课堂灵动而丰富。

一道实践测试题引发的思考

你能利用提供的材料测量出这个梨的体积吗？请写出测量的方法步骤。

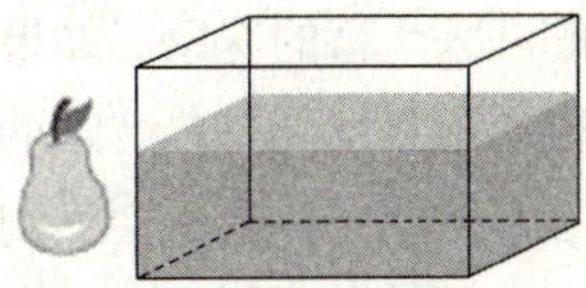

这是本次期终质量检测五年级数学试卷上的最后一题。这道题的目的是考查学生是否能合理利用提供的材料，测量出不规则物体的体积。此题一现，立即引发了不少的争议。虽然试卷评价标准上说“只要学生说得清楚、合理就行”，但仍有不少老师认为：数学是一门工具学科，它具有简洁性，学生只要能根据题中给定的信息、问题正确列式计算，解决实际问题就行了，何必考查学生叙述操作步骤的能力呢？这不是语文学科才考察的能力吗？

学生是不是正如老师预见的那样，离开了具体数字就不会做题了呢？为了更好地了解学生对于此题的掌握情况，试卷批完后，我们教研组对五年级一个班学生的答题情况进行了分析（具体情况见下表）。

班级	学生总数	步骤叙述完整	只写出计算公式，步骤不完整	步骤叙述不正确	只有算式，没写步骤
5.4	40	21	3	8	8
		52.5%	7.5%	20%	20%

从学生的答题情况不难看出，大部分学生能根据题中提供的材料，设计测量的过程，并能比较完整地叙述测量步骤；但仍有不少学生只写出了计算公式，对于测量过程不甚了解，且叙述不完整；还有少数学生没有更好地理解题中要求，而是用直尺测量出试卷上给定长方体长宽高和水的深度的具体数，因无法得知梨放入水中后水的高度，就用长方体的高来代替，列式计算得出梨的体积。

那么，对于这种类型的题学生的解答能力是怎样的呢？在讲解试题之前，我们给这道题加上了具体的数，用文字叙述，变成了直观的应用题让学生解答。

在长 15 厘米宽 10 厘米的水槽内倒入一些水，水深 10 厘米，把一个梨完全浸没到水中后，水槽内水深 12 厘米。你能求出梨的体积是多少吗？

学生答题情况：

班级	总人数	完全正确	算式正确，计算出错	列式错误
五（四）	40	38	2	0
		95%	5%	

通过对比可以发现：学生对于给出具体信息和问题的题目，用列式计算的方法解决问题，几乎都能做对。

是什么原因导致了两次结果的不同？同样道理的两道题，一旦换个问法，让学生设计操作步骤，他们就难以适应，甚至有不少学生答非所问。我认为，这和老师平日教学时只注重结果不注重过程有很大的关系。不少老师认为，数学应着重于在演算实际运算的需要上，学生在解题时，脱离了具体的数字就茫然而无从下手，从而出现了前面无法得知梨放入水中后水的高度是多少，就用长方体容器的高来代替的现象。如果在实际教学中，我们真正给学生提供材料，放手让学生自主探索发现并总结归纳，我想，再遇到这个问题时，学生就不会感到蹊跷甚至答非所问了，更不会感到茫然而无从下手。

新数学课程标准中强调，教学中"做"比"知道"更重要。数学综合实践活动更是要把握好实践活动的时机，凡是能让学生自己设计的，就应该让学生亲自去发挥；凡是能让学生自己去做的，就应该让学生亲自去动手。通过数学实践活动，让学生把在课堂上学到的数学知识应用到实际生活中去。在活动过程中，教师在学生独立思考和合作交流的基础上进行有针对性的指导，让学生具有较大的自主发展的空间，激发学生的学习兴趣，培养学生自主地发现问题、提出问题、解决问题的能力，从而感受数学与生活的联系。

——孙建凤

绿色·心语

新数学课程标准中强调，教学中"做"比"知道"更重要。"实践与综合应用"不仅拓宽了教师的视野，而且给数学赋予了生活的意义，为学生学会独立探索提供了广阔的天空。

关注课堂 提高科学探究实效性

——《水变咸了》教学片段赏析

作为小学科学教师，要以参与者、组织者、合作者、促进者的身份为学生营造一个民主和谐、积极宽松的学习氛围，要给学生足够的自主时间和空间，让他们主动探究。要把学习的主动权真正交给学生，要相信学生，敢于放手，让他们主动地或想、或写、或说、或做，让学生轻轻松松学科学、用科学、爱科学。只有这样，科学课堂才能真正成为学生自主探究的乐园。

案例背景：

法国思想家卢梭说过："多给孩子真正的自由，少让他们囿于别人的思想；多让孩子自己动手，少让别人替他们做事。"随着新课程改革实施的不断推进，科学教师的教学理念和科学素养有了很大提升，大家都在努力探索和实践以探究为主的课堂教学。但我发现在实际的课堂教学中，有的教师总是顾虑太多，怕学生的回答耽误时间，怕学生说不到点子上，怕不能顺利完成自己设计好的学习目标……总是急于替代学生的发言，不敢放手让学生自主探究，学生犹如“被拴绳的鸽子”，难以展翅高飞。所以真正让学生在科学课堂上“动”起来，提高学生的科学素养，具有非常重要的现实意义。

我在近10年的小学科学教学中，积极探究如何发挥学生的主体作用，让学生亲身经历以自主实验探究获取知识的过程，从而领悟科学的真谛。以下摘录我在执教青岛版五年级科学上册《水变咸了》一课的教学片断。

案例解析：

片段一

师：刚才，我们了解了高锰酸钾在水中的变化特点，这种探究方法是我们进行科学研究的一种非常重要的方法。是不是所有物体都能在水中溶解呢？课前，老师已经让同学们向家长了解我们生活、饮食中的一些常用物品的特性，你认为哪些物品能溶解于水呢？

生1：白糖、味精。

生2：奶粉。

生3：还有面粉。

生4：我觉得洗衣粉也能溶解于水。

生5：感冒冲剂、咖啡能在水中溶解。

生6：我觉得花生油也能溶解于水。

师：同学们的想法对不对呢？老师已经在每个组的实验桌上准备了许多物品，除了同学们刚才说的白糖、洗衣粉、面粉等之外，还有黏土、粉笔末、石子、花生油、奶粉、碳酸氢钠(小苏打)、木屑等。同学们猜一猜：黏土、粉笔末、石子、花生油、奶粉、碳酸氢钠(小苏打)、木屑是否能溶解于水呢？

(学生思考片刻后纷纷举手)

生1：奶粉能在水中溶解。

生2：还有小苏打、粉笔末也能溶解于水。

生3：我觉得粉笔末、石子、木屑不能溶解于水。

师：有不同想法的吗？

生4：我觉得小苏打不能溶解于水。

生5：我觉得黏土在水中能溶解。

师：大家的猜想到底对不对呢？还是要通过什么方法来验证？

生(齐)：实验！

师：对！光靠猜想是不行的，实验是进行科学探究经常用到的方法。那你觉得在实验时应注意什么呢？

生6：注意不能损坏仪器。

生7：小组间要相互配合。

生8：实验时不能光顾着做了，要注意安全。

师：大家说得很好。请看大屏幕上的实验要求。

大屏幕显示实验要求：

(1)烧杯和物品要一一对应，以防混淆。

(2)取物品要适量，小半匙即可。

(3)如果玻璃棒沾了药品，可能影响下一个实验，要擦干净。

4. 各小组要分工合作，每个同学试验一种物品，静置后再观察实验现象，认真填好实验记录。

师：请各小组实验验证一下吧！

小组实验，教师指导。

附：物体在水中溶解情况实验记录

（溶解的划“√”，不溶解的划“O”）

第____小组　　　　记录人：____

	白糖	黏土	洗衣粉	花生油	碳酸氢钠	粉笔末	面粉	石子
我的猜测								
放入水中发生的现象								
实验结论								

温馨提示：在没有确认药品有没有毒性的前提下，千万不能尝！

评析：

猜想是探究活动的第一个环节，小学生的年龄特征使他们迫切希望表述自己的想法，渴望自己的发言得到老师的肯定和验证，教师抓住这一契机使更多的学生都能获得自由发表意见的机会，鼓励他们大胆预测，不管他们的设想正确与否，都给予鼓励、欣赏，尊重学生的思考成果，这样才能提高全体学生对学习活动的参与度，充分激发他们的求知欲，为后面探究活动的深入开展打下良好的基础。

要想实现主动探究的高效，必须做到动手之前先动脑，师生通过讨论实验中应注意的问题，以保证实验顺利高效地进行。同时让学生感受科学研究的严谨性，并培养学生认真细致的探究态度。

片段二

师：我发现大家的研究热情很高，肯定有很多发现，哪个小组愿意把你们的研究成果与大家分享？

组1：碳酸氢钠、白糖、面粉能溶解于水，洗衣粉、粉笔末、花生油、黏土等材料不溶解于水。

师：大家的实验结果和他们组一样吗？有没有不同的结果？

组2：我们组同意碳酸氢钠、白糖能溶解于水，但是发现面粉在水中不能溶解。

师：面粉在水中究竟能否溶解呢？组1能说说你们观察到的现象吗？

组1：我们将面粉放进水中用玻璃棒搅拌后，发现水里漂着面粉小粒，水变得很白了，很均匀的。

师：组2你们为什么认为面粉不能溶解水呢？

组2：我们组最先做的就是面粉的实验。大家现在看：面粉已经全部沉在烧杯下面，根本没有溶解。

师：老师课前也做了这个实验，请看——(出示提前制成的面粉与水的混合物)

(生惊愕地“啊”了一声)

师：很明显，上层是水，面粉沉在杯底。因此说明什么？

生(齐)：面粉不能溶解于水。

师：是呀，有时我们不能被事物的表面现象所蒙蔽。大家的实验结果都是洗衣粉不能溶解于水吗？

生(齐)：是。

师：为什么这样认为呢？

生1：因为洗衣粉放入水中后，在烧杯底部还有没溶解的洗衣粉。

师：如果洗衣粉不能在水中溶解，那洗衣服时的洗衣粉不就都粘在衣服上了吗？

(生若有所悟)

生2：哎，我想起来了。记得妈妈洗衣服时，通常是用温水来泡洗衣粉的。

师：那水的温度是否是影响洗衣粉溶解的一个因素呢？刚才我们用的是冷水，下面就用温水来实验一下，看看洗衣粉能否在水中溶解。

生小组做实验，师巡回指导。

师：谁能说说你们小组的发现？

(生欢喜雀跃，争先恐后地想发言)

生1：洗衣粉完全溶解在水中了！

生2：放进水中没有沉淀，洗衣粉全化开了！

师：是啊，通过前后两个实验的对比，我们发现温度还是决定溶解快慢的一个重要因素。

(生恍然大悟)

……

师：前面同学们猜想生活中味精、咖啡和感冒冲剂也能溶解于水，到底对不对呢？要想得到答案，必须通过实验验证才行。有兴趣的同学可以回家做实验验证一下。请同学们在课下进一步观察、寻找生活中的溶解现象。科学是为生活服务的，只要大家留心观察，就会发现溶解在生活中更多的应用。

……

评析：

小学科学的课堂就是要通过为学生创设一个动手做的环境，让学生按照自己的基础和习惯、水平和能力去做。上述片段中学生亲自用碳酸氢钠、面粉、洗衣粉、粉笔末、黏土等材料做实验，获取真正的科学体验，在生活经验基础上建构出了更多的研究经验。

交流是科学探究的一个重要环节，可以使学生产生思维碰撞。在放手让学生探究的过程中，教师的指导作用还是不可忽视的。教师引导式的提问和积极肯定的评价，能促进学生观察更仔细，思维更严谨，对学生的观察能力和表达能力起到了推进作用。

总评：

溶解是比较常见的生活现象，本节课重点通过分组实验，让学生了解水能溶解物质的特性，让学生初步了解溶解的概念。我的设计思路是以"思考、猜想、验证、交流"四个活动为主线，大胆放手，循序渐进，让学生经历了提出问题——做出猜想——实验验证——收集整理信息——分析处理信息——表达交流的过程，自己去发现、探究溶解的秘密，对科学探究的兴趣和信心便在这样的积累中沉淀起来。总结本节课在教学上主要有以下特点。

1. 以学生生活经验为根基，提高科学课堂实效

在日常生活和学习过程中，学生们已经积累了相当的经验，通过学生尽情地交流再次唤起了学生的生活体验，启迪学生的思维。他们把现有的知识经验作为新知识的增长点，从原有的知识经验中"生长"出新的知识经验。这样既扩大了知识的信息量，又开拓了学生的思路。如课前布置学生了解生活、饮食中常用物品的特性，让学生对这些物品有初步的了解，在课堂中就能迅速地迁移到所学内容中，激发他们的学习兴趣，让学生感受到科学就在生活中。再如课上出现的学生实验——洗衣粉"不能"溶解于水，我在课前实验时也遇到了这个问题。通过引导学生回想妈妈洗衣服的生活经验，引导学生主动思考，让学生产生认知冲突，在生活中解决问题，从而激起继续探究的欲望。

科学课堂应该贴近孩子的生活，发现学生身边的科学，挖掘我们身边的课程资源，利用现有的材料、条件，去生成一个真实的科学课堂，而不是刻意地去创设一个实验探究情境，让学生在限定的范围内研究、思考。科学是一个开放的大

课堂，我们身边处处有科学，要教会孩子从小运用智慧的眼睛去发现身边的科学，用聪明的大脑去思考深奥的科学问题，用灵巧的双手去探索有趣的科学知识。

2. 教师适当地点拨引导，促进学生积极思考

在学习的过程中，学生具有一定的主体性，学生能说的让他们自己说，教师则起到引导的作用。如学生在做面粉是否溶解于水的实验时，学生观察面粉刚放入水中时呈现出的是一杯白色的悬浊液，几乎看不清面粉的颗粒，就认定面粉在水中是溶解的。我拿出课前准备的静置较长时间的面粉溶液，通过对比发现面粉沉淀到了杯底，让学生自己悟出：面粉实际是不溶解于水的，观察物品在水中的溶解状态时，不能只看一时的表面现象，有的实验需要长时间的观察才行。

课堂上学生先猜想哪些物品能溶解于水，要验证猜想就必须要自己动手设计实验、完成实验，而教师只是作为学生科学学习的伙伴，引导学生自主提出研究问题，并留出充足的时间让学生自主探究，对学生进行学法上的指导，这样有利于促进学生的积极思考，提高学生的科学素养。

3. 学生通过亲自动手实验，体验学习科学的乐趣

前苏联教育家苏霍姆林斯基说过“儿童的智慧在他手指尖上”，讲的就是“说不如做”的道理。因为，让学生动手操作的过程，其实质就是学生手、眼、脑等多种感官协同活动的过程。它不仅能使学生学得生动活泼，而且对所学知识能理解得更为深刻。本节课学生亲自用碳酸氢钠、面粉、洗衣粉、粉笔末、黏土等材料做实验，通过动手操作——发现问题——解决问题——得出结论，发展了学生的思维，培养了学生的创新意识。这种学生亲身经历的探究活动过程，有利于学生学会科学的研究方法，帮助他们树立初步的科学观念——实验是检验真理的唯一标准。

学习的本身是一种快乐的事情，学习需要宽松、民主的环境。本课教学中，我做到了像学生一样参与他们学习的全过程，如认真地倾听、仔细地观察、适时地鼓励。我想：如果把每个学生的科学探究能力比做种子，那么宽松的环境、教师的行为就是它们破土而出的条件。所以，教师一定要为学生创设亲历探究的机会，只有开放了学生的双手，他们才能体验到学习科学的乐趣，增长科学探究的能力，从而获取科学知识，也有利于儿童形成尊重事实、善于质疑的科学态度，才能探究出事物变化的规律。

4. 让学生体会小组合作的重要性，营造合作的良好氛围

小组间的讨论、合作实验，培养了学生的合作精神。特别是一个人难以完成的任务，但是经过大家的共同努力，就能顺利地完成，可以使学生明白合作的意义，体会到合作、团队精神在未来发展中的意义，从而在以后遇到困难时能积极地合作；同时，合作也可以使每一个学生都参与到学习中来，也能明白当有几个

同学共同来思考同一个问题时，每一个学生都能受到更多的启发和教育，达到高效教学的效果。

著名教授叶澜说过："把课堂还给学生，让课堂充满生命的活力。"作为教师，要以促进者、参与者、组织者、合作者的身份为学生营造一个民主和谐、积极宽松的学习氛围，要给学生足够的自主时间和空间，让他们主动探究。要把学习的主动权真正交给学生，要相信学生，敢于放手，让他们主动地或想、或写、或说、或做，让学生轻轻松松学科学、用科学、爱科学。只有这样，科学课堂才能真正成为学生自主探究的乐园。

——于宁

绿色·心语

在科学课堂教学中，我们应站在学生学的角度，造宽松、民主、平等的课堂氛围，给学生更多的时间支配权以及自主活动的空间，使他们运用自己的发现解决具体问题，在巩固和运用的过程中促进知识的迁移，把培养学生的科学素养真正落实到实处。

摆贝壳

——两位数减两位数(不退位减)课例分析

背景分析

两位数减两位数的(不退位)减法是青岛版教材一年级下册第六单元第二个信息窗的教学内容。该内容是学生在学习了两位数加两位数不进位加的基础上，进一步学习两位数减两位数的不退位减法的计算方法，为后面的退位减法计算做好准备。有了不进位加法做基础，学生对知识点的理解相对比较容易。教材设计了孩子们到海边用贝壳摆轮船、帆船、海鸥的情境图，将笔算教学与解决实际问题的现实背景有机结合，使学生在学习计算的同时，经历解决问题的过程，以便于培养学生解决问题的能力，形成应用意识。

一、初教后研课

两位数减两位数不退位减法是在一年级下册刚学习了两位数减整十数(如46－20)、两位数减一位数(78－3)的基础上进行教学的。虽然基础比较扎实，但是在学生做题的过程中还是出现了不少的问题。例如，在讲47－32时，我先让学生自己尝试做在练习本上，结果学生出现的问题，比我想象中的多很多。我分析：一方面可能由于刚学完两位数与两位数的加法，所以学生在做减法时，也把两个数加起来了，受了加法的影响，有一定的思维定势；另一方面学生对减法的意义理解得不透彻，从一个数里去掉一部分，得数应该变小，而不应变大。加起来，得数肯定超过了总数，显然不对。

学生出现问题后，我就和教研组的成员认真反思：怎样才能将学生的错误降到最低？为了让学生更好地理解减法的意义，我们讨论是不是可以在学生尝试练习后，让学生摆小棒，通过摆的过程明白“32”是从总数“47”里面去掉的，所以剩下的数肯定比“47”小。另一方面理解算理，怎么减。可以让学生说出自己的方法，提倡算法多样化，找出比较简便的算法。（虽然不退位减法可以从十位减起，也可以从个位开始计算，但是我想课上我还是稍微地渗透：一般从个位开始计算，这样做是为了和退位减法的计算顺序统一，为后面教学退位减法做铺垫。）

在二次备课时，我们就添加了这样一个设计：在摆小棒的过程中，渗透用竖式计算的算理。把整捆的看做十位上的数，单根的看做个位上的数，47－32，就是要从47里面减去3个10和两个一，为了和后面的退位减法达成共识，我一般要求学生先减个位上的数，（但是学生具体做题时可以采用自己喜欢的方法，不加以限制学生的思维。）从个位（看单根）7个一减去2个一，个位上剩5个一；然后从十位（看整捆）4个十减去3个十，十位上剩1个十，最后1个十和5个一合起来是15。这样在摆小棒的过程中充分理解两位数与两位数不退位减法的算理，为学生能正确用竖式计算打下基础，从而突破教学难点。另外要求学生多说算理，在理解了算理的基础上再进行练习，提高做题效率。

二、二次教学方案

教学过程：

1. 回顾旧知 促进迁移

小朋友们，今天咱们班来了一位小客人。演示：一只活泼可爱的小松鼠。小松鼠今年也上一年级啦，它要和我们大家比比赛，瞧，这是小松鼠为大家准备的“热身运动”题：

60－40　54－30　78－5　80－20　68－60　34－4　46－20　47－30　47－2（我们以开火车的形式进行比赛）

［设计意图：教学一开始我设计了9道口算题，分别对本课的基础知识：整十数减整十数、两位数减一位数的不退位减法做了复习，并通过提问“47－30”中“3”是从个位减还是从十位减，（还有提问）“47－2”中“2”从个位减还是十位减，为什么？（来）为后面的知识“47－32”打好基础。］

2. 创设情境 探究新知

活动一：

（1）真棒，同学们表现得这么积极，那我们一起到海边去玩玩吧！（出示大屏幕）你看到了什么？（蓝蓝的大海、大轮船、小帆船，还有许多海鸥）瞧，有的小朋友已经来到了沙滩上，他们用贝壳摆出了这些景物。

你能从图中找到哪些信息？提出什么数学问题？

(学生观察交流，师选择性板书)

(2)解决画面上提出的问题：摆轮船比摆帆船多用多少个贝壳？

用什么方法计算？你能列出横式吗？

47 - 32 =

[设计意图：教材上呈现给学生的是一幅海边摆贝壳的情境图。在备课时，我感到这幅图设计得很好，与学生的生活实际联系紧密，所以，我把主题图制作成课件，创设成两个小朋友在摆海边的景物，让孩子们根据画面提出有价值的数学问题，让学生亲身经历发现问题的过程，体验数学与生活的密切联系，从而引出算式 47 - 32。]

(3)"47 - 32"怎样算呢？

请同学们尝试计算，如果感觉有困难，可以借助学具，想一想，怎样移动学具，就能很快算出得数。自己边摆边说，说完后再小声告诉给你的同桌。

学生自己尝试，教师巡视指导。

引导学生用多种算法

①摆小棒：同桌俩摆小棒，抽学生到黑板上摆并交流摆的过程。

学生用小棒边摆边说：先摆 4 整捆，再摆出 7 根小棒，表示 47，然后再从 47 里面减去 3 个十和 2 个一(为了和后面的退位减法达成共识，引导学生先减个位上的数，但不加以限制)。从单根 7 根小棒中减去 2 根，剩下 5 根；然后从整捆小棒中减去 3 捆，剩 1 捆，最后剩下 1 个整捆和 5 个单根合起来是 15。

②计数器：还可以用什么方法？(计数器)请同学在计数器上计算"47 - 32"。

抽学生到黑板演示(学生演示操作过程)。

提问：十位上的 4 个圆片表示多少？个位上的 7 个圆片表示多少？

强调从个位的 7 个中去掉 2 个，从十位的 4 个中去掉 3 个。最后的结果也是 15。

③口算。通过学具我们计算出结果都是 15，脱离学具你能算出结果吗？

学生可能出现的计算方法：

①47 - 30 = 17　　17 - 2 = 15

②40 - 30 = 10　　7 - 2 = 5　　10 + 5 = 15

③47 - 40 = 7　　7 + 8 = 15

(4)竖式计算

你还有不同的计算方法吗？

请同学到黑板列出算式，并计算。交流时引导学生说出计算方法：

(交流)个位上"7"减去"2"还剩"5"，十位上"4"减"3"还剩 1，47 - 32 = 15。

(5)小朋友，你们算出来了吗？这就是我们今天要学习的两位数减两位数不

退位减法的笔算方法。(板书课题)

想一想，笔算两位数减法要注意什么?

师小结：在笔算这样的两位数减两位数是我们一定要像笔算加法一样，注意相同数位对齐并相减。不管先算个位还是先算十位都可以，但老师建议大家先从个位算起。最后老师提醒同学们：认真书写，仔细计算！情境导入，发现问题。

[设计意图：在这一个大的环节中我主要是让学生通过独立思考，实践操作发现多种方法，让学生经历、参与探讨算法的过程，使学生获得成功的情感体验，让学生在交流中互相启发、共同进步，在算法多样化的基础上进行优化，拓展学生的思维空间，让其感受到不同的思维方式和思维过程，获得自己反思、修正的机会和体验，在原有的基础上逐步完成知识的自我构建，突出学生的主体地位]

活动二：

你还能提出什么问题？摆海鸥比摆帆船少用几个贝壳?

(1)怎么列算式？怎样计算呢?

(2)抽生交流计算过程。

(3)小结：笔算两位数减两位数，也要个位和个位对齐，十位和十位对齐。一般从个位减起。

3. 自主练习，深化理解

孩子们，小松鼠可关心我们了，它想知道我们是不是学会了。看，它让我们试一试。

(1)看图列式计算。

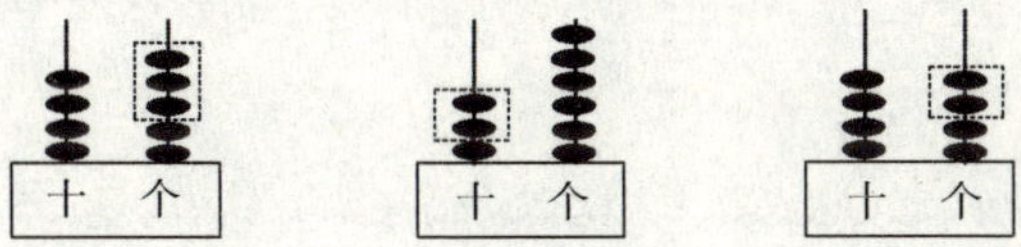

45 - □ = □　　36 - □ = □　　44 - □ = □

(2)"想想算算"用你喜欢的方法进行计算。

57 - 3 =　　69 - 5 =　　88 - 66 =　　77 - 77 =

(3)火眼金睛辨对错。

$$\begin{array}{rcc} & 6 & 5 \\ - & 3 & 5 \\ \hline & 3 & \end{array} \qquad \begin{array}{rcc} & 5 & 4 \\ - & 3 & 1 \\ \hline & 8 & 5 \end{array} \qquad \begin{array}{rcc} & 7 & 8 \\ - & 1 & 6 \\ \hline & 6 & 2 \end{array} \qquad \begin{array}{rcc} & 9 & 9 \\ - & 7 & \\ \hline & 2 & 9 \end{array}$$

[设计意图：通过课堂巡视发现学生错误类型基本是：①数位没有对齐；②得数中个位上为0时，有的同学会漏写；③看错计算符号。所以课堂设计此题，让学生在通过帮助别人找错误的过程中学会检查，同时教育学生养成认真仔细的好习惯]

(4)数学故事：小熊吃香蕉。

根据画面，谁能给大家讲一个数学故事？其他同学认真听，试着从中找到有用的数学信息并提出数学问题，我们一块来解答。

4. 全课总结，知情共融

通过今天的学习，我又学会了什么？（教师引导学生梳理：相同数位对齐，个位减个位，十位减十位。）

三、二次研讨与反思

经过两次课上研讨，我对这节课有了进一步的认识。本节课的知识学生有一定的学习基础，此类题大多学生都会算，所以我们要把主动权交给学生。让他们借助已有的知识经验自己去探究，去发现解决问题的方法。二次授课中我特别注重了两位数减两位数的算理教学，为了让学生理解算理，课上在摆小棒的过程中，我就开始引导。把整捆的看作十位上的数，单根的看作个位上的数，“47－32”就是要从47里面减去3个10和2个1，为了和后面的退位减法达成共识，我一般要求学生先减个位上的数(但是学生具体做题时可以采用自己喜欢的方法，不加以限制学生的思维)。从个位(看单根)7个一减去2个一，个位上剩5个一；然后从十位(看整捆)4个十减去3个十，十位上剩1个十，最后1个十和5个一合起来是15。这样的教学确实收到了意想不到的效果，孩子们在动手操作、实践的过程中理解了两位数与两位数不退位减法的算理。同时在理解算理的过程中还体现了解题多样化，口算、摆小棒、笔算均可。

课堂中学生不仅学会了两位数减两位数的方法，分析问题、解决问题的能力也得到了提高，一举两得。

——刘丽丽

绿色心语

借助学具透彻理解算理是熟练掌握算法的前提，是提高学生计算能力的重要保证。

自定目标 轻松闯关

随着我国经济的迅猛发展，社会对学校英语教育提出了更高的要求。提高全民族的英语素养，成为了时代发展的迫切需要。小学教育阶段，在小学英语新课程标准要求下，很多关于提高小学英语教育教学质量的研究成果相继涌现，这些研究成果在一定程度上帮助一线教师解决了不少教育难点问题。但是，在我们小学英语日常教学过程中还是出现了很多影响教学目标达成的问题：

问题一：学生逐渐失去学习英语的热情。

英语是一门以记忆为主的学科，很多词汇句型需要靠学生背诵才能完成教学目标。因此学生往往由开始接触外语的新奇感转化为在枯燥无味的记忆中学习英语，他们正逐渐失去学习英语的乐趣。

问题二：学生的机械记忆能力较强，交际运用能力较弱。

学生目前的学习现状是能够通过认读、观察、模仿等方式完成机械识记和简单的针对课本知识的对话练习，这些活动都受到课本知识以及课堂练习方式的局限。因此，学生很难展开手脚，放开心灵进行真正意义的交流。

问题三：学生的学习能力有差异，使课堂教学过程难以同步进行。

课堂教学是学生获取知识的主阵地，如何使不同能力层次的学生最大程度地发挥其学习热情一直是一线教师们探索的主题。然而由于有时采取了不当的教学方法，我们的课堂上往往出现这样的状况；一些能力较好的学生频频举手发言，占据课堂主流，成为课堂成功顺利的主要支柱。而一些能力较弱的学生则整节课默默无言，甚至有个别学生感觉上课回答问题只是别人的事儿，缺乏一种主人翁的精神。

综合我们在日常教学工作中存在的各种不利于教学目标顺利达成的问题和困惑，以及小学生心理发展尚不成熟的特点，我尝试着实践解决问题的办法，即让每个学生参与到教学过程中，使其在教师指导下自主选择学习目标，并为自己创建闯关任务，形成可持续发展的兴趣，使英语课堂成为学生挑战自我能力的乐园。

平日的教学中，我主要针对英语教学结构在知识横向目标和课堂教学纵向目标两个方面进行调整，形成新的知识网络和操作层面，使教学过程具体化、形象化。

一、在教师指导下，学生自主选择横向知识目标

依据教学大纲的要求，我把山东教育版教材 5B 的教学内容进行归类整理，归纳出 70 个重点词汇和 17 个重点句型。把重点词汇和句型分散到每个单元，在学期初向学生呈现这些重点知识。同时每个学生要认真填写一份跟教师约定的自我发展目标的表格，制定自己本学期或某一阶段的英语攻关任务。

以 5B Unit 1 为例，下面是一份学生自定目标的单元知识过关样表：

5B Unit 1

单词	拼写	识记	单词	拼写	识记	句型	认读	交际	完成目标情况
cook			artist			What does Mr Zhang do?			

（续）

5B Unit 1									
waiter			actor			Where does Mr Li work?			
waitress			actress			What do they do?			
shop assistant			street cleaner						
writer			pilot						
你还知道其他关于职业的单词和句型吗？ 你能交流一下你家人的职业吗？									

此表根据知识学习的先后顺序以及学生自身掌握知识的情况，允许学生分阶段分步骤地进行选择填写。教师要考虑每个学生的差异性，在尊重学生自主选择的基础上与学生协商，并帮助学生进行适当调整。该表一式两份，一份贴于学生的课本中，提醒学生要信守承诺，主动达成目标，另一份由教师保管。在阶段学习完成之后，教师持此表对学生进行过关检测，并及时对学生完成任务情况进行评价。

学生对知识进行整体筛选，分阶段、分层次自我定制目标的好处是以下几点。

第一，避免难度过大的知识对学生学习积极性的打击，使学生能持久保持对英语的学习兴趣。

第二，允许学生在一定时间和范围内适当存在差异性，符合循序渐进的学习规律，增强了学生学好英语的自信心。

第三，优秀的学生有一种害怕被超越的紧迫感，其他学生则可以产生一种强烈想要超越别人的学习动机，使学习过程形成良性循环。

二、在教师指导下，学生自主配合教师实现课堂纵向目标

下面以自己的实践经验来谈谈我在课堂教学热身、新授、交际环节中的做法。

1. 热身复习环节

本环节的课堂设计以山东教育版 5B Unit6 Our trip 为例进行说明。

教师提出任务目标：通过自己征集，询问同学、父母等方式得到 have a trip 所需要携带的物品名称，进行小组口头交流。教师放手把监督权交给小组长，小组成员各自决定自己所要表达物品名称的数量，通过想、听、学等方式尽力达成自己承诺给小组长和组内其他成员的目标任务。在这种自主交流发挥的氛围下，能力较好的同学交流的词汇多一点，这部分学生由于在小组内活跃的表现而使自己形成了获取知识的优越感和自信心。能力较弱的学生也会在不甘落后的积极参与中感受到知识的魅力和想要进步的欲望。

本环节对学生的目标要求难度不宜过大，因为热身是小学英语课堂导入的关键，将直接影响到学生对本节英语课的兴趣。自我选定能力目标的教学方法保证了多数学生向目标进发的热情和信心，也为能力较强的学生展现自己的能力开辟了更广阔的空间，从而使全班学生都能满怀信心地进行下一个环节的学习。自我选择知识目标法使学生在学习过程中以自我为中心，形成强烈的自我意识，它从根本上改变了课堂上教师让学生"学会"的传统教法，使学生在"会用"的刺激和鼓励下做到了"会学"。这是学生主动探索求知的体现，是长期自主学习形成的能力和习惯。教师要克服"抱着学生走"的教学思路，大胆对学生放手，让其选择自己要学的知识，确定自己前进的速度和目标，使其在摸爬滚打中学会"自己走路"。这体现了学生对语言本身的需求，是一种深层交流的需要。在这种教学方法指导下，学生的知识能力更加巩固，他们会逐渐形成自己对知识本身的兴趣，在求知的路上因前进而兴奋，因兴奋而热爱。

2. 新授环节

以山东教育版 5B Unit6 Our trip 为例进行说明。

教师向学生呈现重点句型：

Where will they go?

What will they do?

How will they get there?

What will they need to take?

Will they need an umbrella?

教师提出闯关学习目标：①找出句子中的动词；②看课文和插图猜测单词 need 是否是动词，有可能是什么意思？③疑问词有哪些，意思是什么？④你能朗读问句，并回答问题吗？

学生自主选择学习目标，为自己定制闯关任务。教师的预期结果是：能力层次最高的学生会尝试着选择对这 4 个问题进行挑战。能力次之的学生选择 2 ~ 3 个问题进行研究。允许学生只选择一个问题进行研究闯关。这样，每个学生都有了分工和明确的任务。由学生自己选择的任务，紧紧抓住了他们的注意力，闯关成功的诱惑使他们在获取知识的过程中不遗余力。试验结果验证了教师的预测，学生在学习的过程中呈现出极大的好奇心和主动性，学习的效果也非常好。

本环节的自主选定知识目标法使每个学生的知识能力都得到了锻炼。只选择一个问题的学生会把自己选择的知识做深入细致的研究，可以得到其他同学和老师的肯定，从被肯定中形成对自我学习能力的满足。同时他们也能够成就其他同学的优秀，二者是互相促进的。在学生准备自我闯关活动过程中，教师的作用体现在运用自己的智慧组织、倾听、帮助、启发、质疑，激励和评价等方面。把真正的主动权交给学生，让每个学生随着自选问题的逐个解决而发展智力提高技能。

3. 交际操练环节

在教学中我为学生设立了红、黄、蓝3种颜色的课堂交际星。蓝色为基础交际星，黄色为优秀交际星，红色为交际超星。3种不同颜色的星星分别代表学生在交际过程中所表现出的不同的能力层次。

每个学生都同时拥有这3颗星星。在进入交际操练环节时，教师提醒学生：现在请为你自己选择交际星，贴于右胸口。接下来就是学生自我确定交际目标的关键阶段，他们会根据自己在本节课的表现或者掌握知识的程度，为自己选择合适的星星以证明自己的能力。

以外研社教材 Book 2 Module 7 Festivals 为例，在本课第一课时交际操练环节中选择蓝色基础星的人数比较多，这说明学生对难点单词：Spring Festival Chinese New Year have peanuts 等掌握得不够熟练。经过第二课时的复习巩固后，在交际操练环节，学生则对黄色优秀星跃跃欲试，他们积极的反应、专注的表情、热烈的交流使英语课堂饱含激情。学生喜欢上英语课，这是教师的直觉。

星星只是一种鞭策的手段，是一个竞争的意识，而它却在学生心目中掀起了荣誉的波澜，激励着学生克服英语枯燥无味的困难而勇往直前。自选活动目标，使学生能够通过自身的努力，成功突破一道道词汇和句型关卡，自然顺利地完成教育教学大纲对他们在知识能力、语言技能等各方面的要求。

值得注意的是由于学生接受知识的能力水平有差异，情感态度有区别，因此，在教学过程中我们应该指导学生进行自主定位。在教师指导下学生自定目标，各取所需的英语课堂，极大地调动了学生的学习积极性，使自然的英语交际成为可能。在此过程中学生的个性得到了充分体现，各种智力和非智力因素得到了自由健康的发展。自选学习目标，使学生及早地形成了自我发展意识，从心理学层面解决了英语课堂教学中存在的问题。

——王艳静

绿色·心语

古人云：“授人以鱼，只供一饭之需；教人以渔，则终身受用无穷。”未来的文盲不再是不识字的人，而是没有学会学习的人。作为教师，教学的目的不仅仅是使学生掌握知识，更重要的是教会学生学习的方法，开发学生学习的潜力，推动学生的自我发展意识，培养学生的综合能力。

绿色论坛：

质量是教学的生命线

王金美(主持人)：老师们，提高教学质量和学生的综合素质，是教育改革和发展的方向。但在教学活动中，长期存在着教的苦，学的累的现象；学习过程中学生心理素质不佳，害怕学习，不会学习的现象比比皆是。如何能激发学生的兴趣，减轻师生的压力，全面提高教学质量，是我们一直探讨的问题，今天就让我们一起走进绿色论坛，谈谈如何提高教学质量。谁先说？

曲学杰：我认为要提高教学质量，课堂听讲是最重要的。很多孩子在课堂上不是走神，就是搞小动作。针对这样的孩子，首先要注重行为上的指导。比如，倾听时，眼睛要看着发言者，而不是东张西望。如果同学的回答与自己的思考相同，则以微笑、点头表示认可或赞同；如果有不同意见，先不要打断别人的发言，而应耐心听完后再发表自己的看法。

荣丽芳：我同意曲老师的观点，小学生的表现欲望强，往往认为自己的想法就是对的，总喜欢让别人听自己说。孩子听别人发言时，注意力大多只集中在谁在说，哪说错了，而往往忽略了说的内容，这就影响了交流的质量。因此，我要求学生在倾听时，要耐心、静心、用心，听清楚发言的内容，并进行归纳，再思考有没有道理，如果有不同的观点，也要等倾听完别人的发言后再进行交流。有时我还特意让不太专心听讲的孩子重复老师或同学的话语，从而提醒他注意听讲。

苗延凤：丽芳的方法确实可行，能够帮助孩子提高听课效率。我班也有这么一位“老大难”，上课时注意力相当不集中，做题时做到一半就愣在那儿。为此，我就把他的座位调到了第一排，离老师讲台最近的地方，上课时要么有意地停留在他的座位前；要么轻轻地拍拍他的肩膀；要么提一些简单的问题让他来回答，要么给他一个提醒的眼神儿，总之，通过各种方法随时随地把他游走的注意力拉回到课堂上，从而帮助他提高听课的效率。

刘春丽：嗯，说到眼神，我也说说我的做法：当课堂听到学生精彩的回答时，我会向他投去赞赏的眼神；当学生回答问题想说又不敢说时，我会向他投去鼓励的眼神；当学生搞小动作、不认真听讲时，我会向他投以警告的眼神。对于不听讲的孩子，有时我还会在讲课时有意识地停顿一下，直到孩子的注意力转移到我这，我才会继续讲课。

主持人： 刚才大家谈到了学生在课堂听讲中存在的问题以及解决的对策，的确是一些好点子、好做法。还有哪位老师补充？

张莉婧： 其实我们在听名师和专家的课时就有一种想法，怎么同样一帮学生在人家手里就那么会学，我觉得关键还是在老师备课时能精心预设，让每个学生的思维真正动起来，不让学生有空闲的时间玩，提高听讲的效率。

张霞： 还有一点也很重要，就是多使用一些激励性语言。例如，"这么一点小小的区别都被你找出来了，你可真细心！""大家看，这位同学不仅听懂了别人的发言，还加进了自己的想法，多棒呀！"……一句赞扬、一个微笑、一个手势，不花时间，不费力气，却能收到明显的教育效果，学生们也会逐渐愿意专心听讲。

荣丽芳： 是呀，适当的时候我们还可以用适当的奖励手段来激励学生专心听讲。我制作了一枚"专心听讲宝贝"印章，对于每一节课认真听讲的学生就在他的数学书上印上印章，每月颁发"专心听讲宝贝"奖。通过这种手段，很多学生上课听讲比以前好了很多。

主持人： 嗯，课堂听讲是获取知识的主要途径，但我们都知道，教学质量的提高，后进生的转化是关键，这方面谁有什么高招？

张莉婧： 大家都知道水桶的"短板效应"，在这里我只谈谈我的一些做法和观念。①用阳光的心态对待中差生。我们做老师的首先不要急躁，更不能冲动，要给他们时间，不能急于求成。②对学生不能一刀切，对数学思维和学习基础有差距的学生适当降低要求。我通常在接手新生以后根据他们的成绩将学生分为4组。A组同学的作业适当布置一两个拔高题，考试成绩要达到90分以上。B、C两组布置一些基础题，考试成绩分别在80~90和70~80之间。而对D组同学在B、C组的基础上减少题量，考试成绩在60分即可。每个组的学生也不是固定不变的，可以根据学生的表现随时调整分组。

曲学杰： 我想补充一点，在课堂教学中多关心这些孩子，课内外也多给他们表现的机会，拿着放大镜放大他们的优点，以增强他们的学习信心。我班还实行了"一帮一"，就是让成绩优秀的学生对后进生进行一帮一的帮助和监督。后进生在优生的辅导下每学会一个知识点就奖给他们一人一颗红星。每次测试后都评选优秀帮扶小组。

刘春丽： 正像曲老师所说的，优生的帮助，让许多后进生解决了胆小不敢问老师的问题。每天，我还充分利用早到校的时间，先给这些同学批改一下作业，看着他们订正后再出几道类似的题目加以巩固。早晨完成不了的任务，留待中午挤时间和晚放学后再进行辅导。如果哪天需要延长时间，就和家长联系好，保证当天的问题不拖到第二天，争取做到堂堂清、日日清。

主持人：嗯，刚才几位老师毫无保留地贡献出了辅导后进生的妙招，其实在平日的教学活动中，能把家长督促孩子学习的积极性调动起来，老师能省一半的劲儿呢！

荣丽芳：是啊，班上大部分家长都能意识到家庭教育的重要性，其实有些家长也不是不想教育好自己的孩子的，只不过他们没有得到更好的方法而已。

苗延凤：是这样的。对于后进生的家长，我们不能一味地给他们施加压力，要让他们多看到孩子的优点和闪光点，让他们相信自己的孩子有能力学好。我班有一个男生，第一次月考得了3个C。对此，家长唯一的反应就是一个字：笨！针对这种情况，我就强烈建议他的父母，切不可说出孩子笨这样的话，接着我又把孩子在运动场上的闪光点一一道来，他的母亲有一种受宠若惊的感觉，从那儿以后，每天晚上都积极按照任课老师的要求，把孩子的作业认真地核对、检查，虽然不是都能看得懂，但是，孩子在亲人的在意与鼓励下，渐渐恢复了信心，期中考试取得了很大的进步。所以我们要让每一位后进生家长都能够重拾信心，用阳光的心态影响教育孩子。

张霞：我班也有些家长相当负责任，每天给孩子检查作业，帮助孩子把当天的知识及时消化，可也有这样的家长，每天形影不离地陪在孩子身边，不给孩子思考的时间，发现错了就说，最后还要帮孩子把作业收拾好，放入书包里。殊不知，家长的这种包办，只会培养孩子的惰性，他们不会主动学习，做题时不会检查，导致考试时题做错了也检查不出来。遇到这种情况，我就告诉家长，及时放手，发现作业有错误，只告诉孩子错了几题，但不具体说是哪几题，让他自己检查改正，实在需要帮助再指导。孩子年龄小，家长要做好监督工作，形成习惯后才能自主学习。

苗延凤：是啊，养成一个良好的学习习惯很重要。以前我总是等月考或期中考试完了以后再让学生把试卷带回家，有的家长一看成绩不好就火冒三丈，打骂孩子，短时间解决了一点问题，时间一长又恢复原样了。所以我改变了策略，和家长的联系放在平时，发现苗头不对就及时沟通，防患于未然。和家长沟通还有几个小窍门呢，如果学生有了进步，想向家长汇报，最好选择在上午，让家长一整天都有一个好心情。如果是反映孩子存在的问题，最好选择在下午3:00以后。这样，不至于过分影响家长一天的工作，也不会影响他们的休息。电话交流时，要本着“三多”原则：多一份关心的话语，多一份商量的语气，多一份理解的情感。家长的水平千差万别，我们要通过各种途径找到不同家长的最近发展区，为他们提供适合他们自己的教育孩子的方法，使家长和孩子一起进步。

主持人：听了苗老师的话，真是受益匪浅呀，家长的理解与支持让孩子们的学习有了更多的动力与兴趣，学习成绩也会相应提高的。俗话说“三个臭皮匠，赛过诸葛亮”，教学中团队的互助让 1+1>2 成为了可能。

于宁：是呀，我觉得任何一个人的成功都不是靠个人的单打独斗完成的，只有充分发挥团队精神，齐心协力，才能得到共同的发展。我们高年级数学组就是一个团结向上的集体，每位老师心往一处想，劲儿往一处使。除了每周四下午的集体教研之外，随时随地交流每堂课的心得、每次作业的设置、转变学困生的成功方法等等成了我们的必修课。一次，我一到办公室就向大家诉说着我班难管的军体月伏，他脑瓜很聪明但整天油嘴滑舌，自由散漫；几乎每节课间都要领着几个同学往厕所跑，还经常迟到，并且带头扰乱纪律。这时，姜老师给我支了一招：抓住合适的机会，杀杀他的威风，可以暂时撤了军体。我试了一下，通过几天的观察，任课老师都说月伏像变了一个人似的。这次的期中考试英语 A+，数学全班最高分，语文成绩也不错，还被评为班里的学习之星。这个孩子巨大的转变还真是多亏了同组老师毫不吝啬的指教。

姜芳：正所谓团结就是力量。我们数学组的教研氛围也特别浓厚。孙老师是我们组最有经验的、最热心的、最敬业的老教师，我们一有问题，都愿向她请教。考虑到求比值是每年必考的题目之一，孙老师结合这帮学生不太会计算小数除法这一现状，首先在自己班尝试一种新的求法：将小数计算都转化成分数计算，从而提高了学生计算的正确率。现在我们将这一方法在全年级推广，收到了很好的效果。正是因为有了这样一个团结协作的集体，这次期中考试我们的数学成绩均有所提高，班与班的差距越来越小。

主持人：是啊，如果海尔只有张瑞敏，阿里巴巴只有马云，腾讯只有马化腾的话，他们所在的企业一定不会有如此大的成功！除了上述这些方法，你们觉得还有哪些方面我们应该注意呢？

曲学杰：我觉得对于中高年级的学生，还要对他们进行理想信念教育，让他们明白到底是为谁而学，明确了学习目的，也就提高了学习的动力和自觉性，最终提高学习成绩。

张莉婧：作为班主任，我们要充分利用班队会，寓理想教育于各项活动之中。

荣丽芳：嗯，我经常采用榜样教育法。例如：引导学生以班长为榜样，不怕苦和累，积极参加学校组织的各项文体活动，主动为同学排忧解难，成为老师的得力助手。

主持人：上面我们交流了这么多，归根结底其实都是为了调动学生学习的积极性和主动性的。

张霞：是呀，每位老师都会有这种感觉，学生积极性高，学习效率就高，反之，学习效率就低。拿我自己来说吧，刚接手这三年级两个班我感到很棘手：比起以前的三年级糟糕多了。但是牢骚、生气都没有用，就像校长说的，你既然改变不了环境，就应该想办法适应环境。我在上课时做了一个小小的尝试，目前感觉还不错哟。我经常将自己比喻成演员，一人饰演好多种角色，有时会挑战孩子们，有时会偶尔示弱，“哎呀，这道题太难了，谁来帮帮我?”有时，我也会做节目主持人进行小组、男女间的比赛，以此激发他们的竞争意识。

主持人：嗯，霞子说得好做得也棒！课堂教学必须是学生、教师的整体互动过程。静下心来抓质量，沉下身去促和谐，教育局已为我们指明了方向。在今后的教学工作中，我们要严格要求自己，努力工作，不断探索，反思总结，找出适合每个学生自主学习的方法，会干加巧干，为提高教学质量，创造学校美好的明天贡献自己的力量。本期绿色论坛到此结束。感谢各位老师的参与，再见。

“绿色耕耘杯”教学比赛周活动方案

为进一步促进我校教师的专业发展，深化课堂教学改革，提升课堂教学质量，激发广大中青年教师的成长激情，加大中青年教师教学基本功的训练力度，提高中青年教师的教学能力、教学水平和综合素质，进一步培养中青年教师严谨笃学、爱岗敬业精神，使中青年教师更好地担负起教书育人的责任，努力提高我校教师整体素质，学校经研究决定，于 10 月 8 日 ~ 10 月 15 日举行“绿色耕耘杯”教学比赛周活动。现将有关事项安排如下：

一、比赛内容

根据本人任教的学科，各组长从本册教材中按进度精心选择一课时（教学设计、模拟展示与实课展示均为同一课时），同组教师同上一节课。

二、比赛方式

1. 教学设计类。教案设计体现以学定教的思想，鼓励创新，能够贯彻新课程标准的基本理念，做到充分预设，注重培养和提高学生各方面的能力；教学环节清晰；各教学环节符合学生的年龄特点及认知水平；语言表述准确；教学设计的可操作性及实用性强；有突破重点难点的具体做法；设计力求写明设计意图；板书设计简明扼要，突出重点。

2. 模拟展示类。使用普通话，理念先进，思路清晰，符合学情，能真正培养学生的四基能力，中高年级使用导学案。用课件的老师提前把课件准备好。时间为 12 ~ 15 分钟。

3. 实课展示类。关注学情，关注目标达成情况，充分体现学生学习的自主性。

三、比赛具体要求

参加人员：45 周岁以下的教师全部参加，45 周岁以上的教师自愿报名，不参加的则为二等。该学科教师全部参加听课(如有课要事先调整好)。

比赛地点：多功能厅

比赛时间：(全体教师必须严格按照规定时间执行)。

1. 教学设计类：10 月 8 日晚放学后

2. 模拟展示类：

(10 月 12 日)周二下午 1:10　语文教师(班级管理由副班主任负责)

(10 月 13 日)周三下午 1:10　英语教师，1:50 数学教师(班级管理由副班主任负责)

(10 月 14 日)周四下午 1：10 其他学科教师

3. 实课展示类：另行通知

比赛顺序：按一、二、三、四、五年级的顺序进行，然后抽签决定个人先后顺序。

评价标准：学校将从教学目标的确定与达成情况、教学过程中教师的主导作用与学生主体参与的程度、教学方法的使用和教学效果及教师素质等方面进行评价，具体评价方法见附表。

四、评委安排

成员：刘凡荣　于海珍　孙福晓　邱海毅　王金美

其他评委临时通知。

五、评分方法

去掉一个最高分，去掉一个最低分，折算平均分，分优秀、达标和不达标 3 个等次，每个等次人数根据教师实际执教情况确定，从中择优评选 10 名课堂教学之星。

教导处

2010 年 9 月 28 日

环山路小学"绿色课堂"评价标准

授课教师科目：______　姓名：______　评价教师姓名：______

项目	评价内容	分值
确定目标(10 分)	1. 教学目标具体、明确、全面、适当，符合学生实际和课标要求	10
	2. 教学容量合理，难易适度，安排有序，重难点突出。教学步骤清晰，节奏紧凑，过渡自然，时间分配合理	

（续）

项目	评 价 内 容	分值
激发兴趣（20分）	1. 有效合理地开发教学资源，利用多种教学手段，激发学习欲望，启动学生情智	4
	2. 注重情境创设，让学生入情入境，产生成功感，幸福感	4
	3. 通过师生交流、互动、质疑、表现，让学生产生积极的情感体验	4
	4. 活用教材，联系学生生活和实际，机智应对和处置课堂生成状态，课堂鲜活	4
	5. 老师语言生动、准确、流畅，能吸引学生、感染学生、鼓舞学生	4
激活思维（20分）	1. 注重创设思维情境，保障思维时间，拓展思维空间，发展学生情智	4
	2. 教学中关注学生的个体差异，为每个学生创设挖掘智慧潜能的机会	4
	3. 教学设计具有科学性、系统性和灵活性，能凸显不同学科的思维特点	4
	4. 学习方法多样，能有效促进学生积极思考，善于提问，敢于质疑，勇于创新	4
	5. 能及时鼓励学生运用所学知识去研究和解决实际问题	4
培养习惯（20分）	1. 充分调动学生积极参与各种学习活动，课堂和谐、井然有序	4
	2. 关注学生沟通、表现、合作等良好习惯的培养	4
	3. 关注学生专心听讲、准确表达、规范书写、积极操练、大胆实践等习惯的形成	4
	4. 关注学生良好道德品质、健康心理素质的形成	4
	5. 学生思维活跃，关注学生明辨、慎思、机智等特质的培养	4
夯实基础（30分）	1. 学科知识教学扎实有效，教学目标达成圆满，课堂检测正确率达到90%以上	10
	2. 学生能运用所学知识和技能解决实际的问题	5
	3. 教学过程中能恰到好处地融入学法指导，学生掌握了恰当的学习方法	5
	4. 学生自主探究能力、合作交流能力、创新能力等得到发展，综合能力得到提高	5
	5. 能及时渗透德育，关注学生健康情感的培养、美好人格的形成	5
具体评价		

特色课程

让绿色教育从“草色青青”走向“郁郁葱葱”
——环山路小学校本课程体系开发之旅

绿色，是自然最本真的色彩，它代表了盎然的生机与活力。绿色教育，主要突出“对环境友好”和“关注人的可持续发展”两大中心。为此，我校秉承“绿色教育”的办学理念，以文化建设为主线，以实验课题《如何在综合活动课程实施中提升学生的科学素养》为总抓手，经历了由浅入深、由表及里、由“草色青青”走向“郁郁葱葱”的发展历程，使校本课程的开发逐步走入正轨。

一、首次开发，关注绿色校本课程的“环保”内涵

建校初期，学校方兴未艾，构建怎样的校本课程才能够充分体现“绿色”的本质内涵？学校借助创建“绿色学校”的契机，以绿色教育为突破口，以环境建设为发展主体，选定了“绿色校园”、“绿色食品”、“绿色生活”、“绿色出行”、“绿色活动”五大方面的内容进行课程开发，分别以学生的学习环境、生活环境、出行环境为突破口，为学生建造全然绿色环保的成长环境，从墙壁的装饰以及花草的种植到绿地的设计，全面关注了绿色环保的主题，突出了“环境友好”这一主题，激发了学生热爱绿色的情怀。我们重点从如下两点进行校本课程开发工作。

1. 巧妙整合，丰实绿色校本课程的“环保”内涵

与国家课程整合，丰富环保素材。国家课程中蕴含着丰富的环保教育资源，我们在开发校本课程的过程中注重整合这些环保教育资源，实现了校本课程与科学课、信息技术课、品德课、美术课的有机整合，使环保教育的内容更加清晰、更加丰富。我们将科学课中《声音的传播途径》的核心内容收编到校本教材中，设置了“对声音污染的研究”活动；我们将“心灵健康站”的内容收编到《绿色·生命》、《绿色·交往》的有关章节中；我们将美术课有关手工制作的内容收编到《绿色·手工》的有关章节中，在原有的校本选修课剪纸、纸雕、手绣、十字绣、绢花等的基础上，增加了“纸编、立体贴画”等形式，形成了具有我校特色的绿

色“纸艺”系列，为学生研究纸文化打下了良好的基础。

与学校资源整合，践行环保主题。学校充分利用“占地面积广”这一有力资源，在操场东边建成了“绿韵”综合实践活动基地，基地主要分为蔬菜区、水果区、苗圃区、农作物区和休闲区等，各个实践活动区分别被不同年级的学生承包，根据环保实践的主题进行个性化管理。每学期末，各个实践活动区的负责班级都将进行环保实践活动成果展评，真正把绿色教育的环保主题与学校的各种有利资源进行了高效整合，确保了绿色校本课程的实践性、季节性和人文性。

2. 全面联动，突显绿色校本课程的“环保”特色

绿色校本课程的全面启动，需要学校各部门充分利用校园可用资源，做实“联动”文章。

(1)联动家长资源，丰富“环保”内容

学校的图书室、图书漂流站、阅览室及网络中心，为校本课程的启动提供了资料搜集平台，学校后勤处为校本课程的开发提供了足够的物质保障。学校组织的各项活动与校本课程的开发紧密结合，突出了校本课程开发的学校特色。

我们充分利用家长资源开发校本教材。我校学生来源不同、家庭背景不同，家长从事的行业各不相同，我们积极挖掘家长资源，扬长避短，让家长走进校本课程的开发活动中来。我们通过《家长义工征询表》了解到不少家长有一技之长，有的擅长种植，有的擅长修理，有的擅长加工，我们借助家长委员会这一平台，认真落实校本课程开发方案，让有特长的家长定时来校参与校本课程的开发与实践。一些在城管部门和在园林部门工作的家长还主动承担起培训“小小城管员”的任务和“宣传环保社区行”活动，让校本课程的开发更加贴近学生的实际，更加符合学校的实际。

(2)联动“八星”评价，夯实“环保”特色

科学的评价能够激发学生的积极情感，引领学生的规范行为。在校本课程的开发实施过程中，学校出台了“绿色少年”评价体系，把绿色少年的评比标准细化成“八星”，即诚信礼仪星、健康合作星、勤奋好学星、环保守纪星、乐读善思星、特长才艺星、实践创新星、点点进步星。每学期在期中、期末评选两次，每次以获星的数量来确定荣誉称号。凡期末积累 5 星或 5 星以上的学生，将获得“班级绿色少年”的荣誉称号，凡积累 7 星或 7 星以上的学生，将获得“校级绿色少年”的荣誉称号。通过八星评价，让每个孩子在校本课

程的开发实施过程中思想和行为都能发生变化，真正让学生在绿色教育的环境中快乐成长。

校本课程的开发充分满足了学生的发展需求，真正突出了“环境友好”这一主题，我们共开发出30多个子课题，涵盖了“环境友好”所涉及的每个领域。

二、二次开发，关注绿色校本课程的“发展”内涵

在践行首次开发的成果时，我们发现，这套校本课程虽然能够较全面地反映“环境友好”这一主题，但是忽略了对学生的人文教育和心理教育，忽略了学生可持续发展这些关键性问题，于是我们决定进行校本课程的二次开发。

1. 尊重学生需求，亮出自主活动菜单

事实证明，凡是学生感兴趣的事情往往是理解最透彻、做到最优秀的事情，我们根据小学生的心理特点，亮出了“自主活动菜单”，让学生自主选择校本课程的内容、形式和辅导老师，并明确地表达自己的心理期待，主要体现如下3个特点.

一是选择自主化。学校通过师生调查问卷发现凡是学生主动参与的过程就是学生的兴趣点，于是，在校本课程开发的过程中我们让学生围绕“对环境友好”的主题，让全体学生经历了“提议——讨论——筛选——确定”系列实践活动，从而满足了学生的内心需求，增强了学生的主人翁责任意识，让每个学生都能够选择自己喜欢的开发项目。

二是内容广泛化。围绕着“绿色”这一发展底色，在认真讨论、集思广益的基础上设计校本课程的内容，绿色校本课程的内容定为学生的学习、生活、出行、活动四大方面。然后，学校根据每个方面涉及的教育内涵，让教师和学生在广泛讨论的基础上经历了去粗取精、去伪存真的认知过程，将每个方面的教育内容具体化和广泛化，生成了代表学校教育特色的主题菜单。

三是实施序列化。由于学生的年龄不同，认知水平不同，对于同一主题，各年级的要求不同。在具体实施过程中，体现了教学目标设置不同，采用的活动方式也各有不同，按照循序渐进的原则将绿色教育内容按照不同的层次呈现在学生面前，使绿色教育活动内容更加具体化、更加序列化。

2. 自主实践教材，引领学生成长

为了确保学生在研究过程中收获全面真实的体验，我们在自主实践教材中设置了课堂指导和学习流程，依次为：活动准备——活动建议——活动总结3部分。学生通过思考、实践、补充、质疑，让校本教材的使用能清楚地反映学生的学习轨迹。

学校根据“绿色教育”办学理念和学生的实际水平确定的自主实践教材共分《让绿色在生命中绽放》和《让绿色走向未来》两套校本教材。《让绿色在生命中绽放》包括“绿色·良习”、“绿色·校园”、“绿色·自然”、“绿色·生命”、“绿色·交往”和“绿色·科技”六大主题，重点关注学生成长中的个人情感、自我认知、交往能力方面的引导与教育；《让绿色走向未来》则包括美食、家居、健康、环保、手工、科技六大主题，重点关注学生成长中的审美能力、自理能力、科学素养方面的引导与教育。

3. 关注心理健康，抚慰师生心灵

让学生身心得到发展，这是教育的责任。因此，在进行校本课程的开发过程中，我们更加关注心理健康教育，特别突显绿色心灵这一特色。我们对《让绿色在生命中绽放》和《让绿色走向未来》两套校本教材进行深度开发，重点关注家长、教师、学生3个群体的心理健康问题。根据开发纲要的要求，设计了“绿色心灵健康相随”系列心灵抚慰活动，让家长、教师、学生参与到活动中来，接受心灵的洗礼，缔造阳光的心态。在活动中，我们邀请国家二级心理咨询师进行专题培训。在家长培训中，主讲人从心理学的角度分析了目前家庭教育中存在的误区，并指出了走出误区的有效方法和途径；在教师培训中，主讲人从心理学的角度讲述教师怎样树立阳光心态，做到“接纳自己不抱怨”，让教师学会多角度看问题，懂得“退一步海阔天空”的道理；在学生培训中，主讲人从心理学的角度用学生喜闻乐见的形式引领学生学会克服消极情绪，树立积极情感，让每个学生都能充满自信地投入到学习中来。另外，学校咨询室的设立，为那些缺乏信心、贪图享受、迷恋网络的学生及时地给予心理辅导，让他们走出阴影，拥抱阳光，并留有专门的心灵档案，反映了学生心理健康的发展历程。

三、三次开发，关注绿色校本课程的系列性、多元性

在开发绿色校本课程的过程中，我们发现，绿色校本课程的范围总是局限在对“绿色”这一特色的意义上，没有涵盖学校生活的方方面面，更没有照顾到学生成长的各个阶段，致使校本课程的开发仍处在“一花独放”的层面上，没有达到“满园春色”的局面。如何让校本课程真正来自学校、服务学校、发展学校呢？在下一步的校本课程的开发过程中，我们将关注“系列性”与“多元性”，建立大校本课程观，将学校的各项规章制度、各项传统习惯纳入到校本课程体系建设中，形成具有我校特色的绿色校本综合系列教材，最大限度地满足师生发展的需求。

1. 绿色制度系列

完善科学的制度能够规范师生的行为，是一条师生不能逾越的红线，在绿色校本课程的开发过程中，我们把学校的系列管理制度也编入校本课程中，让每位在环山路小学任教的教师和在这里学习的学生都能得到这一规范教育。

2. 绿色科技系列

围绕“绿色教育”中的“环境友好”这一主题，突出其中的“科学含量”，我们将围绕着科技做文章，开发出“我发现”、“我猜想”、“我实践”、“我研究”、“我发明”的绿色科技系列校本课程。

3. 绿色经典系列

丰富学生内涵，涵养学生心灵，这是我们学校教育的又一重大职责。我们将在师生中广泛开展读书富脑活动，通过经典诵读，带动活动开展。我们将经典诵读的内容纳入绿色校本课程中，将“弟子规、三字经、千字文、大学、论语”等方面的内容精选到校本教材中，真正做到让每位在环山路小学任教的教师和学习的学生都能得到心灵的滋养。

4. 绿色德育系列

按照“知情意行”的规律，根据小学生的年龄特点，开展系列德育活动对培养学生的积极情感、规范学生的行为有着不可替代的作用。我们充分发挥德育处的职能作用，积极组织德育主题月活动。但是，这些活动往往比较零散，缺乏系统性。为此，我们将德育主题月的活动统一到校本课程的理念上来，围绕“良习相随、快乐成长、心苑漫步、沐浴书香、个性飞扬”等方面进行课程设计，使教育内容校本化、序列化。

5. 绿色环保系列

绿色环保是实现“环境友好”这一主题的根本，在首次校本教材的开发中，我们为此付出了汗水和心血，但是环保教育是否走进学生的心灵、融合在学生的血液中，变成学生的自觉行为呢？学生的言行是这个问题的最好答案，我们今后进行绿色校本教材的开发中要认真关注这一问题，重点将“花的世界、鸟的世界、纸的世界、垃圾的世界、材料的世界”的内容作为校本课程开发的核心内容，从普及环保知识到规范环保行为两大方面突显绿色校本课程开发的特色。

经历了首次开发的痛苦蜕变，我们拥有了明晰重点的研究之路；经历了2次开发的深入摸索，我们收获了坚实厚重的课程内涵；相信在3次开发中，我们一定能把对教育的深度思考融进绿色校本系列课程中，让绿色校本课程成为学生成长、教师发展的一个重要载体，真正实现绿色教育从“草色青青”走向“郁郁葱葱”。

——刘凡荣

绿色心语

绿色生态化的教育不仅要关心如何把一个自然人造就成一个社会人，更要关注人类如何学会与自然、与社会乃至与自身和谐共处。教育不仅要使人学会认知、学会做事，还要学会共同生活，即学会与他人、与社会，与自身也包括与自然和平共处，这才是真正意义上的学会生存。

由"着眼于学生的终身发展"想到的

曾经听一位校长讲过一个真实的故事，她讲到她们79普2班的同学再次聚会，同是一个年级的两个班，他们班的发展与邻班的发展简直是天壤之别。这位校长就此采访了他们的班主任老师，这位已经退休的老教师讲了3点：一是要着眼于学生的终身发展；二是要注重非智力因素的培养；三是教育要持之以恒。校长讲到这里时激情满怀，我听到这里亦是激情满怀，特别是那句"要着眼于学生的终身发展"，深深地触动了我的神经。

曾几何时，我见到某校教学楼上写着"为学生的终身发展奠基"；曾几何时，我在教育局的会议上听到领导在强调："要为学生的终身发展负责"；曾几何时，我在学科会上听教研员老师说"要为学生的终身发展做自己最深的反思"……于是，"为学生终身发展负责"的观念就在我的心里悄然生根，虽然"地面"上的我没有长多少，可是在"地底"下，我的这个理想已经在悄然伸展着根须。

紧紧抱着这个"为学生的终身发展负责"的理念，我做过多种尝试：

首先，在干班主任时，我致力于学生的自主能力发展，特别是在班干部的培养方面，我努力让每个孩子都有机会锻炼，实行班长轮流制、卫生委员轮流制、学习课代表轮流制等，很多的孩子在这种环境中得到了充分的锻炼。最后，这届学生到初中后，我一个班的孩子有8个人在不同的班级中担任班长职务。我知道，这就是"为学生终身发展负责"的成果。

在走上教导主任岗位后，我发现学校有一种怪现象：毕业班全部安排优秀的教师，而其他年级的教师整体素质则相对比较弱，问了原因才知道，上级考核学校经常是选定毕业班，为了应付评比，只好这样安排。可是，作为一所学校，要想长久地可持续发展，每个环节的链条都不能松懈；同样，为了孩子的终身发展着想，每个年级的教师安排都应该是趋向均衡的，因为在孩子成长的过程中，没有哪个年级是可以稍微忽视的，无论哪个环节出了岔子，高年级的教师都不容易进行有效弥补。为此，我在安排教师分工时，与当时学校校长一起商量，保证每个年级的师资力量尽量均衡。这样坚持了 3 年，学校整体素质水平有了长足的发展。

当我到了另一所学校时，我发现这所学校的很多教师关注的焦点是上次你考了多少分，这次咱班的平均分是多少等，很少有人关注到，这个年龄阶段的孩子应该进行哪些图书的推荐和阅读？这个年龄段的孩子应该进行那些习惯养成的强化训练？因为，这些不关系到他们的成绩考核，因为，这些不关系到他们的切身利益，于是，便被束之高阁。为了让孩子们有长足的发展，我在学校里安排了每天 20 分钟晨读，每周半小时写字的活动。我知道，他们小的时候读过很多书，有过很多的见识，将来他们的成长就是事半功倍的。但是，在实行的过程中，很多教师不理解，他们认为，晨读会影响他们的早自习，晨读会影响到他们的教学成绩，甚至，学校校长也对此颇有微词：“没有用的形式主义就不要搞了”……让学生读书怎么就成了没有用的形式主义呢？苦于自己的理想没有人支持，为此，我将每月的主题读书活动取消了，但是，经典诵读的晨读活动我依然坚持着，我知道，在这条道路上，如果没有强有力的支撑，我只有选择能做多少就做多少了，至少，在孩子们面前，在若干年后的他们面前，我将坦然面对，因为我做了我可以做的、为了他们终身发展负责的事情。

仔细回想走过的每一小段路程，我发现：学校是培养教育人才的地方，教师是“人类灵魂的工程师”，这些以往的定义在今天似乎变了味道。学校、教师的功利性似乎更强了。学生是否发展，学生是否成才在很多老师心目中是一个遥不可及的目标，在很多学校的发展规划中也不过是作为口号喊了喊，至于是否真正为孩子终身发展负责，似乎没有人关心，也似乎没有人在乎。我想，是否为孩子的终身发展负责不仅取决于教师心灵的成长，更取决于学校负责人的远见卓识。

如今，我们环山路小学了要在追求这个“为了学生终身发展负责”的、被很多人喊了很多年的目标上，迈出坚实稳健的步伐！

——张红丽

绿色心语

教育要惠及学生的一生，不能企望“立竿见影”。我们的教育要以培养学生终身学习的能力，掌握基本的知识、能力、方法，具有正确的情感、态度、价值观，让学生终身受益为目的。

老师，您说到做到了吗

孩子们盼望已久的春季运动会终于召开了！天气晴朗，暖风阵阵，孩子们异常兴奋，赛场上运动员们拼搏得很激烈，赛场外非运动员们“吃”得更是热闹。

午饭后，两位执勤教师正忙不迭地在垃圾箱旁整理。我走过去仔细一瞧——哇，各式各样的食品袋、包装袋已经填满了大大的垃圾箱，还有很多垃圾袋挤不进箱内，正在垃圾箱的上方摇摇欲坠……一阵微风吹来，几个食品袋便在空中飞舞。看来，不想个办法马上解决这些垃圾，下午的运动场就会被这些食品包装袋“占领”。

经过商议，执勤老师决定采用“火攻”的办法，一个火苗瞬时便让“垃圾山”变成一股浓烟直冲青天。

这个办法比较高效，嘱咐执勤老师一定要“严守阵地”后，我放心地转身往回走。经过教学楼时，一位小男生怯怯地看着我，欲言又止的样子。我向他点了点头，他忙走了过来，大呼了一口气，小心翼翼地问：“老师，您忙吗？有个事我想跟您说说。”

“我不忙，你说吧。”看着这个眉清目秀的小男生，我笑了笑。

“是这样的。刚才我上厕所的时候，看见两个老师正在烧垃圾袋。”

“嗯，我也看到了，这么多的食品袋如果不处理的话，下午会影响我们的正常活动的。”我解释道。

“这样做不好！”小男孩儿一脸严肃地说。

“哦？怎么不好，说说看。”

“在综合实践活动中，老师说垃圾袋焚烧以后会产生大量的浓烟，融到空气中会对大气造成污染。尤其是现在，空气质量这么不好，天气变幻无常，我们在这里焚烧垃圾，那些黑烟多多少少会影响到我们的环境的。”小男孩儿一本正经地说道。

“嗯，你们老师说得很对。”我为老师的教学和小男孩的执着而欣慰。

“再说了，咱们学校一直倡导‘绿色教育’，不就是要对环境友好吗？这样烧垃圾袋是不‘环保’的，这样还算是‘绿色教育’吗？”见我肯定了他的想法，小家伙继续大胆地说道。

听到这里，我的心猛地一震：是啊，自建校以来，我们一直倡导“绿色教育”，其内涵有两层，首先是“为了绿色的教育”，要求全体师生要对环境友好。为了保持校园环境的整洁，我们没少利用班会、晨会和升旗仪式从习惯养成、卫生清洁等方面加强宣传和管理。现在，学校环境优美，空气清新，一直被兄弟学校称为“天然氧吧”。今天，为了快速解决临时问题，我们采取了看似高效实则贻害无穷的办法，实在有违我校“绿色教育”的本意。

想到这里，我稳了稳情绪，继续问小男孩儿：“塑料袋不处理肯定不行，像这样焚烧也不‘环保’，依你看，我们应该怎样处理呢?”

“我觉得，应该打电话找垃圾清运工来，让他们把这些的垃圾送到专门的地方进行无害化处理，这样既能保证下午垃圾箱内的垃圾不满，还能保护环境，多好呀。”小男孩儿一脸坦诚地说道。

我的心里霎时涌入了一股暖流：“谢谢你的建议，我马上打电话通知垃圾清运工来处理。”

“不用谢，”小男孩儿羞涩地说。

……

从身高上看，这个孩子最多是三年级的学生，然而，就是这样一个不起眼的小男生，能用自己学到的知识来质问不文明的行为，能为学校的发展真诚地提出自己的建议，这是多么难能可贵的品质呀。

反过来，我又不得不深思我们的行为：作为老师，在课堂上天天教育孩子要对环境友好，要爱护学校，为什么还明知故犯，在校园内焚烧垃圾呢？更甚者如我，对空气造成污染还不自知，这样的做法又会给学生们树立什么样的是非观呢？我们在课堂上教给孩子那么多的科学知识和做人的道理，可私下里又有多少人能按照所说的去做呢？比如要求学生严守纪律，我们每时每刻都做到了吗？比如教育学生遵守规则，我们在任何一个场合都做到了吗？回首自省，恐怕难以坚决而肯定地说“我做到了”；回首自省，我突然明白“身正为范”为何成为教师的道德规范，那是因为教师是高尚人格的化身，教师的言行就是文明社会的道德标准。身为师者，我们是不是更应该时刻自省：老师，您说到做到了吗?

——王金美

绿色·心语

为人师者，我们对待学生高标准、严要求，希望每个孩子都能够知行合一、文明守纪，但是要求学生做到的，我们自己是否首先做到了呢？是否“身正为范”了呢？不论之前与否，今后，我们的回答一定要是：我做到了！

综合实践活动校本教材开发的探索与思考

在2012年威海市“综合实践活动课程校本化研究”阶段研讨会上，我们聆听了石岛实验小学、威海码头小学和乳山畅园学校的经验交流，参观了各市(区)中小学自主开发编写的综合实践活动课程教材，感觉到了综合实践活动课程的勃勃生机与光明前景。与起步较早的实验校相比，我们没有多年的经验与成果的积累，但是有的是更多的思考，我们想在学习他人先进经验的基础之上，走自己的路，形成自己的特色，做好自己的校本课程开发。

一、奠定基础，提升教师的综合素质

起步伊始，为了明确综合实践活动课的内涵、研究的方法和途径，我校先后举办了题为“综合实践活动的时间设置”“综合实践活动的空间完全开放吗”“综合实践活动课堂组织形式与有效指导”等专题讲座，从理论与操作两个层面同步实施，齐头并进，从中引导教师认识综合实践活动课程的价值通过培训学习，使教师们对综合实践活动课程的内涵有了全面的了解，为课程的具体实施指明了方向。

二、自主开发自主活动菜单，力求达到“三化”

1. 主题活动菜单选择自主化

学校充分尊重学生的兴趣、爱好和需要，从他们的生活实际出发，为学生自主性的发挥提供广阔的空间，引导学生确立课题。首先制订了该课题的师生问卷调查，学生根据自己已有的生活经验及家长的建议，自主选择开发活动内容，学校对学生问卷进行认真汇总。然后，教师组织学生交流问题，通过追问学生的兴趣来源、具体兴趣点、研究的主要目标和内容等，与学生共同探讨问题是否具有研究价值、是否具备可行性，让学生经历“提议——讨论——筛选——确定”的决策过程，对学生进行有效地指导，如低碳生活伴我行、吃药的学问、走进温泉等等这些活动主题都是经历了这个过程确定的，最终形成了《让绿色走向未来》综合实践活动体系。

2. 主题活动菜单内容广泛化

在综合实践活动内容的选择上，既遵循学生的身心发展特点和认知水平，又贴近学生的学习和社会生活；既照顾与学科课程内容的衔接，又关注学生的实践与劳动教育。我们以“绿色”为活动基调，从“尊重人，发展人，成就人”的契合点入手，围绕人与自然、人与社会、人与自我等领域构建学校的综合实践课程教材体系，具体划分为6部分：《绿色·美食》、《绿色·家居》、《绿色·健康》、

《绿色·环保》、《绿色·手工》、《绿色·科技》。如在三年级我们确立了食物营养知多少、零食知多少、衣着与健康、小小零花钱、健康你我他、吃药的学问、文具中的科学、邮电进万家、垃圾的污染等活动主题，教师和学生一道，根据每个主题的内容分别生成具体的活动菜单，学生在多样化的菜单中组成活动小组开展研究活动，让学生在广泛的生活空间中提高科学素养。

3. 主题活动菜单实施序列化

在开发活动菜单过程中，我们充分考虑学生身心发展的规律，对于同一内容，在不同年级我们要求的目标不同，使用的活动方式不同，这样就初步形成了综合实践活动的目标序列、内容序列、活动方式序列，避免活动内容的无序和重复。如《绿色·美食》系列，三年级的主题是食物营养知多少，零食知多少；四年级的主题是饮食与社会发展、吃在文登；五年级确立的主题是食物添加剂、我是小小厨神。再如《绿色·健康》系列，三年级的主题为健康你我他、吃药的学问；四年级的为走进制药厂、走进温泉；五年级的为走进社区医院、心灵健康站等。这样螺旋上升，层层深入，使课题实验纵深开展。

三、科学指导，彰显学校文化特色

1. 年级联动，错时分年段开展活动

为保证学生在一学期的活动中，能真正亲历活动并掌握活动流程，学期之初在制定好各年级的综合实践活动计划后，三～五年级综合实践活动骨干教师与本年级组进行商议，每个年级在本学期中的几个月中选择其中一个月为本年级学生必修的综合学生活动月，在这个月里本年级组的骨干老师对该活动进行整体规划并开展相应的启动仪式，促进大家对活动有全面了解。学校的图书阅览室及网络中心第一时间面向他们提供物质保障。其余年级则在该月中自选适合本班开展的综合实践活动进行实践研究。

2. 整合资源，“综合”中实现“拓展”

一是与学科课程有机整合。综合实践活动不是一种简单的手工劳动，所以，教师平时的教学要与综合实践活动有机整合。比如通过科学课了解身边的科学，如通过讲授“声音的传播途径”，激起学生对嗓音污染的研究等，促进学习方式的多样化，提高学生学习的积极性。利用信息技术课把信息技术手段的设计与运用致力于为学生创造反思性的、自主合作探究的学习情境和问题情境，以拓展综合实践活动的时空范围、提升综合实践活动的实施水平。

二是与校本课程有机整合。针对学生的身心特点，学校开发了一套《让生命在绿色中绽放》校本必修课程，包括《绿色·良习》、《绿色·校园》、《绿色·自然》、《绿色·生命》、《绿色·交往》、《绿色·科技》；还开设了科学、文学艺术、体育卫生、综合实践和特色类共5大类20个科目的校本选修课，并创出科技特色。综合实践课程在校本必修课的基础上进一步完善，如《绿色·科技》增加了主题“走进天宫对接”等内容，主题“心灵健康站”与《绿色·生命》、《绿色·交往》进一步整合。本学期《绿色·手工》中在原有的校本选修课剪纸、纸雕、手绣、十字绣、绢花等基础上，增加了“纸编、立体贴画”等，形成了“纸工”系列，为学生了解纸文化打下良好的基础。学校还开辟了开心农场，作为学生的实践基地。

三是与主题活动月相结合。为了让良好的习惯伴随孩子成长的岁月，学校开展丰富多彩的教育主题月系列活动。每月设立一个主题，组织学生全员参与活动。如“绿色科技放飞梦想主题月”学校举行了首届科技文化节，设20多个项目的比赛和展示，培养了全校学生的创新精神和实践能力。“珍爱家园—环保教育主题月”邀请环保专家做报告、“环山学子进社区”等活动，让学生保护环境，学会低碳生活。综合实践活动的开展与教育主题月相得益彰，让每个学生受益匪浅，使他们健康快乐地成长。

四、细节着手，教材编写科学实用

在教材的编写方面，我们主要遵循着以下8条原则。

第一，主题的兴趣性，主题内容确定必须是学生感兴趣的内容，主题活动开展必须是在学生自愿的前提下进行。

第二，问题的生成性，在活动探究过程中要不断地延伸，发现新的问题。

第三，研究的选择性，要提供广泛的材料让学生自主选择。

第四，过程的渐进性，问题的提出要有一定的梯度，逐步延伸。

第五，主题的可接受性，主题活动要看得见、摸得着、做得到。

第六，方式的多样性，可调查、可访问、可观察、可实验、可讨论等等。

第七，语言的趣味性，语言要符合学生的生理、心理特点，符合学生的口味。

第八，知识的准确性，不要出知识性的错误。

以上8条原则，看似简单，但是真正做到并不是一件容易的事情。老师们克服种种困难，在摸索中前行，尽管教材还带有浓浓的“泥土气息”，还有着很多的不足：评价机制不够完善；年级开发目标层次性不强；课程指导和学习流程还不够成熟，但是，只要有了前行的目标与方向，在综合校本开发与编写的道路上，我们一定会不断成长、不断收获、不断进步的。

我们相信，综合实践活动校本化的研究将会延续下去，成为我校一道亮丽的风景线，打造出特色学校，让绿色真正走向未来……

——姜芳

绿色心语

我们在努力尝试将综合实践活动课程与校本课有机融合，并在各学科尝试开展研究性学习、实践性作业，使每一位学生尝试通过自主学习、合作学习、探究学习来获取知识。在“考察、实验、探究、设计、制作、想象、反思、体验”等一系列活动中发现和解决问题，体验和感受生活。

绿润实践园 开放大课堂

每天清晨、傍晚走进我们校园，你会看到一道独特而亮丽的风景：很多孩子在栽满瓜果蔬菜的“绿韵”实践基地忙碌着。经历了松土、播种、浇水，施肥、搭架……终于收获了。

采摘节那天下午，我和孩子们一起在农场里割韭菜、劈芹菜、摘芸豆……农场里不时传来孩子们的阵阵欢笑。这时一个孩子一边劈着芹菜，一边歪着脑袋问我：“老师，你说这芹菜为什么要劈着吃，怎么不像韭菜一样割着吃呢?”学生这一问，我一下愣住了。我吃了30多年的芹菜，从来没想过这个问题。究竟为什么，我还真是说不清。

这时，旁边的小磊说：“我觉得可以像韭菜一样割着吃。”

“老师，我看见过妈妈买过整根的芹菜，我觉得还可以拔呢。”

大家你一言，我一语地说个不停。我一看大家讨论得这么激烈，顺水推舟，把问题抛给了学生：“到底怎样吃最好？大家亲自试验一下不就得出结论了吗?”

“老师，我还想知道为什么韭菜要割着吃呢?”

“为什么黄瓜、豆角要搭架子?”

……

没想到一“菜”激起千层浪，一个个问号应运而生。经过孩子们分析汇总，最后整合成芹菜组、韭菜组、黄瓜组。我充分尊重大家的意见，让他们自己组队，由我当顾问。

同学们每天都到农场，认真地观察、采摘和记录；晚上上网查找资料。周末，我指导他们调查采访老农，共同寻找答案……

10天后谜底终于揭开，大家争着汇报自己的收获。

芹菜组的同学说："他们把30株芹菜分成3组做实验，分别劈、割、拔芹菜。每天记录采摘芹菜的重量和采摘后芹菜每天的变化。其他的常规管理如施肥、浇水都和往常一样。第一组每4天基本能劈0.7斤芹菜，劈后一两天能见出芹菜瘦小，到第四天又能再劈第二茬。通过计算得出一个月后能劈约6斤芹菜。第二组当时割了3斤芹菜，割后芹菜长势特别缓慢，第三天才发点儿小芽，第六天长出5厘米，到现在才长出10厘米；第三组当时拔了4斤芹菜，现在两手空空，再也没有任何收获。通过采访、查找资料，我们组得出的结论是——"还没等他卖乖，大家异口同声地说："快说呀！"组长小明接着说："芹菜把外围的茎劈了之后，根部的营养可以快速地供给中间剩下的部分，留下的茎叶可以继续进行光合作用，然后剩余的部分迅速生长。而采用割的收获方法，把芹菜进行光合作用的叶子全部割掉了，周围割后留下的茎消耗营养，还阻碍了芹菜的生长，所以芹菜生长就非常缓慢。这也是人们收获的时候只劈不割的重要原因。"大家听得是连连点头，原来劈芹菜里，还蕴藏着这么多的学问呀。

韭菜组的也不甘示弱，"为了找到答案，我们将一株韭菜挖了出来。通过仔细观察，发现韭菜根部有一个小小的块。我们在《十万个为什么》中找到了答案。原来，那小硬块叫鳞茎，它里面储藏着大量的营养，这就使得韭菜即使被割去了叶子也仍然能生长。一般韭菜栽下后半年才割，这样做是为了让鳞茎长得更好。"

黄瓜组的同学更"给力"，小组长用一只手当架子，一只手当黄瓜蔓，形象地演示出黄瓜蔓为了向上生长，沿着架子往上爬……

看着孩子们兴奋的神情，我真没想到一个"劈芹菜"竟然会给孩子们带来这么多的收获。新课程改革的重点就是培养学生的创新精神和实践能力。在生活中开办"开心农场"，把虚拟空间变成现实生活，尽管不需要多少大智大勇，也不需要多少发明和创造，然而却能使学生体会到劳动的艰辛，体会到收获的艰难，培养学生的动手能力和实践能力。可见，教育不是缺乏理念与思想，而是缺少行动和实践。

看着眼前郁郁葱葱、生机盎然的"绿色"蔬菜，我相信，"绿韵"已经深深地印在孩子们的心田,，他们感受着生命的成长，收获的不仅仅是创新精神和实践能力，更多的是体验到成长的快乐。

——曲学杰

绿色心语

新课程改革的重点就是培养学生的创新精神和实践能力。在校园中开办"开心农场"，把虚拟空间变成现实生活，尽管不需要多少大智大勇，也不需要多少发明和创造，然而却能使学生体会到劳动的艰辛，体会到收获的艰难，培养学生的动手能力和实践能力。

时差演示仪

项目情况

<table>
<tr><td>项目研究时间</td><td>开始时间　2011 年 12 月 8 日　　完成时间　2012 年 2 月 15 日</td></tr>
<tr><td>项目简介</td><td>摘要
1. 时差演示仪是用地球仪表示地球，利用地球仪和钟表盘(逆时针)的有机结合，清楚地看出世界各地的时间差异，形成直观立体性
把地球看作一个圆，平均分成 24 份，每一份都是一个时针，时针的顶端标注代表城市，末端标注时区，共计 24 个时区(用 12 个表示)一个时区盘就做好了，安在钟表盘上，时区盘相当于时针一样转动，从而更清楚地看出世界时区代表城市的时间。立体教具和平面教具的相互演示，使学生更容易理解时差。
2. 背景和改进的基本思路
地球自转产生时差，北京时间现在是 8:00，我国的最东端已是 9:00，最西部还是 5:00。如果你只是这样讲，实在让学生难以理解。如果能借助于教具来演示，问题也许会好一点。借助于地球仪，能找到各个城市，靠什么来知道时间呢？钟表，钟表能知道时间。怎样把地球仪和钟表结合起来呢？怎样一下子就可看出世界各地的时间，理解其差异呢？
3. 科学方法
地球仪的下端安装一个 24 时的钟表，地球是逆时针旋转，钟表是顺时针的，我们把钟表上的刻度倒过来。把逆时针钟表固定在底座上，我们旋转地球仪，北京时间 8:00，找找我国最东端，最西端是几时，这样学生很快就会找到当地城市的时间。我们再进一步把地球看成一个圆(平面的)，平均分成 24 份，顶端注明代表城市，末端注明时区，共计 24 个时区(选 12 个表示)，这就是时区盘。时区盘固定在钟表上，相当于时针一样转动，平面和平面的结合，学生更清楚地看出了时差，从而进一步理解了时差。
4. 创新点或改进点
地球仪、时区盘代表地球，地球仪手动旋转、时区盘时针转动，相当于地球自转。钟表是用来计时的，地球仪和逆时针钟表、时区盘和钟表的巧妙结合，相当于给地球安上了钟表，产生了一个地球钟、世界钟，更清楚地看出世界各地的时间差异。
5. 完善的设想
可以改进成实用型的世界时钟，把钟表改进成 24 时钟表，时区盘代替时针，可悬挂于世界各国大使馆、宾馆。也可以做成手表，可以更随意的旅行于世界各国。</td></tr>
</table>

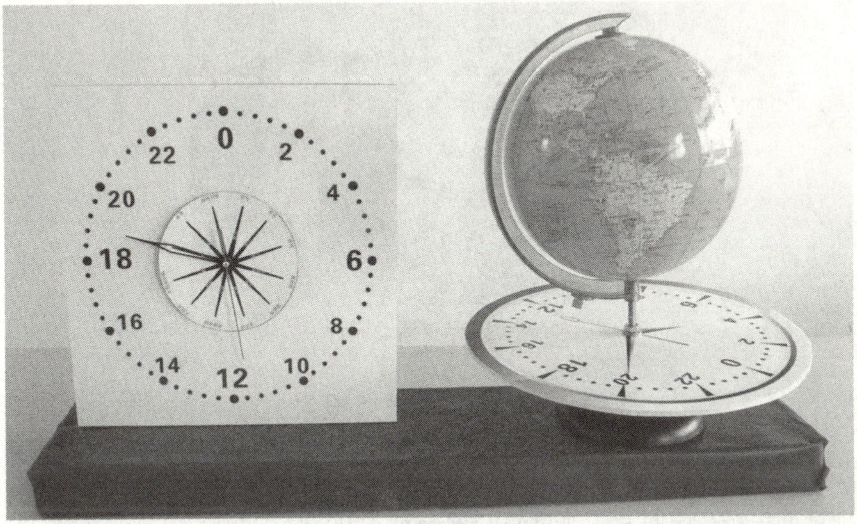

时差演示仪

时差演示仪(立体)

时差演示仪(平面)

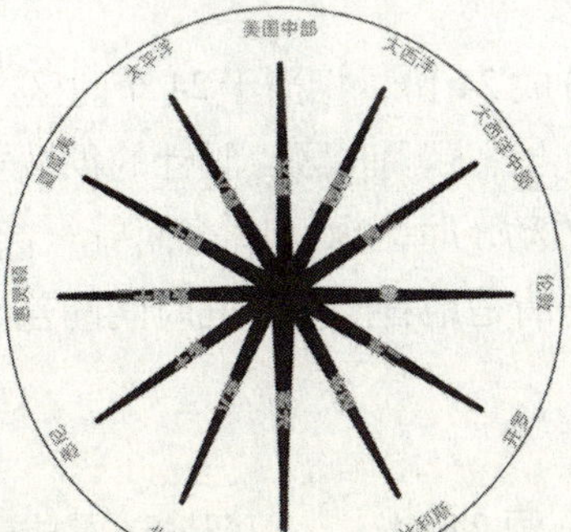

时差演示仪(时区盘)

时差演示仪(逆时针24时时钟)

时差演示仪活动照片

时差演示仪研究报告

时差演示仪的背景构想：

地球的自转产生时差，北京时间现在是8:00，我国的最东端，已是9:00，我国的最西部还是5:00。每当讲到这一章节，学生一是感到枯燥无味，二是难以理解。就算是记住了换算公式，准确的计算出当地的时间，也是含糊不清，如果能借助于教具来演示一下，问题也许会好一点。

时差演示仪的原理：

一个地球模型地球仪。可以手动绕地轴旋转，代表着地球自转。地轴下端连接着一个24时的钟表，并固定在底座上。我们旋转地球仪，但地球是逆时针旋转的，钟表是顺时针旋转的，把钟表的刻度掉转过来，二者再结合在一起。当地球仪旋转到8:00（北京所在的经线的垂直线指向8:00），我们可以找找，现在东京的时间是多少，华盛顿的时间，悉尼的时间，以及世界其他主要城市的时间，提示学生：城市所在的经线垂直线指向的时间，就是当地城市的时间，这样学生很快就会找到当地城市的时间，我们再把北京转到9:00，13:00、18:00，分别找出其他城市的时间，学生很快就可以理解时差产生的原因，也能利用时区计算出全世界各地的时间。

我们再进一步把地球看作一个圆，平均分成24份，相当于24个时区，用12份来代替。12份也就是12个时针，在每一份上都标明时区，时针的顶端再标明代表城市。这样一个时区盘就做好了。分针转动，时区盘、12个时针一起转动，平面地球和平面钟表的完美结合，使学生更能清楚地看出时区间时间的差异，从而也理解了时差。

时差演示仪的先进性：

地球是个圆球，旋转一周360度，旋转一周24时，我们把地球看成一个是立体的地球仪，一个是平面的圆。钟表就是用来计时的，我们采用24时钟表，地球的立体性，平面性和逆时针钟表、钟表的巧妙结合，相当于给地球安上了一块钟表。演示可以很清楚地领悟全世界时间不同的原因。

——孙福晓

（此作品获山东省创新发明作品评比二等奖）

“弹射飞机”教学实录

教学目标：

1. 通过观察、记录放飞现象，大胆猜测影响飞机正常飞行的原因，培养学生猜测解决问题的能力。

2. 根据猜测制定切实可行的研究方案，探索出决定弹射飞机留空时间长短除了受平衡和自身阻力的影响，还会受到放飞方向、出手角度和橡皮筋弹力的影响。

3. 能够根据研究方法提升飞机水平，培养学生的动脑分析能力。

4. 培养学生合作探究、自主获得知识的能力，以及乐于探索的科学态度。

教学重点：

组织学生提出探究的问题，通过大胆的猜测、合作探究，学生自主发现飞机留空时间长短的除了有平衡和自身阻力，还会受到放飞方向、出手角度和橡皮筋的弹力三方面因素的影响。揭开弹射飞机飞行的秘密，自主获得知识。

教学难点：

组织合作探究，学生自主发现弹射飞机的秘密，能根据研究结果动脑分析影响弹射飞机飞行的原因，培养乐于探索的科学态度。

教学准备：

弹射飞机、探秘记录卡、不同型号的橡皮筋、秒表等。

教学过程：

一、提出问题，引出课题

师：上节课我们探究过这种弹射飞机，知道影响飞机在空中停留时间的因素有什么？

生：因素有平衡和自身阻力。

师：调试后试飞，你感觉怎么样？

生：我感觉飞机在空中停留的时间比原来长多了。

师：你们记录了飞行时间吗？能交流一下吗？

生分别交流：7 秒、9 秒、6 秒、10 秒。

师：可有资料显示，如果飞机操作得当可以在空中飞行 90 多秒呢！哟，有的同学露出了惊讶的表情，你们想知道他们的飞机为什么能在空中停留那么长时间吗？这节课我们继续来研究：弹射飞机(板书课题)。

二、根据问题，展开猜想

师：请大家大胆猜想一下，还可能有什么因素会影响飞机在空中停留的时间？小组之间可以互相讨论。

生小组交流讨论。

师：刚才同学们讨论得很激烈，有结果了吗？我们来交流一下。

1. 一组。哦，你们组猜测和飞机的放飞方向有关。板书：方向

能说说理由吗？

生：我们组站在操场的不同方向进行放飞，当飞机向西北方向迎着风飞行时在空中停留的时间比较长。

师：你们的猜想有道理。哦，你还有不同的意见？

生：我认为顺风方飞在空中停留的时间长。

师：能说说理由吗？

生：我觉得顺风飞时空气阻力小。

那到底是顺风放飞飞机在空中停留的时间长还是逆风放飞飞机在空中停留的时间长呢？待会我们就到操场上进行验证。

2. 师：他们小组的猜想很大胆，别的小组还有不同的猜想吗？来。二组。

生：我们组猜想飞机在空中停留的时间和飞机飞出时的角度有关。

师：为什么？

生：在前面的试飞过程中，我把飞机向上拉，我认为擎的越高飞机飞得越高，在空中停留的时间越长。可我发现小林是平拉的，于是我也学着他的样子进行平拉，发现飞机在空中停留的时间比原来的长了，所以我猜想是不是与飞出时角度有关。

师：你是个善于观察的孩子。哦，你还有不同的意见？

生：我认为斜着拉飞机在空中停留的时间更长。

师：又出现了争歧，我们还是把这个问题放到后面进行验证，好吗？

3. 师：还有不同猜想吗？

生：我们认为跟橡皮筋的弹力有关系。

师：说说理由吧！

生：我在试飞时，先用了一根较细的橡皮筋，连续几次后，橡皮筋一不小心挣断了，于是我又换了一根粗一点的橡皮筋，这次明显感觉飞机在空中停留的时间长了。

师：他们的猜想有道理吗？我们还是放到后面进行验证，好吗？

三、再次放飞，落实猜想

师：刚才同学们从风向、飞机飞出时的角度，也就是出手角度和橡皮筋的弹

力这 3 个方面做出了大胆的猜想，这些猜想是否合理呢？老师已经为每个小组准备好了飞机、两种型号不同的橡皮筋，还有秒表，下面我们带着对这几个方面的猜想，一起到操场去验证一下。10 分钟以后我们到教室集合。（出示温馨小提示）老师就在大家中间，如果遇到问题请随时问老师。

四、交流结果，验证猜想

师：从大家自信的脸上老师已经找到了答案，我们的猜想有道理吧。其实猜想也是一种非常好的学习方法。在放飞的过程中先前我们课堂上的疑问找出答案了吗？哪个小组愿意上来交流你们的验证结果。

1. 三组手举得最高，你们先来交流吧！

三组组长：我们小组探究的是飞机在空中飞行的时间与风向问题……发现飞机在空中飞行的时间确实与风向有关。从顺风、逆风和侧风 3 种不同的方向进行试飞，每个方向飞 3 次，最后你们计算出 3 次飞行的平均时间，从计算结果得出飞机逆风放飞时在空中停留的时间最长。

师：你说得太明白了。还有哪个小组也做过这个试验，你们的结论呢？哦，一样的，也是逆风放飞时飞机在空中停留的时间长。（板书：逆风）你想知道这是为什么吗？请看大屏幕。大家听明白了吗？逆风放飞才能让飞机飞得时间更长。

2. 还有哪个小组探究了不同的问题？

一组组长：我们小组探究的是飞机在空中飞行的时间与出手角度问题。

师：有发现吗？

生：有。我们从向上拉、平拉和斜拉 3 个不同的角度进行试飞，每个角度也飞了 3 次，对 3 次的飞行时间分别进行了记录，最后我们计算出 3 次飞行的平均时间。从计算结果得出飞机斜拉时在空中飞行的时间最长。

师：你用简练的语言概括出探究的内容和最后得出的结果。你们认为飞机出手时什么角度最合适？

生：40 度左右。

师：你是怎么知道的？

生：体育课上体育老师在讲解铅球的投掷知识时教给我们的。

师：你能联系体育课上的知识，真了不起。其实，你的想法与专家的结论非常接近。

通过交流我们知道飞机的出手角度应在 37 度左右。（板书：37 度左右）但在实际操作中，应随着风力大小的变化随时调整飞机的出手角度，飞大时飞机的出手角度要略小于 37 度。

3. 哪个小组还有不同的发现？

四组组长：我们小组探究的是飞机在空中飞行的时间与橡皮筋弹力的问题，

我们用弹力较大和弹力较小的两种橡皮筋进行试飞，每种橡皮筋试飞 3 次，记录下飞行时间并算出用每种橡皮筋飞行的平均时间，最后发现当橡皮筋的弹力较大时飞机在空中停留的时间长。

师：上面我们从风向、出手角度、橡皮筋的弹力 3 个方面进行了验证交流，同学们想一想，怎样才能让飞机在空中飞行的时间更长？

生：要想让飞机在空中飞行的时间更长，我们要在处理好飞机平衡和自身阻力的基础上，选择逆风飞行。

生：出手角度在 37 度，还要选这弹性较大的橡皮筋。

五、课外延伸，激励创新

师：同学们真了不起。这节课，我们自己提出了问题，接着就问题作出大胆猜想，然后亲自参与验证，最后从放飞中得出结论。其实，科学就在我们身边，只要大家善于思考，勤于动手，就能探索出科学的奥秘，体会到探究的乐趣。

课后各小组可以带着我们这节课共同研讨的方法，再次到操场放飞，记下飞行时间，继续改进我们的放飞技术，争取在下次科技节比赛中让我们的弹射飞机飞得更高、更远，在空中停留的时间更长。

——刘丽丽

“让生命在绿色中绽放——生命美”课程纲要

一、课程名称

让生命在绿色中绽放——生命美

二、课程目标

生命是如何开始的？细胞是怎样生长的？这些都是学生们想知道却不了解的内容。为使学生感受到生命的来之不易，了解生命的成长历程所必须面临的心理、社会、生活等方方面面的问题，引导学生关注心理，做阳光少年；关注社会，学会怎样与人打交道；关注自然，关注生活，学会自我保护；进一步培养学生热爱生活、珍爱生命的态度及走向社会、融入生活的自我保护意识。

三、开发过程

为全面提升学生的综合素质，环山路小学根据学校绿色教育的办学理念、育人目标和教育资源，着眼于学生成长的需要，以及低、中，高年龄段学生认知特点、身心发展特点和教育规律，在学生掌握好课本知识的同时，重视培养学生适应社会的能力，促进学生健康成长。通过课外延伸、主题活动的方式，整合各种专题教育，构建生命美育的校本课程目标序列。开设了适合少年儿童身心发展的学校必修课程——《让生命在绿色中绽放——生命美》。

四、内容体系

第一，让生命在绿色中绽放——生命美育侧重的是一种学生的体验、体悟，而绝对不是单纯的知识纬度的领悟。所以生命美育的教学方法注重的是实践体验活动。实施与儿童的生活背景、经验接近的体验活动，比较容易让儿童体悟与反思，进而与儿童本人的生活经验结合，影响其以后在日常生活中的行为习惯。

第二，内容安排

第一单元：生命的起源

1. 细胞
2. 我从哪里来
3. 人的一生

第二单元：关注心理

1. 人有七情
2. 宣泄与调整
3. 我是阳光少年

第三单元：关注社会

1. 我与社会
2. 不和谐的音符
3. 怎样与人打交道

第四单元：关注生活

1. 生活是七彩阳光
2. 安全小常识
3. 科学让生活更美好

第五单元：关注自然

1. 美丽的自然风光
2. 多发的灾难
3. 我会自我保护

五、实施策略

教学首先要研究学生已有的知识背景、已有经验以及个别差异，在教学中教师要增加过程意识，不仅要重视教学的结果，更要注重教学的过程。

主要学习手段：

1. 师生互动、交流、展示、引导。
2. 联系生活实际体验感悟。
3. 现代教学设备辅助教学。
4. 制作课件。

实施专题教育——保护生命之芽

心理健康教育、安全教育又是学校对学生开展生命美育的主要途径。利用班会课，午谈课时间对学生进行灵活、有效、多样的生命美育，帮助学生学会必要的自我保护技能，初步掌握突发情景下的安全保护意识，增强法制意识，以及在学习生活中品尝解决困难的快乐，调整学习心态，提高学生的学习兴趣和自信心。安全教育：每学期的开始和结束，学校经常开展以安全为内容的主题教育活动。学校请交警、城管来校作报告，观看灾难片，观看交通安全录像，观看安全与生命为主题的课件、火灾演习、地震演习等，提高学生的自我保护意识，而温馨提示语又恰到好处的时时提醒大家，增强大家的安全意识。

心理健康教育：学校以帮助学生适应环境、正确处理交往、学习中遇到的困惑为主，培养学生开朗、合群、乐学、自助的人格和乐于交流、合作与分享的心理品质。每周两次的心理健康教育贯穿于教育教学的全过程，集中和个别辅导随时、随地、随机地对学生的心理健康状况进行监控与指导。积极开展心理辅导、心理咨询等活动，帮助学生提高调控自我、发展自我的能力。

六、课程的评价

评价是活动的归结点，也是活动的新起点。从对自己一无所知到描绘自己的人生蓝图，孩子们经历了一个认识生命之美的过程，随着活动的深入人心，孩子们的认识也在不断完善，然而学生是千变万化的，对生命的认识、对生命的理解又都是极为隐性的，我们更多的是通过他们的言行来分析他们的内心世界。老师设计了两份表格，通过“自评——小组评——老师评”多维评价比较客观地反映学生的整体水平。

——王英玲

三年级校本必修课教材：第一课

绿色美食 食物营养知多少

近几年来，随着我国经济的稳定增长，居民消费水平、生活状况得到了极大的改善，应运而生的食品与配餐的问题也越来越显著。从当前我国食品与配餐现状出发，明确食品配餐概念，提出食品配餐的原则、方法。通过描述营养素的重要性以及配餐对孕妇、幼儿、老年人等各类健康人群以及肥胖症、高血压、糖尿病等慢性病人及营养不良者的重要程度，制作出针对性特色食谱，最终提出对主食、副食、烹饪方法的建议和对本课程教学的相关意见。

●活动准备

1. 提出活动主题

近年来，中国居民的生活水平得到了显著提高，慢慢迈进小康生活。与此同时，广大居民的饮食观念也发生了翻天覆地的改变，人们不再简单要求温饱，更多的是注重营养搭配、饮食健康。多吃粗粮、少吃富含脂类的食物、“四条腿的不如两条腿的，两条腿的不如没腿的”这样的饮食观念也逐渐被千家万户所接受。但是，这些主要由传统观念转变而来的饮食方法存在很多误区，也带来了很多问题。因此，我们以“食物营养知多少”为主题，开展系列活动。

今天，我们可以开展哪些活动呢？结合自己的经历，在班里开展讨论，提出自己的活动方案，并与老师和同学协商，组建你们的活动小组，明确小组的活动主题。

参考活动主题：

食品市场和消费调查

人体所需的各种营养素

各类食品的营养价值

怎样合理搭配食物营养

2. 制订活动方案

开展活动要有明确可行的活动计划或活动方案，与小组同学一起，围绕感兴趣的活动主题，制订活动方案。

●小组活动方案

活动主题：______________________________

活动地点：______________________________

活动方式：______________________________

时间安排：______________________________

3. 活动前的准备

(1)调查自己每天所吃食物的营养。

(2)了解妈妈对食物营养的知识了解多少。

(3)开展讨论人类每天所需哪些营养？

(4)上网查阅资料，食物营养怎样搭配？

我们的准备：

①______________________________

②______________________________

③______________________________

④______________________________

●活动建议

收集资料：

通过调查，了解自己每天所吃食物的营养成分有哪些，以及人类每天应该摄入哪些营养，并通过网上查阅了解肥胖症、营养不良、高血压、糖尿病等由于不良配餐引起的疾病给广大人民群众的正常生活带来的不便。培养学生调查分析问题的能力，培养学生正确的饮食观念。

参考调查表格

<table>
<tr><td>活动主题与名称</td><td colspan="4"></td></tr>
<tr><td>本次活动的目的</td><td colspan="4"></td></tr>
<tr><td rowspan="5">任务
分工</td><td>姓名</td><td>分工</td><td>姓名</td><td>分工</td></tr>
<tr><td></td><td></td><td></td><td></td></tr>
<tr><td></td><td></td><td></td><td></td></tr>
<tr><td></td><td></td><td></td><td></td></tr>
<tr><td></td><td></td><td></td><td></td></tr>
<tr><td rowspan="7">活动
步骤</td><td>阶段</td><td>时间</td><td>主要任务</td><td>阶段目标</td></tr>
<tr><td>1</td><td></td><td></td><td></td></tr>
<tr><td>2</td><td></td><td></td><td></td></tr>
<tr><td>3</td><td></td><td></td><td></td></tr>
<tr><td>4</td><td></td><td></td><td></td></tr>
<tr><td>5</td><td></td><td></td><td></td></tr>
<tr><td>6</td><td></td><td></td><td></td></tr>
<tr><td>研究方式</td><td colspan="4">调查表(　)观察法(　)访谈法(　)实地体验(　)
查阅资料(　)统计分析(　)</td></tr>
<tr><td>求助方式</td><td colspan="4">网上查找(　)实地调查(　)小组讨论(　)</td></tr>
<tr><td>预期成果及表达方式</td><td colspan="4"></td></tr>
</table>

●活动建议

在日常生活中，我们在满足正常人体所需的同时，应该更加注重吸收的营养结构和膳食搭配。

●活动总结

4. 汇报与展示

小组交流和全班汇报活动情况，展示活动的各类成果。

(1)小组交流关于小组调查的食物营养的有关知识，得出的结论是什么。

(2)说一说自己参加这一活动的感想，遇到过什么困难，还有什么收获。

(3)展示在活动中的其他成果。

5. 收获与体会

通过参与本次活动，你们对食物营养知识已经有了很深刻的认识，请在这里留下最满意的成果：一张照片、一首童谣、一段心得……相信自己通过实践获得的成果，是最值得珍藏的！

《快乐小主持》课程纲要

课程名称	快乐小主持				
适用年级	小学三～五年级	总课时	20 课时	课程类型	校本课程才艺展示类
课程简介 (200 字内)	"快乐小主持"校本课程旨在通过系统科学地培训，使孩子们在轻松愉快的学习环境中初步掌握标准的普通话语音，提高孩子们的语言组织能力和表达能力，培养孩子们优美大方的体态、举止，增强孩子们的镜头意识和自信心，使孩子们能用标准流利的普通话表情达意地主持一台故事会或联欢会				
背景分析 (500 字内)	眼下各种媒体时兴主持人竞赛活动，中央电视台节目主持人鞠萍姐姐、董浩叔叔、月亮姐姐、金龟子以及红果果、绿泡泡、小鹿姐姐等都是孩子们崇拜的偶像，他们独特的主持风格、完美的形象、优秀的口才，深深地烙在孩子们的心中，他们也是影响了中国几代人的电视主持人。主持人的明星效应，在学生的心田中荡起了跃跃欲试的涟漪。他们对主持活动有兴趣，他们当中蕴藏着做好主持人的潜力。开展小主持人的校本课程，意在发展他们的兴趣，为他们发扬自己的主持潜能提供机会，提供场所，提供帮助，由此带动他们自觉主动地学习实践，在实践中发展个性，提高综合能力。每个人的素质特长不同，每个人的创意不同，主持风格自然各异。这一拓展活动，很容易显露各人的风格和优势，让他们及时发现自己的个性，引导他们尽早地开发自身的优势，促使他们在成功感的无形推动下，积极主动地发展。此活动以学校中高年级的学生为对象，针对他们的认知特点和生理特点，以语言组织能力、基本动作训练、朗诵、演讲、主持、会话技巧等训练为主，系统地对孩子进行语言艺术创作等语言技能方面的基本功训练。培养学生主持文艺演出、主题班会、校广播台的主持应变能力				
课程目标	(1)了解主持人的一般常识要求 (2)提高学生的普通话水平，通过各种途径的训练，使学生将普通话说得正确、清晰，直至字正腔圆 (3)提高学生的语言表达能力 (4)培养学生乐于自我表现，增强孩子的自信心，提高交流沟通能力，培养学生学会合作，积累文化修养，全面提高学生的综合素质，为孩子的成长打下良好的基础 (5)为班级、年级、学校甚至更高级别的各项活动输送小主持人				

（续）

<table>
<tr><td>课程名称</td><td colspan="6">快乐小主持</td></tr>
<tr><td>适用年级</td><td>小学三～五年级</td><td>总课时</td><td>20 课时</td><td>课程类型</td><td colspan="2">校本课程才艺展示类</td></tr>
<tr><td rowspan="13">学习主题/活动安排（请列出教学进度，包括日期、周次、内容、实施要求）</td><td>模块名称</td><td colspan="2">模块要求</td><td colspan="3">具体课时</td></tr>
<tr><td rowspan="4">心理素质课程</td><td colspan="2" rowspan="4">为学生创建一个充分表现自我的平台，通过自我介绍、即兴演讲和半命题演讲，让学生看到自己的长处和闪光点，从而培养孩子大胆上台、大声说话的自信心和表现欲，也让教师对学生有一个较为全面的了解</td><td colspan="3">第一课　瞧我有多棒——如何向观众介绍自己（自我介绍、才艺表演）1 课时</td></tr>
<tr><td colspan="3">第二课　瞧我有多靓——怎样给观众留下好印象（站姿、坐姿、走姿）1 课时</td></tr>
<tr><td colspan="3">第三课　我爱我的家——如何表达自己的情感（即兴演讲——说说我的爸爸、妈妈、爷爷、奶奶等家人）1 课时</td></tr>
<tr><td colspan="3">第四课　我的愿望——如何表达自己的想法（半命题演讲——"我"多么想、我的理想）1 课时</td></tr>
<tr><td rowspan="3">语音课程</td><td colspan="2" rowspan="3">向学生传授语言表达的基本知识，通过绕口令、唱儿歌、诗朗诵、讲故事等训练，使学生了解三种语言艺术形式，学会语言表达的基本方法，为当好小小主持人打下扎实的基础</td><td colspan="3">第五课　我的嗓音最响亮——怎样练读绕口令（每生 10 篇绕口令 侧重声、韵母）2 课时</td></tr>
<tr><td colspan="3">第六课　我的歌儿最好听——怎样练读儿歌侧重轻声和儿化）2 课时</td></tr>
<tr><td colspan="3">第七课　快来听我讲故事——怎样把故事讲生动（每生练讲 3 个故事）2 课时</td></tr>
<tr><td rowspan="2">表演课程</td><td colspan="2" rowspan="2">向学生传授舞台表演的基础知识，通过模仿动物和模仿人的动作、表情、姿态的训练，以及想象力的表演训练，培育孩子们对文学作品的兴趣，开发他们的智力，培养他们的审美情趣和艺术气质</td><td colspan="3">第八课　看看我像什么——模仿动物；模仿人的表情、动作、姿态　2 课时</td></tr>
<tr><td colspan="3">第九课　我要飞翔——如何展开想象的翅膀 2 课时</td></tr>
<tr><td rowspan="2">主持技巧课程</td><td colspan="2" rowspan="2">向学生传授主持的基本技巧，通过单人、双人、多人模仿主持训练，培养孩子们的镜头意识和自信心，为将来走上舞台主持节目打下良好的基础</td><td colspan="3">第十课　我是小主播——如何主持新闻、故事会（单人主持模仿练习）2 课时</td></tr>
<tr><td colspan="3">第十一课　我的节日我主持——如何主持"六一"晚会（双人及多人主持模仿练习）2 课时</td></tr>
<tr><td>金话筒大赛</td><td colspan="2">两人组合共同撰写"庆元旦 迎新年"主持词并模拟主持此晚会，培养学生的创新合作能力和潜能；结合自评、互评、师评、家长评价等方式，对学生本学期的综合表现进行综合评定，颁发"校园金话筒"奖</td><td colspan="3">第十二课　比赛评奖及颁奖典礼　2 课时</td></tr>
</table>

（续）

课程名称	快乐小主持				
适用年级	小学三～五年级	总课时	20课时	课程类型	校本课程才艺展示类
评价活动/成绩评定	本课程注重过程性评价，对学生的评价采取学生自评、教师评价、学校评价和家庭他人评价等多元评价相结合的方式进行。学生自评根据自己学习该课程的学习态度、参与程度、知识面、仪态仪表、表达能力和应变能力等表现和学习收获、进步，给出一个等第。教师评价应综合学生在学习过程中的表现、训练中的态度、运用技巧的能力等给予适当的评价。学校评价是根据学生在学校某项活动中得到认可和肯定的程度进行。家庭他人评价主要是由家长、社会等根据孩子在校外的表现给予评价，多方面因素中以学生参与学习的表现为主要参照				
主要参考文献	《中国绕口令》　上海文艺出版社2001年版　吴超　编 《小主持人训练教程》湖南文艺出版社2011版 曾致 主编 《中国寓言故事》黄山书社2009版　张培红				
备　注					

（在第一届“真爱梦想杯”全国校本课程设计大赛中，我校周华丹老师主编的校本课程——《快乐小主持》从全国高中、初中、小学的近两千份设计中脱颖而出，荣获二等奖。这次大赛由教育部基础教育课程研究华东师范大学中心，教育部人文社会科学重点研究基地华东师范大学课程与教学研究所和上海真爱梦想公益基金会共同主办）

——周华丹

《小小巧手　编织童年》课程纲要

一、课程名称

纸编

二、课程类型

综合实践类 选修课

三、课程目标

通过手工编织，使学生感受创作活动的喜悦，进一步培养学生热爱生活的态度及合作、审美意识。使学生认识到生活之中处处有美术创作的素材，并对其有一定的理解，而且能有效地将其与生活相结合。通过创作出系列化的作品，丰富学生们的生活基础与童趣，培养学生手部肌肉活动的协调性、灵活性及学生实际操作能力、审美能力和学生耐心细致、勇于实践的个性品质。

四、开发过程

为了全面提升学生的综合素质，我校根据学校和学生自身实际，着眼于学生成长的需要，在学生掌握好课本知识的同时，重视加强培养学生的兴趣特长、动手实践能力和团结协作能力。学校课程开发小组经过认真的考察研究，听取老师们的意见，开设了适合少年儿童身心发展的学校课程——《纸编》。

五、内容体系

纸编是传统的手工编织艺术。是利用纸的特点，通过剪、折、编、黏贴等方法制作出平面和立体的各种具体形象。手工编织有着非常悠久的历史。起初，人们是利用大自然中丰富多样的植物，如藤、竹等不同材料，精心编织出所需要的各种生活用品及工艺品，美观又实用。但随着自然资源的逐渐匮乏和环保意识的增强，人们就开始尝试着以新的材料来替代这些传统的编织材料，而生活中常见的废弃纸张就成为人们的新选择。

与竹、藤等编织材料相比，纸张的优点很多。首先，它容易取得，使用起来简单方便，不需要像天然藤材那样，还要经过浸泡、烘干、蒸煮等多道繁复的工序处理后，才能使用，而且用生活中废弃的纸张进行编织，也是一种废物利用的好方法；其次，许多废弃的纸张本身就具有很漂亮的色彩和图案，在编织过程中，只要花点巧思布局、拼凑，往往一个出乎意料的手工作品和色彩效果，就在不经意间展现出来了，让人有一种意外的惊喜和美的享受。

内容安排：

第一章：了解纸编的制作方法，材料准备

第二章：学会构图、裁制纸条

第三章：学习纸编的平面编发

第四章：基础篇——圆形底座

第五章：可爱的底锻带篮

第六章：黄色锻带花笼

第七章：日式花篮

第八章：纸板制底

第九章：编制蝴蝶

第十章：编织各种各样的鱼。

第十一章：编织海龟。

第十二章：编织向日葵

成果汇总、交流、展示，表彰优秀学生作品。

六、实施策略

纸编艺术品种类繁多，主要分为两大类，一类是实用性的物品，一类是装饰性的工艺品。实用性的纸编物品，如水果篮、纸篓等，它们制作起来简单，而且坚固耐用；装饰性的纸编物品，如壁饰、壁画等，我们侧重于运用巧妙的构思，以纸为材料编织各种各样的造型和图案，让学生感受纸编艺术是多么的多彩与神奇。帮助学生组合成异质小组，指导小组成员在创作活动中按能力的不同进行合理分工，提高学生的集体合作智慧和参与活动的积极性。

七、课程评价

我校开发本课程的理念是“立足丰富的乡土美术文化资源和学生现实生活，追求美术观念、内容、材料、工具、手段的全方位创新”。在确保学生主体地位的前提下，通过集体讨论、小组合作探究的形式引领学生从生活中发现美、欣赏美、创造美。不仅提高了学生的美术综合技能，更深入了解了我国灿烂的艺术文化。

——刘文波　杨通莲

《立体纸雕 五彩生活》课程纲要

一、课程名称

纸雕

二、课程类型

综合实践类 选修课

三、课程目标

使学生感受创作活动的喜悦，进一步培养热爱生活的态度及合作、审美意识；使学生认识到生活之中处处有美术创作的素材，并对其有一定的理解而且能有效地将其与生活相结合；通过创作出系列化的作品，丰富学生们的生活基础与童趣。

四、开发过程

为了全面提升学生的综合素质，我校根据学校和学生自身实际，着眼于学生成长的需要，在学生掌握好课本知识的同时，重视加强培养学生的兴趣特长、动手实践能力和团结协作能力。学校课程开发小组经过认真的考察研究，听取老师们的意见，开设了适合少年儿童身心发展的学校课程——《纸工艺品制作》。

五、内容体系

精美的贺卡、装饰图片以及优秀的中外建筑等都可以用纸雕来表现。不仅会产生高雅的艺术美感，同时还增添室内安逸平和的气氛。让我们一起走近“纸雕”，欣赏精彩的立体人生。

内容安排：

第一章：了解纸浮雕的制作方法，进行材料准备

第二章：学会用铅笔、毛笔或记号笔在纸上构图

第三章：学习纸浮雕的表现方法

第四章：学习纸浮雕的裁剪方法

第五章：学习纸浮雕的刀刻方法

第六章：学习纸浮雕的折叠方法

第七章：雕刻以生活用品为主题的作品

第八章：雕刻以风景为主题的作品

第九章：雕刻以建筑为主题的作品，作者讲解，作品交流展示

第十章：雕刻以装饰图片为主题的作品

第十一章：雕刻以贺卡为主题的作品

第十二章：自由创作作品

六、实施策略

素材的选取上指导学生要善于捕捉生活的细节，在此基础上进行适当地夸张。创设情境，使学生掌握基本的方法，在适当临摹的基础上进行再创造，力求简洁、生动。根据内容及构图的意境和谐地搭配卡纸的颜色。

七、课程评价

本课程的理念是“立足丰富的乡土美术文化资源和学生现实生活，追求美术观念、内容、材料、工具、手段的全方位创新”。在确保学生主体地位的前提下，通过集体讨论、小组合作探究的形式引领学生从生活中发现美、欣赏美、创造美。

——于澎冲 王仁萍

《告别》校本特色课程

一、导语

同学们，本学期最后一节课，让我们一起回顾一下过去的一个学年。这一年来，有很多的事情值得我们回忆，比如开学典礼，比如军训活动，比如广播操比赛，比如运动会，比如六一诵读比赛等；这中间，肯定有我们喜欢的事情，也肯定有我们不喜欢的事情，有我们喜欢的人，老师，或者同学；也有我们讨厌的人……无论是什么，那都是我们最美好的记忆。

二、告别过去

1. 交流过去

为了帮助我们更好地与这些记忆做个告别，让我们先来认真地填写一下表格（一二年级的同学，可以和身边的同学说说）。学生填写，教师指导。

2. 谈表格

和身边自己喜欢的人分享你的表格内容，尽力做到每一件事都分享。

3. 议体会

过去的事情，无论是美好的还是痛苦的，无论是高兴的还是生气的，都已经

结束，都已经走进了历史，成为过去，不可能重新来过，不可能回头改写。所以，请告诉自己，过去的已经过去。

4. 放飞过去

把这张写满自己心事的纸用心折叠成一只纸飞机，过去，让我与你告别。过去，请留在过去。放飞！（放飞的地点，可以在操场，也可以在活动场地，还可以在教室内放飞，注意卫生，注意珍藏。）

三、憧憬未来

1. 憧憬未来

为了帮助我们更好地与未来做个衔接，让我们先来认真地填写一下表格（一二年级的同学，可以和身边的同学说说）。

2. 谈表格

和身边自己喜欢的人分享你的表格内容，尽力做到每一件事都分享。

3. 议体会

下学期，我们将一起升级，也将和其他班的同龄人走进同一个教室。新学期，老师是什么样子的？同学们有没有变化？让我们一起计划一下，一起打算一下吧。

4. 珍藏未来

将心灵问卷折叠成千纸鹤，用心珍藏起来。

关注绿色心灵 做好告别功课

——环山路小学“告别课程”心灵问卷Ⅰ（附心灵问卷样卷）

各位老师、各位同学：

一个学习阶段结束了，我们一起回忆一下：过去的一年里，这些事，这些人给你怎样的印象？说出来或写出来。

印象最深的一件事		印象最深的一个老师	
最高兴的一件事		最生气的一件事	
最喜欢的一项活动		最不喜欢的活动	
最喜欢的一个老师		最不喜欢的一个老师	
最喜欢的一个学科		最不喜欢的一个学科	
最喜欢的一个同学		最不喜欢的一个同学	
最喜欢的课外书		最不喜欢的课外书	
最喜欢的一首歌		最不喜欢的一首歌	
最喜欢的体育活动		最不喜欢的体育活动	

注：空格里可以填具体答案，也可以写自己的感觉（如喜欢、高兴、愉快、舒服、温暖、幸福……讨厌、恶心、烦躁、愤怒、生气、无奈、抵触、拒绝……）

把这些感觉写出来，说出来，或者画出来。与人交流，把这些情绪找个地方存储，轻轻松松面对新学期。

环山路小学

2013. 7. 1

关注绿色心灵 做好告别功课

——环山路小学"告别课程"心灵问卷Ⅱ

各位老师、各位同学：

新学期在暑假后就要来到了，对新学期，你有怎样的期待？说出来或写出来。

对老师(同事)的态度	
对学习(工作)的期待	
对个人成长的打算	
对锻炼身体的计划	
对丰富业余生活的想法	
对读书活动的计划	
如果遇到让我生气的事	
如果遇到让我非常兴奋的事	
如果遇到让我痛苦的事	
如果遇到让我讨厌的事	

注：空格里主要填自己的打算，把这些感觉写出来，说出来，或者画出来。与人交流，把这些梦想放飞，向宇宙发出邮寄单，轻轻松松面对新学期，努力学习、工作，相信心想事成。

环山路小学

2013. 7. 1

——张红丽

崇尚科学 探索创新 挑战未来

—科技文化节活动方案

一、指导思想

为在学校中普及科学知识，营造学生热爱科学、崇尚科学的氛围，培养学生积极探索、勇于创新的精神，提高学生动手实践的能力，促进学生全面发展，结合我校科技活动特色，经研究决定举办"崇尚科学 探索创新 挑战未来"——环山路小学第一届科技文化节活动。

二、主办单位

文登市环山路小学

三、比赛时间

2011 年 4 月下旬

四、比赛项目

①小发明创造；②科学小论文；③科幻画；④知识竞赛；⑤讲科学家的故事；⑥读一本科技书籍；⑦科技手抄报；⑧拼图比赛；⑨四驱车组装比赛；⑩四驱车离心跑道比赛；⑪纸质飞机竞距比赛；⑫纸质飞机留空时间比赛；⑬质弹射留空；⑭线动飞机基础飞行。

五、参加组别

比赛设一年级组、二年级组、三年级组、四年级组、五年级组五个组别。

六、项目要求

1. 小发明创造

作品内容不限，要求学生个人运用相关的科学理论知识亲手制作出新颖独特、具有实用意义的实物作品，实用小发明、新型小制作。每班精选 3 件作品参加比赛，同时要写清作品名称简介及使用说明书。

2. 科学小论文

指学生源于科技活动撰写的科学成果论文。如实验报告、考察报告、观察(观测)报告、调查报告、研究报告等。三 ~ 五年级每班 1 篇，以演讲的形式进行，作品在科学活动室展示。

3. 科幻画

指学生着眼于新世纪人类生产、生活因科技发展可能呈现的巨大变化，通过科学幻想，绘出未来科技、生活的美丽画卷。作品要求：①参赛作品画种、风格、材料不限。②参赛作品规格一律为 8 开板纸，横竖均可。③科幻画的评审标准包括创意和新颖程度；科学依据、逻辑思维；画面设计、色彩处理和绘画技巧等。纸张由学校统一提供。在美术室展示。

4. 知识竞赛

竞赛主题为科学发展史(古代、近代、现代科技)、古今中外科学家的知识和各年级教材中的知识。比赛在学生阅览室进行。

5. 讲科学家的故事

讲古今中外科学家的故事，时间不超过 5 分钟，比赛在多功能厅举行。

6. 读一本科普书籍

读一本科普书籍，写一篇读后感。每班选送 5 篇，学校组织评委进行评选。科普类书籍从图书室查阅。

7. 科技手抄报比赛

三～五年级每班选送 5 件手抄报，学校组织评委进行评选，纸张由学校统一提供。比赛在书法室进行。

8. 拼图比赛

一至二年级参加。每班参赛 2 人，男女各一人，要求作品完整、准确，拼图材料由学校提供，比赛在教师阅览室进行。

9. 四驱车组装比赛

(1)器材为奥迪四驱车。套材由学校统一准备。

(2)选手自带工具和试车电池，品种数量不限，但不允许携带组装成形的模型车及零部件进场。

(3)比赛自裁判发出“开始”口令时开始计时，口令发出后参赛者方可撕开包装，至装配完整并能空转时举手报告，裁判终止计时并检查组装完成的赛车。检查内容是：零部件是否安装齐全、正确；车轮能否灵活运转。以上项目如有不合格者，须计时重装，直至合格时为止。

(4)组装过程中不得交头接耳或接受他人提示和帮助；不得替他人组装；不得干扰他人或借用他人的工具和电池，违反上述规定者取消比赛资格。

(5)三～四年级，每班两名(一男一女)参加。

10. 每一部赛车只能供一名参赛者使用，比赛时由大会统一标号。允许参赛者准备数辆备用车，但必须于赛前进行审验登记，否则不能用于比赛，比赛开始后，不再进行赛车的审验登记。

采用经批准的奥迪模型四驱车套件及零部件。不允许采用自制零部件，但允许在奥迪零部件的基础上对赛车进行改造。底盘可以加固或减轻，除未经改造的标准滚珠轴承外，金属滑轮的周边必须有胶圈。改造后的车辆，其外部尺寸和重量应符合规定。对轨道或人身可能有伤害的车辆和零部件不能用于比赛，螺钉末端外露部分的长度不得超过 1mm。

允许采用非奥迪的标准滚珠轴承，但规格尺寸及封装形式必须与奥迪滚珠轴承一致，否则不能参加比赛。

轨道模型四驱车必须为四轮驱动。

三～四年级，每班两名(一男一女)参加。

11. 纸质飞机竞距比赛

比赛进行一轮，飞一个单程，单程时间 60 秒；试飞次数不限，单程只测量一次成绩，单位为“米”，保留两位小数。最大飞行重量 1 张 16 开打印纸；场地为矩形，两条起飞线各 14 米，边线长 30 米(边线可延长可缩短)。以模型着陆停稳时飞机头在地面的垂足到起飞的垂直距离为单程成绩。3 ~4 年级每班两名，一男一女。关于飞机制作技术，由刘明老师对学生进行集中培训，比赛在学校操场上进行。

12. 纸质飞机留空时间比赛

比赛进行一轮，时间为 90 秒；试飞次数不限。最大飞行重量为一张 16 开打印纸；不设助手；留空时间自释放模型开始计时，模型着陆停止前进即终止计时。三、四年级每班两名，一男一女参加比赛。

13. 木质弹射飞机

14. 线动飞机基础飞行

七、奖励和计绩方法

1. 设个人奖。每项比赛视参赛人数，3 个班级取前 1/3，4 个班级取前 1/4 进行奖励。

2. 每个年级的第一名。

3. 综合奖励。以单项奖之和确定团体综合奖励。

文登市环山路小学

2011 年 3 月

为了绿色的梦想

——2013 年小学毕业典礼活动方案

一、活动主题

感恩教育(感谢学校、感谢老师、感谢身边的每一个人)

二、活动意义

小学生活对每个人来说都是非常难忘的。通过开展毕业典礼主题活动，展示小学生活的学习成果，回顾人生阶段学业历程，展望新的学习生活，同时也表达毕业生对母校、对老师的感激之情，有利于进一步加强对学生进行集体教育，融洽师生关系，培养学生良好的合作意识与团队意识，促进学生健全人格的发展，激发学生立足今天，脚踏实地，朝着自己的理想奋进！以优异的成绩回报母校的培育之恩，也是密切家校合作、深入推进“双优双满意”活动、全面提高群众满意度的有利契机。

三、活动时间

2013 年 7 月 1 日下午 2:00

四、活动的地点

学校多功能厅

五、参加活动人员

全体教职工、毕业班全体学生、四年级学生、受捐赠学生

六、邀请嘉宾

学校、年级、班级三级家长委员会代表，毕业班全体学生家长、保安代表、餐厅工作人员代表、班车司机、巡警代表。

七、活动准备

1. 主持人：

2. 舞台总监：周华丹　于澎冲

会场礼仪：王金美　曲学杰

会场卫生、布置、横幅制作：邱海毅　徐卫丽

多媒体、录像、照相：姜泽宇、曲学杰、孙惠瓶

后勤、信息报道：周华丹

3. 各班

(1)准备一个留言板，年级组成一个"母校平安"横幅，送给母校留念；每生5张，每班颜色统一，形状统一。

(2)复习学过的歌曲五一班：《上学歌》；五二班：《劳动最光荣》；五三班：《留给我》；五四班：《中国功夫》；齐唱：《啊，朋友》

(3)义卖助学，见活动安排。

(4)给家长准备一份礼物。

(5)给小学生活中的"重要他人"准备一份礼物。

(6)叠一个纸飞机(梦想之翼)：写上自己最美的梦想。

4. 毕业班老师：

(1)准备一句送给学生的话。

(2)学唱祝福歌曲《你的幸福是我们最好的礼物》。

5. 学生代表发言

6. 校歌指挥

7. 优秀毕业生代表名单

8. 鲜花23束

9. 毕业纪念卡

10. 校长致辞

八、活动安排

上午活动安排：

1. 留下智慧——开展"我为母校献一策"活动，提出促进母校健康、良性发

展的建议。

2. 留下爱——开展“我为母校做一事”活动，开展“跳蚤市场义卖助学”活动，各班学生将自己小学阶段读过的书、用过的玩具、文具带到学校开展义卖活动，捐助校内有困难的学弟、学妹，把爱留在母校。

3. 留下美好——各班级移动式设计毕业留言墙，开展“××，我想对你说”祝福留言活动。（发放便笺纸，每班一种颜色；每人写5张：母校、校长、老师、德育主任、教导主任、后勤主任、大队辅导员、保安爷爷叔叔、餐厅伯伯阿姨、班车司机阿姨、校园内的一花一草一树一景等，任选5个或更多，留下祝福）。

下午活动议程：

1. 主持人宣布环山路小学2013年度毕业典礼开始

2. 全体起立，奏唱国歌

美丽的童年回忆

3. 毕业生歌曲联唱：《上学歌——劳动最光荣——留给我——中国功夫——啊朋友》

4. 学生代表发言

5. 齐唱校歌：《绿在环山》

6. 校领导宣布2013年度绿色少年名单并颁发“绿色少年徽章”

美丽的教师团队

7. 我永远深爱着的老师（主持人对毕业班老师简短白描并请到台上）张辉　金晓玲　曲淑萍　王金美　刘文波　孙建凤　姜芳　杨通连　苗延凤　王艳静　于玲　谭建妮　胡凯华　刘明　丛红卫　姜洪生　许德强　姜泽宇（18人+5）

8. 毕业班学生代表为老师献红领巾、献花

9. 毕业班老师表达祝福并齐唱：《你的幸福是我们最好的礼物》

感恩在行动

10. 毕业生代表向学校赠送礼物：留言板

11. 校长致辞

12. 毕业生代表向特邀嘉宾献花

13. 毕业生向爸爸妈妈赠送礼物

14. 毕业生向重要他人表达谢意

15. 毕业生代表向受捐助学生捐赠义卖捐款

16. 学校向每位学生赠送毕业纪念卡

17. 齐唱《感恩的心》

18. 向童年三鞠躬

放飞梦想踏征程

19. 放飞梦想之翼

20. 全体教师、四年级学生沿多功能厅门口至校门口两侧排队、拥抱、挥手送别毕业生(背景音乐:《送别》)

第六章

绿色师资 丰蕴成长历程

绿色关键词：丰盈 成长

凌风飞起的叶

闪动着绿色的火焰

枝头摇曳的叶

跳跃着绿色的音符

那些绿色的火蕊

曼舞着如水的青春

蔓延成

一望无垠的新绿

他山之石

发展从“破冰”开始
——北京师范大学校长培训总结

有幸去北京师范大学学习了10天。10天里，每天行走于教室宿舍食堂之间，每天按部就班地上课、下课、写作业，一切的印记似乎又回到了当年的学生时代。更有幸的是与仰望弥久的大师们近距离接触，聆听他们对教育的深层把握与阐述，这些时而幽默时而严谨的报告，使我了解了最前沿的教育信息和观点，更让我深刻认识到作为一名校长，只有发展学校，才能成就教师；只有发展教师，才能成就学生，促进每个学生的发展，让他们成人、成才、成功。促进学校的发展，要从“破冰”开始，打破僵式，更新观念，不断提升，打造学校的文化与特色，真正凝聚学校的魂，创建品牌学校。

一、“破冰”从更新观念开始，高屋建瓴，知其然还要知其所以然

芦咏莉教授在《破冰训练》中，通过问题研讨“我为什么来？我来是要解决什么问题?”让我们的学习更有目标。赵德成教授在《中小学校长教学领导力：领导什么？怎么领导?》的报告中将教学领导力界定为校长影响身边的师生实施教学变革、实现学校教学愿景、促进学生发展的能力。校长的教学领导力应着重指向“明确学校教学发展的目标、构建以教学为中心的组织文化、构建有利于调动教师积极性与改进教师教学表现的考核体系、构建促进教师教学改进的教学管理制度、建设学习型组织，引领教师自主发展”等几方面。我想，校长要想赢得学校的明天，设计好学校的未来，靠的是观念、是理念、是思想、是文化。为此，校长要抬起头向前看，把视线放向未来，注意事物发展的战略前景，对客观事物的思考，也要具有超前的特点，因而要有远见，不仅要了解团体发展的轨迹，更重要的是应该知道未来的航向，能从今天预测到明天。唯此，才能保证前进方向的正确。否则，就会出现“急功近利”的思想和“头痛医头、脚痛医脚”的做法。在长远与眼前的关系上，校长必须更新观念，瞻前顾后，更多地考虑未来的发展，立足学校实际，规划出本校的教育目标和管理目标，形成本校的远景、中景、近景的规划，并将其规划及决策标准公开化，增进组织成员对战略决策过程的参与；确定合理的规划组织层级，加强沟通和交流，提高战略规划的实施水平，真正让全校师生学有目标，干有方向，促进学校的发展。

二、"破冰"从倾听表达开始，有效沟通，知其言还要知其所以言

莎士比亚说过：接受他人的观点，保留自己的判断。芦咏莉教授在《破冰训练》中，通过自我介绍告诉我们在交流过程中要更深层次地挖掘自己，使各种档案式的符号信息人性化，让大家了解你。姚计海教授在《教师心理健康的维护与促进》中提出，校长管理理念的核心是教师观，即教师是发展的人，用发展的眼光看待教师；教师是个性的人，用独特的眼光看待教师；教师是系统的人，用系统的眼光看待教师。特别提出的是校长要与教师进行有效沟通，树立积极沟通理念，尊重、理解教师，倾听教师的心声，向教师表达期待。要想表达自己的期待和意愿，首要条件是认真倾听，从中捕捉信息，听出说者——教师"字里行间"的内容，并通过非语言行为向教师传达"我正在认真听你说"，尤其注意表情，因为它往往是表明人是否在倾听的标志。因此，在工作中要尊重教师，学会倾听，积极表达，保护、激发教师工作的积极性，尽量不用过激的语言去伤害教师。古人云："责人要含蓄，忌太尽；要委婉，忌太直；要疑似，忌太真"。在批评教师时，我想可以做到以下几点：

1. 因人而异，灵活多样

对待犯了错误的教师，要尽量使用商讨的方式，平心静气地使其在一种友好的气氛中自然接受批评意见。不同性格、情感、意志与自我控制力的教师对于批评的适应有明显的不同，批评时一定要适应教师的个性心理特征，做到看人说话。

2. 赞扬为主，婉转批评

当教师出现错误时，我们首先想到的往往是责备和批评，而很少注意他们好的动机，以及夹杂在错误中的点滴优点。"数人十过，不如赞人一长"，每个人都喜欢听表扬话，不愿听批评话，甚至一听批评就心理逆反。因此，我们在批评其不足之前，应真诚地赞扬他的优点，或者巧妙地用赞扬其进步代替批评其不足。

3. 细心观察，作好善后

在批评之后，教师很可能产生诸如自卑、情绪低落、意志消沉等抑制性反应，校长应细心观察，多角度地获得反馈信息。关注教师的情绪变化，防止过激行为。严厉批评后要安排中层关注其情绪变化情况，关注改正错误的情况，防止坐失良机。批评的目的是促其改正错误，批评后要进行有意识的观察、辅导，注意安抚，消除感情隔膜。

三、“破冰”从打破僵式开始，突破定式，知其道还要悟其“新道”

芦咏莉教授在《破冰训练》中，通过报数出现的问题，让大家反思教育是需要束缚还是需要交融自在，抑或是二者都要？校长和教师的干群关系是要有板有眼还是要有弹性？教育到底需要什么，是不需束缚还是必须打破一些东西使其变得更加柔软？在平时管理中我们常常运用计划管理、常规管理两个重要手段。常规管理是计划管理和管理改革的基础。而在参观望京实验学校时，我看到了一种“超常”的管理：学校着重突出体育(羽毛球)、音乐(以管乐为主)、美术教育、科技教育等办学特色，并定期举办全校体育节、社区文化活动、军训实践活动等。这些让我认识到：要想把学校办成有特色的先进学校，校长必须具备创新意识，敢于标新立异，弃旧图新，不拘于传统，不囿于常规。校长的“超常”管理，就是要超越常规的一般模式，力争有所创新。当然，这种“超常”是带目的性的，即必须有利于教学与管理，并非为求新立异而随意更改旧有常规。

作为一名刚成立一年的新学校的校长，回想一年的实践探索，其实也在努力践行着文哲教授《为教师创造性的工作创造条件》报告中的精髓：通过搭建教师成长的平台，为每位教师的专业发展创造条件，使每位教师拥有“四心”，即诚心、爱心、责任心和感恩的心，扑下身子勤勤恳恳地工作，加快教师成长的步伐，使学校教师的发展自主多元。但不可否认的是我校教师的发展呈现两极分化态势，个别教师甚至停滞不前。由于教师来自四面八方，学校只是大体了解了一下教师的基本情况，在学期初的分工搭配上出现个别教研组力量差距悬殊；学校最强的教研团队是数学组，但学校专业素质最弱的教师出现在数学组，且和数学组最强的两三个教师在一个办公室；老教师普遍工作扎实，任劳任怨，而刚刚毕业的个别青年教师缺乏责任心，工作中拈轻怕重等。如何创新思路，使活动两面性中的抑制教师创造性劳动转向有利的一面，除了采取促膝谈心、师徒结对、找原因细节跟进等措施，还需要创新考核机制，搭建教师飞翔的舞台。作为学校，可以根据每个教师制订的个人 3 年发展计划，为他们量体裁衣，实现分层考核：刚毕业的青年教师能够疏通小学阶段的教材，熟备教材、学生及教法，有调控课堂的能力，就是合格教师；骨干教师在此基础上一年乃至两年能够带徒出徒，并且能够影响一方，把自己丰富的经验加以提炼、概括、提升和归纳为一套独特的教育教学思想，就是优秀教师；老教师能够在自身经验的基础上不断推陈出新也是优秀教师。这样细化每类教师的发展目标，找到每位教师的最近发展区，适时积极引导，适时调控，尊重、鼓励、欣赏他们，触动每位教师内心的琴弦，激起他们内心的涟漪，为他们插上隐形的翅膀，让大家个个都“跳起来摘到桃子”。总之，要把具有改革性的“超常”管理与具有保守性的“常规”管理结合起来，做到相辅相成。抓“超常”求提高，抓“常规”求普及；抓“超常”求创新，抓“常规”求巩固，使学校办出特色，不断进取。

四、“破冰”从超越自己开始，德才兼备，知其“有为”还要“无为”。

芦咏莉教授在《破冰训练》中，请大家写20句话，要求每句话的开头都是“我”，从而告诉我们在交流过程中需要真诚，要适当自我暴露，因为在管理中适当的分享也是很重要的。不仅如此，我认为敢于亮出自己，也在逼迫着自己“活到老，学到老”，才能亮出一个崭新的不断超越的自我。尤其是听了北京十四中学王建宗校长的讲座《办学育人核心素养的思考与践行》，更让我觉得作为校长要率领下属不断改革，不断探索，使学校各项工作具有活力。校长应当在善于解剖别人的同时，更善于解剖自己，敢于正视自己的缺点，勇于学习他人的长处，不断超越自我，大胆向自己挑战，使自己“苟日新、又日新、日日新”，在实践中不断学习，不断提高。回想自己当校长这一年的历程，感慨也很多。有刚开始事无巨细带头苦干的充实，有取得进步感觉成功的喜悦，更有在遇到失败和挫折时的彷徨和忧伤，真是苦辣酸甜咸五味俱全。一路走来，没有退缩，带领团队，一步一个新台阶，回想起来，心中也小有成就感，但与“大家”相比，相差太远。以后，我会努力做到：

1. 在学习中反思

校长不仅是教师的一分子，更是把握学校航向的掌舵人。要全面决策学校的发展方向，紧扣时代的脉搏，具备现代管理的科学知识、广博系统的文化知识、扎实的教育理论知识、现代信息技术知识，以培养适应新时期教育和管理的文化素养。掌握并熟练运用教育学、心理学、教材教法、教育史等知识，这样才能在实践管理中产生事半功倍、成功高效的学校管理效应。同时，要不断反思，以亲和力联系教师、以凝聚力团结教师、以人格魅力影响教师，这样在管理工作上才能得心应手。

2. 在激情中工作

对工作要充满激情，充满希望。要干一行，爱一行；爱一行，专一行。要有一个奋斗目标，满怀热情地去实现自己的目标，体现自己的价值。更应明确自己的工作方向和重点，把握工作的主动脉，做好决策，善于放手发动群众，善于授权，把主要精力用在主要工作上，真正发挥领导作用，使自己的全部智能充分释放出来，产生最大的工作功效。

3. 在执着中进取

人的身上应该有一股锲而不舍的劲儿，用执著充实生活。执著需要胆魄，执著的动力是责任。为了责任，为了目标，要有不达目的不罢休的决心。教育家型的校长，它是外界对校长的最高赞誉。它虽然离我们很遥远，但我可以把它作为自己永远的追求目标。前进有目标，行动有动力，虽然我们不可能人人都成功，但在追寻的过程中我们肯定会人人都有收获，从而做到“有为”。

4. 在管理中全员参与：继续结合教育局开展的“双优双满意”“创新争优”活

动，广泛开展“构建和谐教育，我应怎么办”大讨论活动、教师建言献策活动、“找弱点、添措施、看效果”活动等，让每位教师参与学校的管理，培养大家的主人翁精神，成为学校发展的设计师，让自己的“无为”成就每位教师的“有为”。

总之，“提升理念、启迪思维、开阔视野、交流碰撞、激情理性、合作共进”是我们北京之行共同的收获；“机缘幸运、体验幸福、经历充实、和谐持续”更是我们最大的感受。在今后的工作中，我会以此次培训为新起点，注意修炼提升自己——“提出概念能力、决策论证的能力、处理信息和感情沟通的能力、组织实施和运筹的能力以及自我反省和评价的能力”，从而使自己不仅仅成为教育行政的领导，更成为教育思想的领导，把“做正确的事”和“正确地做事”相融合，实现“领导力和执行力”的完美结合，从而让环山路小学的绿色教育之路越走越宽，真正构建绿色教育体系，铸造绿色品牌学校。

——刘凡荣

绿色心语

在学习中反思，在激情中工作，在执著中进取，在管理中全员参与。促进学校的发展，要从“破冰”开始，打破僵式，更新观念，不断提升，打造学校的文化与特色，真正凝聚学校的魂，创建品牌学校。

做一棵“尖毛草”吧

——“山东省小学数学教师专业成长研讨会”体会

引言：

非洲草原上的尖毛草，生长过程十分怪异。在最初的半年里，它几乎是草原上最矮的草，只有一寸高，人们甚至看不出它在生长，但在半年后，在雨水到来之际，尖毛草就像是被施了魔法一样，以每天一尺半的速度向上疯长，三五天的时间，它便会长到1.6～2米的高度。科学家的研究表明，尖毛草其实一直在生长，但它不是在长身体，而是在长根部。在长达六个月的时间里，尖毛草的根部长得超过了28米，无声无息地为自己的将来做准备。一棵草，竟然有28米以上的根茎，这是多么罕见的现象。当蓄积了足够的营养和能量后，尖毛草便会一发而不可收，在短短几天的时间里，一下子长成了草地之王。

2011年11月27日早晨，我有幸跟随文登市小学数学教师团队奔赴临沂，参加“山东省小学数学教师专业成长研讨会”。

满满当当的3天学习时间，我们一直沉浸在山东省各地名师的优质课堂中。

听着，看着，欣赏着，思考着，我不禁惊叹于各位名师扎实的授课功底，震撼于各地名师专业成长的不凡业绩。惊叹之余，我心生感慨：没有先进的教育理念，生动的课堂是不会自动生成的；震撼之余，我深深地体会到：作为数学教师，只有读书，才能成长，正如会上一位名师的报告——《做一棵执著的尖毛草，向青草更深处漫溯》中所提到的——阅读、思考，蓄积根部的力量。这句话，让我眼前豁然一亮：是的，做一棵尖毛草，蓄积根部的力量，让个人的专业成长脚踏实地，步步生根。

当今社会，人们总是“借助园丁的勤劳早开花，借力名人的助推早成名，借用市场的效应早成交”，竭力追求“一举成功，一夜成名”的快餐式成长。但是，在我们的小学数学教师专业成长研讨会上的老师们却完全不是这样认为的。他们像尖毛草一样，有内在的、独特的“深度”，这深度，来自读书。

让我们一起看看这些名师的专业成长历程吧。从毕业到成为山东省特级教师，他们走了十几年甚至二十多年。这么长的时间里，她们读过的书目在大屏幕上快速滚动，让我们惊叹不已；他们在各级各类刊物上发表的文章在大屏幕上一一呈现，让我们目不暇接；他们获奖的论文题目在屏幕上快速地闪现着，让我们震撼钦佩……如果没有尖毛草一样执著的品格，如果没有尖毛草一样守得住寂寞的读书行动，如此之多的成果是无论如何也不能实现的。

世界上有许多所谓的奇迹，从表面上看，很像是在一夜之间突然爆发的，但如果追本溯源，你就会发现，无论是奇事还是奇人，在奇迹发生之前，都已经打了很长时间的根基，做足了充分的准备。为了打好根基，他们为此付出的心血和代价，早已超出了常人的想象。

临沂市莒南县涝坡镇中心小学的曹佃江老师，30 年如一日，投身到学生数学作业评语改革实验中，根据学生的能力水平和学生的喜好程度，曹老师分别设计了图画式、图文式、文字式的评价语。说实话，刚看到这些时，我在心里暗想：“谁没写过啊？我也写过……”但当我知道，曹老师悄悄地坚持了 30 年的时候，我的心被震撼了。30 年，这是个怎样的数字啊？10910 天，曹老师教过的学生又举不胜举。30 年来，曹老师没有因为没有人欣赏就放弃了自己的行为；没有因为没有人肯定就放松了自我要求；更没有因为没有马上成名就抱怨、埋怨。曹老师有的，就是“对学生的成长有益的事，我就去做；对学生成长无益的事，我就坚决不做”的坚定信念和执著追求。曹老师坚守住了自己心中的梦想。

30 年的坚守，是为了今天的名吗？是为了今天的掌声和鲜花吗？不是的，30 年，曹老师始终都是那棵蓄积根部能量的尖毛草，不抛弃，不放弃，坚守根部的成长，踏踏实实地把根扎稳、扎实、扎深，因为只有练好了深厚的内功，有了坚实的基础，才能长得足够壮、足够高、足够好，才能更好地为学生的成长引路，为同伴的研究奠基。

老老实实地去下工夫，默默无语地去积攒能量，不声不响地去养精蓄锐，当你的根基远远超过别人时，奇迹同样会发生在你的身上。

想想自己，17 年的三尺讲台，17 年的两点一线，日复一日，年复一年，积累了点能量吗？是的，但是也仅限于“一点”。比起台上的各位名师，我知道，我差得还太远，我应该像他们一样蓄积能量，快速成长。当我的根须扎到 28 米深处的时候，当我桃李满天下的时候，我的命际也就会像尖毛草一样飞速地长高，那才是生命接力固有的无与伦比的精彩。

让我们都来做一棵尖毛草吧，脚踏实地，在学习实践中锻炼、在默默思索中积累，在踏实稳健中吸取能量，持之以恒地将根扎稳、扎牢，为自己真实价值的实现，储备更深更长的“根系”。

——张红丽

绿色心语

不抛弃，不放弃，坚守根部的成长，踏踏实实地把根扎稳、扎实、扎深，因为只有练好了深厚的内功，有了坚实的基础，才能长得足够壮、足够高、足够好，才能更好地为学生的成长引路，为同伴的研究奠基。

新经典，温润我的人生

——全国第四届小学语文青年骨干教师研修班暨“新经典”大讲坛学习体会

炎炎夏日，走进宁波，仰望新经典，学习新理念，伴随着 41 度的高温，我这个北方人似乎走进了桑拿间，我感觉自己成了汲取热量与知识琼浆的巨大气囊。

2009 年 7 月 19 日，我们如约而来，由《小学语文教师》编辑部和“新经典”诵读实验课题组联合举办，宁波市广济中心小学承办的全国第四届小学语文骨干教师研修班暨广济“新经典大讲坛”于 7 月 20 日在宁波青少年宫开幕了！由国内一流学者专家、全国推动读书十大人物、全国著名特级教师、全国优秀青年名师组成强大阵容，课程安排丰富，研修形式多样，身处其中，感受到自己的精神受到了一次纯净理念的洗礼，反思回想，有几点感悟。

一、追随大家，做温润幸福的小语人

到了宁波，除了感受到热以外，最大的体会是这里的“温润”在吸引着我，空气温润，人情温润，名师大家的课堂、报告也透着宝玉般温暖润泽的光芒，从李振村主任的幽默风趣到王雷英校长的温润情怀，从王崧舟老师的大气睿智到于永正老师的返璞归真，从看云(薛瑞萍)的痴情率真到玫瑰(窦桂梅)的美丽激情，无不散发着迷人的温润光泽。我知道，做一个真真实实的语文老师是幸福的，如李振村；做一个简简单单的语文老师是幸福的，如于永正；做一个痴痴傻傻的语文老师是幸福的，如薛瑞萍。可是仔细想来，为什么自己一直没有找到幸福呢？虽不能与小语大家相提并论，但还是在心底里悄悄比量着，发现如果自己能做到下面几点，就一定会成为一个温润幸福的小语人。

1. 多读多诵，积淀自己的文化底蕴

无论哪一位名师都可谓是“腹有诗书气自华”，深厚的文化功底赋予他们气定神闲的从容和沉稳。我想，这应该是每一个小语人追求的立身之本吧。想想自己，在平日的读书活动中，一直以为读的书虽不能马上让自己“气自华”起来，可是也读得可以了。除了上级领导要求的读书活动中必须读的书外，自己还与全体老师在阅览室内读书，其他时候，总是认为自己忙，没有时间读，可是薛瑞萍老师的一句话却深深地点醒了我：“恋爱的人从来不会没有时间接吻。”是的，一个语文老师怎么会没有时间读书呢？所以，我将以“看云”为自己的榜样，紧随其后，利用一切可以利用的时间不断阅读经典，诵读经典，丰蕴自己，做一个真真实实的小语人。

2. 举重若轻，精致自己的语文课堂

语文课堂，应该是什么样的？在一轮又一轮的课程改革中，我们经历着、感受着、体味着、前行着，可是教育改革所带来的各种各样的课堂授课模式真如于永正老师所言“乱花渐欲迷人眼”，使人有无所适从之感。听了于永正老先生的报告后，我知道了，我们走了一大圈，归根结底还是回到原点了，用语文的手段解决语文的问题，即教学目标简约、教学内容简要、教学过程简洁、教学方式简练、语文作业简化。每节课都要教成纯粹的语文，因为这是语文课！

回想自己在教育改革的浪潮中盲目追随的时候是多的，坚持语文课堂的语文性的时候是罕见的。我们只有牢记语文课堂是属“语文”的，是姓“语”的，那么我们的语文课堂就会变得精致，就会举重若轻，我们就会成为“简简单单”的小语人。

3. 率真执著，追求自己的教育思想

说到教育理想，我总是感觉自己很无奈，我需要空间，需要阳光，需要温暖的力量。可是，当薛瑞萍老师身无任何耀眼的光环，无任何支持她实现自己教育理想的力量，却执著地走在实现自己教育理想的道路之上，走得那么艰难，走得那么孤单，仍痴情、执著、源源不断地奏响前行的音符。现在的薛瑞萍，现在的“看云”有了更多的追随者，有了更多的同行者，她不孤单了。想想自己，在实现自己的教育理想的道路上，怎么就没有这份痴？这份傻？这份执著？听着“看云”行云流水的讲演，想着“看云”痴痴傻傻的执著，我明白了，“看云”是幸福的，不是获得荣誉的幸福，不是被人欣赏的幸福，而是沉迷于实现自己的教育理想中的幸福，而是看着孩子们疯长出尖毛草根后的幸福。所以，我要在今后自己的道路上倾注一份“看云”一样的执著，做一个痴痴傻傻的小语人。

二、追随名校，做温润潇洒的教导主任

走进宁波市广济中心小学的校园，我感受到这个拥有49个教学班、2300余名学生、120名专任教师的校园丰富凝重的教育涵养。特别是20号晚上在校园内的操场上举行的“沙龙”活动，该校王雷英校长的报告更是让人品味了学校管理的温润情怀。

1. 故事管理

教育的本质是精神生命的成长，而我们的教育是刚性有余，柔性不足。如何让教育温润起来？那就是构建故事校园，从故事课堂到故事班级，从讲故事到写故事，无论什么教育思想，都可以通过一个个简洁生动的小故事将启迪传递给所有的人。没有限制，没有呵斥，没有“不许”，没有“必须”，孩子们、老师们在一个个小故事中流连、思索、品味、践行。

想想自己的学校，开辟了“德行论坛”，其形式与故事校园有异曲同工之妙，但是没有做精做细，今后，无论什么时候，故事是一定要讲的，而且要让大家进行深入思考。本学期，每周的德行论坛内容，每位老师都要详细记录在读书笔记上，并写出自己的感受，结果纳入考核。

2. 多元阅读

本次学习，发现很多学习内容是要所有老师认真品味咂摸的，所以订了一套学习光盘。为了保证学习效果，我们学校将每周安排固定时间组织全体老师学习，学习体会记入读书笔记，纳入阅读考核。当然，平日的阅读活动还是要坚持进行的。

3. 每日诵读

听了“看云”的报告，我才知道，我们必须要为孩子们搭建起精神生命成长的天空，每天10分钟的朗读，长期坚持，不急于一时的立竿见影的成果，而是为孩子们积蓄力量，如同尖毛草一样，在地下疯长根系，为将来的一跃而起储备能量！“看云”说：“不管怎么样，我们总要引导孩子们读书；不管怎么样，我们总要日有所诵。”

是呀，日有所诵，在我校，我不是和全体老师、全体孩子一起在进行这种经典诵读吗？《三字经》、《弟子规》……本学年我将“看云”的《日有所诵》有选择地加入到晨读的行列中，同时还要继续我们以前的计划，选择“论语”的部分内容编成册列入孩子们的晨读中。坚持，将晨读进行到底！让每一个在我校学习的孩子都能在经典诵读上有所得，有所获。

新经典，让我激情满怀；新经典，让我踌躇满志。我将在新经典伴随的日子里，让我校的老师、学生都能快乐地读书，轻松地学习，温润地生活！

——张红丽

绿色·心语

教学目标简约、教学内容简要、教学过程简洁、教学方式简练、语文作业简化。只有牢记语文课堂是属"语文"的，是姓"语"的，那么我们的语文课堂就会变得精致，就会举重若轻，我们就会成为"简简单单"的小语人。

"综合"得丰富多彩 "实践"得扎实有效

——"山东省小学综合实践优质课评选活动"会后思

在硕果飘香的金秋时节，我有幸到临沂参加了"山东省综合实践优质课评选"活动。对于在综合实践课程探索之路上刚刚起步、还满心困惑的我来说，实在是机会难得，于是备加珍惜。

3 天半的时间里，我们一共观摩了 25 节优质课。每一节课都以丰富多彩的主题内容吸引着孩子们的研究兴趣，以扎实有效的实践活动引领着孩子们去探究、去发现；每一节课都是执教者及其团队智慧的结晶，让我深深地感受到了综合实践课程的巨大魅力，也激发了我更深层次的思考。

一、亮点回眸——巧妙"综合"，扎实"实践"

1. 主题丰富多彩，彰显学科"综合"特点

本次比赛共展示了 50 节优质课，分两个会场进行。参赛选手所选的课型模式有劳动技术类和研究性学习类。劳动技术类，如《果蔬大变身》、《聪明的乌龟》、《创意笔筒》、《我给树木做名片》、《校园提示牌》、《巧手包饺子》、《缝沙包》、《多彩泥艺》、《个性相框》、《多彩的叶子》、《学编中国结》等，范围涉及学生家庭生活与校园生活等多方面。所使用的材料也丰富多样，有果蔬、彩泥、布艺、树叶、纸张等，这些材料的运用不仅使学生学会了基本劳动工具的操作与使用方法，而且帮助他们掌握了常见材料的性能及加工方法，增强了动手实践的能力。在观摩的过程中，我惊喜地发现，老师培养学生主动参与学习的意识有了明显的增强，学生的动手操作不再是简单地模仿，而是在动手之前有了自己的思考。学生的独立分析问题、协作解决问题的能力有了明显提升。

研究性学习类的课题，如《垃圾处理学问大》、《走进动画片》、《我是小小发明家》、《问卷的设计》、《月圆中秋情》等，这些主题与学生的生活实际有密切的联系，参赛教师以方法指导、成果汇报、方案设计等形式向我们展示了综合实践学科活动方式的多样性，让学生在探究与实践中，习得了科学研究的方法，增强了创新与实践的能力，把"生活"与"学习"巧妙结合，完美无痕。

2. 关注过程，搭建学生自主探究的舞台

综合实践活动课的目的是让学生学会发现问题，学会思考并试图解决问题，让学生认识自己，关爱他人，发展自己。因此，教师应更多地关注学生的学习过程而不是学习结果，应关注学生各方面的变化而不仅仅是关心主题活动进展如何。从参赛的每节课中，我们都能够发现，教师扮演的是指导者、参与者、合作者、服务者的多重角色，在活动过程中，既不放任自流，又不越俎代庖，随时关注学生的参与情况，关注活动的发展方向，及时有效地帮助学生解决活动中出现的困难。

比如徐欣老师执教的《巧手包水饺》一课，教师并没有一开始就手把手地教给学生怎样包，也没有提醒学生包的时候要注意哪些问题，而是先让学生自己试着包一个水饺，然后你一言我一语地交流包饺子过程中遇到的困难，在展示大家第一次包的饺子的同时，评选出包得好的，请学生进行演示，边演示边提示注意事项。这里的方法是孩子们在实践中自己发现并总结出来的，虽然并不是很标准，但是印象更深刻、更有说服力。师生在活动中，交流着活动的体验和感悟，分享着成功的喜悦。这样的实践活动，让学生终生难忘。

其实，这只是众多参赛课中的一个小小的缩影。从中我们不难发现，老师的课堂在兼顾结果的同时，更关注为学生的发展提供一种开放的发展空间和发展机会，引导他们主动地进行探究，让他们在亲身的经历与实践中，获得书本上几乎不可能获得的真实体验、经验和感悟。在活动的过程中，学生不仅是“我思故我在”，更是“我实践故我在”。孩子们在活动中的一举一动，一言一谈，一颦一笑，彰显着综合实践课堂的生命力所在，体现着综合实践活动课程的价值与意义。

3. 设计匠心独运，演绎不同的精彩

同样的课题，不同风格的设计，为我们呈现了别样的精彩。同样都是《创意笔筒》一课，有的老师着眼于学生的创意，鼓励学生设计出在功能方面与众不同的作品；有的老师着眼于细节的雕琢，引导学生探索发现笔筒中间“隔断”的制作方法；有的老师则着眼于材料的选择，鼓励学生充分利用生活中的废旧物品进行创新与改造。同样的课题，教师从尊重学生主体地位和兴趣爱好出发，演绎了不同的精彩。我们在品味精彩的同时，也从鲜明的对比中看到了优劣得失，为我们的课堂教学提供了宝贵的经验。

二、深度思考——多元关注，有主有次

1. 一花独放不是春

一个会场25节优质课，其中劳动技术课有18节。总体来看，劳动技术类的课程占领了本次活动的“半壁江山”。这个比例让我不得不陷入沉思：综合实践课到底姓甚名谁？虽然本次比赛是从规定教材中自由选题，但也不能因为劳技类容易出彩，而忽视了其他领域。单单一花独放，怎能尽显实践课程的魅力所在呢?

2. 目标应有所侧重

在劳动技术类课型中，参赛的教师不再将目光锁定在单纯的技能技巧训练方面，而是有效渗透了方法的指导，但有的课堂却把设计制作与方法指导两个课型合二为一、平均用力。这样的设计恐怕不够科学合理。《综合实践活动课程纲要》指出：综合实践活动课程比其他任何课程都更强调学生对实际活动过程的亲历和体验。作为劳动技术类的课，确定的重点目标应主次分明，只有这样才能进行有效的行为指导，有效地落实教学目标。

对于综合实践活动课程的理解，我还只是处在起点的位置，还有更多的未知领域需要我们不断地去探索，去实践，去研究。通过这次学习活动，开阔了我的眼界，加深了我对综合实践活动课的认识，提高了我的课堂教学能力，为今后科学合理地开展该课程，奠定了有力的基础。相信，在我们的帮助与指导下，孩子们也能在扎实有效的实践中静静提升，悄然成长。

——姜芳

绿色心语

路漫漫兮其修远，吾将上下而求索。在综合实践活动的探索中，我们将以此自勉，用心挖掘生活中的素材，指导学生从自己的学习生活、家庭生活、社会生活和自然生活中的素材，使综合实践活动贴近学生的生活，贴近学生的经验，贴近社会现实，努力实现“学校小研究，社会大舞台”目标的达成。

众里寻他千百度

2010年6月7日，我有幸参加了教学节活动，聆听了《小学语文教师》编辑部朱文君老师的课外阅读教学《伊索寓言》一课和《小学语文教师》主编李振村老师给我们做的精彩报告。礼堂里不时传来听课老师们的阵阵欢笑，不时爆发出阵阵热烈的掌声，仿佛在告诉人们这里充满精彩，充满欢乐，充满幸福，充满无限迷人的风光……

一、滴滴甘霖润心田——春风化雨细无声

朱文君老师的课让人耳目一新，原来，语文课也可以这样上。作为五年级的老师，我深有体会，小学五年级初次接触文言文，读起来难，理解起来更难。上起课来枯燥乏味，学生读不通，读不懂。而朱老师选取《伊索寓言》中的两则故事《狐狸和葡萄》《蝉与狐狸》，巧妙地从现代文入手，先让孩子们在现代文的学习朗读中领悟到语言的美，接着转化成古文再读。无论是现代文还是古文，老师绘声绘色的范读，孩子们抑扬顿挫的童音，无不打动在场所有听课老师的心。整堂课，在轻松融洽的氛围中，孩子们情趣盎然地投入到学习中。朱老师的话就如一缕清风徐来，使你不由得敞开心扉，用心吸纳；又如一曲天籁之音飘然而至，让你不由得侧耳用心聆听。我不得不佩服朱老师深厚的文化底蕴，不得不佩服朱老师别具匠心的教学设计，不得不佩服朱老师炉火纯青的教学技巧，向我们展示了语文课堂阅读教学的无穷魅力。就如滴滴甘霖，朱老师的连珠妙语浸润着孩子们的心田，使他们读在其中，用心地读；乐在其中，开心地笑。我相信，朱老师开心的笑脸和智慧的语言，定会让孩子们终生难忘。这就是充满情智的课堂。

二、众里寻他千百度——情智教学，用故事说话

我们的课堂究竟应该是什么样的？怎样才能让孩子们在课堂上高举小手，高扬笑脸？我一直在苦苦追寻。“假如教育是一条河流，情感就是这条河流中碧波荡漾的水；假如教育是一个大花园，情感就是花园里鲜花赖以生存的土壤；假如教育是一种行走，情感就是伴随我们匆匆步履的歌声和梦想。”李振村老师的一番话，深深地触动了我。是的，我们一直在探索寻找教育教学的突破口。为什么我的课堂不精彩？为什么我的学生不快乐？我一直在努力，可却没有进展。李振村老师的报告深层次剖析了我们当前的教育工作中，只重视了“智”而忽视了“情”的现实问题。他指出我们忽略了与学生的情感交流，遗忘了对孩子美好理想的培养，缺失了对学生整个生命成长过程的关注。我们常常说教学，静心想一想，有学才有教，有教必有学。可见，教与学是相辅相成的，谁也离不开谁。而教应为学服务。众所周知，在教育改革不断深入的今天，我们的课堂已不再是老师的一言堂。教师的角色在不断转变，学生的身份也随之变化。教师是主导，学生是主体、是学习的主人，已成为不争的事实。那么怎样在课堂上体现教师的主导作用、学生的主体地位呢？只有树立一种观念，即我们所有的“教”都是为了达到“不教”；我们所有的“教”都是为了孩子的“学”服务。只要有利于孩子的“学”，我们都要尽量做到。只要是不利于孩子的“学”，哪怕是再好的内容也要删掉。一切都是为了“学”服务。而这其中最不能缺少的就是师爱。爱学生是教师最基本的职业道德。因为爱能融化心灵的坚冰，爱能点燃希望的火炬，爱能使人在严冬中感受到炉火般的温暖，爱能使人在赤日炎炎中保持心静如水。现在，我终于明白了，我是以俯视的姿态去教育学生，是以高高在上的师道尊严去压制学生。李老师用鲜活生动的事例告诉我们，要学会让孩子有尊严地接受教育，改正错误。孩子是活生生的有情感的人，不是容器。而我们常常忽略这一点，往往认为只要对孩子是好的，不管他喜欢不喜欢都要强塞给他。对孩子而言，这就是强扭的瓜，不会甜，怎么能快乐呢？而且，我们还要开动脑筋，让课堂充满情节，学会用故事说话。想想，的确是这样。孩子们为什么能记住有趣的故事，就是因为有情节。如果我们天天给孩子们讲大道理，孩子什么也记不住。如果用一个个生动有趣的小故事来讲述，孩子们一定会记忆深刻。让我们愉快地度过每一天，更要让孩子们健康快乐地度过每一天，因为每一天对我们来说都很重要，我们的生命就是由无数个每一天组成的。

这次活动，真的让我受益匪浅，不仅使我领略到名师大家的风采，更给我今后的课堂教学指出了一条阳光灿烂的路。曾几何时，为理想的课堂而苦苦寻觅，却总是不得要领。而今，在这次活动中，我豁然开朗——我们要的不就是充满智慧的课堂吗？这真是"众里寻他千百度，蓦然回首，那人却在灯火阑珊处"！

——金晓玲

绿色心语

"假如教育是一条河流，情感就是这条河流中碧波荡漾的水；假如教育是一个大花园，情感就是花园里鲜花赖以生存的土壤；假如教育是一种行走，情感就是伴随我们匆匆步履的歌声和梦想。"教师只有不断思考，思考学生学习中反映出来的问题并想办法解决，思考他人课堂上的精彩并从中汲取精华，才能提高自己的专业素养。

潍坊之行的点滴收获

真的非常幸运能够参加市里组织的潍坊学习之旅。说实在话，临行之前，我并不知道此行的学习任务是什么，更不知道会有什么收获。甚至坐上车之后，仍然是云里雾里，不知到底去干什么。带着出行的兴奋与忐忑，经过 4 个小时的颠簸，我终于来到了风筝之都——潍坊。

等到住宿安排妥当，拿到会务日程表，我才知道此次会议是"首届名家人文教育高端论坛暨名师课堂研讨会"。看到那么多我仰慕已久的名家与名师将参加这次会议，我内心的激动溢于言表。终于有机会亲眼目睹名家的风采，亲耳聆听名师的课堂，这真是一次难得的学习之旅。短短 4 天的学习，眨眼即逝，还没来得及细细咀嚼名家、名师们的理论思想，学习就已经结束。我只能谈点肤浅的感悟，算是自己的点滴收获。

一、人文教育是时代的呼唤

借用中国教育报刊社张新洲副社长的话，他做的报告就是《人文教育的时代呼唤》。人文教育是时代的呼唤，更是我们教师的责任。我以前只知道语文教育是人文性与工具性并重的一门学科。但究竟什么是人文性，怎样进行人文教育一直是很模糊的。听了与会专家的报告之后，我豁然开朗。作为一名教师，我们自己要明确：教师是什么？教师不仅要教给学生知识、技能，更要引导学生成为思想健康、人格健全的人。我们都知道这样一句话："一个人能力低点是残品，没有能力是废品，思想坏了就是危险品。"我们看过太多人文教育缺失的案例，我们更有切身的体会，现在的孩子缺乏真情。不管在习作中，还是在现实生活中，孩子过早显现出来的冷漠、麻木，让人心寒。这些究其根本，我想就在于人文教育的缺失。我们的孩子在学习文章时，只是读懂了内容、理清了结构，弄清了写法，而忽略了作者的情感、人格以及精神的魅力。作为语文教师，我们有责任挥动人文教育的旗帜，去进行人文阅读，去提升人文素养。

要提升学生的人文素养，教师首先要有人文情怀。听了台湾师范大学赵玲玲教授的《儒家的祖述文化》让我受益匪浅。我想每一个语文教师都应祖述我们的文化，都要从古人手中接过文化知识的接力棒，奋力向前，把两千多年的文化吸收、消化并传承。

陶继新老师的报告《人文阅读与生命走向》，让我领略到陶老师那种参透人生的大师风范。在他的阅读中，读真、读善、读美、读道。我向往陶老师那种超然物外的境界，学习他谦逊、平和、大度、博学的态度。"人法地，地法天，天法道，道法自然。"陶老师的人生，正如他的演讲，已是洗尽铅华，至于化境。

二、名师课堂，精彩纷呈

1. 同课异构的精彩

这次会议中，我们一共听了6位来自全国各地的名师讲课。可以说每个人都有自己独特的风格。在这6节课中，我感受最深的是王崧舟老师的同课异构。以前也听过不同的老师对同一课的不同见解，但从没有一位老师对自我进行挑战，而王老师就是这第一人。他凭着自己深厚的教学功底向我们展示了构思完全不同的两节课。王崧舟老师是诗意语文的创建者，他提出"诗意语文力图使语文更形象一些，更抒情一些，更模糊一些，更灵动一些"。这些在他的课堂中都有所体现。

他向我们展示的课例是《与象共舞》。在第一堂课中，他顺序而教。先出示文中的5个4字词语："熟视无睹、冲锋陷阵、小心翼翼、彬彬有礼、翩翩起舞"，指名朗读，再放到原句中读，师生接读。在反复朗读的过程中，在老师看似随意的点评、启发下，学生们头脑中的疑问一点点地冒了出来："为什么大象在泰国会这样？为什么人们不怕大象？"一下就把学生带进文本，然后读书思考，概括段意，找中心句。回答疑问，人象之间没有距离。一直到重点语段"看大象跳舞"的反复研读。一切就如行云流水般自然灵动。尤其是对跳舞一段的理解感悟，王老师没有逐词逐句地引导理解，而是把落脚点放到对情绪、内涵的感悟上，和对整段的整体把握上，情、境、人、象合而为一。他先出示文段，指名朗读，纠正字音"踮"。齐读之后，老师又提示"请特别留意大象跳舞的动作。"然后，师提示"大象时而——"生补充。"时而——""时而——"，在老师的引导下，学生轻松地找出大象跳舞的动作。在自由练读的基础上，指名读，在读的过程中，王老师自然地引导学生读出了欢乐、读出了舞蹈的节奏。我觉得在以上的教学环节中，我看不出什么技巧、方法，更多的是老师的文化底蕴，更多的是老师在课堂上表现出来的机智。如果说我能从王老师这节课直接借鉴的话，那么，他下面的这个预设环节是非常巧妙的。在练读跳舞一段时，王老师，把学生带到了舞蹈的现场，让学生做现场的观众，学生自行修改，王老师提出"把文中带符号的词语换成我们"，再读课文。然后转换角色做舞蹈的大象，再次修改课文。舞蹈的人群和舞蹈的大象直接对话，使学生感同身受，深刻地理解了人与象之间没有距离。人与象已经融为一体，不分彼此。此时回归课题"与象共舞"。一节课上到这，戛然而止，干脆利落又回味无穷。

王老师的第二种构思，则反序而教。价值取向为写作本位。从写的角度设计教学，从文章的遣词造句，通过感受语言文字的形式，对比品评感受用词的妙。无论是以阅读为本位的第一堂课，还是写作本位的第二堂课，都充分展示了王崧舟老师作为一个有着丰富人文内涵的学者驾驭课堂的能力。从他的课堂，从他的身上，我深感惭愧，对比名师，自己的差距简直是十万八千里之遥。此时若不努力奋进，只怕会越来越远。

2. 适合学生的就是最好的

我第二个想说的是武凤霞老师。武老师个子不高，是典型的江南女子，堪称小巧玲珑。对于武老师的课，我不敢妄加评论。因为我还没有那么高深的理论水平。但武老师课后的报告，给我留下了非常深刻的印象。她说"什么都不能代替学生对语言文字的品悟"。我很是认同。我们在备课、上课时，总是想尽方法来教给学生些什么，其实任何方法都无法代替学生自己的读和悟。尤其是低年级的学生，只有紧贴孩子的年龄特点，在孩子稚嫩的童声中一遍遍地读，才能把课文、把精彩的句子留在孩子的心中。她还讲到"贴近学生实际的课堂，学生才能有所收获"。以前，出去听课回来，经常会试着在自己的课堂上运用从别人那儿学来的一些方法，可有时效果并不好。课后总是以为自己的学生不如别人的，却没有想过对于别人来说是好的方法，对于自己的课堂未必就是可行的。现在想来，自己仍然是一个高高在上的老师，没有蹲下身来，和学生一起去感受这是否是适合学生的方式方法。我想说，无论多么精彩的设计，如果脱离了学生的实际这条主线，都会是竹篮打水一场空。所以说，适合学生的就是最好的。

三、在探讨交流中碰撞思维的火花

尽管学习时间非常紧迫，但在就餐前的点滴时间，我们也不放过。经常是和来自不同省市的老师同桌就餐。闲不住的大家就谈起了教学中的问题。还记得那次是和无锡的朋友一桌，通过交流，了解到无锡的教学注重从一年级开始引导孩子把话说完整，而且随着年级的增长不断提高要求。这就解决了像我们课堂中出现孩子只会一个字一个字地往外蹦的问题，让他们一段话一段话地说。而且教学中非常重视低年级的写话、写段的训练。我想这是我们急需解决的一个问题，从一年级到五年级，我们一直是想引导孩子说完整的话，可孩子们在老师的包办代替下，已经不会有自己的思维，他们会一直猜测老师到底要什么样的答案。我们的课堂留给孩子自己思考、自己做主的时间太少了。我们的孩子已经没有了孩子应有的灵性，这实在是很可怕的事情。在今后的课堂中，我会尽力保存孩子的那份灵动。

不知不觉间，潍坊之行已经成为记忆。虽然短暂，但对我来说，真的是宝贵的经历。我想，我会慢慢品味此次会议带给我的精神大餐。并针对自己的不足，不断地学习，争取让自己的课堂成为孩子们喜欢的地方。

——张辉

绿色·心语

教师不仅要教给学生知识、技能，更要引导学生成为思想健康、人格健全的人。我们都知道这样一句话“一个人能力低点是残品，没有能力是废品，思想坏了就是危险品”。作为一名教师，树立终身学习的意识，不作井底之蛙，在反思中调整自己，努力践行新课程理念，努力实施素质教育才是根本。

路长梦远，我在探索的路上

驴和马是老朋友，驴的工作是蒙上眼睛在磨道里拉磨，而马被挑选出来陪玄奘去西天取经。17 年后，马成功地带着大师取经回来。驴听了马的取经经历和见闻，傻眼了：“你怎么那么厉害？你的经历，我想都不敢想。”马说：“其实这 17 年来，咱俩走的路程差不多，只是我有目标，一直向前，而你被蒙上眼睛，在一圈一圈重复老路……”故事中的驴，总是一遍遍地受我们的批评和嘲讽。其实，如果只是埋头走路，不知道适时停下来思索、充电、培训、学习，那么我们和这头驴有什么本质上的区别呢？所以，作为一名称职的老师，我们需要把窗儿打开，让阳光进来，应该像马一样一直向前，走出全新的自我。时代发展突飞猛进，日新月异，而教育在这个发展的大洪流中绝不是孤岛。我们做教育的人更不能故步自封，应接受时代和社会的洗礼，创出真正的绿色教育。特别是当下我们学校“心拥快乐，智赢未来”的绿色教育教学理念。

有人问佛祖：什么是佛？佛祖答：无忧是佛。每个人对佛意的参透不一，水平各异，但有一点，是大致相同的，就是要想快乐，就不要把不相关的事锁进眉头，扛船赶路。从教者在面对种种机遇或挑战的时候抱有什么样的心态，必然会导致不一样的结果。暑期培训时听了杨煜婷老师的一节课，感受非常深，杨老师的一节课，让学生在行为习惯的养成方面、美好性格的形成方面受益匪浅。当然，台上一分钟，台下十年功。杨老师在备课上下了大工夫，从一个人到一个团队，利用相关的多媒体手段，充分利用网络资源库，进行大单元的大语文教学。同时在备课的平台上，除了老师们的合作外，还可以让学生参与进来，一起收集筛查资料，一起讨论授课思路，师生共同进步提高。学生在参与的过程中体会到成功的喜悦——有成就感，当然快乐。学习的过程再也不是张着嘴瞪着眼，等着老师硬往嘴里塞的挣扎，而是松开了手脚和大脑的真正解放；老师呢，不再是一个条条框框捆绑的粽子，而是畅游在知识的海洋里的弄潮儿，全身心地投入，有挑战也有惊喜，有付出更有收获，焉能不快乐？有句歌词是这样的：你快乐吗？我很快乐……我想，快乐的真正境界就是用自己的快乐来点燃更多的快乐。作为教师，就是自己本身要做个无忧佛，简单快乐，同时不要"独乐乐"，还要做一个火种，来点燃学生的快乐，"与众乐乐"。张丽钧老师说过，只有老师的目光里含钙，学生才能长出一身傲骨。只有我们的目光含钙，孩子的身上才能长出傲骨——目光中的钙，不仅是鼓励、关怀、信任、理解，更是最新的理念和知识的更新。我想，如果老师的目光里含钙，心中又揣着一颗时刻准备点燃快乐的火种，那时会是一种什么样的景象呢？

人生如棋，我愿为卒，行动虽慢，谁曾见我后退一步？虽然年龄上已经处于劣势，硬拼，拼不过年轻的教师，但我拥有多年的经验和对教育痴心不改的热情，我会放下姿态，谦虚地学习，向杨老师这样的优秀老师学习，向网络取经……虽然竞争越来越激烈，虽然我的记忆力越来越差，我这个"小卒"，依然走在前进的路上，我弓着腰，喘着粗气，一步一步，在向前走。梦远路长，我至今仍然漂泊在追梦的路上；路长梦远，我一直走在探索学习的路上！

——王妮

绿色心语

身为教育者，我们深感荣幸。面对来自社会各界人士不同的声音，我们教师能做到百折不挠，泰然处之。这样的心理特征源自于我们对教育真挚的爱。用爱耕耘的教育，是一个充满了芳香的快乐之旅。通过教改和我校的绿色教育理念，我理解的是人文的发展，是我们教育者将爱与希望洒向幼小的树苗，期翼收获笔挺的参天大树。

悦读人生

天街春笛唤春归
——《学生第一》读后感

如同刚出生的婴孩，我全力吮吸着来自这本书的教育乳汁；如同刚入海的一叶扁舟，我尽情徜徉在这本书的教育理念之海中，欣赏着、流连着、品味着、思索着……望着刚刚合上的李希贵校长撰写的《学生第一》这本书，我竟然有爱不释手的感觉。

整整66个精美的小故事，如同66粒晶莹剔透的珍珠，在教育的春阳中熠熠生辉。希贵校长用他那流畅的文笔描绘了一幅幅充满创意的教育图画，为我们讲述了一个个充满创新理念的教育故事。故事中的孩子们如同大自然中的植株一般自由地呼吸，自由地成长；故事中的老师们在希贵校长的引领下，如同大自然的教化者一般，无私地送与学生学习自主权、管理自主权、成长自主权，真正让走进北京十一学校的每位学子都能拥有可以自由呼吸的生命。

反复品读《学生第一》这本书，我如同沐浴着春日的晨风，清爽愉快；反复品读《学生第一》中渗透的教育思想，我如同品味着冬日的甘蔗，清新甜美。于是，希贵校长成为了我教育生涯中的崇拜偶像，北京十一学校成为了我梦想可以走一回的最美校园。

终于，去年的11月，我有幸走进了北京十一学校，特别幸运的是，我亲眼看到了十一学校充满创意而稚拙的学生运动会入场式。场上，各个班级分别代表五大洲不同的国家，比如印度、俄罗斯、韩国、日本……孩子们的步伐没有多么整齐，动作也不是很到位，甚至称不上是正确，但是各个神情专注，态度严肃。看到这里，身边的几个与会教师纷纷表示不屑，他们不清楚这样子的运动会入场式为什么还要特别邀请我们参加？而另外两位老师则在悄悄猜测这样的入场式所体现出来的教育理念：是不是体现出学生自主的理念呢？让学生自行设计、自行编排、自行表演，虽然表演水平一般，但是孩子们在活动中得到了锻炼，能力得到锻炼，创新思维得到了发展，个人的自信心也得到了增强。

看着听着，听着想着，我陡然之间似乎明白了：这就是《学生第一》理念的真正践行，这就是《学生第一》中所描述的自主成长、自主发展。这里的校长和老师懂得：每个孩子都是一个鲜活的生命体，这些生命体需要宽容、需要接纳、需要鼓励、需要等待。北京十一学校的校长做到了，北京十一学校的老师做到了，北京十一学校的孩子们做到了。这不仅仅是希贵校长写在书上的理念，这更是希贵校长写在孩子们生命历程中的美丽祝福。

返身看看我们自己的学校，我陷入了沉思。

那是去年深秋时，中午，正在操场巡查的我看见几个孩子正在草坪上全神贯注地玩着什么，好奇心驱使我走了过去。哇，这是什么？只见草坪上，4 双胖乎乎的小手正在用枯黄的草叶搭建着，修饰着，我的眼前赫然呈现了4 只可爱的小鸟窝，看着，看着，我的心里竟然升腾出无数暖暖的感觉。

“在干什么啊，孩子们?”我满怀欣喜，想和他们攀谈几句，自己也想借此机会寻找一下童年的记忆。

见我手握巡查本子，正在做鸟窝的孩子互相使了个眼色，扔下还未完工的作品，撒腿就跑，转瞬，便找不到踪影了。

我心里一惊，我为什么不能和孩子们一起好好聊聊这个小鸟窝？他们为什么要跑？就因为我手里拿着巡查本子？

从什么时候开始，孩子一上学就蔫了，就这也不敢，那也不敢了？从什么时候开始，孩子们见了老师，就畏手畏脚，大气不敢出了？……

回首自己任教的 26 年中，也不乏与孩子一起沟通交流的时候，但是，从什么时候开始，学生对自己敬而远之了，从什么时候开始，自己的心离学生越来越远了？是呀，自己走上管理工作岗位后，虽然也不离开教学一线，但是面容上多了冷峻，要求中多了严格，关注学生时总是盯着毛病，难以看到学生的优点……

这样的我如何让学生释放天性？这样的我如何保证学生第一？

这让我想到了我曾经参观的一所学校，学校里的学生都不会疯闹，连跑跳的现象都没有……这些孩子是不是被学校教傻了？试想，正处于活泼成长阶段的他们怎么能不打不闹，不疯不跳呢？这不是违背常理、违背学生成长的基本规律吗？这样管理的学校中，孩子的天性不是被彻底压制了吗？学生第一的理念在哪里？

这让我再次想到了新学校论坛中几个校长的观点：“要玩耍吗？到学校来。要学习吗？回家去。”只有践行了“学生第一”的理念，学校就会成为孩子们喜欢的地方，而不是完全说教的地方。

想想草坪上那4 个可爱的鸟窝，他们的缔造者因为我的介入，弃他们于不顾，我为自己的角色感到愧疚。望着这4 个可爱的鸟窝，我不得不反思我的教育理念，严格、严厉是教育的常态吗？放手、放权难道不是我们学校所需要的崭新理念吗？

你听,《学生第一》如同一支春笛，在天街的上空鸣响；你听，那笛声里，希贵校长在呼唤，学生第一；全国创新学校在呼唤，学生第一；老师们在呼唤，学生第一；孩子们也在呼唤，学生第一……既然已经呼之欲出，那还等什么，让我们一起走进学生第一，走进自由呼吸的教育春天。

想着，想着，我的眼前竟然浮现出这样的一幅画面：拥有了学生第一，校园变了；拥有了学生第一，老师们变了；拥有了学生第一，孩子们也变了。是呀，你瞧，那4个天真无邪的孩子正奔跑着回来，继续搭建着他们的鸟窝，他们抬头望着我，伸出胖乎乎的小手拉住了我的手，我们一起搭建那美丽和谐的未来……

——刘凡荣

绿色心语

“要玩耍吗？到学校来。要学习吗？回家去。”只有践行了“学生第一”的理念，学校才会成为孩子们喜欢的地方，而不是完全说教的地方。拥有了学生第一，校园变了；拥有了学生第一，老师们变了；拥有了学生第一，孩子们也变了。

做一辈子的读书人

冬阳融融，我们迎来了文登市第三届教导主任论坛。本次论坛采取沙龙形式，走进会场，我就立刻感觉到了一股暖意——大家围桌而坐，相互间真诚的目光交流一下子拉近了我们彼此间的心理距离，大家敞开心扉，畅所欲言。周围同仁们那非凡的谈吐和深入浅出的谈话方法让我震撼，使我真正感受到什么是“腹有诗书气自华”。自惭形秽之余，我虚心地听着，详细地记着，如同饥渴的羔羊吮吸着知识的琼浆，受益匪浅，感触良多。我深深地认识到：作为教师，应该做一辈子的读书人，作为教导主任，更应该做一辈子的读书人。

一、书卷多情似故人——鞭策自己做一辈子的读书人

书如故人，每每捧起，便享受与友小酌的温馨；书如故人，每每翻阅，便感受与友交谈的惬意；书如故人，每每品味，便感觉幸福的深沉含义。

说起来，我虽算不上一个真正的读书人，可自小就视书如友。小时候读的书，有时是姐姐的语文课本，有时是从小伙伴手里借来的《故事会》、连环画等。每天一放学，我连书包都来不及放下就趴在炕头读书，有时妈妈没回家，我便蹲在家门口的大石条上看。小学没毕业，我就悄悄将从舅舅那里搜集到的《呼杨合兵》看完了，这是我看的第一部大部头小说。后来，妈妈拿出家里不多的钱为我订阅了3年的《儿童文学》，这本杂志使我的童年充满了色彩。长大了，成家了，我依然无法割舍对书的热爱。我家里到处都是书，从卧室的床头柜到客厅的茶几，从阳台的花盆空隙到书房的角角落落，无处不有书的身影。我常年订阅《读者》、《幽默与笑话》、《思维与智慧》、《福建教育》、《小学语文教学设计》、《教学与管理》等杂志。

在浏览这些书籍的同时，我的手头总是捧着大部头。记得在学生时代，我连买带租，看完了当时我可以搜寻得到的世界名著，前几年，我又通读了四大古典名著，为了更深入地了解历史，我又通读了《中国通史》、《史记·本纪》、《史记·世家》、《孝庄秘史》、《康熙大帝》、《雍正皇帝》，现在正在读《乾隆皇帝》，已经读完3部。

仔细回想，我所看的书可谓五味杂陈，无所不包。在书的世界，我遐思神往，在书的世界，我自由畅达，在书的世界，我充实幸福。参加了论坛，听了于忠主任关于教师应该读专业书籍、读有品位的书的论点，我感觉，我读的书在某种程度上可以滋养心灵，可以润泽生命，但是却不能从根本上提升生命质量。什么样的书可以提升生命质量呢？于忠主任的话提醒了我：读教育专著，感受落实文化。

是呀，每次看书的时候，我总是惬意地沉浸在书的世界，尽情享受书的温馨、书的韵味，却总是忘记自己是教师、是教导主任。是的，我应该经常提醒自己，我的职业需要我时刻读书！我的职业需要我不断更新自己的知识储备，扩大知识内存！最重要的是，我的职业需要我多读专业书籍，让书不仅滋养心灵，更能提升生命质量！

论坛之后，我庆幸，我的“故人”又添“新友”——教育专著，我将在与书为友的路途上继续前行，做一个多读专业书的读书人，做一辈子的读书人！

二、勤领同仁向诗书——引领教师做一辈子的读书人

作为教导主任，如何有效引领教师做一辈子的读书人，才是职业的需要、社会的需要。通过认真倾听论坛中各个教导主任精彩的发言和我自己的深入思考，我认为，要有效引领教师做一辈子的读书人，教导主任必须先行，于细节中，于点滴处，巧妙熏陶，无痕引领。从上课到评课，从集体开会到个别谈话，从博客日志到论坛发帖，时时出口成章，处处引经据典，在无形中给予老师们一个个充满书香的引领，使广大教师真正体会到只有读书才会让自己满腹书香，只有读书才会让自己充满活力，只有读书才会让自己拥有炫目的学识魅力，只有做一辈子的读书人，才会无愧于教师的称号。

当然，这些看似不经意的引领会在一定程度上触动教师的心灵，可是，如何将这种“触动”——做一辈子的读书人的热情小心呵护呢？我认为，教导主任应该与教师一起沐浴书香，一起品评玩味，一起反思交流。

为了让广大教师真正读书，深入读书，我校要求老师们在固定的时间内要走进阅览室读书，学校届时检查。而此时，教导主任如果仅仅检查他们是否到位，老师们的心里就会犯嘀咕：既然读书是好事，教导主任为什么不来读书呢？所以教导主任走进阅览室，和老师们一起读书，会使老师们在心理上获得一种平衡。这样，大家一起读书了，怨言没有了，剩下的就只有沉下心来认真读书了。

一起读书，感受自然也容易碰撞，这种思想上的碰撞，既可以让彼此的心更贴近，而且会缩短教师间的教研水平的差距。灯不拨不亮，理不辩不明。存于教师们心头的困惑与疑虑在大家的畅所欲言中慢慢消融，这样，教导主任与老师们一起谈读书收获和读书心得，会让读书活动更加深入，会自然而然地将读书与教研融合在一起，会在无形中使广大教师慢慢走上做一辈子的读书人的道路。

而在每次要求老师们写反思、写读后感时，教导主任也要动笔写下自己的感受，目的不是比水平的高低，而是互相交流与学习。如果我们教导主任可以放下架子，真正能够与老师一起写、一起交流，我想，很多老师对读书的抵触情绪就会悄然消散的，做一辈子的读书人的想法也会自然根植于心。

论坛虽然结束了，可是这次论坛带给我的震撼却留存于心，使我重新调整了自己今后的读书航向，调整自己引领教师一起读书的方法与措施。

我想，无论何时，我们都要时刻提醒自己和周围的同事，为了当个称职的老师，为了拥有完美无憾的人生，做一辈子的读书人吧！

——张红丽

绿色心语

不好读书无以知窗外的精彩；不好读书无以知世界的宽广；不好读书无以知知识的力量。职业需要我们不断更新自己的知识储备，扩大知识内存！最重要的是，我们的职业需要多读专业书籍，让书不仅滋养心灵，更能提升生命质量！

读书——我的最佳“美容法”

俗话说，“爱美之心，人皆有之。”作为一名教师，应该如何装扮自己呢？我认为教师的美重在气质和内涵，美在爱岗敬业的心灵，美在深厚扎实的教学功底，美在有一颗能与孩子相知相交的童心。在十几年的从教生涯中，本着对职业美的不懈追求，我慢慢找到了为自己“美容”的好方法——那就是读书。

一、经典，丰富自身内涵

教师自身的文化底蕴对学生的影响是不可忽视的。苏霍姆利斯基《给教师的100条建议》中有这样一个例子：一位上公开课的老师，用他精彩的课堂吸引了所有听课的人，课后有人问，“你花了多长时间来备这节课？”这位老师说，“这节课我准备了一辈子，而总的来说，每一节课我都是用终生的时间来备课的。不过，对于这个课题的直接准备，我只用了15分钟。"是啊，一个人的内涵要靠平日的积累，只有坚持不懈地读书学习，知识和思想才会如潺潺溪流，源源不断地汇入精神长河。踏上语文教学工作岗位后，我又重读鲁迅、巴金、老舍、冰心等大师的著作，用心灵与文本交流，用积累来丰富人生底蕴。通过坚持不懈的努力，我切身感受到了品读文学经典的好处，不但个人的思想和谈吐都有了显著提高，而且课堂教学也变得更加灵活自如、游刃有余了。我知道，是读书为我增添了自信的美。

二、教育专著，提高育人能力

作为教师，要热爱教育，善于读懂孩子，才能教好书、育好人。在日常教育教学工作中，我时常遇到诸如"教师的期望能够提高学生的学习成绩吗？""跳一跳就能摘到桃子？""怎样才能让记住的东西不忘记？"等困惑和问题，通过阅读《做幸福的教师》、《生命因教育而精彩》等，我从其中温暖的教育细节中，感受到了教师职业的高贵与美好；通过读《致青年教师》，我开始反思自己的教学理念和教学方法，追寻教师职业的真谛；通过读《懂你的孩子：唤醒潜能的秘密》，我开阔了眼界，提高了班级管理能力。还有"教育学心理学经典实验书系"，没有空洞的理论说教，而是提出了很多颇具实用性的实践方案，让我在教学中乐此不疲的践行着，收获着。我知道，是读书让我感受到了教书育人的幸福之美。

三、专业书籍，提升业务水平

如何改进教学方法、提高学生的学习效率成为新课改研究的重点。名师引领是教师加快专业成长的便捷途径，但是实地观摩名师课堂教学的机会毕竟较少，而专业书籍却具有信息量大、自由灵活等诸多优点，自然就成为我学习借鉴、提高教学水平的重要手段。《课堂打磨——蒋军晶小学语文典型课例》《名师课堂经典细节——品读名师课堂119个经典魅力》等名师课堂著作都成了我的案头必备书籍，对照名师课堂我对自己的课堂导入、提问、朗读、创设情境、引导讨论等不断进行反思、改进。在与名师的对话中我不知不觉地成长着，蜕变着。课堂上，我的视野变得更加开阔，不再仅仅局限于教材，处理教材的方法更加灵活多样，对各类问题的解决也总能深入浅出，让学生听得兴趣盎然、学得轻松。我知道，是读书让我体会到了教学相长之美。

四、读书氛围，助力孩子阅读

刚从事小学语文教学，就有家长向我求助，"我的孩子一点儿都不喜欢看书，该怎么办呀？""我们究竟应该给孩子买哪些书啊？"……面对渴望得到释疑和指导的家长，我不知该如何回答，因为没有亲身实践就没有话语权。于是，我开始阅读儿童文学，语文课堂上也多了一些与课外读物相关的内容，我和孩子们一起谈论《窗边的小豆豆》里小豆豆那些稀奇古怪的想法，我们各自诉说着《夏洛的网》

里发生在农场里的趣事……同时我也会把一些优秀的儿童读物推荐给学生和家长。在我的带动下，班上喜欢读书的孩子越来越多，他们还在自己的小圈子里进行好书交换读活动，看到孩子们聚在一起津津有味地谈论着关于书的话题，我的心里比吃了蜜还甜。在读儿童文学的日子里，我好像重回到儿童时代，再次享受了阅读的快乐，也真正融入到了孩子们的世界里。我知道，是读书让我收获了一路芬芳。

俗话说“腹有诗书气自华”，虽然我没有娇美的容颜，没有婀娜的身姿，但是，作为一名教师，我感觉自己是自信的，是美丽的，这都是读书赋予我的。在今后的人生道路上，我会继续以书为伴，用书装点自己的职业人生，不断丰富自己的内涵底蕴，提高自己的文化品位，让自己的教育之路花开似锦，硕果满园。

——姚小慧

绿色心语

著名教育家朱永新老师曾说：“教师读书不仅是学生读书的前提，而且是整个教育的前提。”“腹有诗书气自华，最是书香能致远”。书籍是老师一辈子的食粮。读书不但能帮助老师提升素养，还能帮助老师提升教学的境界！

幸福跟着心态走

——读《心态决定状态》有感

我们常问：幸福是什么？我认为一个人生活富足、外表华丽，内心不一定就是幸福的。幸福不幸福，不是取决于各种外在的环境和条件，而仅仅由个人的内心来决定。暑期读了《心态决定状态》一书，一边读一边对比自己，反思着自己一年来在工作和生活中的点点滴滴，对幸福的感悟更加深刻。

一、用积极进取的心态使自己充满动力，我收获了成绩

对自己充满希望，希望就会给你动力。去年暑假我从中学初到小学任教，接手一年级的孩子。说实话，刚开始确实非常忙，但转而一想：只要自己肯用心，就一定能做好，可不能没上战场就被自己打败了。抱定这样的想法，我就像一个刚踏上工作岗位的新教师一样，一切从零开始。改学段、改学科，既要适应学生，又要熟悉教材。但我心里始终憋着一股劲，一股不服输的劲，这使我的工作充满了动力。虽然每天忙得跟个陀螺似的，但是身累心不累，一年下来，我从孩子们优异的成绩和家长们满意的笑容中感受到了幸福。

二、用朴实、谦卑的心态来为人处事，我收获了友谊

有人倡导以低调的状态处事，话虽如此，可要真正做到低调并不容易。这需要我们抛开内心的虚荣，善于发现他人的闪光点，学会尊重、礼让他人。在一起工作的同事，其实都是我们的老师，他们的身上肯定有值得我们学习的地方。在工作中我用谦虚的态度来对待同事，自己工作中的小诀窍也毫不保留地与大家分享，我赢得了同事的友谊，也学会了更多的治班、授课之道。

三、用乐观、平和的心态来面对生活，我收获了内心的宁静

一个能够坦然面对挫折和失败的人，一定抱有乐观、向上的心态。工作中我努力放平自己的心态，虽然求上进，但是我不会事事去“拔尖”。哪一项工作做得不好，心里难受时，我会马上安慰自己：这是在失败中积累经验，下次我会做得更好。在生活中，面对时常发作腰部小关节紊乱的困扰，我坚信只要积极锻炼，病症就会逐渐减轻。就在一次次的自我宽慰和鼓励中，我感受到了知足常乐的幸福。

一个人面对太阳，眼中就是阳光灿烂；如果背对太阳，看到的将永远是自己的影子。一件同样的事情，从不同的角度看，会有不同的效果。心有阳光，是面临困境时淡淡的一丝微笑；心有阳光，是遇到挫折时一张张自信的脸庞；心有阳光，是对未来永不言弃的精神力量！心态是命运的控制塔，心态决定我们人生的成败。让我们用好的心态调整出最佳的状态，来感受生活和工作中的点滴幸福吧。

——从红卫

绿色·心语

有智者说过，你改变不了客观，但可以改变主观；改变不了他人，但可以改变自己；你改变不了事实，但可以改变态度；你改变不了过去，但可以改变现在；你不能选择容貌，但可以展现笑容。心态决定状态，这就是你主导人生境况的砝码。

你幸福 我快乐

——读《不跪着教书》有感

最近，我阅读了南京师范大学附中特级教师吴非老师的《不跪着教书》这本书。初读惊喜，竟有如此敢于说话的人；再读感慨，还有如此忠于教育的人！书中涉及了社会、教育领导者、教育工作者、学生、家长等有关教育的方方面面，直面现实，洞烛幽微，鞭辟入里。书中有平静的叙述，有忧伤的感慨，甚至还有愤怒的斥骂。但是，正是这嬉笑怒骂间，我看到了一个众人皆醉我独醒的思索者的赤子情怀。

书中吴非老师曾经说过，要想学生成为站直了的人，教师就不能跪着教书。这句话可谓掷地有声，给我太多启示。确实，教师在教学工作中不仅是一个知识的传递者，更应是学生生活中的一个楷模，这就对教师提出了更高的要求，不单要有渊博的知识，更应该在工作学习生活中做出表率。一个教师，其心态的好坏，直接影响到学生的心态，所以有教育者提出，教师必须要有幸福感。

我对此也是深有体会。很多学生毕业后与我谈心，都会提到对教师这个职业的尊敬与厌恶。尊敬是因为老师的辛苦，老师的无私奉献。厌恶，是因为更多时候老师的辛苦与无私奉献，伤及了自己的身体，自己的家庭，自己的心情。由此传递给学生一个不良的信号：教师是不幸福的。这种看似矛盾的心态，其实也反映了很多教师的尴尬。将要踏上工作岗位时，我也曾想象教育其实就是一首诗，我将在三尺讲台书写我自己那诗意的人生。然而此时我确实困惑了，问自己，选择这个职业，我幸福吗？每年看着一个个学生踏入高级学府，那一刻，我认为我是幸福的。教师的幸福感首先是源于自己心态的端正，追求应该追求的——专业素质的提高，自身素养的积累，如何培养学生成材等。应该舍弃对功名利禄的斤斤计较。

读了《不跪着教书》，我有更深层次的体会。作者传达给我们的教育的本质，就是生命教育，人性教育。具体而言，就是爱、善良、感恩、独立的教育。教育应既使学生成为具有崇高精神和理想能铁骨铮铮站立的有人文精神的人，也要使学生成为有独立思考能力、能严谨探索的有科学精神的人。这就不仅仅在教学水平上对教师提出要求。教师除了要有专业素养，更应展示给学生一个健康的形象，不应有太多牢骚，更不能把这些牢骚带进课堂。对此，我认为最简单的衡量标准就是，多年后，学生们提起你，可能不能记得你的模样，但是他们会牢牢记住你的阳光开朗和自信。其实归根到底，教师的幸福感应是对这个职业的热爱，只有深深热爱这个职业，才会无怨无悔又快乐地付出，才能把这份热爱在无形中传递给学生，感染他们，让他们爱上你的学科，爱上他的学业。

“学高为师，身正为范”这不仅仅是一句口号，更是一种鞭策。每位教师都不能忽视自己，一位教师一年教百十个学生，对一半的学生有影响，那么几十年下来，这种力量也是不能忽视的。所以教师应对自己严格要求并以此为乐趣。想一想，你自己有这么重要的作用，又怎会不严格要求自己，又怎会不幸福呢？

也许因为我是一名青年教师，刚刚在路上，感受不深，所以有些认识还比较肤浅，但是是正确的就要坚持，那就是对教师这个职业的热爱。我也深知，随着课程改革的深入，我肩上的担子更重了，看看以后的路，我知道必须对以后的职业生涯作出科学的规划，只有这样，才能不断提升自己的素质，更好地教书育人。《不跪着教书》告诉我，教师要有对“人性美与人情美”的感悟之心。下一步，我要认真负责对待学生，把每个学生当做自己的孩子来看待，有爱心，有耐心，有责任心。而且还要努力提高个人素质，多读书，读好书，以知识来感染学生，以行动感动学生。

做永远比说难，几十年如一日的做更难。作为教师只有体会到教师这个职业的幸福，由被动变主动，才能做得更好。

书中我读到普希金的这首诗：

“不要看重世人的爱戴，
那些华丽的赞美之词不过是过眼烟云——
你将听到庸人的评论和冷漠之徒的讥笑——
但你必须意志坚定，沉着冷峻。
“你是寂寞独居国王。
沿着自由之路，
去到自由心灵引导你的地方，
让你思想硕果更加丰盈美满，
但不要为你自己的高贵事业谋求奖赏。
“奖赏在你心目中，你是自己最高贵的评论员；
你会比别人更加严格地批判自己的成果，
我严格的艺术家，你对此满意吗？”

掩卷深思，问自己，你最想要的是什么？教书的最高境界是什么？教育者应因什么而快乐又应因什么而悲伤，《不跪着教书》给了我莫大的精神慰藉和启迪。吴非告诉我，我们在做着最高贵的事——即使没有任何的褒奖，我们仍是幸福的。

“你是幸福的，我就是快乐的”
“研修是幸福的，学习是快乐的”
“收获是幸福的，成长是快乐的”

让每位教师把自己作为教师的幸福感传递给学生，让学生在快乐中学习，在快乐中成长吧！

——许德强

绿色心语

《不跪着教书》告诉我，教师要有对“人性美与人情美”的感悟之心。教育的本质，就是生命教育，人性教育。具体而言，就是爱、善良、感恩、独立的教育。教育应既使学生成为具有崇高精神和理想，能铁骨铮铮站立的有人文精神的人，也要使学生成为有独立的思考，能严谨地探索的有科学精神的人。

走进心灵

——《窗边的小豆豆》读后感

一个扎着漂亮蝴蝶结的小女孩，忽闪着清澈水灵的大眼睛，好奇地注视着世间的一花一草、一虫一鸟；一个头发花白的老人，笑容可掬地关注着这个孩子，眼光里有信任，有期待，有鼓励，有赞许……

当我的目光从《窗边的小豆豆》这本书移开的时候，脑海中不由自主地浮现出刚才的画面。

《窗边的小豆豆》一书是日本著名作家、著名电视节目主持人黑柳彻子的作品。该书从1981年出版至今的20多年间，风靡全球，震撼了无数人的心灵。联合国官员在读完这本书后，任命黑柳彻子为联合国儿童基金会亚洲历史上第一位亲善大使，原因是“再也没有比她更了解孩子的了”，这本书的魅力不言而喻。

在看到有关这本书的介绍时，我的心不禁怦然一动：还有这样好的书？而当合上书的那一刻，我的心被一种力量牵引着，被一种情感温润着，久久不能释怀。

正如书中引言所述“每个人都能在这本书里找到自己阳光灿烂的童年”，是啊，童年是美好的，童年是烂漫的，童年是让人哭笑不得的……

书中的主人公——小豆豆是一个在常人眼中看起来有点怪的孩子，她因为太淘气被原先的学校退学，妈妈迫不得已才把她送入巴学园的。但细细咀嚼，小豆豆所谓的“怪”并不是不可理解，她之所以那么淘气，是因为她是一个儿童，是一个天真无邪的小姑娘，是一个对外界充满好奇的小姑娘。小豆豆原来所在学校的老师对小豆豆“把书桌的盖子开了关，关了开，足有上百次”这一做法无法容忍，但如果想到小豆豆第一天放学后对妈妈说的话，相信我们就能理解她的作法。她兴奋地向妈妈报告：“哎，学校就是了不起！家里桌子的抽屉，是这个样子往外拉。可是学校的桌子，却是把盖子往上提，就像是垃圾箱的盖子那样，不过要光滑得多。桌子里装得下好多东西，棒极了！”一颗多么善于观察、善于发现的童心！

读着读着，让人不由自主地回到了那遥远的孩童时代。曾经为看蚂蚁如何搬家，我们忘了上课时间；曾经听着知了的叫声，无数次在课堂上走神；也曾经为了看看土里面有什么，把人家的菜子挖了一地……这就是童年，如诗如画，丰富多彩的童年。

可对窗外的一切充满好奇、充满幻想的小豆豆，很遗憾地被原学校劝退了。但是同样的一个小豆豆，却赢得了巴学园里小林校长的喜欢与赞赏。

第一次见面，小林校长就“向前探着身体，专注地听”小豆豆滔滔不绝地讲了4个小时的话，他让小豆豆感到"非常安心，非常温暖"；当小豆豆把心爱的钱包掉进了粪池的时候，小林校长知道后，"稍微把脸凑近了小豆豆的面孔，像好朋友似的说：'弄完以后，要把这些全都放回去，啊。'"，最后，小豆豆虽然没找到钱包，但她感到了满足，因为小豆豆这么想："校长先生对我做的事没有生气，很信任我，把我当做一位有人格的人来尊重。"

在小豆豆身上，截然不同的教育方式、教育理念产生了无法比拟的效果。小豆豆是幸运的，幸运的是她遇到了小林校长，一个懂得儿童心理、能真正走进儿童心灵的校长，他的一言一行，都把小豆豆当做一个和自己平等的人来对待，正源于此，他让小豆豆体会到了快乐，感到了满足。

我们常说"要蹲下身子或俯下身子与孩子交流"，这种交流不是一种行为举止上的"蹲下"或"俯下"，而应是一种心灵上的平等。然而扪心自问，我们几人做到这一点？多数情况下我们都是拿着自己的标准去要求孩子，用成人化的理解去处理发生在孩子身上的事情，于是便有了呵斥、指责、不解……

其实静下心来想想，我们的童年不是一样常犯错误吗？不是一样让人啼笑皆非吗？不是一样滑稽可笑吗？但我们并不是孺子不可教也，随着年龄的增长，我们也在一天天悄然变化着。这就是童年。

如果小豆豆一直待在原来的学校，她会开心地生活，她会有一个健康的童年吗？庆幸的是，她遇到了小林校长，一个能读懂孩子心灵的好校长，让她度过了一段虽然短暂却十分美好的童年时光，用黑柳彻子的话说，这段时光奠定了她辉煌一生的基础。

蓦然间，我感觉到"教师"这一职业的神圣，一个好老师真的能改变孩子的一生。

"你真是一个好孩子"，"你绝对能做到"这些类似的话语，深深印在巴学园每个孩子的内心，激励着他们，鼓舞着他们，走向健康快乐的人生之旅。

小林校长的话一直在耳边萦绕："无论哪个孩子，当他出世的时候，都具有优良的品质。在他成长的过程中，会受到很多影响，有来自周围环境的影响，也有来自成年人影响，这些优良的品质可能会受到损害。所以，我们要早早地发现这些'优良的品质'，并让它们发扬光大，把孩子们培养成富有个性的人。"

每个孩子都是世界上独一无二的一把锁，只要有心，就能寻找到打开这把锁的钥匙。走进孩子们的心，让我们再回童年，和他们一起快乐成长！

——姜洪生

绿色·心语

"要蹲下身子或俯下身子与孩子交流"，这种交流不是一种行为举止上的"蹲下"或"俯下"，而应是一种心灵上的平等。

快乐从“心”开始

——《我的心快乐吗》读后感

近日有幸拜读了吴宇钧先生的《我的心快乐吗》，这份厚厚的精神大餐使我陷入了沉思：我每天快乐吗？我为什么不快乐？我不快乐的根源究竟在哪里？是生活中的琐事让我远离了快乐，还是工作中的压力将快乐赶跑？书中告诉我了答案——其实快乐很简单，快乐不在别处，快乐就在心里，要想拥有快乐，就要从心开始。

俗话说：“快乐也是一天，不快乐也是一天，为何不天天快乐呢？”现在的社会竞争压力大，渐渐地整个人就变得“麻木”了；有时候我们把事情想得过于复杂、顾忌的心理又多，因此，快乐也离我们越来越远。书中简单的一句——“快乐从心开始”，虽然短短7个字，但是却蕴含着很深的哲理。只有我们内心深处真正快乐了，我们才能享受美好的人生。

我从书中看到了知足、乐观、开朗、感恩这样一种健康的心态。它能让人有一颗平常心，处好人际关系，适应环境，具备它可以使你深刻而不浮躁，谦和而不张扬，自信而又亲和。书中所说：“知足常乐，我们要常想一想世界上许多比我们不幸的人，就会知道自己有多么幸福了。物质的追求是永无止境的，只要保持惜福满足之心，快乐也就无所遁形！”在我们的工作中，每个人都会经常遇到各种各样的麻烦与困扰。我想一个人幸福不幸福，快乐不快乐，是不能用物质来衡量的。幸福由自己心态而决定，我们的心可以制造“快乐的天使”，也可以造“阴险的魔鬼”。如果你把别人看成是阴险，你就生活在“悲哀”里；如果你把别人看成是快乐的天使，你就生活在“愉快”里。积极阳光的心态就是从正面看问题，乐观地对待人生，乐观地接受挑战和应付麻烦，这是一个人为人处事的基本原则。

人的一生，不可能永远一帆风顺，万事如意，生活中难免会有失意、挫折和悲伤。只要你有一个积极而乐观的心态，就能够在悲苦的生活中发现美好；在沉重的日子里获得轻松；在艰难的岁月里看到希望。想快乐，就要在任何时候都保持微笑。人生苦短，困境中你更需要把心放宽笑一笑，因为笑会给你带来希望，笑会把所有的命运的阴影踩在脚下，拥抱你的终会是灿烂阳光！生活中，总会有很多烦恼的灰尘把我们的心灵遮盖，这时候，不妨给自己的心灵洗个澡，洗去你身上的污垢，然后把潮湿的心放到沙滩上，让灿烂的阳光把它烘干，这样，你的心灵就又有了阳光般的快乐。

用阳光心态享受工作带来的快乐，善于发现美。生活中并不缺少美，缺少的是发现。要学会欣赏每个瞬间，要热爱生命，相信未来一定会更美好。用阳光心态享受工作带来的快乐，学会放下。该放下的放下，学会谅解、宽容。不原谅别人，等于给了别人持续伤害你的机会。要学会放下，忘记该忘记的，记住该记住的。阳光心态是我们调控人生的控制塔。心态决定命运，心态决定成败。心态是后天修炼的，我们完全可以通过修炼我们的心态来成就我们的事业，改变我们的人生。

生活因为快乐而丰富多彩，生命因为快乐而瑰丽明快，我们要让快乐的心态像一缕温暖的阳光驱散心里的阴云，相信阳光会铺满人间的每一个角落。“凡事不要老是往坏处想，心想事就会成。兵来将挡，水来土掩，积极乐观地解决与面对所有问题，快乐与美丽的人生才会如影随形！”让我们一起向快乐出发吧！

——于宁

绿色心语

快乐是生命开出的一朵花。有快乐就有人生的幸福，有快乐就有生活的阳光。它可以让我们通过快乐这扇心窗，在逆境中依然看到世界的美丽和阳光。让我们时刻保持一颗快乐的心。

用爱感染每一位学生

——《阳光的味道》读后感

“用自己的人格魅力去感染每一个学生”。高金英老师的这句箴言深深地烙在了我的心上。当我再次品味高老师的教育智慧则觉得不仅是一份享受，更似一缕阳光，宛如夜空中的启明星，在我开心大笑之后，在我动情落泪之时，引领我寻找教育的真谛。作为一名刚刚走进教师队伍的新教师，我总在教学园地中摸索着：怎样超越传统，给学生开拓一片充满温馨、快乐的土地，让鲜花和小草都沐浴阳光茁壮成长？当我在读完高金英老师《阳光的味道》一书后，才感觉到什么是“小故事，大智慧，幽默中现真理，精彩背后是博学”。

在高老师的报告中，总会故事不断，令人思索也不断。其中，北风和太阳迥然不同的行为，又给了我新的启迪。北风和太阳比赛，看谁能把行人的大衣脱下来。北风使出浑身的力气，刮得天地间飞沙走石，一片昏暗。但风越大，越是寒冷，行人的大衣就裹得越紧，结果它失败了。然后是太阳上场，他不声不响地将阳光洒满大地，使天地间温暖而明亮。行人渐渐感到热了，就解开大衣的扣子。阳光越来越暖和，行人终于脱下大衣。

什么是人情味？人情味就是阳光的味道！高老师还说：“我们在班主任的工作中，这种阳光的味道是不可少的。她体现在两个方面：一是责任心，二是爱心。有了责任心，就会用心去做事。”全国劳动模范李素丽说过：“认真做事只能把事做对，用心做事才能把事做好。”

我不禁想到：作为一名班主任，在班级的管理中，应以理服人，以情感人，多一些说服，少一些专制；多一些温暖，少一些冷漠。真正的用教师人格的魅力去感染身边的学生。那么学生则会给你一个意想不到的收获。

在高老师的书中有一个笑话：李鸿章家的厨师做的鸭子很好吃，尤其是鸭腿。但李鸿章从来就不当面夸奖。有次家里来客，用鸭子招待，等吃的时候才发觉只有一条鸭腿。客人走后，李鸿章问厨师，鸭子的另一条腿呢？厨师回答，您家的鸭子只有一条腿呀。李鸿章大怒：“胡说，鸭子怎么会只一条腿呢？”厨师说：“不信，您可以亲自去后院看看呀。”李鸿章来到后院，鸭子全趴在地上，真的是一条腿收在身子下，李鸿章生气地用力地拍了几下手，鸭子全站了起来。“这不是两条腿吗？”这时，厨师不慌不忙，面带微笑地说：“可只有您鼓掌的时候，鸭子才两条腿呀！”

笑过之后，顿生感慨：我们的学生不也一样吗？只有多表扬才能多进步啊。高老师可以说是把“表扬激励”做到了极致，学生、家人、同事、同学，甚至是出租车司机，她也从不吝啬她的表扬。好孩子是夸出来的，及时的表扬与激励将会激发多少孩子的上进心。

高老师对人生也是大彻大悟。她说：“心态决定一切。”做人要学会赞赏、学会宽容。尤其她朗读的那首散文诗，更令我思绪万千。人的一生就像乘坐一辆公共汽车……我们知道它有起点和终点，却无法预知沿途的经历。有的人行程长，有的人行程短。有的人很从容，可以欣赏窗外的景色。有的人很窘迫，总处于推搡和拥挤之中。然而与悬挂在车门上、随时可能掉下去的人相比，似乎又感欣慰。获得舒适与优雅，座位是必不可少的机会，因此总被人们争抢。有的人很幸运，一上车就能落座。有的人很倒霉，即使全车的人都坐下了，他还站着。有时别处的座位不断空出来，唯独身边这个毫无动静。而当你下定决心走向别处，刚才那个座位的人却正好离开。为了坐上或保住座位，有的人漠视良心，甚至伤害他人。有的人却因为这样那样的原因，不得不将到手的座位让给他人。有的人用了种种的方式，经历了长长的等待，终于可以坐下但这时他已经到站了。下车的一刻，他回顾车厢，也许会为区区一个座位而感慨，自以为大彻大悟。其实即使重新来过，他依然会去争抢，因为有时如果不坐下，连站的位置都没有。除非你永远不上车，而这并不由自己决定。到站的人下了，车上的人还在。依然熙熙攘攘，依然上上下下……

正如高老师所说：“命是天注定，运在自己的手中。命运靠自己主宰。”要用平和的心态面对生活，寻找快乐。顺境时要助人为乐；平常要知足常乐；逆境中要自得其乐。我们在工作中，难免会遇到许多不顺，如何去面对，如何去选择？如何去做一个具有幸福感的教师？值得我们每一个人去深思。

作为新时代教师的我们要和学生共同成长，与学生一起喜怒哀乐，要有一颗年轻的心，成为学生中的一分子，用一颗年轻、民主的心，走进他们！——坚持民主，尊重学生。正如高老师常说的“我一定要把这些星星之火点燃，即便是冰雪世界也要把它融化。”从高金英老师身上，我看到一个老师对待学生的态度，对待我们的学生，我们要有足够的耐心和准备，管理学生要坚持民主，尊重每一位学生的人格，使每一位学生个性潜能的生长有一块良好的土壤。作为教师，我们应该努力理解学生的世界。理解学生世界独特的色彩、旋律和内涵。只有这样，我们才能有的放矢，真正做到教师身上有阳光的味道，用自己的热去暖透每一个学生的心灵。一旦阳光温暖了每一个学生的心田，你就会感到无比幸福。

在高老师的经历中，她遇到的困难很多很多，用她自己的话说，自己历经磨难，什么运动都赶上过，什么苦都吃过。可是每一次，她都会微笑着去面对。从她的身上我看到了：微笑是强者对人生最完美的诠释，微笑是从从容容的人生态度。如果我们像她那样，微笑着去面对生活，生活也一定微笑地面对着我们。喧嚣尘世，受约束的是生命，不受约束的是心情。只要心是晴朗的，人生就没有雨天——生命，有时只需要一枚真诚的微笑。微笑着的人并非没有痛苦，就如高金英老师，只不过她善于把痛苦锤炼成诗行；微笑着的人并非没有眼泪，只不过她善于把眼泪作为心灵的灯盏，照耀着前行的路。所以，微笑是一种魅力，是涵盖着一种振作，一种成熟，一种坚强，一种超脱的魅力。所以，微笑是一种风度，是具有热情和友善，具有接纳和体贴，具有宽容和豁达，具有乐观和轻松的风度。高老师给了自己的生命一个最好的诠释：给了生命一个真诚的微笑！作为一位老师，我们面对的是千头万绪的工作，巨大的压力又让我们身心疲惫，我们何不学习高老师，潇洒地面对一切，给生命一个真诚的微笑呢！

——于博华

绿色·心语

作为一名班主任，在班级的管理中，应以理服人，以情感人，多一些说服，少一些专制；多一些温暖，少一些冷漠。真正用教师人格的魅力去感染身边的学生。那么，学生则会给你一个意想不到的收获。

做智慧的点灯人

——《点亮智慧之灯》读后感

黄冈，之前在我的脑海中好像只是一个商业品牌：读中学的时候，做过了无数的黄冈试卷，老师也把黄冈试题作为重点练习来讲解，那时还不知道黄冈中学是多么的有名气，黄冈中学的试卷为什么这么有影响力。记得电视中有这样一句广告词：让黄冈中学的老师给你当家教！当时我还想，黄冈中学那么牛吗？黄冈中学的老师那么牛吗？暑假期间，静心品读着《点亮智慧之灯——黄冈中学教育魔方》，心中的那些疑问和不解慢慢解开，慢慢溶化，不禁为黄冈中学的教育魔方所折服，对黄冈中学的领导、老师、学生，甚至是学困生都产生了敬佩之情。

黄冈中学作为国家级示范中学一直享有盛名。2006 年，黄冈中学校长陈鼎常在伊顿公学演讲，他是第一位在伊顿公学演讲的中国中学校长；2007 年，《三联生活周刊》杂志以《黄制造：一所中学的高考传奇》作为封面话题对黄冈中学进行了深度报道；2010 年 5 月 21 日，黄冈优异师生做客湖南卫视《天天向上》；2010 年 6 月 2 日，中央电视台《新闻直播间》深入报道黄冈中学。

什么才是真正的黄冈中学？是高升学率？是非常厉害的考试题？但是，仅凭一些试卷就能代表一所学校的教育智慧吗？而且，正是因为这些所谓的“密卷”还让不少人产生了“黄冈中学完全是应试教育”的误解。读过此书后，你会发现，黄冈中学的内涵并不是“应试”，很多独到的教育理念都折射出了教育思想的火花。本书深入挖掘出了黄冈中学许多不为外人所知的教育经验、鲜活的事例以及黄冈中学名师、优秀学生的教育学习心得，使我产生了强烈的共鸣和认同。我深刻感受到，黄冈中学没有“神话”，有的是用心谱写的教育十二魔方：敢为人先，以人为本，关注学生的个性发展，提倡学生具有独立性、批判性、创造性，追求充满诗意的教育，给学生充分的自由支配时间，要求“老师要跳入题海，让学生跳出题海”，让每位学生都具备两种武器：习惯与方法，老师不经过集体备课不允许走上讲台，让每一个学生都抬起头来走路，让学生知道人格才是最高学历，让家长成为最好的老师。十二魔方饱含着黄冈人对教育的完美阐释，对学生的爱和宽容，对自我的严格要求。

一、点燃自主学习和创新质疑的星星之火

陈校长在 2007 年的黄冈论坛开幕式上的讲话中强调：培养敢于创新、乐于创新、善于创新的学生，已成为黄冈中学的基本价值取向。我们也一直在进行教育改革，我们目前正在探索实践的目标导学法，不就是为了培养学生的自主学习能力和创新能力吗？可是我总感觉到我的课堂，也许是实现了目标导学，可在平时的教育工作中，并没有落实好，教育和教学没能够有效结合起来。我们倡导学生具有独立性、批判性、创造性。可是我还是喜欢和偏向于那些谦虚、谨慎的孩子。对于一些学生的“胡思加乱想”，我总是武断地加以制止，这种做法其实只有一种后果，那就是将学生的棱角磨平，锐气销尽，很可能让下一个爱因斯坦、陈景润就这样消失了。其实要真正做到这一点，也并不是很难，只要我们肯转变观念，返璞归真，注意方式方法，一样可以做到的。

在教“乘法分配律”时，练习阶段有个机灵的男生就在课堂上大声质疑：“老师，除法也有分配律，为什么课本上没有教啊?”这在教材中没有体现，也不在我的预设范围之内，是改变预设还是避而不谈呢？我没有像以往那样牢牢堵住他的嘴，而是迎难而上：“这个问题挺有价值，同学们一起研究讨论一下。”学生或动笔计算，或交流讨论，气氛颇为热烈。最后，出现两种意见：正方认为正确，举例如下：$(25+40)\div 5=25\div 5+40\div 5$；$(15+96)\div 3=15\div 3+96\div 3$ 等，并进行了表述：两个数的和除以一个数，可以用这两个数分别除以这个数，再把商相加。”反方认为不行，举例如下：$300\div(10+20)\neq 300\div 10+300\div 20$。双方各举出了许多实例，进行了激烈的争论。就在学生愤悱之时，我鼓励了孩子们的大胆猜测，肯定了他们的质疑精神：刚才反方的质疑有力地否定了“除法分配律”；正方所列举的算式和表述是正确的，但不能称之为“除法分配律”，是一种简便计算方法。正方列举的算式也可以用乘法分配律来解释：$(25+40)\div 5=(25+40)\times 1/5$，今后我们会进一步学习。”

面对学生突如其来的质疑，我如果一棒子打死，那就会使学生缺乏了挑战权威的勇气、批判的思维，使他不愿也不敢去挑战学术的权威，发表不同的看法，更谈不上自主地进行创造性的学习。

不怀疑，难识真理；不反思，难觅真知。大胆怀疑，深入思考，科学验证，勇于创新，是黄冈中学优秀学生的一大品质。我们也要从小学阶段来培养孩子们的这一优秀品质，点燃他们对科学的好奇心，点燃他们对探索创新的好奇心。对我而言，虽起步，虽艰难，但只要用心，我想我一定会成为一个合格的点灯人。

二、点燃好习惯、好方法的动力之火

萨克雷说：播种行为，收获习惯；播种习惯，收获性格；播种性格，收获命运。叶圣陶先生也曾说过：教育是什么？往简单方面说，就是培养习惯。良好的学习习惯，有利于激发学生学习的积极性和主动性；有利于形成学习策略，提高学习效率；有利于培养自主学习能力；有利于培养学生创新精神和创造能力，使学生终生受益。

黄冈中学高三年级的郑帆老师说，整个高一，老师教给学生的就是两个词：习惯、方法。让学生养成自主学习的习惯，掌握科学的学习方法。有了这两样“武器“，后两年的高中学习才有支撑力。

我们作为小学教师，更要为学生养成受益一生的好习惯而做出不懈的努力。从入学的第一天起，就要让每个孩子养成良好的文明习惯，养成健康的生活习惯，养成良好的学习习惯。读书、预习、复习、思考、质疑、讨论都是习惯。想得清楚，说得明白，写得干净，判断得准确都是习惯，犯低级错误也是习惯；能拿不丢是习惯，丢三落四也是习惯。细节决定成功，习惯决定成败。

每学年的开学第一天，我都会和学生一起制定一系列符合班级公约的制度，并要求学生每天学习班级公约一次。如在平时上课时要求所有的学生，必须在上课铃响时提前到教室坐好，在下课时必须把下一节课要上的科目的课本准备好，并工整地摆在课桌的右边；在课堂上所有的学生必须积极思考、举手发言；在回答问题时，声音要响亮，能够让所有的学生听清楚，而其他的学生必须注意倾听，对不专心听讲的学生要求把刚才学生的发言再重复一遍；在作业方面必须书写工整，格式规范，对于不符合要求必须重做；在课外时间要团结友爱，不能骂人、不打架；在集体活动时必须做到快、静、齐，走路时轻声慢步，靠右走……并引导班干部不间断地进行全天候的督导和及时的评比，对表现较好的学生或小组进行肯定和表扬；对于存在不良的个别学生和小组，则进行批评教育，要求限期改正，并让班干部对其进行监督。久而久之，行为养成的具体要求在长期的操练、改进中，在学生身上逐步体现出来，最终习惯成自然。

在学生的心目中，往往把教师当成学习的榜样，就像一面镜子。教师的一言一行，对于处在善于模仿的学生面前，可以说是至关重要的。教师要求学生做到的，教师首先必须做到。如我要求学生上课之前，提前到教室坐好，我在上每节课前都提前站在教室的门口等候；要求学生认真倾听别人的意见，我在学生回答问题的时候，从不轻易打断学生的发言。这样就能对学生起到潜移默化的作用。

当学生拥有了好的习惯，就可以为他们以后的发展铺平道路，坚持下去，必有好处。

所以，点燃学生好习惯、好方法之灯甚为重要。因为：习惯 + 方法 = 快乐 + 成功。

以人为本也是黄冈中学的高考理念。换成陈鼎常校长的话说，培养学生，就是砸碎牢笼，尊重个性。他对《中国教育报》的记者说，考试成绩好的学生，往往是那些知识面宽、理解深刻、运用灵活的学生。这也如同伊建莉老师在《好妈妈胜过好老师》中的具体事例分析一样。读书多的孩子到后来(高考时)，自然地胜人一筹。校长有了这样的办学思想，再付之努力，自然学生可以享受到个性张扬的快感。不以几次成败论英雄，只以自己的发展进步为标准。这就是黄冈中学学生成长的理念。

不只对学生的教育以人为本，对老师也是提出了正德厚生的思想。尊重那些志同道合，弘扬团队协作精神，也尊重那些孤独的思考者，提倡兼容并包；既尊重那些虚心好学、谨言慎行的人，也宽容那些学术上的狂妄者，以宽广的胸怀容纳人。这种做法符合了马斯洛的需求层次理论，使得黄冈中学的教师在工作中既有紧迫感，也有安全感，更有成就感。

学生人生观的培养不能不说是黄冈高考奇迹的基础。黄冈中学学生李蔚明的文章《不要太在意分数》，不但说明了黄冈中学学生的心态，更是一篇让成人浮想联翩的佳作，值得我们为人师者去思考。工作第一还是报酬第一？用工作来生存还是用工作来生活？换成学生的角度来看，是分数第一还是知识第一？黄冈的学生选择了知识而不唯分数。

黄冈的每一位领导每一位老师都是名副其实的“智慧的点灯人”，作为一名新时代的教师，我想，我们的目标不应该还停留在“辛勤的园丁”的层面上，只靠辛苦，培育不出参天的大树，培育不出敢于迎风冒雪的松柏，我们要追求的目标是，做学生智慧的点灯人，让每一个孩子踩着我们的肩膀，去攀登更高的科学高峰！

——姜芳

绿色心语

老师要教给学生的关键词有两个：习惯、方法。让学生养成自主学习的习惯，掌握科学的学习方法，有了这两样“武器”，学生的后续学习才有支撑力。

让“题海”瘦身为风光旖旎的“湖”

——《为什么学生不喜欢上学》读后感

我也常常想，学生为什么不喜欢上学？原因可能有很多种。但我能猜到的最重要的原因是因为太累。就拿女儿来说，每天早晨把她从床上叫起来，就是一件很痛苦的事。她睁开朦胧的双眼，可眼皮好像无比沉重似的又马上合在一起。我知道她很困，可必须起床，不然就会迟到。有时候，她闭着眼睛一边穿衣服，一边嘟囔“要是让我美美地睡一上午，那该有多好！”有时候，她会指着自己的眼睛问：“妈妈，我是不是又成了熊猫眼？”有一次我问女儿：“你喜欢上学吗？”女儿一歪头“喜欢哪！”“真的？”我故作惊讶。“上学其实挺有趣的。虽然作业多的时候，有点累。”女儿一本正经地跟我说。

虽然很心疼女儿，可身为教师，我当然理解老师的做法。作业，练习是必需的，没有量的积累，就不会有质的变化。读了《为什么学生不喜欢上学》，我更坚信了这一点。因为书中威林厄姆用大量的事例证明，没有充分的练习，你不可能精通任何脑力活动；练习是为了日后更好地学习；练习使记忆更长久；练习能够促进知识的迁移。但这并不意味着题海战术都是有用的。因为题海战术的弊端也是显而易见的：重复练习太无聊！会使学生失去兴趣，变得麻木。因此作为教师的我们还需要做点什么，那就是为题海“瘦身”。想想看，如果题海瘦身为风光旖旎的湖，谁不喜欢欣赏？谁不愿流连其间？

要想让题海瘦身，首先就要弄清楚我们的目标是什么，我们该练习什么。因为不是每件事情都需要无限度地练习的。作为语文教学，我认为语文离不开读和写。每天的朗读是必不可少的，经常的练笔是不可或缺的。对于小学生来说，基本字词的认读和书写就是需要长期练习和巩固的。其次，分散练习时间。比如，如果我们需要背诵的课文较多，不要在一两天之内全部完成，把它分散到一个月或者一个学期的各个阶段来分散进行，可能效果就要好得多。结合我的教学实践，我觉得具体的作法有以下几点：

一是精选精讲习题，引导学生自主学习。在教学中要从学生实际情况出发，针对学生的阶段性学习需要，选择有代表性的习题。另外平时考试中学生得分率较低的题应多加练习，并从中探究出错的根源，对症下药。教给学生方法，比如，对课文的预习，让学生进行自主学习探究。

二是应重视分析归纳，做精辟讲解，解答学生疑难问题，以使学生的知识系统得以条分缕析。让学生准备纠错本重视做错的题目，弄清做错的原因，理解正确的答案，以使错误的思维得到有效的纠正，并培养正确的解答思路。因为很多学生在解答语文阅读题时没有真正理解题目的要求，从而给出错误的答案，所以还要学会审题，按要求回答。

三是根据现有的教学资源，设计丰富的教学内容帮助学生提高综合能力。例如，利用“语文周报”，我们就可以根据不同版面的丰富内容设计不同的训练项目。读报完成相关的阅读理解题对学生进行阅读训练；要求学生读报之后进行简单归纳或把短文改编成小品对学生进行口头表达的训练；要求学生写读后感对学生进行写作的训练。另外，作业的布置除必要的习题外也应该尽可能与实际生活相关联。

也许，我们需要做得还有很多，但我相信，只要我们不懈努力，一定能让“题海”瘦身为风光旖旎的“湖”，能够让更多的孩子喜欢上学，喜欢流连“湖”畔。引用书中的一段话结束我的文章：教育是将历代累积起来的智慧传递给孩子，我们充满热情地相信它的重要性，因为我们知道它可以让每个孩子拥有更好的生活，这也是我们所有人受益的一件事。教育使人聪明，聪明的人可以使教育更美好！

——张辉

绿色心语

课堂教学离不开练习，因为练习是为了日后更好地学习；练习使记忆更长久；练习能够促进知识的迁移。但大量重复练习太无聊！会使学生失去兴趣，变得麻木。因此作为教师的我们，要为题海“瘦身”。让“题海”瘦身为风光旖旎的“湖”，让更多的孩子喜欢上学，流连“湖”畔。

巧设作业大餐 提高学习兴趣

——读《为什么学生不喜欢上学》有感

一直以为只有学习上有困难的孩子才会不喜欢上学，讨厌写作业。而在美国哈佛大学认知心理学博士威林厄姆看来：解决太简单或太复杂的问题，都容易让学生厌学。保持学习兴趣的窍门是让学生解决难易适当的问题。应当给学生布置"恰如其分"的作业。

说到布置作业，我想起省特级教师、市东苑小学校长夏美丝的"数学快餐"。在教学中，夏美丝喜欢用作业激励学生，她在作业批改中实行了"作业批改优分制"，后来又推出了"作业快餐"，将作业分成几类题目，由易到难，分别冠名为"青菜快餐"、"鸡蛋快餐"、"排骨快餐"、"海鲜快餐"等美称，供学生挑选，让各层次的学生都有展现自己的机会。结果学生们做作业上瘾，追着她说"我还要吃，我还要吃"。此外，夏美丝还尝试过"冠名法"，就是将某道题的独特解法或一题多解的新解法用某个最先发现的学生冠名，于是学生学习的积极性和创造性空前高涨。一位曾经是夏美丝的学生，后来成为市高考状元、就读清华大学的学生说："我喜欢数学，就是从夏老师的'数学快餐'开始的，是一道道美味的快餐，让我的'数学营养'越来越丰富。给学生留出适合学生自身解决问题能力的恰如其分难度的作业，来自教师的教学智慧、教学判断、教学经验和对学生的充分了解，更来自于教师对教育事业的一片热爱。这是教育生涯中对教师永远的挑战！

相比之下我在布置作业方面真有点"自惭形秽"了。夏老师的学生是抢着要作业，而我的学生对作业是避之不及。每周一我总要为学生不完成周末作业而头痛。每天傍晚的布置作业时间都是我最苦恼的时间，一味布置抄写类简单的机械作业，聪明的孩子不喜欢，布置需要动脑思考的作业，成绩差的同学应付公事。有的时候个别家长也要求给孩子单独布置"个性"作业，可是由于我的惰性，作业缺乏创意，孩子也不喜欢。很多时候作业成为一种形式，一只鸡肋，弃之可惜，食之无味，究根到底责任在老师。有多少孩子在幼儿园时期，满怀憧憬，期望着背上小书包，坐在明亮的教室里学习。可是慢慢地孩子们畏惧上学，视作业如包袱、仇人。有多少家长老师为了逼迫孩子写作业手段百出。可这些都不能让孩子爱上作业，我们作为教育工作者不能说没有责任。我们一直提倡给孩子减负，减负但也不能"饿"着孩子。如果我们都能够像夏老师那样布置作业，孩子们怎会不喜欢上学？新课程标准提出一个很重要的理念，就是要以学生为中心，注意培养学生个性的发展，培养学生的创新能力，同时还要培养学生与他人团结协作的精神与能力。而我们对全体学生的作业要求上并没有体现出学生与学生之间的不同，我们一直都在要求不同的学生在相同的时间内完成相同的作业，有的学生“吃不饱”，有的学生“受不了”，这样的做法怎能发展学生的个性？怎能培养出学生的创新能力？审视自己布置的作业：①形式过于单一，几乎全是书面上要写的作业。②布置的作业并没有经过认真的筛选，有些作业学生根本无法完成。③学生完成作业的时间上没有注意学生的个人差异。在作业批改上也缺少新意，没有任何激励措施，试想，又有哪个孩子期待拿回满是红叉叉的作业本呢？

“兴趣是最好的老师”，学生对学习的兴趣，需要老师引导。学生对作业的兴趣，源于老师的精心准备。学生是成就教师的持续力量，当学生热爱学习、热爱作业的时候，他们就能学得很好。我应该为学生准备怎样的适合学生的“恰如其分”的作业大餐呢？学生的基础参差不齐，那么作业也应该有层次，有梯度，给优等生布置一些难度较大的、有挑战性的作业；给中等生布置一些中等难度的作业，让他们对自己信心百倍；给后进生布置一些基础性强的题目，使他们爱上学习，爱上作业，远离被老师、同学另眼相看的感觉。不布置机械性、惩罚性的作业。在批改上应该尽量使用评语代替红叉叉。在今后的教学中我将倾尽心力，因时而异，因事而异，因人而异，设计有效的语文作业。让语文作业成为学生增加知识，增长才干，丰富生活的向导，最大限度地拓展孩子的学习空间。让学生们爱上学习，爱上作业。

——曲淑平

绿色心语

“以人的发展为本”的新课程理念，要求教师关注每一个学生的个性差异和发展。尤其体现在布置作业上，恰如其分的作业会起到事半功倍的效果，否则适得其反。因此作业的布置在孩子的学习生活中起着举足轻重的作用。怎样科学、合理布置作业值得每位教师去思考。

幸福源于“热爱”

——《教师的幸福资本》读后感

什么是幸福？问起这个问题，每个人对幸福的诠释各不相同。从教了十几年的我对幸福的理解，早已从初出茅庐时，为学生的一句“老师好！”，为学生充满敬佩的眼神……而感到幸福，到现在，这些我仿佛都习以为常，熟视无睹了。那么现在我的幸福是什么？怎样拥有教师幸福的资本，成为一名优秀的、幸福的教师呢？当我翻开《教师的幸福资本》这本书时，终于茅塞顿开。这本书不是要告诉我幸福人生的生存法则，也不是要指明幸福人生的捷径，而是作者借对自己曾经的教师生涯的梳理、反思，借对自己从事教育新闻工作以来零距离接触，采写过的教师故事的整理、归类，从中品尝一下幸福的滋味，触摸一下幸福的温度。掩卷深思，其实我的幸福源于内心的热爱。

一、幸福源于对教师职业的热爱

十几年前，我因为爱着“太阳底下最神圣的职业”而走上了三尺讲台。我真正当上老师后，更深刻地体会到社会各界对于老师的高度期望，这种期望既是一种动力，也是一种压力，提醒着我时时刻刻要严格要求自己，处处要规范自己的言行，而现在的我更应该是“干一行，爱一行”，让我从事的教师职业在社会中有最长的“保鲜期”。教师职业要拥有最高的“保鲜度”就要拥有资本。如我们要拥有“才能”，其实就是我们说的“要给学生一杯水，教师要有一桶水“。而现在的学生在日渐多元的社会文化生活中，个性特征也呈现多元化发展趋向，这种现象给教育教学带来了许多挑战，作为教育工作者我们光有“一桶水”是不够的，要有“一口永不干涸的井”才行。这就源于我们平日的不断学习和探讨，从而不断地提升自己的专业素养，不断给自己的井里注入新的水源。这样才有了教师的“魅力”，成为学生自发模仿和学习的榜样。只有这样，才是作为一名教师对自己职业的热爱，才能真正地感受到教师的幸福和快乐。

二、幸福源于对学生的热爱

特级教师田丽利说：“在生命的每一刻，他们需要尊重，需要平等，需要信任，需要宽容，需要欣赏，需要相知，需要相伴，需要相望……因此，在我的视野里没有教育的盲区；在我的课堂上没有不会学的学生；在我的心里没有不被关注的孩子。”每个人都需要爱，每个学生更需要爱，作为一名教师，不但要担负起传道、授业、解惑的重任，更重要的是要培养思想健康、全面发展的优秀人才，要用爱心去浇灌每一株幼苗，把他们培育成参天大树，再去为更多的幼苗遮风挡雨；要以平等的尊重和真诚的爱心去打开每个学生的心门。由此我不禁想起班级中的一件事：

课间时两个男生在教室里追逐，甲不小心推了乙一下，乙一下子把上音乐课要用的变压器从讲桌碰到了地上，变压器摔碎了。

当我知道这件事后，当时是怒气冲冲，因为这两个孩子是班级中有名的淘气包，经常下课打闹，而且教育了很多次，这次又出了这么大的事儿，我能不生气吗？

一跨进教室，同学们纷纷告诉我甲和乙把变压器摔坏了。此时，我看到座位上的甲和乙头低得不能再低了，一副等着挨批的架势。我的气一下子消了很多。既然孩子已经知道错了，那还有必要严厉地批评吗？

于是，我把甲和乙一起叫到面前，他俩自己一五一十地说出了事情的经过，没想到这两个孩子一点没有撒谎。

“老师今天非常高兴，高兴你们俩没有撒谎，也没有推卸责任。但是这事确实是做错了，说说吧，自己错在哪里？怎么办？”我和蔼地对他们说。

听了我的话，他俩都吃了一惊，都忙着承认自己的错误。

“我不该在教室里打闹，不该推他。”

“我不该先动手，要不然就不会追赶了。”

“我不该把东西碰到地上。”

……

“我很高兴，高兴你们认识到自己的错误，也相信你们今后能改正。你们说说多危险啊！其实，我最担心的是你们俩，当时我听说甲推乙时，我就担心你们俩有没有受伤？”我关心地询问道。

看到我关切的眼神，听到我关心地询问，其中的一个孩子哭着说：“老师，你真太好了！其实我们就怕你批评我们给班级扣分了，我们不是故意的！以后，我们再也不在教室里打闹了。”

其实，我们作为教师在与学生相处时：拾起学生掉在地上的橡皮，耐心回答学生的提问，常与学生个别谈心，甚至只是走道里的一声问候，我们对学生一个关切的眼神、一句鼓励的话语、一种发自内心的尊重和信任，这些能让学生摸得着感受得到的关注和爱护，会化为无穷的动力，有可能影响或改变学生的一生。这正是我们教师：满怀着爱做有心人的事业，才是最幸福的。

最后，引用作者在后记中的一句话：“或许，我们没有过人的智商，但我们有良好的心态，有聪明的情商，有坚韧的品质，有执著向上的精神，和对教师职业的喜欢与敬畏，对每一个学生的尊重和爱护，对生活的不公不怨不哀，对心中的梦想不弃不舍，只要我们拥有这些，我们就一定能够拥有幸福的资本，一定会在前行的路上品尝到幸福的滋味，感受到幸福的温度。”让我们每位教师都能在自己热爱的教育岗位上，感受幸福、传递幸福、收获幸福。

——刘晓玲

绿色·心语

什么是幸福？问起这个问题，每个人对幸福的诠释各不相同。其实，源自内心热爱的幸福更能持久。

以至诚为道 以至仁为德

——《诚信决定存亡》读后感

寒假来到了，学校开展的“读书富脑”活动在继续。我是一个闲下来就喜欢看书的人，可当拿到《诚信决定存亡》一书时，第一感觉是：能有什么可看，老掉牙的口号！为了完成必读任务，我不情愿地翻开了书。

漫不经心看到前言，我感到心里一震：

“诚信决定存亡。”这是总结无数历史和现实的经验教训所得出的结论。2000年5月30日，南德集团的总裁牟其中因犯外汇诈骗罪而被判处无期徒刑；2003年，南京冠生园因“陈馅月饼”事件而破产；2003年12月意大利的帕玛拉特公司倒闭，都是明证。

常言道：“人无诚信不立，家无诚信不和，业无诚信不兴，国无诚信不宁。”没有诚信，人就不能在社会中立足，家庭就不能和谐相处，企业就不能在行业中做久，社会就不能有序地运转。诚信是人与组织生命的守护神。

是啊，现在，我们正面临诚信的危机。这种危机挑战着各级政府的公信力，挑战着中国企业的生存与发展，挑战着人们彼此之间的信任度。人们为何抛弃诚信，诚信归来之路在何方，谁来拯救诚信危机？

我忍不住继续往下看：

第一章 这世界到底是怎么了

有人说：“现在的世界很精彩”；也有人说，“现在的世界很无奈”。

现在的世界确实很精彩：物质丰富，科技发达，交通便利；但是，现在的世界也的确让人感到很无奈：假货泛滥成灾，骗子横行霸道，弄虚作假成风。以致有人感叹：“现在是诚信不知何处去”；有人惊呼：“现在的世界到底是怎么了？”

的确，看了《生活帮》的大揭秘，假货泛滥成灾，现在的造假，可以说，已经达到了登峰造极的地步，真的是让人“叹为观止”。心里的沉重在此时找到了共鸣。联想当前中国的实际情况，“中国制造”面临空前的信任危机——光天化日之下造假药、光天化日之下往奶粉里添加三聚氰胺……表面上看是有些企业缺乏诚信和责任，究其根本原因是缺少仁爱之心，是极端的拜金主义、个人主义、享乐主义使部分人利欲熏心、道德沦丧所致。面对消费者的生命，这些企业老板哪里有一点仁爱之心？令人痛心的是，有的地区官员为了局部和小集团利益，对某些阴暗面视而不见，甚至姑息迁就、纵容包庇，哪里有一点正直之举？更让人寒心的是这些为了不让自己失业的工人老大哥，他们竟如此冷漠和麻木，为虎作伥。

带着一种隐隐的压抑感看完全书，再回头审视这本书便有了更深的感受：“人无诚信不立，家无诚信不和；业无诚信不兴，国无诚信不宁”24个小字的诚信训言赫然立在书名的顶端，书的颜色用蓝色打底作封面，一双诚信之手紧握在一起。它仿佛告诉我：蓝色代表诚实、守信，无论做人做事，心底不该有杂质，应该像蓝天一样晴空万里；像河水一样清澈见底，而两只紧握住的手，则告诉我们要彼此坦诚相见，相互信任，用诚信构筑和谐氛围，希望在这样的氛围里，人人都应该是诚实可靠的，相互信赖的，不欺不诈的，合作共赢的，更应该是和睦共处的。

诚信，是我们中华民族的传统美德，被列为“仁、义、礼、智、信”五德之一，是一种非常宝贵的品质。诗人李白也曾经在《侠客行》中用“三杯吐然诺，五岳倒为轻”赞扬诚信如山的分量。我国自古就流传着诸如“君子一言、驷马难追”，“一诺千金”，“曾子因承诺而为儿子杀猪”等关于诚信的典故和小故事。刘玉瑛教授在这本书中不但告诉我们诚信对于当下是多么的重要，同时告诉我们，在讲诚信的前提下，还应该注意“五个有利”，即：“对人民有利，对民族有利，对国家有利，对党有利，对社会有利”。有时候我们为了大利益，或者不让他人受到更多的伤害而不得已说了谎，这不是真的说谎，这叫善意的谎言，或是叫守口如瓶。这类善意的谎言书中也有不少的例子，比如：如果，当时陈毅同志不对那个国民党兵说了谎，说自己就是那位向导的话，就有可能逃脱不了敌人的魔爪，冲不出敌人的包围圈。有些谎言如果涉及商业秘密和有损集体利益时而不得已说了谎，那也不叫说谎，那叫责任和规则。因此，我想如果我们每一个人都有高度的责任感和集体的荣誉感，懂得规则利弊，不轻易地说谎，能以诚信为荣，以失信为耻，那么，我们的诚信指数自然而然就会攀升至原本。

毛泽东同志说过：“一个人做点好事并不难，难的是一辈子做好事，不做坏事，一贯地有益于广大群众，一贯地有益于青年，一贯地有益于革命，艰苦奋斗几十年如一日，这才是最难最难的啊！”

诚信度在当今社会缺失得又是那么严重，到了这样一个诚信与道德濒临匮乏的时代，作为老师我感到第十章第三节“构建诚信的环境”是那么重要。一位名人说过：“人可以创造环境，环境也能创造人。”人可以创造诚信的环境，诚信的环境也能创造“诚信”的人。诚信教育必须从孩子抓起。富兰克林说：“一个良好的示范，才是最佳的训词。”我们老师首先要讲诚信，重视诚信的价值。

诚信归来，从我做起！

——于宁宁

绿色心语

“以至诚为道，以至仁为德。”诚信和仁爱是中华传统道德中的基本道德观念。“爱人者人恒爱之，敬人者人恒敬之”。心灵有待叩问，心灵有待管理，和谐冀宽容形成，善心待虚怀接纳，这是世风人心建设的基础。只有仁爱的本性、不移的诚信战胜了“私”字，我们才能堂堂正正、清清白白地登上道德的更高境界，“正直诚信仁爱和谐”的美好生活将不期而至！

孩子，唱出来！

——读《谁是你的重要他人》有感

曾经看过《谁是你的重要他人》，因为作者小时候遇见的那位“很年轻、笑起来十分灿烂”的“长辫子老师”，后来却让成年后的作者想来就“心惊胆战”，最终被作者定义为童年烙印下的负面情感的一位教师。由此联想到自己，有时感觉自己在教学时就是那位“长辫子”教师。

学校进行“绿色魅力课堂”评选，为了使自己的课堂更加完美，我选择了一个班级，然后提前把一位平时上课没有音高概念的学生叫到自己面前，悄悄地对他说“你知道你平时唱歌跑调么?”那位学生不好意思地点点头，我继续说“下节课领导要听老师的课，为了让咱们班的声音统一，在课堂上集体唱歌的时候你打开口腔用对口型的方式来演唱歌曲好么?”他听了脸一红，然后笑着点了点头。如自己所料，学生与我配合默契，那节课非常成功！下课的时候，那位学生跑到我身边对我说：“老师，我今天表现的怎么样?”我连连点头夸奖他说：“恩，你今天表现得十分积极，歌表演也很大方，我很满意。”他听了摇摇头说：“老师我说的不是这个，在这节课上，为了不影响全体的演唱效果，我只动口型，没出声音。”望着他那一副兴奋的样子，我反而不知道该说什么好。

快步逃似的回到办公室，想到自己的少年时期，喜欢跳舞的我总是很讨老师的喜爱，一次声情并茂地唱歌后，很得意地接受老师表扬。下课的时候却偶然听到老师和另一位教师偷偷地说我嗓子沙哑，唱歌不算好。从那以后我就基本不唱歌，直到师范时，遇到一位声乐教师，他不断鼓励我，我才走出自己心理上的阴暗，又开始了唱歌。联想到眼前自己确有不妥之处，作为一个教师，我不能剥夺学生唱歌的权利，每个孩子不管音质如何？只要发自内心深处、充满感情的演唱就是动人的、美妙的。为了让自己的课完美而牺牲一个孩子对唱歌的渴望，这和“长辫子”教师有什么不同？真实的故事发生在自己的身上，我不能一错再错。我快速返回班级当着全班学生的面向这位同学道歉，并鼓励他：“由于每个人的先天条件不同，不要因为自己跑调就不敢唱，集体唱歌的时候可以轻唱，自己单独唱的时候可以大声地唱出来，要唱得响亮。”

每个人的求学道路上，教师在学生的眼中都是一个极其重要的角色，特别是小学阶段，一句无心的话语，一个不在意的动作都可能对学生带来深远的影响，左右孩子的一生，所以真心希望全体教师能对学生一视同仁、因材施教，用爱对待每一个学生，捧着一颗爱心来，不带半根草去，用满腔的热血浇灌出色彩缤纷的花朵。

——于玲

绿色心语

每个学生都有闪光的地方，不能因为孩子的歌声不美，而去否定他们的音乐水平，扼杀孩子对音乐的兴趣。了解学生，因材施教，激发学生的潜能。我们需要擦亮欣赏的慧眼，需要一颗宽容之心，走进孩子的心灵，努力寻找每个孩子的闪光点！

“绿润心灵 悦读人生”读书活动方案

一、活动宗旨

书籍是人类进步的阶梯。为了让每位老师都能与书结缘，与书为友，把读书活动融入到自己的教育教学工作当中，促进教学实践与理论的结合与反思，提高师德素质和自身修养；为了让每一位学生都能与好书交朋友，与智慧牵手，让书籍为学生开启一扇心灵之窗，引导教师、学生从“阅读”到“悦读”，在读书中感受学习的快乐，体验成长的乐趣，不断提升阅读品味，为精神打底，为人生奠基，结合“亲子阅读·书香威海”活动，我校特开展“绿润心灵 悦读人生”为主题的系列读书活动，届时将表彰活动中涌现出来的优秀家庭和班级等。

二、活动内容及标准

书香家庭：

(1)公众认可该家庭成员喜欢读书，亲子共读。

(2)长辈、孩子参与过读书征文、演讲比赛、经典诵读等活动，读书征文发表于威海市网上家长学校和威海市教育学会网上，演讲比赛视频被学校推荐报威海市教育学会，并通过网上视频进行公众投票得奖。

(3)家庭藏书不少于100册。

(4)积极参加“亲子阅读·书香威海”活动。

书香班级：

(1)积极参加“亲子阅读·书香威海”活动。

(2)该班级同学在学校和威海市教育学会组织的读书演讲竞赛、读后感征文和诵读等活动中表现优异。

(3)班主任老师被公认为乐于读书、勤于写作。

(4)全班学生中，参与读书活动并写下读后感的人数不少于全班学生人数的50%。

(5)班级经常举办读书汇报会、朗读比赛等。

书香名士：

有自己的读书计划，每天坚持读书。

读书体会深刻，在一定范围内发表，影响广泛。

能带动身边的人加入到读书行列，读书效果明显。

每年新购进图书，教师不少于50本，学生不少于30本。

三、组织领导

组　长：刘凡荣

副组长：于海珍

组　员：孙福晓 邱海毅 王金美 曲学杰 周华丹 各班主任

四、阅读书目

威海教育学会网站推荐书目。

五、具体要求

(1)继续推荐本学期学生和家长阅读书目。语文教研组从以下数目中推荐学生和家长必读数目1本，选读数目2本。详细网址：http：//www. weihaiedu. cn/xuehuidongtai/ShowArticle. asp? ArticleID = 40885，即在威海教育学会的网站(http：//www. weihaiedu. cn/)中。

(2)三～五年级每班至少报一个书香家庭，其他班级自愿报名，填写申报表，下周三前交教导处。上学期三～五年级班级考核第一名的班级报书香班级，其他班级也可以自愿报名。填写申报表，下周三前交教导处。

(3)3月举行“亲子”、教师、学生阅读演讲比赛。

(4)3月中旬在威海教育学会“亲子阅读”栏目发表读后感(周六前发)。所读书目为“亲子阅读·书香中国”激励计划推荐阅读书目的读后感(寒假学校推荐读的书也在这里面挑选的)。三～五年级每班7篇(父母、孩子)，一～二年级每班3篇(父母、孩子)。并于下周五打印好交教导处(A4纸，400字稿纸)。

(5)4月举行“金话筒大赛”，主持内容为读书。

(6)5月举行亲子、教师、学生读书征文比赛。

六、期末表彰

根据评选条件，评选表彰“读书名士”、“书香家庭”与“书香班级”。

附本学期推荐读书书目：

<table>
<tr><th rowspan="2">年级</th><th colspan="2">学生阅读书目</th><th>家长阅读书目</th><th rowspan="2">学科</th><th colspan="2">教师阅读书目</th></tr>
<tr><th>必读</th><th>选读</th><th>必读</th><th>必读</th><th>选读</th></tr>
<tr><td>一年级</td><td>《比得兔和他的朋友们》</td><td>《君伟上小学》</td><td rowspan="2">爱的教育</td><td>语文</td><td rowspan="5">听课的变革</td><td>小学语文教学策略</td></tr>
<tr><td>二年级</td><td>《三国演义连环画》</td><td>《神奇的校车》
《木偶奇遇记》</td><td>数学</td><td>小学数学教学策略</td></tr>
<tr><td>三年级</td><td>《窗边的小豆豆》</td><td>《西游记(中国古典文学名著美绘版)》
《海底的秘密》</td><td>好孩子的成长99 %靠妈妈</td><td>英语</td><td>小学英语教学策略</td></tr>
<tr><td>四年级</td><td>《夏洛的网》</td><td>《笨狼的故事》《足球大侠》</td><td rowspan="2">《发现和培养孩子的才能》</td><td>音体美</td><td>小学音乐教学策略小学体育教学策略小学美术教学策略</td></tr>
<tr><td>五年级</td><td>《男生贾里·女生贾梅》</td><td>《世界万物的源头》
《每个孩子都应该做的101件事》</td><td>其他学科</td><td>新课程实验教材精粹选评(品德与生活卷)
基于小班化的小学科学教学实施与案例研究
信息技术课堂教学案例发展点评</td></tr>
</table>

环山路小学

恬静心灵

掬起山泉的清亮

我汩汩的清亮不断线地往下流淌，一路奔跑，奔跑——水滴石穿、滴水藏海的家训在我的血液中翻腾，深知梦就在脚下，从不敢有丝毫的懈怠……

聚涓滴，纳天地之灵气，我清凉的甜润沁人心脾。我从林子里流过，绕花穿树、跳涧越石，挂一道小瀑，草翠花开，漾一个小潭，鱼儿有了合适的家，每一株树都是我的知已，向我打着青翠的手势。有许多鸟唤我的名字，有许多露珠与我交换眼神。水仙得水成仙，小鸟拍打着翅膀来喝水，我的心泛起层层涟漪，小兔子蹦跳着来汲水，我抢拍它惊慌的短尾巴，有些不知名的花却久久地不肯向我报告讯期……自知不是圣水，但愿做生命之水与智慧之水，用我的清亮，捞起童年的记忆，掬起闪亮的笑声。

在平坦的地方，我泓出一汪一汪的水池，在阳光下跳动着粼粼波光。岸上长出一棵棵美丽的树，枝叶茂盛，鲜花盛开。每一片绿叶，都闪耀着人性的光芒；每一朵鲜花，都绽放出诗意的笑靥；根，深深地扎入生活的土壤；果，是智慧与灵性的喷发。

我的身体始终散发着泥土的芳香，因为从来不曾忘记我从大山深处走来；我的血液里涌动着云蒸霞蔚的高山中才能闻到的味道，因为我从来不曾忘记那些交托于我生命中最宝贵的一部分时那希冀的眼神……

我把自己的内心清澈成一面镜子，你们看见我的清亮，连水底的水草砂石纤毫毕现，你们看见浸润着我清亮里的无限丰富……一股泉水从草丛里笑着走过来，我就笑着迎上它们……欢笑与泪水并存，幸福伴艰辛同行，我们一路向前，去催开蓓蕾，去浇灌希望……

当所有的种子在他们的心中扎下根，成为泥土的一部分时，当每一颗的种子变成了灿烂的一朵花时，我们笑了，笑着等待结出丰硕的果实。

奔跑，奔跑——爱在左右，走在生命的两旁，将这一必经长途点缀的花香弥漫。这是我们的骄傲之处，也是我们的神奇之处。奔流，奔流，我们且歌且行，一起奔向远方——

——刘凡荣

绿色心语

掬起山泉的清亮，也捧起了心灵的宁静。奔跑着爱的思绪，亦奔跑着梦的追逐。在爱的世界里，让山泉清凉如斯，清亮如斯，奔跑如斯，歌唱如斯……

教育是一首诗

教育是什么？

有人说，教育是阳光，驱散愚昧的阴霾，引领人类走向光明；有人说，教育是雨露，滋润破土的幼苗，养育小树长大成材……

行走于教育的征程，从青涩到成熟，从迷茫到清晰，不论是做一线教师还是从事教学管理，我都在用心思索着，感受着教育的真谛。孩子烂漫的笑脸充实着我的生命，同事无间的亲密赋予我活力与激情。因为执著和热爱，我风雨兼程。一路走来，我的脚下展开着一幅多彩的画卷，流连其间，我品味教育的诗情画意。

教育如诗。如诗的活力与激情，如诗的隽永与深沉，如诗的浪漫与沧桑，融入我的思想，我的生命。

教育是一首诗，诗的名字叫包容。包容是心灵的丰盈，是仁爱的光芒。包容继而信任，那是最深刻的激励。携手共行的旅程，我把包容当做最好的朋友。以包容之心耐心等待，品味花的羞涩，草的馨香，风的跳跃，云的轻盈。如此，教育智慧的清泉便会款款入心。

教育是一首诗，诗的名字叫尊重。花有花的姿态，树有树的挺拔。生命的美好就在于它的独一无二。以平等的心态看待身边的每一个生命，尊重生命中每一份精彩。因为尊重，我收获着尊重、理解、鼓励和爱。怀有一颗感恩的心，才更懂得尊重。感恩学生，感恩同事，感恩朋友……学会感恩，我的心每天快乐地飞翔。

教育是一首诗，诗的名字叫爱。心中有爱，教育便润物无声的浸染心灵；心中有爱，教育便春风化雨的润泽生命。爱满天下，桃李芬芳。我给予爱，也收获爱，我用爱沟通心灵，我用爱唤醒情感……有了爱，风雨兼程的旅途心手相牵，诗意的教育才如此烂漫。

教育是一首诗，诗的名字叫汲取。海纳百川，有容乃大。大海的浩瀚源于溪水的跳跃，天空的广阔源于自然的恩赐。教育的智慧源于笃志而博学。汲取源头活水，我用大海的浩瀚拓展生命的广度，用天空的广博充盈生命的色彩。我一路探求书香，润泽生命，涌动激情，演绎教育诗情画意的面孔。于是，教育春意盎然，诗意盎然。

教育是一首诗，诗的名字叫执著。执著是我不解的情结。我钟情于追随飞逝的光阴，我钟情于飞扬笔尖的情思，我钟情于躬耕田园的肥沃……任世间多少功名诱惑，任前途多少艰难挫折，我依然怀抱满腔执著，孜孜不倦，守望教育的圣土。

教育是一首诗。行走于教育的田园，我寻觅着诗人的浪漫情怀、哲人的广博智慧、艺术家的敏锐洞察、科学家的细致深邃。在平凡与不平凡中，追寻教育的诗意，成就诗意的教育。

——刘凡荣

绿色·心语

教育如诗。如诗的活力与激情，如诗的隽永与深沉，如诗的浪漫与沧桑，融入我的思想，我的生命。

绿色心灵 快乐相随(教师篇)

——"做最好的自己"讲座稿

各位老师，各位朋友：

大家好。

非常高兴能有这样的一个机会与大家分享我追求快乐工作、幸福生活的点滴体会与思考。

一、教师的心理现状

1. 心理调查

一项心理测查表明，中小学教师已经成为心理障碍的高发人群。仅上海市小学教师心理健康问题检出率达48%，真是有点触目惊心的感觉啊！（第一次邀请老师参加绿色心灵系列活动的情境；我也是有问题的，老师也是有问题的。）

2. 抱怨时间

给大家2分钟的时间，尽情抱怨。抱怨的内容最好要有意识的关注一下，是哪些方面？规则是：（我的抱怨：职称、孩子的学习、教师的工作环境……）

这个世界外面没有别人，只有我们自己。

3. 我的反思

参加心理健康沙龙活动，在交流自己的影响轮时，我发现，在我们组的几个人中，竟无一例外地提到了小时候自己的一位老师的行为对自己造成的极大伤害，这种创伤伴随着我们二三十年了。侧耳听听其他小组，一样，有那么多的负面效应都来自于小时候的教师……

身为一名教师，我的影响轮中竟然也出现了小时候的教师给予我的伤害……

想想自己小时候，村子小，没有学校，需要到邻村上学。由于自己村没有幼儿园，自己也就没有上过幼儿园（当时叫“育红班”），刚走进校园就如同刘姥姥进了大观园，眼睛都不够用。老师教我们写“a”，我描摹了半天，才握住了铅笔。等我似乎看明白了这个到处是弧线的家伙怎么写，老师又开始教“o”和“e”了，速度好像不快，可是我是很晕的。抬头看看身边人，人家都会写，写得还很漂亮，真羡慕。

后来才知道，人家都是上过育红班的，这些知识都不值一提，早就会了。

望着他们一个个轻松愉快的笑脸，我也很想笑，可是笑不出来，因为大家都在笑我“哈哈，她写的那哪是‘a’呀，那根本就是‘q’……”不会画弧线的我好不容易把那个“a”的半圆画出来了，可是后面还有一个小尾巴。无论怎么练习，那个小尾巴就是不小，不但不小，还变得很长。我的双眼模糊了，这就是我吗？严重的创伤刺激着我的心。

同样，对于数学的学习，我也是感觉很困难的。每次看到身边的小伙伴抱着自己的本子送到老师手里，老师会打个大大的对勾，小伙伴就会得意洋洋地甩着本子回到位子上。看到他们那样兴奋，我也兴冲冲地捧着本子送到老师手里，没想到，老师眉头一皱，说：“这是什么？”“啪啪”两下，一个红色的大叉子就把我的本子给划烂了，没等我细想，本子已经在从老师的手里飞出，飞出了一条凄美的弧线，一直刻进了我的心里。

想想当时，老师的这种表现也无可厚非，面对那么多会做的孩子，突然出现一个什么都不会的孩子，老师的恼怒也可理解。可理解的行为却在孩子的心里留下伤痕，望望周围的或大或小的同伴，他们也都受过小时候教师的伤害，因何如此？

如果在自己上学时，遇到的老师是有着丰富心理健康知识的老师，我想，这种伤害很难会降临到孩子身上。所以，今天，我愿意在这里分享我的收获和体会。让我们每一位教师都行动起来，从爱好自己开始。

二、行为模式

这只是我的体会，我的。为什么我如此强调“我的”体会呢？相信大家都有自己的理解，无论这理解是什么，记住，那都是你的理解。对，你的理解。无人能够剥夺你的这份理解，也无人有权禁止。

我的体会只在我的行为模式中，你的理解只在你的行为模式中，没有人可以控制，也无权控制。

说到行为模式，其实是这样的。比如，有的人喜欢听好话，有的人讨厌听好话，有的人性格倔强，有的人就比较随和，有的人做事风风火火，有的人做事慢条斯理……这都是我们自己独特的行为模式，没有对错之分，没有好坏之别，他是存在的，存在就有理由，那这种独特的行为模式就是应该出现的，应该存在的，我们只有尊重。

比如，我在我自己的行为模式中，我笑，我跳，我哭，我闹，那都是正常的，因为这符合我的行为模式；同样，你在你的行为模式中，你急，你慢，你乐观，你安静，这也是正常的，因为那符合你的行为模式；那我们可以将范围扩一扩，在单位中，员工有员工的行为模式；领导有领导的行为模式，他可能让你不舒服了，但是，那是他的行为模式，无可厚非。

我们每个人都生活在自己独特的行为模式中，我们可能习惯了自己的行为模式，但是我们不能改变别人的行为模式，对，不能改变。

说到这里，大家明白了吗？曾经，有这样的一段话一直影响着我向着更轻松的生活迈进。我想与大家分享。真正的分享是，随我一起说。大家愿意吗？

愿意随我读就随我一起说吧，毕竟，这些话很重要——“我是我，你是你。我不了解你，你不了解我。我读不懂你，你读不懂我。我了解的是在我的行为模式中对你的了解，只是我的了解；我读不懂你，我读到的是在我的行为模式中对你的理解。真实的我，准确的我，只有我自己知道。”

三、认识自己

刚才我和大家分享的是行为模式这个已然存在却被我们一直忽略的事实。

1. 认识相貌

(1)照镜子，看相貌。

那，我们真的认识我们自己吗？这是我今天要和大家分享的第二个体会。请将我们准备的小镜子拿出来，用心看看我们自己。不要交流，用心体会，镜子里的这个人是我吗？仔细看看头发、额头、眉毛、眼睛，眼睫毛也别放过，再看鼻子，鼻孔也仔细看看，嘴唇，甚至嘴唇上的纹络……牙齿、耳朵……给大家30秒钟的时间，在这个观察的过程中，记住你最满意的部分和最不满意的部分……好的，开始吧。

(2)反省。

来，盯住那个让自己最满意的部分，想一想，这个部分在什么时候特别让你满意？那是怎样的情境，当时自己的心情是怎样的？这让你的哪些方面得到了满

足？（大约20秒）

那么，让我们一起来关注那个让我们自己最不满意的地方。想一想，这个部分在什么时候让你不舒服了，那是在怎样的情境中发生的？当时你的心情是怎样的？这又让你的哪方面受到了伤害？（大约20秒）

（3）交流，分享。

因为这些都是属于我们大家自己的隐私，我们可以选择交流，也可以选择不交流。你愿意交流吗？

我来交流一下吧。对于我的相貌，我最满意的就是我的眼睛，双眼皮，大眼睛，虽不擅化妆，如果非要在我的脸上找到我的优点，那就是这双眼睛。每次看镜子，我都先看眼睛。可能这就是我的最爱吧。要说眼睛什么时候让我最满意，可能就是小时候在村里到处跑的时候，村里的老人就会对我说："这孩子，大眼瞪着，真当意。"不知道为什么，每每听到这话，我心里都特别舒服，感觉自己真的像家里墙上挂的红楼梦的女娃娃们的画像一样漂亮。我想，这让我的虚荣心无形中得到了满足。

而最让我不满意的地方，曾经一度是我的牙齿。大家现在看不大明显，在我读书的时候，门牙下方长了一颗锥牙，本来无关紧要，但是我的母亲担心门牙动了会影响脑神经，所以就坚持不让我拔这颗牙。最让我受伤的时候是在五年级，记得是个自习课，当时老师因为看见我在笑，正在批正式作业的她很生气，就瞅了我一眼，不屑地说："你个大牙露露着，俊吗？"其实，现在想来，这句话真的没有什么，可是当时，我听后直接就流泪了。从此以后，对我的牙就深恶痛绝。每次笑，都狠狠地捂住嘴。直到参加工作，将这颗锥牙拔掉，我才开始慢慢地让自己轻松地笑起来。我想，这个伤害对于我来说，就是伤到了我的自尊。可是，我的自尊又为什么这样容易受伤呢？我想，这和老师没有关系，关键是我自己。

好了，我的分享就是这样的。看看自己喜欢的部分，看看自己不喜欢的部分，找找原因，说说理由。我们可能就更清楚地认识自己的相貌了。

（4）爱上自己。

大家知道吗？这些相貌无论我喜欢还是不喜欢，无论他带给我们快乐还是痛苦，他都是属于我们的，无可更改，无法删除。既然如此，那就让我们好好的接纳我们的相貌中的每一个部分，好好地爱上我们相貌中的每一个部分。因为，这是我们自己的，我们不爱他，谁都不会真正爱她。

2. 认识脾气

（1）反省。

那，我们了解我们自己的脾气性格吗？

我们自己的哪些脾气性格最让我们满意？这个脾气在什么时候特别让我们满意？那是怎样的情境，当时自己的心情是怎样的？这让我们的哪些方面得到了满

足？(大约 20 秒)

现在，让我们一起来关注那个让我们自己最不满意的地方。想一想，这个脾气在什么时候让你不舒服了，那是在怎样的情境中发生的？当时你的心情是怎样的？这又让你的哪方面受到了伤害？(大约 20 秒)

(2)交流。

相信每一种都会有自己的故事。愿意交流吗？

好，那我们更多地与自己的心交流一下吧。

(3)接纳脾气。

同样如此，我们的脾气性格是跟随我们而来的。是依附于我们个体而存在的。别人很难接纳她，我们自己先要接纳她，爱上她，呵护她。

你瞧，所谓的“认识自己”就是这样简单，但却需要我们时常回转我们的内心，反省，自问，觉察，感知。

四、悦纳自己

认识自己，这只不过是我们寻找幸福源头的第一步。接下来，怎样做，才会真正让自己的心时刻停留在祥和的氛围中呢？那就是悦纳自己。

1. 什么是悦纳？

所谓“纳”就是容纳、接纳。我们是这个样子的，我们知道了，并且认可了，同意了，这就是接纳。优点，我们接纳；不足，我们亦接纳。我们自己的长处，我们愿意接纳，因为我们内心深处对此是认同的；而我们自己的不足，则难以让我们自己接纳，但，如果我们对自己的短处也能接纳，那样的接纳才是根本性的接纳。

比如，我们暴躁的脾气或者过于苛刻的自我要求，我们不喜欢，这个不喜欢就是不接纳，当然，接纳不是非要喜欢，而是承认这个不足，将这个不足接过来，放下，那么，她就不会影响我们的情绪，不会影响我们的工作效率和生活质量。

2. 伴乐朗诵

唯一的幸福之路，不在天堂，不在寺庙，不在桃花源；

唯一的得道之路，不在《道德经》，不在《金刚经》，不在《论语》；

唯一可以让你幸福，让你得道的，只有一条路，就是“爱上你自己”。

其实，任何的修行、任何的课程都未必可以帮助你，除非一件事情发生，那就是你爱上了自己。

唯有你从心灵深处承认、接纳、爱上你自己，你的生命才正式开始，才迈开旅程。

这之前，你只是原地在打转，你只是在寻找那个你丢失的生命。

你找不到自己，因为你已被所有其他的概念所覆盖，所牺牲，所淹没！

3. 百分百爱自己的训练

第一步：每天早晨或者晚上洗漱时：对着镜子先看自己，从上到下从左到右，从前到后。看的时候心里或者口里说：我百分百地喜欢我自己。

第二步：睡觉前，起床时：从头到脚抚摸自己的身体，同时对自己默念：我百分百地爱每一个器官，每一个细胞，每寸肌肤都充满活力，每个器官都是健康的，骨骼健壮、肌肉结实、精力充沛。

第三步：遇到问题时：对自己说：我接纳我自己可以有优点也可以有需要提升的地方，我接纳我的全部。

每个人都有爱的能力，只要我们爱自己，自己有足够的能量，就会愿意给别人爱，也愿意别人爱我们。之所以给不出去爱，是因为我们还不曾百分百爱自己。学习爱就让我们从爱自己开始吧。

您可以找一个搭档互相监督每天的训练有没有做，有什么觉察和发现，您的生活有什么变化。让爱在自己心里流淌，让爱温暖自己温暖世界。

4. 感悟悦纳

我们曾如此渴望命运的波澜，到最后才发现：人生最曼妙的风景，竟是内心的淡定与从容。我们曾如此期盼外界的认可，到最后才知道：世界是自己的，与他人毫无关系。我们曾如此计较付出的回报，到最后才懂得：一切得到终将会失去，只能空留一抹浮名。真正的大德并不是对险恶一无所知，而是在经历过苦难之后，仍然保持着当初的善良，坚持着自己的原则。

5. 正能量朗读

从今天起，做一个温暖的人。过最本源的生活，做最真实的自己。

从今天起，做一个爱笑的人。快乐并懂得如何快乐。快乐并感染身边的人快乐。

从今天起，凡事尽力做到最好。偶尔任性，却不犀利。偶尔敏感，却不神经质。乐意和大家分享所有开心和不开心的事情。不轻易流泪。不轻易伤悲。

偶尔，只需要一个鼓励的微笑，就可以说服自己继续坚强下去。（给别人爱，先爱好自己；有了能量就会好好爱他人）

做一个自己喜欢自己，也让别人喜欢的健康阳光的老师吧！

——张红丽

绿色心语

从今天起，做一个温暖的人；从今天起，做一个真实的人；从今天起，做一个快乐的人。我们正确认识自己就能正确地把握快乐的脉搏，就能清晰地感悟悦纳的欣慰。

杯沿上的一滴水

水杯。杯里的水安静祥和；杯沿上一滴水，挂在那里，正向下滑落，却没有落下来……

望着那滴水，我陷入了沉思：无论是杯子里的水还是杯沿上的水，他们的本质都是水，杯沿上的那滴水为什么不下来呢?

作为杯子里面的水，看着杯沿上的水滴是怎样的感受呢？——你不过也是一滴水，为何总在上面挂着呢？难道挂着就能证明自己的与众不同?

而在上面的这个水滴心里又作何感想呢？——我并不想与大家不一样，我想与你们相融，但此时我……

杯沿上的一滴水，她的苦恼有谁知?

很长一段时间以来，我一直在觉察自己，觉察自己的内心世界。我在一次次的成长活动中，不断认识自我、了解自我。强势、坚硬、拒绝、敏感、虚伪……这些词语对我来说，一直都是我不喜欢的，是我不接受的，但是在成长课上，我却完全接纳这些。因为这些来自大家对我的中肯评价，而这些也是我用心察觉后确认存在的事实。

很久以来，自己一直在褒奖的词汇中享受着、沉浸着，似乎这些肯定都是我应得的。却不知道，当自己以为这些是应得的时候，自己本身就把自己放置在功臣、能人的位置，于是自然而然就呈现出一种强势的状态，一种对他人自觉不自觉的拒绝，虽然轻微，但是却真实存在。

自己也一直以为自己很有亲和力，因为自己喜欢微笑，喜欢散播热情。但是，为什么自己却给人坚硬的感觉呢？平日里，为了体现亲和力，自己说话总是努力让口气柔和，并尽可能多地采用商量的口气，可是口气虽然改变了，句子传达出来的意思却依然是“你必须按我说的去做”。

震惊，除了震惊就是震惊!

原来自己是这么的不真实，原来真实的自己是这样子的。

老师说：“你别挂在上面了，还是下来吧。”

是呀，下来吧。与其他人一样不是很好吗？与周围环境相和不是很好吗?

这让我想到了我校正在实施的领导干部“蹲点”办公制度。作为学校领导，不将自己高高地挂在杯沿上，而是真真切切地将自己的位置放低，放低到与老师同起同坐，同吃同劳动，这样，不仅可以蹲下来体会老师的辛苦，更能拉近干群关系，有利于和谐关系的形成。这可能正是当初毛主席推行蹲点制度的初衷吧。

我呢？作为班子成员的一部分，深入基层，了解基层教师的工作状况，了解一线教师的所需、所想，这样是不是就可以将自己放低了呢？这是不是就是让自己这滴水滴到了水杯中呢？

把自己放低，需要一种姿态。如果说追求新思想的人是杯中水的话，那么，这些不愿意吸纳新知识的人是不是就是那杯沿上的水滴呢？总认为自己什么都行，什么都棒，或者不愿意行，也不愿意棒，就喜欢自己把自己挂在杯沿上，后果是什么？被蒸发，只在杯沿上留下一圈水垢。

这不禁再次让我震惊：总是挂在杯沿上，我将得不到来自团队的给养，得不到来自群体的润泽，结果是什么？我将升腾成气体或者干涸于杯沿。

不，这不是我想要的。

让自己柔软下来，圆融起来，平和一些，真诚一些，做一个从内到外都很宁静的人，做一个和杯内的水一样的充满生机与灵性的人。

——张红丽

绿色心语

把自己放低，需要一种姿态。一种美德的幼芽、蓓蕾，这是最宝贵的美德，是一切道德之母，这就是谦逊；有了这种美德我们会其乐无穷。

生命因感动而灵动

艺术大师罗丹有句名言：“对于我们的眼睛，不是缺少美，而是缺少发现。”来环山路小学半个学期了，我觉得我是幸福的。在环山路小学工作，接触最多的是求知若渴的学生和以身作则的老师，我看到了老教师的孜孜不倦，呕心沥血；也看到了青年教师的朝气蓬勃，敢于承担，更看到了满脸充满着幸福的学生。我觉得感动无处不在，无时不有，我每天都被一种浓浓的亲情包围着，我为能成为环山路小学的一员而高兴。

我担任一、三、五 3 个不同年级的体育课，对于我来说，是一个不小的挑战。首先因为这是我第一次教小学，对课程内容、教材等都不是很熟悉；其次，进入新的单位，各方面环境还没有适应。但是体育组其他体育老师的帮助让我找到了家的感觉。从红卫、姜洪生两位老教师，处处对我关心，百忙之中抽出时间听我的课，课后给我点评，让我知道哪些方面是我特别需要改进的地方，并给予我精神上的鼓励。当我在课堂上遇到困惑、向他们请教时，他们都会面带着笑容帮我解答，告诉我应该怎么做，一定要注意什么，还有哪些方面需要改进，加快了我适应小学体育教学的节奏。刘明老师在我上班第一天就领着我把学校逛了一圈，告诉我食堂、商店、训练场地在哪里。在准备新进教师课堂展示课的时候，

3 位体育老师在选材、备课、场地器材的准备上都给予了我莫大的帮助，和我一起探讨可能遇到的问题，一起对课程进行改进，做好评价。我感觉到了我们体育组这个团队的温暖。

当然，做好一名体育教师不光是要上好体育课，而且要把自己所带的训练队的水平提上去。经过领导和我们四名体育教师协商，我负责乒乓球队和篮球女队的训练，这也是领导和同事对我的信任。当然这对我个人来说还是有压力的。虽然接触乒乓球训练十多年，但以前都是带的十四五岁的学生进行训练，这回还是头一次进行小学方面的训练，篮球训练更是开天辟地第一次，但我给了自己要做好的决心。我和姜洪生老师第一次去篮球场，看到队员们都在认真地进行运球练习，让我感叹这个学校训练的严格性，从孩子的目光中我找到了训练的信心。当丛红卫老师把乒乓球队员集合起来，介绍我这一年带领大家训练时，孩子们也给了我热烈的掌声。“万事开头难”，我制订了训练计划，指定了队长，把训练时间、制度介绍给学生，强调了训练的重要性。有时，我在 4 楼训练乒乓球后，把任务交代给学生，让他们自己跟着队长练习，来到篮球场，我会发现姜老师训练男篮队员的同时，还在抓女队队员的训练。丛红卫老师经常到篮球场告诉我，哪个练习内容是重点，哪个动作是难点；刘明老师经常嘱咐我如何抓好小队员的训练以及如何抓好训练纪律。同教研组老师的关心帮助，让我深深地知道，我是幸福的，我要做好每一项工作。

时常体味感动，心灵才会得到升华；时常被感动的潮水浸润，才能领会教育的美好。我庆幸我工作生活在这样一个处处充满爱与感动的校园中。

罗曼·罗兰曾经说过：世界因为生命而有色彩，生命因为感动而有灵性。我同样相信教育也一定会因为有了感动而变得更加美丽。我想：让“爱”谱写教育的主旋律，让“爱”洒满每一位老师的心田，让我们的孩子们在“爱”的呵护下幸福茁壮地成长，最终我们环山路小学一定会成为一片“爱”的绿洲！

——许德强

绿色心语

爱在，力量就在；爱在，温暖就在；爱在，感动就在。因为感动，生命展现了迷人的光彩；因为感动，生命焕发灵动的魅力。

美丽的点滴

在我们学校，老师们都兢兢业业地工作，最让我最感动的，还是和我搭班的于宁老师。以前没和于宁老师搭过班，在印象中只知道她是一个干什么事都特别认真的人；和她搭班的半年里，没听到她说过什么亮丽的语言，也没有什么惊天动地的故事，但在相处中却为她那平实中的温暖、平淡中的坚守、平和中的智慧以及她那点点滴滴润物细无声的爱深深地感动着。

工作中于宁老师是一个认真的人。不说别的，就说班上打扫厕所这事吧。这活，别说女的，就我一个大男人进去都有点受不了想吐。四年级的孩子虽说在学校是中高年级的，但在家里却是“小皇帝”、“小公主”，一打扫厕所，一个个捏着鼻子，冲几下就跑了。但于宁却什么话也不说，不顾脏和臭，与学生们一起，用拖把对尿槽和粪坑做了认真地清扫，打扫厕所那认真劲，简直就像给学生批改作业，真让我由衷地佩服。在她的引导下，学生们再打扫厕所的时候就很自然，再也没有捏鼻子冲几下就跑的了。身教重于言教，于老师通过她的行动，给学生做了最好的榜样。所以每次班上收拾厕所卫生，她所在的班级收拾得是最好的，也是最令人放心的。

教学中她更是一个认真的人。考试前的一次月考，我们班的数学成绩一下比别人班拉了 8 分。当时于宁特别自责，对我说：“这周回家一寻思这事，头一下子就大了，干什么事都一点心思也没有了。”在这次考试之后的一个月，于老师几乎就没回过办公室，每天早晨早早来到教室收作业。没课的话，就坐在教室里批作业，和任科老师维持班级的纪律，关注孩子每节课的听课状态，有课就在教室里上课。放学和家长提前沟通好，把需要辅导的后进生都留在了教室进行了耐心地辅导，期末考试我班的数学成绩由当初的差 8 分，一下进步到平行班中的第一名。当然，成绩的取得，来自于宁老师所付出的艰苦努力。

家长网校是我们和家长沟通的一个很好的平台，一般我们每天的作业都是通过短信发给了家长，也赢得了家长的好评。但作为我而言，有时候乱七八糟的事一多，经常忘了把作业发给家长。后来于宁老师知道这种情况后，就让语文和英语课代表把每天的作业记下来，每天由她统一发给家长。最忘不了有一天，都 5 点半的时候接到于老师的电话，说今天课代表忘把作业给她，她正在给家长发信息，不知道语文作业是什么。其实在我看来，这么一天没发就没发呗，但她却觉得不行，她说：“我必须要让家长每天都知道今天晚上孩子的各科作业是什么。让家长觉得每月的 10 元钱花得有价值。”在借助网校信息与家长沟通方面，她并不是仅仅将作业发给家长就行了，而是有针对性地与一些家长进行沟通。哪些孩子最近成绩有进步了，发个喜报告诉家长一声，让孩子保持好的学习状态再接再厉；哪些孩子最近上课听讲状态不好，作业没有及时完成，学习暂时落后了，也发个信息给家长，让家长及时了解孩子的在校动态，有针对性地帮助孩子，使其成绩提高上去。

——曲学杰

绿色·心语

点点滴滴的美丽言行，汇成美丽教师的璀璨瞬间；平凡的举动满溢着一位教师对孩子负责的可贵品行。值得赞叹……

做一株非洲茉莉吧

办公室里养了一盆绿莹莹的非洲茉莉。一直以来都非常喜欢，喜欢那蓬勃的枝丫，喜欢那绿得发亮的叶片，喜欢那总是洋溢着生机的姿态。每每工作劳累，抬头望一眼那绿叶婆娑的非洲茉莉，心中总是盈满希望，铆足干劲。

可能因为自己与这盆植物名字同音吧，总愿意让自己像这非洲茉莉一样充满生机与活力。

放假前，我担心，这近一个月的时间，我不在学校，这可心的茉莉会耐不住严寒……为了让这可爱的朋友也能过一个开心的年，我想，还是将这花送回花棚，让花棚的人帮忙照料一下比较稳妥。但我却没有找到合适的肯接纳这花的花棚。无奈之下，我只好在放假前给花浇足了水，并诚心祈祷，它假期顺利。

开学前几天，当我赶回学校参加开学前工作会议时，陡然发现自己这个老朋友竟然蔫了：虽然所有的叶子依然是浓得发黑的绿色，却失去了光泽；虽然枝丫还是那样张扬着，但是叶片却全部耷拉下来。我第一次知道，什么是霜打的样子。这可怎么办？我几乎慌了神。赶紧吧，浇一点水。我慌慌地打来了水，小心翼翼地浇到花根上，期待着有奇迹发生。

开完会回来，看一看，那花竟然没有什么起色。是不是水浇少了？不能，花棚的人说了，这花不能浇太多水，那只有等一等了，没办法，我心中只剩下祈祷了。

两天后，当我们开学的那天，我急急地赶到办公室，一看，谢天谢地，这花真给面子，竟然再现它真我的风采了。我欣喜异常。

望着这转危为安的非洲茉莉，我心生感叹：这花，真是给点阳光就灿烂啊，不，应该是给点清水就生长。你看，我不过是在那个危险的时刻给了它一点水而已，它竟然回报给我这么多的希望与力量。其实，它需要的只不过是在关键时候的一点关注而已。

想想我自己，从生活到工作，从成长到发展，一路上不就是得到了身边领导、同事的鼓励和欣赏，自己才那样充满干劲地工作着、成长着吗？

想想班上的超奥同学，从三年级刚接手时连一个完整的汉字都写不清楚，在我不停歇的真诚鼓励中，他一天天地发生着变化。这不，刚开学，这学生竟然展现了充满斗志的昂扬状态，数学课堂一路绿灯，语文学习也课课有进步。听说，班上的同学都一起推举他为“卫生标兵”……是呀，这难道不是一株可爱的非洲茉莉吗？

经常感叹，身边的人没有工作干劲；经常感叹，班上的孩子没有学习激情，事实真的如此吗？现在想来，事实不是的，如果我们多一双发现美的眼睛，如果我们多一份欣赏他人的宽仁，身边的非洲茉莉一定会处处鲜绿，常常开花。

做一株充满生机的非洲茉莉吧，开花时散发清香，不开花时散发活力。

做一株非洲茉莉吧，永远充满干劲、永远充满激情、永远充满向上的力量，即使是耷拉了头，只要接收一抹阳光就要绽放属于我自己的灿烂笑脸。

——解淑秋

绿色心语

世上并不缺乏美，而是缺少发现美的眼睛。当我们睁大明亮的双眼，定能发现这世间山清水秀、云淡风轻、绿意盎然！做一株充满生机的非洲茉莉吧，开花时散发清香，不开花时散发活力。

生命在耕耘中闪光

时光飞逝转瞬间，我迎来了教师生涯的第二十二个春秋。作为一名小学教师，我有一颗关爱孩子的心，有活力，有干劲儿。我始终记住：只讲付出，不求回报，就会快乐。教师的爱如父母，付出的时候不求回报。工作中，用心就有快乐，不求回报就幸福，成就是在快乐、幸福中获得的。

担任班主任以来，我始终坚持“以人为本，以德为基，尊重个性，着眼未来”的教育理念，把“无私、深厚、博大、理智”的爱播撒给每个学生，让他们感受到集体的温暖，老师的关爱，甚至是智障学生、全校公认的“刺头”，都一直要求跟着我的班级。我每接一班都会积极创设一个团结和谐、积极向上的班集体，来培养学生健康的身心、健全的人格。所任班级连年被评为校优秀班级，2007 年被评为“市优秀班主任”，所撰写的论文《完美教育源于爱》用于文登市中小学班主任经验交流活动中。

作为一名语文老师尤其是班主任的我感到自己责任的重大。我勤学习，善思考，喜交流，爱反思，每天都全心地投入到教育事业之中去，真正幸福着学生的幸福，快乐着学生的快乐。心中总会有这样的感触：没有比当教师更幸福的事情了！

我知道敬业更要有创新。因为教育是艺术，艺术的精髓在于是否有创造。教育也一样，只有不断地创新，教师才不会与学生产生“代沟”。教育的创新来自老师对孩子们的爱，让自己的学生感觉每一天都是新的！爱业更需要智慧，也更需要努力。做智慧型老师培养有个性的孩子，促使我不断充实自己，与书结缘。在教育局举办的读书富脑活动中，我撰写的《书缘》被发表在《文登教研》读书富脑专刊上，同时被《文登大众报》刊登。

来到环山路小学我也因工作需要从一名语文教师转变为专职的小学音乐教师，并负责学校舞蹈队。虽有每年为学校排练节目的经验，但在自己还不太熟悉的领域，我时刻告诫自己要追求卓越，崇尚一流，拒绝平庸，使自己真正成长为不辱使命感、历史责任感的优秀教师，我知道必须付出更多。我用一切机会查找资料，牺牲了休息时间排练。在最短时间为学校大课间编排了团体操和运动会展示。为迎六一文艺汇演编排了“时尚健身操”和“绿芽梦想”，受到大家的好评。2010年“绿芽梦想”参演被评为市优秀指导教师。

作为一名教师，学校就是我的家，学校的发展也就是教师的发展，学校的形象也是教师的形象。所以我把学校集体放在第一位。

我一直认为，作为人民灵魂的工程师——教师，就要有无私奉献的精神，“视学生如已出，视学校如家庭，视教育如生命”。

让我们都来为孩子的“一生一世”努力！做一名幸福、快乐有成就感的老师，让生命在耕耘中闪光。

——于宁宁

绿色心语

生命的快乐是能量淋漓尽致的发挥，尽情绽放生命中最辉煌的色彩。多年的教学经历使我逐渐感受到：认真地工作，内心才会觉得充实；站在教室里，忘我投入与学生融为一体，那才是快乐的；和学生一起徜徉在知识的海洋，领略其水波浩淼、气象万千，那才是幸福的。

融融的秋叶

每天早上，开车走过文化路的时候，都被那路两旁金黄的秋叶构成的优美风景深深吸引，那是一种张扬的飞舞姿态，那是一种伸展的怒放的姿态。两边的树枝向上、向中间蔓延着，相互张望着，甚至有的地方，已经有枝杈快要“牵手”成功了……那黄黄的树叶在秋阳下肆意地挥舞着青春，有的在枝丫上绽放着灿烂的笑脸，有的在空中优雅地展示着美丽的舞姿，有的在飞驰而过的汽车脚下静静地低语，诉说着她心中最美丽的愿望和最真挚的深情……那叶子的金黄，就如同初春的朝阳，满是温暖，满是希望。谁说死如秋叶般静美，秋叶的确静美，但和死无关，和萧条无关，和荣枯无关，那就是一种沉淀了内心需求的平和姿态。

仔细看那秋叶，在融融的秋天的气息中，正悄然散发着一种叫做“怒放”的精神，那是一种全心全力面对萧瑟的奋力张扬，那是一种全心全力面对初冬微寒的无畏姿态，面对这样的融融秋叶，我心生暖意。

这就是我喜欢的秋叶，这就是我怜爱的秋叶，这就是那一直魂牵梦萦于我心中的秋叶。

做一枚秋叶吧，将融融的暖意播撒；做一枚秋叶吧，将奋发的激情传扬；做一枚秋叶吧，将满心满怀的希望怒放；做一枚秋叶吧，将所有的美以这种静然的方式留存……

——胡凯华

绿色心语

在融融的秋天的气息中，秋叶正悄然散发着一种叫做“怒放”的精神，那是一种全心全力面对萧瑟的奋力张扬，那是一种全心全力面对初冬微寒的无畏姿态。

绿色论坛：

让我们的心灵充满阳光

主持人(周华丹)：各位老师，本期绿色论坛由我为大家主持。我们作为老师，承受着家长望子成龙，以及培养下一代的社会沉重期望，因此备受社会各界瞩目，教师来自各方面的压力也随之越来越大。近年国家中小学心理健康教育课题组曾经对14个地区168所中小学的2200多名教师进行了抽样检测，发现有52%的教师存在不同程度的心理问题，如自卑心态严重、嫉妒情绪突出、焦虑水平偏高等。这些心理状态如果不能及时有效地得到调适，就会导致身心的各种问题，使得我们教师无法正常工作、生活，从而对学校教育及学生的健康发展，产生诸多不利影响。今天的绿色论坛，我们就来谈谈教师面对各种压力的心态问题。谁先发言？

胡丽萍：主持人，我觉得教师的压力首先是来自于工作上的，因此自我解压很重要。自我解压的最好方式就是要享受工作的幸福感。我们每个人生存和发展的基本的东西是他的职业。你是厌倦它还是喜欢它，对整个心理的发展，对你的幸福感的获得，都是至关重要的。你不爱你的工作，工作也不会爱你。你不爱教师这个职业，你就不能从教师这个职业中获得乐趣，你的生活和工作中也将失去阳光，你会感到前景一片黯淡。如果我们只盯着眼前教师生活的阴暗面，如工作累，那么我们的心里只会是一片黑暗。因此，你不妨换一个角度，关注教师职业的阳光面，你也许能发现教师职业的灿烂美，你也许会看到每个学生都是一朵含苞欲放的美丽的花朵，你也许会享受到职业的尊严与幸福，你也许会爱它并全身心地投入。

荣爱丽：看别人不顺眼，是自己修养不够。因此长一双发现美的眼睛，看待我们纯真的孩子们，看到他们自然感情的流露，满足她们善良的愿望，你会因为爱而发自内心地去心疼她们。如果说：昨天是一张作废的支票，明天是尚未兑现的期票，那请你及时地抓住今天吧，因为今天才是现金，才能随时兑换一切。

曲学杰：很多事情是教师职业本身的工作特点，像备课上课、批改作业、辅导、考试等，很琐碎也很具体，方方面面都会直接给老师的情绪带来负面影响。我们对工作、对生活要始终保持一种积极的心态，克服负面情绪对自己的困扰。美国的希尔博士说：“成也积极，败也积极，顺也积极，逆也积极，始终积极”。只要我们努力，眼前的不如意都会逐渐消失的。永远相信：“再深的巷子也能走出那个天。”当自己遇到挫折时，可读一读伟大人物的传记，看一看身边的挫折人物的事例，和他们相比，我这点挫折算什么，这样心里也就释然了。

主持人：曾经有人这样对我说过：即使一个人，我依然会微笑。这种生活态度我欣赏。微笑是世间最美的语言，一个人如果想活得有质量，就要放下所有负担，就必须保持阳光心态，选择生活中快乐的一面。大家说呢?

张辉：对呀，我记得这样一段话：你改变不了环境但你可以改变自己，你改变不了事实但你可以改变态度，你改变不了风向但你可以调整风帆，你改变不了事情但可以调整心情；你不能控制别人但可以掌握自己，你不能预知明天但可以把握今天，你不能选择容貌但可以展现笑容，你不能样样顺利但可以选择事事尽心。

荣丽芳：说得太好了，对于同样一件事情，用不同的心态去面对，其结果会大相径庭。看过这样一个笑话：有两个台湾观光团到日本伊豆半岛旅游，路况很坏，到处都是坑洞。一位导游连声说路面简直像麻子一样。而另一个导游却诗意盎然地对游客说：“我们现在走的正是赫赫有名的伊豆迷人酒窝大道。”虽是同样的情况，然而不同的意念，就会产生不同的态度。不同的态度又影响着人的心情。思想是何等奇妙的事，如何去想，决定权当然在于自己。

荣爱丽：人可以选择放弃，但不能放弃选择。当我们不会飞时，才发现是因为把自己看得太重了。放弃一些是为了得到更多，所以不要把教师这个职业潜在的功效当做立竿见影的事业来对待。面对压力，放松、放松、再放松，才是你最应该要做的事情，与家人和谐相处，与同事友好往来，与孩子们在友谊中成长，在平和的心态中才能体现你内在的修养。才能感受到工作带给你的幸福！

主持人：说到学生，难免会让人想到不认真听讲，作业书写潦草，考试成绩不理想等，很多教师往往会因为学生的错误影响自己的情绪，那么我们在和学生及家长的交往中如何保持阳光的心态呢？

胡丽萍："教育的过程就是一个不完美的人引领着另一个不完美的人追求完美的过程。"金无足赤，人无完人，我们这些为人师者，年岁长于学生，知识多于学生，阅历丰于学生，涵养胜于学生，即使这样，我们也是不完美的，学生之所以是学生，就是因为他们比我们容易犯错误。正因为学生会犯错误，所以才需要教师的存在。

荣爱丽：爱因斯坦说：我没有教育我的学生，只是努力向他们提供学习的环境。教育家语录当中也指出：只教给人知识而没有教给人自信的教育，称不上是成功的教育。知识有老化的时候，而自信却能让心灵永远不老化。只要我们带着一颗宽容的心去爱孩子，去发现所有孩子身上的闪光点，用行动告诉他们你们很重要，我想所有看你的眼神都是充满希望的。在这里与大家共勉的是：用比较法看学生越看越暗淡，用发现法看学生，越看越精彩。

曲学杰：有这样一则寓言：太阳和风争论谁的力量大。这则寓言向我们诠释了友善的力量，但也与教育是不能完全等同的，我觉得教师的努力方向应该是让学生既喜欢又怕，要以喜欢为主，建立一种良好的师生关系，教师快乐地教，学生开心地学。那么教育也就不再是什么难题。确实，教师的心态也要像阳光那样，是平常的、宽容的、感恩的、积极向上的。我们只有拥有这样的阳光心态，才能做一个幸福的教师。

张辉：日常中我们老师在与学生相处时，离不开与家长打交道。家长们来自不同社会层面，他们的素质确实千差万别，有的家长学历高，素质高，非常关心自己孩子，主动配合班级和学校工作。这部分家长最受我们老师欢迎，但还有一些家长对学生的教育是被动的。孩子上学了，交给老师了，孩子一旦犯了错误或者学习成绩不理想，就不问青红皂白找老师兴师问罪，面对这样的家长我们怎么能做到阳光心态呢？

荣丽芳：我觉得对待这样的家长，我们更应该多一份了解，多一分情感的交流。我们不妨以朋友的身份到学生家里去坐坐，或者打个电话跟他们共同商量、探讨孩子的教育问题。在和家长谈话时，我们也要从家长的角度出发，替他们多想一些，尽量多说一些孩子的优点，即使孩子犯了错误，也要说得婉转一些。和带有情绪到学校来的家长交谈应注意先情后理。当家长的情绪比较激动时，我们不妨坐下来静静地听听家长的心声，学会倾听也是处理一些事件的好办法。听完家长的讲述，家长会认为自己得到了尊重，情绪一定会有所缓和。然后再讲一些道理向家长解释，就会达到我们的教育目的。

主持人：是呀，家长尊重我们，会对我们的工作有很多帮助。班级的烦心事少了，我们的工作也变轻松了，心中自然会播撒一片暖暖的阳光。

曲学杰：曾经看过这样一段话让我感动不已：“有心的地方就会有发现，有发现的地方就会有欣赏，有欣赏的地方就会有爱，有爱的地方就会有美，有美的地方就会有自由，有自由的地方就会有快乐。”是啊，我们不能选择我们的学生，但是我们可以改变自己的心态。其实不管是平常心、宽容心、还是感恩的心，只要你拥有阳光般的心态，就会少一些烦恼，多一些快乐，将教育视为一种艺术，那么你就能够拥抱幸福！

主持人：是的，阳光心态不一定要你付出多少，也不需要你如何去惊心动魄，那就是一个很健康的心态，一个发自内心的微笑，只要你想要自己温暖，只要你把快乐当成一种习惯，那么还有什么东西值得我们去烦恼忧愁的呢？

荣爱丽：我觉得要保持一个阳光的心态，还有一个词语很重要，那就是欣赏。我们必须学会尊重和理解别人，很多时候发现我们缺的不是钙，而是爱！美国作家玛格丽特·米歇尔说：有的时候，给别人一个低头的理由，就要把自己提升到令人仰望的高度。我们要学习越是强者越宽厚、越是幸福的人，越能欣赏、悦纳别人的好。说到与人相处，使我想到只要遇到菠萝，盐也可以发出甜蜜的味道。学会欣赏的确是一种胸怀、一种气度。更是一种人格修养，一种气质提升。所以莎士比亚说：爱所有的人，信任少许人，勿伤任何人。发现别人的长处，去欣赏他们，可以帮助你逐步走向完美。

主持人：苏格拉底常这样对学生说：“优秀的人总是相互欣赏的。”如果我们同事之间能够互相欣赏，我们的团队就会更加团结，团结就是力量，团结就会和谐。

荣丽芳：工作上，同事给了我很大的支持。曾经与同事们之间的点点滴滴经常浮现在眼前：办板报时，因为要赶进度，忙得没有时间来剪报头，是刘丽娜老师主动找到我说要帮我剪字，使我及时地把板报办完了。组内的刘敬德老师经常给没顾得上吃早餐的我们带早点，主动帮我关掉电脑，阴雨天把下班的同事送回家。这些虽是小事，却让我们感动万分。因此我们一定要学会感恩，学会用感恩的眼光面对身边的人和事，你就会发现一切都是那么美好，一切都是那么阳光灿烂。

张辉：我也要感恩学校给予我工作的舞台，展示的机会。感恩同事们在工作中遇到困难时，热情地帮助我；生活中遇到烦心事时，耐心地开导我；学习中遇到挫折时，不断地鼓励我。组内开展活动，同事们互相支持的氛围感染着我，我太幸运了，结识到这么多热心而善良的同事；结识到这么多努力进取而甘于奉献的伙伴，让我的每一天都过得精彩、快乐。还记得冬天扫雪的情景，预知第二天要早起扫雪，我们组的同事们这个说，明早我包包子；那个说，明早我煮鸡蛋；有的熬八宝粥；还有的买千层饼。没想到，学校领导想得更周到，为我们准备了热乎乎的早餐。虽然扫雪很辛苦，但大家在一起边吃边聊分外开心。既然我们改变不了环境，就改变自己的心态，这样才能让我们的生活充满阳光。

主持人：5位老师的发言，总结出了阳光心态的8个关键词：乐观、积极、微笑、宽容、倾听、欣赏、真诚、感恩。不论工作还是生活，不管是顺境还是逆境，愿我们所有的老师都能用阳光的心态对待身边所有的人和事，这样才会使生活更加幸福，身体更加健康，工作更加顺利。今天的绿色论坛只是我们语文组的抛砖引玉，期待着我们环山路小学的绿色论坛在其他组老师的主持和参与下，越来越精彩！本期绿色论坛到此结束。感谢所有老师的参与，再见。

第七章

绿色家校 温暖一方沃土

绿色关键词：和谐 共赢

真诚交流

点燃绿色的灵光

智慧携手

写意绿色的交融

挽臂同行

为了绿色的希望

把肩言欢

祝福绿色的梦想

家校合作沟通 携手和谐共进

近年来，随着社会竞争日趋激烈，众多的家长愈来愈关注孩子的成长与教育。对于我们这所已初具规模的新建学校来说，领导、家长们更是对我们寄予了厚望。如何快速提高办学水平，得到家长最大程度的信任和支持，用最好的教育回报社会，成为打造绿色学校、促进师生可持续发展的首要问题。多年的教育经历以及环山路小学四年来的探索实践，让我深刻地体会到：作为教育的主体——学校教育应主动同家长密切合作，协调沟通。我们应秉承绿色教育的办学理念，着眼于学校和学生的可持续发展，不断探索家校合作的新方法和新形式，创设良好的家校合作氛围，构建起和谐畅通的家校合作绿色通道，促进学校、教师和孩子的共同成长。

一、加强沟通，增进了解，奠定家校携手育人基础

家校合作的基础是沟通，而沟通的基础是信任。为增进与家长间的相互了解和信任，必须以真诚的态度加强与家长的沟通，并及时给予家长科学有效的前期指导，不断改进家校双方教育水平，为家校携手育人奠定坚实的基础。

1. 通过问卷调查和评议活动加强沟通

为了有的放矢地对学生的家庭教育进行指导，可以在开学初向家长发放问卷，介绍学校的有关情况和发展愿景，以学校、班级工作和家庭教育中存在的问题为出发点，诚恳地征求家长对学校教育教学工作的意见和建议，同时，也对学生及家长的基本情况做了全面了解。这样使家长对学校有比较全面的了解，提高对学校的信任度，也可以为学校发展提出建设性意见，从而进一步密切学校与家长的关系。同时，也使学校、教师基本掌握学生家长及家庭教育的有关状况，如家长的学历、职业分布情况，单亲家庭所占的比例以及家长对实施素质教育的认识，对学生家庭教育的指导更有针对性。

2. 通过创办校报，开辟家教专栏加强沟通

我校于2009年10月份创办了《绿色·希望》校报，包括校长寄语、教海扬帆、师德建设、教学随笔、班级管理、学生习作、家长心声等栏目，内容新颖、图文并茂，向家长们全面展示我校师生风采，受到了家长们的一致好评。家长心声栏目以刊登家长的教子经验和体会为主，以家长的现身说法，促使家教水平的整体提高。校报每月一期，全校师生人手一册，家长在与学生的共同阅读中，了解到学校各方面动态，看到孩子的优秀作品，学习到先进的家教方法，增进了对学校、教师、学生的了解。实践证明，校报的家教专栏就像一条情感的纽带，把学校、家庭和社会紧紧相连，形成了一种学校、家长和教师的教育合力，共同促

进学生的发展。

3. 通过公开校长邮箱，开设校长热线加强沟通

为最大程度地取得家长、社会对学校工作的支持和理解，向全体家长公开校长邮箱地址，开设校长热线，随时对家长的质疑和问题进行解答，接受家长的监督。同时，对学校某阶段教育工作的重要措施、假日安全教育等要求，还可以以致家长一封信的形式与家长沟通，以便得到家长对学校工作的有力支持和配合。

4. 开办家长学校

通过开办家长学校，有针对性地对家长进行家庭教育理论和方法的指导，促使家庭教育由经验型育人向科学型育人转变，更好地与学校教育协调一致。我们探索出的办学模式为：每新学年新生家长和学生同时入学，学制一年。实行“二四二四”模式，即一学年 2 次集中学习，4 次面授，2 次交流研讨，4 期刊授。学员和学校做到“五有”：有管理规章、有教学计划、有专兼职教师、有讲授提纲、有成绩考核；“四定”：即定入学人员、定讲授时间、定教材、定地点；“三结合”：即面授与刊授结合、系统讲授与专题讲座结合、理论学习与经验交流结合；“两考评”：即理论测验和实践考评；“一订阅”：即教师和学员至少订 1 份家教周报、家长园地。与家长共同制订“家长学校管理规程”和教学计划，结业表彰优秀学员、发结业证书。家长学校的开办，可以全方位传递营造良好家庭氛围、促进孩子健康成长的现代教育理念，端正广大家长科学育人的思想，提升家长心理水平，促使家长自觉改善家庭教育行为，逐步增强家校合作的责任感，进一步奠定家校育人的基础。

二、创新模式，拓宽渠道，搭建家校携手育人平台

让家长参与到班级管理中来，既可以增进教师与家长的感情，又能得到家长的支持和帮助，有利于学校管理和班级工作的顺利开展，是提高家校合作效率的有效途径，为此我觉得，应不断创新家校合作模式，多渠道加强与家长的联系，充分调动家长参与班级管理的积极性，从而提高家校合作的有效性。

1. 让家长参与学生养成教育

学校非常重视学生学习习惯和行为习惯的养成，根据《小学生守则》、《养成教育细则》，印发了《环山路小学养成教育手册》，在全校范围内掀起学守则活动，要求每位队员熟读成诵，并体现在日常行为中。对礼仪、学习、纪律、卫生四个方面，大力实施自测、同学评、家长评措施。一年级新生的养成教育非常重要，学校定期组织一年级家长与学生共同参与养成教育知识竞赛，并评选优秀家庭。这样一来，家长对学校的养成教育就有了更进一步的认识，同时在参与学校学生管理过程中，更有效地促进了素质教育的拓展，优化了学生的成长环境。

2. 大力创建书香家庭

家校互动交流，营造良好的家庭教育环境。教师节组织全体师生、家长“尊师重教”征文活动，国庆节组织“我和祖国共发展”家庭征文比赛，开展“亲子阅读活动”，为学生推荐适合他们的好书和家长共同阅读，利用校报刊登家长和学生的读书体会，积极评选并大力表彰“学习型家庭”。除了开展家庭读书活动以外，还对家长进行家长学校学习材料的测试。

3. 定期开放课堂活动

每学期开设课堂开放日活动，定期向家长开放教师课堂，家长可以到校任意观看教师的课堂教学，观看孩子学习状态、学习方法等。课后，家长、教师和学校领导共同评价课堂教学。对家长们提出的意见和建议合理吸纳后，我们还在教学中鼓励教师大胆尝试、勇于探索。家长走进课堂，亲身参与“亲子”活动，使家长耳目一新，真真切切地感受课堂的魅力，也使教师从中得到锻炼和提高。

4.“家长教师”参与教育

家长教育资源是优质广阔的，家庭教育的魅力是具有强大影响力和穿透力的。学校要充分挖掘“家长教师”资源，发挥他们自身的优势，每个中队分别聘请一名中队家长辅导员。把他们请上讲台，依据自己的专业和特长，为孩子们进行专题教育活动。比如请在公安局工作的家长谈《做遵纪守法的好少年》；请在银行工作的家长谈《科学理财，用好压岁钱》；请在环保局工作的家长谈《良好的环境给我们带来什么》等丰富多彩的以班级、年级为单位组织的主题队会。这样不仅拓展了学生的知识视野，激发了每个学生的主人翁意识和社会责任感，还可以密切家校之间的联系，坚定教师与家长之间互相理解、互相帮助与孩子们共同成长的信念。

当家长把学校的发展当做自己的责任，以主人翁的态度参与学校和班级的管理时，学校和学生才能真正得到发展。对于我们环山路小学来说，家校携手之路才刚刚开始，任重而道远。我们还应进一步营造科学、和谐的家校氛围，多渠道促使每一位家长树立正确的教育观念，掌握科学的教育方法，提高家庭教育水平。我们期待着孩子在学校和家庭的共同培育下绽放更加璀璨的生命之花！

——刘凡荣

绿色心语

现代教育是一种开放性全方位的教育，通过家校联系，搭建教育教学新桥梁，教育学生，感化家长，记录学生成长的全过程，关心人生成长每一步。简单的一个电话，一次家长会，一份校报，一张家校联系卡……都蕴含深刻的教育哲理。这是智慧的光芒。

由一个家长的质问电话引发的思考

正在外地参加会议，一个意外的电话打乱了我的思绪。

那是一个一年级新生的学生家长。电话一通，只听见对方气呼呼地问：“你是校长吗?”一听他口气，我就知道他心里正憋着气。于是，我调整好状态，微笑地回答：“您好，我是。请问，您有什么事?”

“你们学校组织的活动是不是希望孩子进步?”

“当然，怎么了?”

“昨天是‘少先队建队日’，你们组织了一批孩子加入少先队。”哦，是为这事，我心想，是不是他的孩子没有入队?

“我的孩子表现怎么了？为什么就不能第一批入队？你们入队的标准是什么?”

“这个情况，您问过班主任老师了吗?”我问。

“当然问过！老师说入队的孩子要全面发展，入队名额有限，我的孩子表现也不错，但太调皮，上课时爱说话，作业也不够认真，我孩子有这些问题，老师为什么不通知我呢……”他在电话那头唠唠叨叨，我一边听，一边耐心地讲道理开导他，但他的火气却越来越大，“你们组织这样的活动，这和网上报道的有的学校给孩子戴绿领巾、在脸上盖个戳有什么不同？你们这不是过早地给孩子贴上了‘不如别人’的标签吗？这不是在伤害孩子的自尊吗?”

家长的话犹如一阵惊雷轰到了我的心田。“绿领巾”的故事也曾让我心中震撼，在表现不好的学生脸上盖章以示批评的做法也曾让我心生愤恨。自己所在的学校是一所新建学校，正在实施尊重生命、尊重自然的“绿色教育”，而在“少先队建队日”组织第一批学生光荣入队的做法也已持续了三年，一直进行得很顺利，老师们也很赞同，觉得分批入队这种形式容易营造你追我赶、奋发向上、积极阳光的学习环境。一分耕耘一分收获，学生通过努力，付出辛劳，才会珍惜胸前的红领巾，分批入队也能激励学生不停向前，为班级树立成长的标准和榜样。

可是，家长的话是不是也很有道理呢？当前，我们的学校怎样才能真正实施素质教育呢？怎样才能时刻关注到每个孩子的优点，发展他们的优点，为他们提供健康的成长环境呢？我陷入了深深的思考。

在每一次活动中，应该充分尊重每个孩子的生命尊严；在每一次活动中，应该保证每个孩子都获得最公平的对待；在每一次活动中，应该给予每个孩子最温暖的关注……分批入队，虽有益处，却也的确会伤害部分学生的自尊心，一年级的孩子，自尊心很强，他们需要的是更多的鼓励，我们的家长同样也需要这份鼓励。谁都不愿意自己的孩子刚上学，就不如别人；谁都不愿意在孩子刚上学的时候就对自己的孩子失望。对于一个班级，孩子只是1/45，可对于家长，这可是100%。家长的心情是可以理解的，所提的建议也是非常有建设性的。

为什么就不能集体入队呢？让每个孩子都能享受到自己的优点被人关注，自己的长处被人肯定。这让我想起了在网上同样引起热议的“武汉一小学集体入队”的举措。有人担心“全员入队会不会降低红领巾的分量？”毕竟会有孩子觉得，反正每个人都能戴，就没必要去争取。但仔细想想，其实这种形式的活动，既能提升孩子们的荣誉感，也有助于他们完成从“小朋友”到“小学生”的角色转变。

想到这里，我心中生出很多的想法：明年的入队活动，我们在新生入学的时候就告诉孩子，表现好，我们就可以加入少先队；在各种评比活动中，为孩子进行全方位的记录，比如：路队、卫生、积极发言、文明礼貌、认真倾听、尊敬师长……为孩子的健康成长订立一整套的成长评价方案，发放争星活动证书；孩子手里只要有一样证书，就可以和家长一起填写“入队申请表格”，家长和孩子一起见证孩子成长的快乐；而在孩子入队时，我们也可以模仿“博士毕业典礼”的程序进行，每个孩子可以邀请2～3位亲属到现场观摩，和孩子一起参加入队仪式。没有最好的方案，我们可以有更好的方案。随着教育形式的发展，我们有责任为每个孩子提供健康、和谐、绿色的成长乐园。

感谢这位家长的中肯建议，虽然“辣”了些，却也点醒了我，点醒了我们常规性的教育活动。看来，即使是常规性的活动，也需要我们用心关注学生、家长的心理感受。只有这样，我们的学校才能不断向前，不断发展，我们的孩子才能健康成长。

想着，想着，我的面前呈现出了一片生机盎然的绿色乐园。

——刘凡荣

绿色心语

在我们的手中是许许多多正在成长的生命，每一个生命都如此不同，每一个生命都如此重要，他们对未来抱着憧憬和梦想，他们都依赖着我们的影响、指引和培养。我们要用心关注每个生命的成长需要，为他们提供健康、和谐、绿色的学习乐园，让他们快乐茁壮地成长。

带上家长春游去

“春天在哪里啊，春天在哪里？春天在那小朋友的眼睛里……”每到春天，我的心中便洋溢着这首小时候最喜欢的歌曲《春天在哪里》。可是，春天在哪里呢？真的在小朋友的眼睛里吗？望着教室里40多双天真的眼睛，我的心中总是一片茫然。和同事们谈起时，大家也总是说：“什么时候能够带着孩子们春游去啊？”“别提了，你能保证安全吗？出了事谁来负责？就是你按照程序申请了，哪个领导敢批啊？”这样的问句和无数的无理取闹的家长闹出的一起起让人无语的闹剧，使得心中的这种强烈的愿望瞬间化为烟云，风吹即散。

又是一年春来早。当我再次感受春风那柔软的抚摸时，心中那带着孩子春游去的欲望也越发强烈了。正巧，学校周五组织家长义工参加学校的综合实践活动，班上有两位家长在教室里等候出发。和他们无意中聊起来，发现很多家长特别愿意和孩子一起去参加学校的各种活动，说班上的一个孩子因为上个周去敬老院时，妈妈没有时间，结果没能参加，孩子在家哭了一宿。另一个家长说：“老师，天气越来越暖和了，学校不组织孩子们出去春游吗？他们天天憋在家里，不是看电视就是玩电脑，实在是不利于他们的成长。”听了这位家长的话，我笑了：“学校不能组织这样的大型活动，即使要组织也得层层审批，上级领导一般考虑安全问题，不会轻易批准的，因为这样，学校每年的这些活动都一一取消了。”听我这样一说，那位家长无奈地说：“那我只好周末自己陪儿子出去爬山了，要不，他实在是憋屈了。”“哎，咱们能不能一起啊？”另一个家长赶紧接过话茬。“好啊！好啊！”“那我也带上儿子参加这个活动吧！”我迫不及待地说……仅仅几分钟的谈话，一次美丽的春游之约就诞生了。

周六上午，我们班共计11位家长带着孩子来到了峰山南面的台阶前集合。其中有两个女生，9个男生。首先是爬山。一群孩子开心地向山顶奔去，兴奋和快乐写满了他们的脸庞；家长们则携手漫步，向山顶出发。大家边走边谈，谈孩子在家里的表现，谈学校各种活动，谈当前的教育形式……谈得越多，我感受越强烈：谁说家长素质亟待提高？应该这样说：部分家长的素质亟待提高，至少今天到位的这些家长，人人都有自己对教育孩子的见解，不仅说得头头是道，而且践行得也有模有样。他们利用这样的一个机会在一起沟通、交流，伴随着美丽的鸟鸣，伴随着轻柔的春风，谈话氛围越发融洽，家长之间的关系也越发和谐。

到达山顶后，我们稍事休息，又向大山深处进发。原来的水泥路没有了，取而代之的是山中晨练的人走出来的羊肠小路。终于，走到了一片小松林中，我组织孩子们做了一个突围的游戏，孩子们边做边笑，边跑边闹，似乎早就忘记了作业的烦恼，上课的忧虑。望着孩子们欢快的脚步，听着孩子们兴奋的尖叫，家长们也控制不住自己，纷纷加入到游戏的队伍中，我们还想起了小时候玩的各种游戏，跳房子、编花篮、抬媳妇……孩子们被家长们的创意吸引住了，也开始玩起了爸爸妈妈小时候的游戏。此时此刻，分不清谁是谁的孩子，谁是谁的妈妈，更分不清谁是老师，谁是家长了。

这和谐愉快的场景一定会成为孩子们童年记忆中不可磨灭的一缕亮丽。

游戏间隙，家长们纷纷和我谈起了现在孩子不愿意说话、不喜欢与他人进行沟通和交流的问题。我想：这与当前的独生子女家庭有关系，他们没有伙伴——游戏没有伴儿，活动没有伴儿，学习没有伴儿，甚至连吵架都没有伴儿。是呀，即使是吵架，那也是锻炼了孩子语言分辩的能力和口头表达的能力。没有伴儿怎么办？像今天这样子地带着家长参加的活动，既能保证孩子安全，又能为孩子们提供集体活动的场合和机会，不仅可以锻炼他们交友、沟通的能力，更能在不知不觉中锻炼孩子的体质，开阔他们的视野，增加他们的阅历。

活动结束时，开朗善谈的程程妈妈提出：如果谁还想参加这样的活动，她可以出面招呼，即使自驾游也是可以组织的。

看来，班级中的家长委员会好好利用起来，还是能起到很大的作用的。

是的，带上家长春游去！孩子们快乐，家长们放心。

带上家长春游去！孩子们得到锻炼，家长们获得沟通，家校关系也融洽和谐了。

带上家长春游去！让家长真正走进教育，让家长资源真正服务教育，让社会真正支持教育，让教育真正服务孩子。

——谭春苗

绿色心语

带上家长春游去，让家长放下了架子，让老师摘掉了面具，让孩子得到了锻炼……一次春游，让老师、家长和学生三方通过心灵的碰撞感受爱的传递。

家长们，太有才了

写下这个题目，我不禁笑了。是啊，作为干了这么多年的教师，也正干着家长这一职务，可能因为感觉自己的家教理念还算跟得上时代发展的步伐，可能平日里接触得比较多的都是一些家教理念比较落伍的家长，竟然一直以为，家长们都太需要培训了。可是，刚刚开完的毕业班家长会上各位家长的精彩发言却让我深深震撼：“家长们都太有才了！”

比如五年级五班涵的家长在交流中提到：“在孩子的成长过程中，家长是孩子的第一任老师和永远不会更换的班主任，您的行为和表现，正被自己最亲爱的宝贝学习和效仿，在孩子的儿童期尤为重要。家长自己要读书，至少，您要表现出对书的尊重。要记住，我们一些错误的价值观念会影响孩子的判断，要想让孩子从书籍中吸收知识的营养，就一定要给孩子积极的引导和影响。”

且不说“家长是孩子永远不会更换的班主任”的观念是如何新鲜而让人震撼，就单说那唯美的文字，那来自于孩子的真实场景，那富有磁性的嗓音，无不让人身处朱自清的“荷塘月色”中，无不让人陶醉于“子午书简”式的浓浓文化氛围中。还有那作为一个老师都会为之汗颜的标准流利的普通话更让人感受到家长个人水平之高，素质之高。听着潇涵家长的发言，我意识到刘校长那句话是多么让人钦佩：“山外青山楼外楼。”是呀，如此高素质的家长怎么能不培养好自己的孩子？如此高素质的家长，怎么能不让其他家长有危机感、紧迫感？如此高素质的家长就在我们身边，他们不仅是我们的朋友，更是我们的伙伴。这样的资源早就该利用了。

再如这个班的“大才女”雪时家长交流的“随心阅读”是这样记录她和孩子阅读《哆啦A梦》中的统计活动的：“大熊一共被胖虎揍了173次，被老师骂60次，被妈妈骂了327次，被狗咬23次，掉进臭水沟14次，可我们的大熊还是多么乐观地活着……”感动于家长的用心良苦，陪孩子进行如此大工程的统计活动，在随心阅读中学会了统计，感受了面对困难应有的乐观心态，钦佩于家长与孩子共同阅读的持之以恒。同样，作为一个五年级孩子的家长，面对他，我自惭形秽。正如王主任在报告中提到的，家长要不断地学习新的教育理念。

是的，面对家长，作为家长，我惭愧；作为老师，我更惭愧。原来，有水平的人就在身边，原来，高素质的人俯拾皆是，关键是我们没有“停下匆忙的脚步”，用心欣赏；关键是我们没有睁开慧眼，静心体会。

由此，我想到了每次学校例会上刘校长那沉稳高雅的谈吐，王主任那学者般深邃的思想，邱主任那诙谐幽默的神情以及那些发言的老师们，他们个个在讲台上那肆意迸出的连珠妙语和璀璨思想，不是也让我震撼过吗？我不是也发出过“领导们太有才了，老师们太有才了”的赞叹吗？

真的，今天我想说：“家长们，太有才了！老师们，太有才了！你和我，太有才了！人人都太有才了！”关键是，我们要时刻带着欣赏的态度面对身边的每一个人，我们怎么就知道，我们身边的孩子一定没有才呢？

带上一双慧眼，带上一颗真心，发现身边每个人的亮点，欣赏这些亮点，享受这些亮点，我想，这些亮点就是装点我们美丽生活和美丽心情的最佳饰品。

——董崇斌

绿色心语

每一位家长都是一本“活书”，值得我们去细细品读。“刀钝石上磨，人笨人前学。”我们要时刻保持着谦虚的态度，向身边的领导学习，向身边的同事学习，向身边的家长学习，善于观察、用心揣摩，择其善者而从之，其不善者而改之，不断补充内存，保持足够的鲜活度。

向青草更青处漫溯 向晴空更晴处翩飞

——记环山路小学张沐旸妈妈蒋兰兰

沐旸的妈妈，是一位普通的职业女性。儿子沐旸就读于环山路小学，是一位非常优秀的学生。当问及家庭教育诀窍时，她谦虚地说：“我唯一的特点就是对孩子的管理比较宽松民主，注重品质。”

一、宽松民主，零距离沟通

蒋兰兰是沐旸的妈妈，但同时她也是儿子的知心朋友和忘年之交。因为这样更容易实现与儿子交流的零距离的沟通。她深知儿子的秉性聪明好学，但有时又有些爱表现“小聪明”，她与儿子互相约定：每天晚上做完作业后的半个小时，为两人交流沟通的时间。围绕着儿子的思想、道德、做人、学习、生活、娱乐等事儿，推心置腹，无所不谈。正是在这无拘无束的交流沟通中，在不经意中慢慢引导，告诉他哪些是应该的，哪些是需要改正的，理性地对待孩子的教育问题。针对男孩的特性，她总是有意识地给儿子布置任务，让他去做事情，每次让他做事，孩子都很兴奋，而作为母亲，她总是及时地给予肯定“儿子，你真棒，拜托了！”她保持着对儿子的了解鼓励，增强了孩子的自尊、自信。

二、培养习惯，授儿子以渔

蒋兰兰认为：作为家长，对孩子授鱼莫如授之以渔。从上小学起，她就同孩子商量，制订一些孩子能够做到的规矩，比如每天回家第一时间做作业、看书半小时至 1 小时等，让孩子从小养成有规律的学习习惯。根据这一特性，她及时与老师沟通，掌握孩子在校的情况，重新制订规矩，重点培养孩子独立思考、认真学习的能力。为提高孩子学习的兴趣，她不是给孩子做无休止的课外作业，而是着重指导孩子养成良好的学习习惯。在引导孩子学习的同时，她还注重对孩子进行心理疏导，排解孩子的学习压力，教育孩子理性对待学习成绩的升降，保持乐观向上良好心态，尽量为孩子营造一个宽松、自由的学习和成长环境。

三、母子合作，能力渐提高

蒋兰兰坚信开卷有益。因此，她培养孩子从小就养成阅读的习惯，从儿童读物、报纸杂志，到人文历史、中外名著，只要是健康书籍，她都鼓励孩子去读，并经常与孩子交流读书心得，使孩子得以从书中汲取营养，找到乐趣。为了提高孩子的能力，她鼓励儿子参加各种活动。记得那次亲子活动演讲比赛，她用执著与投入的激情激励着儿子，每天晚上都要和儿子演练很长时间，从语气到动作，所有的环节一丝不苟。那天比赛，因为工作繁忙而导致的一脸憔悴的她匆匆赶来。可一上场整个人容光焕发，一切是那么顺理成章，不但演讲铿锵有力，而且母子的配合是那么丝丝入扣，赢得场上一阵阵热烈的掌声，最终获得年级一等奖。

四、全面发展，羽翼更丰满

蒋兰兰一直抱着一个教育理念：家庭是孩子的第一课堂，父母是孩子的第一任老师。在对孩子的教育上，她一贯坚持以身作则，言传身教。走在街上，她会主动帮素不相识的老人提东西；坐车时，她会给抱孩子的人让座；邻里之间谁家有事，她也总是热心相助。耳濡目染，儿子也养成了富有爱心、乐于助人的好品性。

她重视孩子的全面发展，更关注孩子一生的发展。她让儿子利用业余时间学习绘画。二年级时，沐旸的儿童画作品就选登在威海晚报上。儿子喜欢体育，她就每天晚上和儿子一起跑步，每天5千米，风雨无阻。学习之余，蒋兰兰也会带儿子出去旅游。几年下来，他们的足迹遍布大江南北。读万卷书不如行万里路，沐旸的见识和谈吐远远超过同龄孩子。

蒋兰兰，一位平凡的母亲，她用全身心诠释着母爱的无私与伟大，证明着孩子成长中母亲的伟大力量！她用实际行动引领着儿子“向青草更青处漫溯，向晴空更晴处翩飞”。

——王仁萍

绿色心语

孩子从出生到长大成人，每一个阶段都倾注了家长无数的心血和爱。但我们也知道每个孩子都是一个独立的个体，他们都有自己独特的人格。没有万能的教育，既把子女当做子女，也把他们当做朋友，在孩子的成长过程中父母也是在不断成长的，就让我们和孩子一起长大吧！

环山路小学 我们放心的选择

——家长会有感

周二晚上，我和许多家长一样，怀着忐忑不安的心情去参加女儿的家长会，看似一场普通的家长会，却给我留下了深刻的印象。

环山路小学是一所刚刚竣工的小学，对于一所新建的学校，相信许多家长和我一样，在参加家长会之前是有很多顾虑的：学校的设施怎么样？老师的素质怎么样？食堂的质量怎么样？

带着这些疑问，我走进了环山路小学。

走进大门，首先映入眼帘的是几栋崭新的大楼，显得端庄典雅，又不失气派。

家长会分 4 个环节。第一个环节是放映短片，比较详尽地介绍了学校的情况。从筹建工作，到基础设施，以及全校领导和教师搞好教育、服务人民的坚强决心和满腔的工作热情，使我们了解到这虽然是一所新建的学校，但是学校的各种工作井然有序，从领导到老师，热情高涨，干劲十足。有这样一支精干的、亲力亲为的领导队伍，还有一支非常有敬业精神的教师队伍，我们做家长的也不禁从心底油然生出一种敬意。让孩子在这样一种氛围中学习、成长，我们放心！

第二个环节是校长讲话。刘校长虽然是一名女校长，但丝毫不让须眉。刘校长的一番话语重心长，不是摆着脸和我们讲大道理，而是像唠家常一样向我们敞开心扉地介绍了学校的各种情况，表明了治理学校的决心，字里行间都透露出对孩子们的真切关心，以及对孩子美好未来的展望。听后，我们也被深深地感染了。

第三个环节是总务处孙主任讲话。孙主任实实在在地介绍了学校的伙食问题，语言诚恳，让人感到毫不做作。学校吃的是花生油，米和面都是一流的，最重要的是学校为了让孩子们吃好，没有考虑单纯的效益问题对外承包，而是由自己来管理食堂，从食品的质量到口味、营养的改善，考虑得很周到。孩子在这样的学校里用餐，让我们做家长的怎么能不放心呢！

第四个环节是家长回到各自孩子的教室和班主任交流。走进三年级四班的教室，立刻被一种温馨的氛围包围，教室布置得井井有条，颜色搭配合理，校园文化的特色尽情彰显，却不给人夸张做作之感。班主任周老师热情大方，详细地介绍了孩子在学校的表现，言语当中没有片言只语的批评，却把 40 多个孩子的表现总结得很到位，家长们易于接受。周老师年轻干练，富有经验，我的孩子吴迪仪胆子小，缺乏自信心，周老师的及时鼓励及表扬让孩子有了自信，并且敢于表现自己了，我们感到很欣慰。

总之，这次家长会后，我对环山路小学有了更深的了解。环山路小学有这样一批精良干练、年轻有为的干部队伍，有这样一批素质高、基本功过硬、视学生如己出、从学习到生活都对孩子付出无微不至关怀的教师队伍，我们做家长的真是一百个放心！

——三年级四班吴迪仪家长：潘彩云

选择这样的学校 我们无怨无悔
——读环山路小学校报有感

哇！环山路小学自己办的报纸出版了，女儿一回来就递给我一张报纸，顾不上做饭，我迫不及待地放下包看了起来。

一打开报纸，首页“绿色·希望”几个醒目的大字就映入眼帘。接着往下看，让我们了解到学校各方面工作的计划与成就。当我看到最后一页，是关于怎样教育孩子的文章，我便更加仔细认真地看了起来。在这方面，我很有缺陷，教育孩子缺乏耐心，由于性子急，时不时还对孩子动粗，使得孩子不敢大胆说话、做事。

《当心孩子被“比”伤》一文特别吸引我，我觉得在大多数父母当中都有这样的做法，总觉得自己的孩子比不上别人的孩子成绩好，因此，整日唠唠叨叨，使孩子缺乏自信心。如果多一些鼓励和宽容，会更有效地为孩子营造一个较轻松和谐的环境，让她懂得知足但不满足，敢于比较但不盲目攀比，从而形成一种健康的心态，这样，孩子才会变被动为主动，积极努力，尽可能发挥自己的特长和潜能。

总之，读完这期报纸后，使我们对学校有了更多的了解，尤其是我的女儿还在文登名师——王金美老师的班级里学习，这让我们做家长的更是放心百倍。我庆幸，当初为女儿选择这样一所新建的学校，选择这样一所高素质的学校。

最后，愿我们家校共携手，和谐育新苗，愿校报越办越精彩！

——五年二班宋志宏家长：苏艳丽

更新观念 从实而为 做成功的家长

尊敬的家长朋友们：

大家晚上好！

今天是个难得的机会，能与在座的各位家长进行交流。首先，请允许我代表学校领导及二三年级的全体教师向各位家长的到来表示热烈的欢迎和衷心的感谢，感谢你们对学校工作的大力支持。

我当班主任多年，也有过多年当大队辅导员的经验，今天在这里，我只是以一名班主任的身份与在座的家长进行交流沟通，希望我的发言能给各位家长的家庭教育带来一点点启示和帮助。

我先讲一个案例：一位单亲妈妈辛辛苦苦把孩子拉扯大，孩子也很争气地考

取了清华大学，也算是以自己的实际行动带给母亲第一个实实在在的回报。但面对巨额的学费，母子俩犯愁了。学校了解到情况后，主动提出帮助学生申请助学贷款，可是这个孩子却不干了，大家猜猜这是为什么呢？在学校再三追问其原因时，这个孩子的回答却让所有人瞠目结舌："如果我申请助学贷款，到时候就需要我自己还！"多么自私的回答，多么令人伤心的回答，多么令人失望的回答！

这个故事，在各种媒体上被炒得沸沸扬扬，在给这位孩子以更多的指责之外，也向人们发出了一个非常重要的警示，孩子的感恩教育亟待加强！同时，还引发了我们一个非常重要的思考，那就是我们天天为孩子的生活奔波劳累，不舍得吃，不舍得穿，可孩子为什么还会这么自私？当然，这个故事也向人们说明了一点，这位母亲固然伟大，但是这位母亲在家庭教育与孩子教育的这个方面是失败的，教训也是十分深刻的。

成功的家庭教育各有不同，失败的家庭教育，往往都只有一种结果！我们经常讲，一个孩子的失败，对学校来说是数千分之一的损失，对社会来说，也只是十几亿分之一的损失，但对于一个家庭来说，往往是百分之百的损失！我们也知道，庄稼种不好是一季，而我们的孩子教育不好，则是一辈子的大事情！我们期待着每一位家长都取得成功，都能实现望子成龙、望女成凤的梦想。因此，我今天讲话的主题是：更新观念，从实而为，做一位成功的家长。

什么是成功的家长？什么是成功的家庭教育？这是值得我们思考的问题！我想与大家一起来探讨这些话题。

一、教会孩子学会感恩，才会正确面对人生

家庭教育的重要教育内容之一，就是设法要让孩子学会感恩。教会孩子知恩感恩，就是教给了孩子做人的基本准则，这是一项比学会生存、学会生活更重要且更需要坚持的教育行为！我建议有条件的家长可以利用双休日和假期时间，带孩子到农村或自己工作的地方看看，学学，试试，让他们知道家长工作的辛苦，让他们了解不付出劳动就不会有收获，让他们尝尝"锄禾日当午，汗滴禾下土"的滋味，让他们懂得世界上还有比学习更累更需要吃苦的劳动，这对于他们的成长都是不可多得的一笔财富。去年我班上有一位私企老板的孩子，他妈妈在开家长会的时候听到我这样说了以后，立马让她的孩子在寒暑假期间到工厂干活（当然是力所能及的工作）。假期结束后他妈妈给我发来了一条信息："老师，真没想到他那么小的年纪也能干活，以前我们都是不舍得，现在看来这种实践活动还真管用。本来准备开学后要换书包的，这次他主动要求还背着原来那个，等实在不能用了再换。”如果一个人不知道感恩，他就会无所顾忌，也就会无所谓报答，他就不会珍惜人间真情，更不会珍惜今天的生活与机会来之不易，自认为这所有的一切都是理所应得，在学习上就产生不了动力，也不会有上进的勇气，将来更不会报恩。学校从上学期开始就在学生中开展了“五感恩”活动，不少老师反映，在“三八”妇女节和“教师节”期间，学生纷纷向老师献上了亲手制作的礼物和送上了诚挚的祝福，老师为孩子们的感恩而感动，只有知道了感恩的人，才会去报恩，也就知道了如何做人。

二、当好孩子的第一任老师

家长是孩子的第一任老师，是孩子行为习惯的启蒙者，家长的一言一行都对孩子的操行起到潜移默化的影响与示范作用！在孩子的成长过程中，孩子的很多观念、思想都是从家长那儿继承得到的，孩子的言行举止往往在很多场合下都被打上了家长的烙印，孩子的教养如何，很大程度上受到家风的影响。如果说家长行为举止是孩子行为模仿与习惯形成的教科书的话，那么，孩子从家长那里所学到的言行就是向家长交出的家庭作业！

我去年曾教过一位父母离异跟母亲单过的学生，作为母亲，既得上班挣钱度日，又得教育孩子，常常是身心疲惫。由于疏于管理，这位学生的学习成绩属于班级后几名，经常不写或漏写作业。为此家长很苦恼，找到我，问我该怎么办。我和她谈了很长时间，分析情况，认为影响孩子的关键就是家长的疏于管理，孩子放任自流，久而久之，就形成了懒散拖拉的习惯。为此我建议她，每天晚上再怎么忙，都要抽出时间来陪着孩子写作业，哪怕是他在写作业，妈妈在一旁看书或做针线也要陪着。一天、两天、十天、一个月，在妈妈的坚持下，孩子终于养成了安静认真写作业的习惯。有位教育家曾经说过“一种习惯的养成需要21天。”21天，听起来时间不长，但关键是坚持，坚持，再坚持，因为良好习惯的养成会让孩子受益终生。一位成功的孩子后面必然有一位要求严格、做事严谨的家长，我们很难想象在一个充斥矛盾与暴力、家长言行不检点、对孩子不管不问的家庭环境中能生长出有出息、有教养的孩子！因此，我们的家长必须当好这个人生中最为重要的启蒙老师！在孩子面前千万不要说学校和老师不好的话，对孩子的影响很不好。因为爱自已的学校，爱自己的班级，关心身边的小伙伴，这是一个孩子最起码的情感。如果家长在孩子面前说些不中听的话，我们的孩子将会受到怎样的影响。我们天天说提高孩子的素质，咱们家长也要注意提高一下咱们家长的个人素质。大家一定要相信学校，相信我们的老师，因为我们的目标是相同的，为了每个孩子的人生成长。

三、家长养育好孩子是一种责任，绝不单单是一种义务

一位叫原野的专家说过：未来社会的竞争，将是年轻母亲的竞争。所以，孩子一出生，就是社会的，不再具有私有的属性，把孩子生下来，就有责任把他们养育好。生育，是两个字，一是“生”，一个是“育”，如果把孩子生下来，不教育或教育不好，还不如不生下来的好！养育，也是两个字，一个是“养”，一个是“育”！既要供养、抚养他们，也必须把他们教育好，和自己的工作同等重要，甚至比自己的工作还要重要！盛大网络董事长陈天桥说过：“当父亲比当首富更重要。”因此，养育孩子绝不单单是家长的一种义务，更是家长的一种责任！

奥地利作曲家莫扎特小时候被无数人誉为“神童”，他的许多作品一直是古典音乐中经久不衰的保留曲目。但是，莫扎特有如此成就是与他父亲的精心培养密切相关的。莫扎特3岁时，父亲就发现他经常静静地坐在一边，很有兴趣地看姐姐练琴，于是就开始对他进行启蒙教育。在父亲的指导下，莫扎特5岁就开始创作短曲，6岁时创作钢琴协奏曲。后来，为了更好地培养他，父亲甚至放弃了在宫廷里当乐师的工作，将全部精力用在莫扎特身上。可以说，没有父亲那份执著的精神、严格的要求和深厚的关爱，是无法造就莫扎特这样一位音乐大师的。我们没法和莫扎特的父亲相比，但是为了孩子，我们完全可以放弃喝酒、打麻将、打扑克、玩游戏、看电视的时间，因为那些不能伴随我们一生，唯有孩子的成功才是伴随我们终生的幸福。

四、教会孩子学会生活

将来社会的竞争，绝不仅仅是知识和智能的较量，而更多的则是意志和毅力的较量，没有吃苦的精神和能力，是不可能在激烈的竞争中获胜的。我们评价孩子，往往是“你真聪明！”“你真棒！”之类的，而日本人评价孩子则说：“你真有毅力，真能忍！”在美国，家长从孩子小时候就让他们认识劳动的价值。美国南部一些州立学校为培养学生独立生存的适应社会能力，特别规定：学生必须不带分文，独立谋生一周方能予以毕业。条件似乎苛刻，但却使学生们获益匪浅。家长对这项活动全力支持，没有一位“拖后腿”、“走后门”、“搞小动作”的。美国的中学生有句口号：“要花钱自己挣”。美国青少年从小的时候开始，不管其家里多富有，男孩子12岁以后就会给邻居或自己的父母在家里剪草、送报赚些零用钱，女孩子则做小保姆去赚钱。

进入学生时代，孩子所取得的进步不仅仅表现在知识的丰富和能力的提高上，更为重要的是表现在全面、和谐地发展上，即体现在两个字“学会”上，学会学习，学会生活。学会学习是学校教育的重要内容，而学会生活的责任更多的是依赖我们的家庭教育。因此，我们的家长要明确：能让孩子自己干的，自主干的，家长绝不要去包办代替，能有机会锻炼我们的孩子的，家长绝不能放过。比如，让孩子自己收拾书包、整理房间等。而且，我们还要有意识安排孩子学会做一些家务，经常性提供给孩子锻炼自理能力的机会，像扫地、送垃圾、拿报纸、到商店买东西等，这些日常琐事都可以不断培养孩子独立生活的能力。

学生生活在学校的大集体中，一位老师同时要负责几十个孩子，孩子每天要参与不同学科、不同老师的教育，每个孩子受关注的程度，相对于家庭必然要有所减少。相信大家完全可以理解，学校不可能像父母那样有足够的时间和精力，把教育的资源，集中在某一个学生身上。为了每个孩子健康地成长，我们在学生午餐方面下了大量的心血，不但营养丰富，而且合理搭配，目的是为了给孩子一个健康的身体。但还是有不少学生挑食、偏食，这就需要我们双方教育孩子，适应集体生活。希望您多与班主任和任课老师交流，互相反应孩子家校的表现，找到孩子恰当的定位，不用过于急躁，更不必怀疑孩子的能力，或者质疑老师的教育。最行之有效的方法是共同分析孩子的现状，找出问题的症结，使家庭教育和学校教育形成合力，让孩子健康发展。我们家校双方必须在孩子的教育问题上达成共识。有时候，不经意的言行，不在意的现象会毁掉我们多年的教育成果。我们欢迎家长对我们的工作进行监督，欢迎家长对我们的工作提出宝贵的建议和意见。在这里，也真诚地希望咱们各位家长一定以一颗宽容的心来对待我们这处新建的学校。无论做什么事情大家都前思后虑一下，比如说如果学校或者老师的工作让你不满意，家长尽管来找老师，来找学校，每周三为校长接待日。

五、家庭教育必须讲究方法

或许有些教育思想我们想不到，教育方法做不到，但有些非常朴素的教育观念我们是可以接受的。比如，孩子是陪出来的（注意，这个“陪”是“陪伴”的“陪”），不是惯出来的，也不是逼出来的，更不是骂出来的、打出来的！家长对孩子的投入，完完全全地写在孩子的行为表现上、学业进步上，也决定着孩子是否能成才！培养孩子就等同于种庄稼，小苗出土需要精心呵护，小心照料，还需要施肥，除草，甚至还需要剪枝、打岔。因此，家长在家庭教育上要树立长远意识，我们投入在孩子身上的不能只是物质与金钱，而投入更多的应该是时间与精力，陪孩子一起读书、散步、游戏，假期中带孩子外出参观、学习，增长见识。我们不仅要关心孩子，更要研究孩子成长的环境，及时地有针对性地施加影响与教育。培养孩子要有足够的耐心，也要有足够的信心，还要有时间上的保证。棍棒之下可能会出孝子，但不一定能出才子。要与孩子多沟通、交流，如果一个孩子与自己的父母都无法沟通交流，那他就只能想办法找别人沟通了，这就会导致青春期时的“反叛。”当然，沟通也讲究一定的技巧，家长开始时可以引导孩子说，慢慢养成习惯后有事情他就会主动跟你说的。

各位家长，孩子的未来是我们的希望，我们所有的成功都不如自己孩子的成功，把孩子培养成德才兼备的人才是每位家长都要承担的责任，我们要把教育培养孩子当成一种职业去对待。我坚信，有了各位家长的配合，有我校这批爱岗敬业，乐于奉献，充满活力，有爱心、有童心、有耐心，有事业心的教师队伍，您的孩子一定会健康愉快地成长。

最后，我代表环山路小学的全体教职员工衷心地祝您：合家欢乐，身体健康。祝愿我们共同的孩子在以后的日子里有更大的进步！同时也祝愿我们环山路小学越来越美好！谢谢大家！

——王金美

亲子共读 共同成长

尊敬的各位家长朋友：

大家好。很高兴能与大家相聚在这里，共同探讨孩子的读书问题。在座的很多家长朋友在指导孩子读书方面都有相当丰富的经验，能有这样一个与大家交流的机会，我感到非常荣幸。同时，我也真诚地希望，今天的探讨和交流只是一个开始，针对孩子读书的问题，希望咱们家校之间能有更加广泛而深切的交流，为促进孩子成长携手共进。今天我和大家交流的题目是《亲子共读，共同成长》

为什么我们一再地强调要让孩子多读书，让孩子养成读书的习惯，谈到读书的重要性，相信在座的各位都能罗列几条。唐代诗人杜甫有名句：读书破万卷，下笔如有神。古今中外的文人学者把书籍比喻为面包、良药、益友、阶梯，这是人们对书籍美好的赞誉。从长远看，读书可以修身养性、陶冶情操，可以博古通今，使人走向成功。从小处着眼，我们经常说孩子做事没耐心，一件事坚持不了5分钟，读书能培养孩子的耐性，让孩子变得安静，坐得住，而且还可以丰富孩子的内心世界，也有人这样讲“爱看书的孩子不会变坏”，可见读书对孩子成长的重要作用。

低年级的孩子，正是培养读书兴趣的关键时期。我们学校在这方面做了大量工作，首先是积极解决书源不足的问题，克服资金短缺问题，先后花费10多万元购买了一大批适合学生阅读的书籍，我们还在广大教师中开展捐书活动，现在图书室藏书量已达两万多册，所有书籍面向学生免费开放；其次学校还开设了学生阅览室，校本课孩子们间周可以到阅览室读书；再次教学楼内设置图书漂流站，每个班级都设有图书角，孩子们可以在那里互相交换阅读，都成为孩子们的港湾。

为了引导学生养成良好的读书习惯，每学期向学生和家长推荐必读书目和选读书目，还在全校学生中开展了丰富多彩的诵读经典活动，如亲子同读一本书、弟子规、千字文诵读、“绿润心灵 亲子共读”演讲比赛，等等，目的就在于用经典的精髓滋养孩子稚嫩的心田，并通过撰写读书笔记、开展读书演讲比赛等活动激发学生的读书热情，力求为学生打造一个书香浓郁的氛围。但是，一个人在学校接受教育，一般不超过20年，而读书，却是一辈子的事情。这件一辈子的大事，开始于父母，开始于家庭教育。小学生阅读能力的形成离不开量的积累，而仅凭课本中的阅读量根本无法满足其优良个性培养与健全人格发展的需求。语文课标中提出小学生课外阅读总量应不少于145万字。大部分的阅读时间就要放在课后，在家庭中进行。作为家长怎样指导孩子读书，为孩子的成长储备能量，助孩子一臂之力呢？今天，我们就一起来探讨这个问题。

我们首先要做到更新观念，通过亲子共读培养孩子的读书兴趣。

和不少家长交流时，都反映了相同的问题，家中为孩子买的书不少，钱也没少花，但孩子就是不爱看书，有了空余时间就是看电视，玩游戏。不知道大家有没有静下心来认真反思一下，孩子之所以养成这样的不良习惯，主要症结在哪里呢，与咱们家长是否有关呢？这些年来我们的物质生活水平在不断提高，与此同时，家庭精神生活水平的提高却不平衡。有些家长在改善住房条件时，没有辟设一个可供家人学习的书房的意识；有些家长为孩子买吃的、穿的、玩的可以毫不吝啬，却舍不得多为孩子买些必要的书籍；有的家长在指责子女“不用功”“没出息”的同时，自己却终日沉湎于玩扑克、打麻将。教育子女首先是家长的自我教育，咱们下班回来是不是就是看电视、玩游戏呢，结果孩子耳濡目染也形成了不爱读书只爱看电视、玩游戏的习惯了呢？习惯的养成关键在于氛围的营造。从我儿子身上，我就深刻地感受到这一点，儿子今年上幼儿园中班，他的识字量不少，在引导他识字上我花了不少心思，当时的想法就是让孩子多识字，能尽早独立阅读。可是现在儿子的阅读积极性并不高，原因在哪里呢？都怪我和他的爸爸。孩子的爸爸工作很忙，晚上回家也经常在电脑上加班，我也经常把在学校没干完的工作带回家做，本来白天工作一天就挺累，晚上回家也想着早点干完休息一会儿，所以顾不上儿子，我就让他自己拿本书来看，尽管书中的大部分字他都认识，但是孩子的年龄小，总希望爸爸妈妈陪他读。我和他的爸爸光顾着自己手头的活，把孩子扔在一边，孩子没人陪，自己一个人提不起兴趣看书，就去看DVD，从碟片当中寻找快乐。慢慢地，我发现以前儿子很乐意听我们给他读书，可是现在即使有时抽时间给他读书也比不上看碟片的吸引力大了。发现孩子的趋势不好后，我开始自责，同时开始了补救措施，硬性规定每天晚上20分钟的读书时间，不管谁再怎么忙，也要放下手中的活，坐下来安静地读书。有了我们的陪伴，慢慢地儿子开始把注意力从DVD上转到了阅读上。儿子的年龄小，我们低年级的孩子同样也处于这个阶段，刚开始时他需要我们的陪读，时间长了，孩子养成了好习惯，我们就可以尝试着放手了。所以说为了孩子读书，首先从自己读书开始，从为孩子创设良好的家庭教育环境开始。说到良好的家庭教育环境，还有许多家长会不约而同地说自己的文化水平不高，不能辅导孩子，孩子学习不好，也有自己的责任。其实，良好的家庭读书氛围比家长辅导孩子学习的条件更为重要。家长有能力帮助孩子释疑解难、辅导功课固然好，但是子女的学习毕竟是他们自己的分内之事，理应由他们自己完成。对孩子来说，要学习好各门功课最重要的是正确的学习动机、良好的学习习惯、科学的学习方法、敢于攀登的学习精神，孩子自己通过阅读书籍明白的道理，比起我们枯燥乏味的说教要管用得多，而这些都是在良好的家庭读书氛围中长期受到熏陶形成的。家庭良好的读书氛围能激发孩子对学习的热爱和追求，引导他们探索学习的规律和方法，鼓励他们千方百计地克服学习中的一个个困难。改善生活方式营造家庭读书氛围，既充实提高了自己，也优化了教育培养下一代的环境，这才是教育孩子读书的正确理念。呼吁我们的家长朋友们，如果您的孩子还没有养成读书的好习惯，请每天抽出半个小时的时间，在孩子写完作业后陪陪我们的孩子，我们的休息、娱乐时间以后还可以再挤出来，但是孩子美好的童年却只有一次。

接下来我们就来谈谈如何指导孩子读书。

有的家长会说，时间我们能抽出来，可是不见得孩子就能乖乖地配合我们。该怎样指导孩子读书呢？有许多方法可以让孩子爱上阅读。最主要的方法有如下几种：

(1)为孩子选择他们“能”读的书看。不同年龄段的孩子有不同的识字能力和理解能力。要根据孩子的阅读能力来选择书籍。如果孩子特别喜欢阅读，可选择稍微高于孩子实际理解水平的书籍。相反，如果孩子不喜欢阅读，可以选择略低于孩子实际理解水平的书籍。一二年级的孩子识字量较少，我们最好选择注音版的图书；到了三年级我们尽量抛弃拼音，开始阅读普通的书籍。

(2)为孩子选择他们“喜欢”的书籍。什么是孩子喜欢的书籍？父母可以根据下列孩子的表现来判断：当孩子走近书柜(无论商店或是家里)时，他是否径直走向某个特定的书架？他是否懂得到哪里去找科学书籍、故事书或诗歌？他有没有跟在一、两个孩子后头，按别人的选择来选书？如果孩子阅读时，看看孩子是否迅速进入了阅读状态，他实际阅读的时间有多长，是否经常谈论与书有关的内容等。如果孩子能自己直接找到一本书，不看其他的书，阅读时迅速进入情境，阅读时间较长，经常与伙伴谈论书的内容，或做有关的游戏，则说明他对这类书感兴趣。

(3)培养良好的读书习惯。这些习惯包括：

◆爱惜图书。保持图书整洁。不撕书，不折页。鼓励儿童保存看过的图书。

◆鼓励儿童自己选择读物，和儿童讨论哪些是适合他们看的读物，哪些是他们自己特别感兴趣的读物，并以此为标准选择读物。给孩子一定的选择读物的权利。但是家长朋友们千万不能彻底放手，我们需要起到一个监督、指导的作用。

◆合理安排时间，根据自己的实际情况，每周可为孩子安排一次或数次专门用于阅读的时间。

◆定期买书或借书。教给孩子利用儿童图书馆的技能，如图书馆是怎么对图书进行分类的，怎么能找到他最想看的书等。最好能参观一下儿童常去的图书馆，替孩子申请图书证，帮助孩子适应图书馆；教给孩子买书的技能。在孩子小的时候，每次买书都带着孩子，商量好买什么书后，把钱交给他，让他自己从售书员手里亲自接过书，完成模仿父母买书的过程，这样做比父母从街上带回一本书更能让孩子满足。

◆鼓励孩子记笔记。随便写什么都可以，写个简单的书名也好，看到好的句子划一划，感受深刻的可以在旁边写一下感想，或是摘抄好的词句段，进行积累。我们要重视培养孩子从阅读中获取一些东西的习惯。

经常与孩子交流。与年龄较小的孩子一起阅读和创作(如编故事等)，与年龄较大的孩子一起讨论和交流。如读一篇文章，要先让孩子读后明白故事的主要内容，通过这个故事，孩子明白了什么道理。作为家长，在与孩子共读的过程中，也多了一份思考。例如故事的发生、发展、结局如何；人物有哪些，都有哪些特征，……这些都是需要边阅读边准备，以便启发孩子，与孩子共同探讨。如果孩子在阅读中提出问题，尽量回答孩子的问题。同时，在家里，最好常备一些少年儿童百科全书类的书籍。当儿童提出问题时，引导儿童从书籍中寻找答案。启发儿童讨论思想、艺术方面的内容，尽量让孩子发表自己的见解。

(4)鼓励孩子利用读物。许多介绍社会知识和科普知识的书籍有使用的价值。父母要鼓励孩子在生活中利用这些知识。去年教过的一个小男孩王佳琛，读过《神奇的校车》之后，在生活中遇到了问题，就会用书中的知识来解释。

(5)最后一点，也是最重要的一点，就是父母自己要持之以恒。家长朋友们，您也许认为，在当今社会，生活节奏快，工作压力大，静下心陪孩子阅读太难。咱们经常教育孩子，做什么事都要有毅力，坚持到底才能成功，无论干什么事关键是事在人为，只要瞄准目标努力去做，就没有克服不了的困难。作为家长，不但是要言教，更重要的身教，身教重于言教，如果咱们起不到榜样带头作用，怎么能奢望没有自制力的孩子做到呢？真心希望，我们大家都能和孩子一同阅读，一同学习，一同快乐，一同享受亲情，让我们的每个家庭都能溢满书香，让浓浓的书香伴随孩子健康成长。

谢谢大家！

——姚小慧

良好习惯决定美丽人生

尊敬的各位家长朋友：

大家好。很高兴能与大家相聚在这里，共同探讨孩子的教育问题。在座的很多家长朋友在教育孩子方面都有相当丰富的经验，能有这样一个与大家交流的机会，我感到非常荣幸。同时，我也真诚地希望，今天的探讨和交流只是一个开始，希望咱们家校之间能有更加广泛而深切的交流，为促进孩子成长携手共进。今天我和大家交流的题目是《良好习惯决定美丽人生》

从教10年来，我所教过的那么多孩子：有的诚实有礼、明朗纯净，那一定是好的家庭教育背景下的孩子；有的孩子瑟瑟缩缩，畏首畏尾，成天苦巴巴，就像头上压了有千斤重担，那一定是缺少关爱，或是有家庭暴力，或者家里管束太紧的孩子。有的孩子活泼开朗自信阳光，那一定是经常得到鼓励、赞许与关爱的孩子！然而，可以说：后一种孩子在学校里是最少见的！这说明什么问题？现如今，懂得教育、也愿意花时间和精力教育孩子的父母是太少了！

有位家庭教育专家曾经说过：要把教育孩子当成自己的事业一样对待。想想你在工作中付出多少，再比比你在培养孩子方面付出多少？如果两者之间是等于号，那你的孩子一般很优秀；如果两者的差距太大，那孩子肯定表现出这样或那样不足。所以父母不要仅仅是给孩子提供一个生活的环境，满足他的吃、穿、用而已；不要将教育孩子的责任全部推给学校，每一个只要是想对自己孩子负责的家长，请你们首先对你的孩子负起责任来。因为学校教育确实非常重要，但家庭教育也不容忽视。

我们学校提出的培养目标是："宽容博爱、善学会用、富有潜力的绿色少年"。我们希望能够朝着这个方向，能够教育出这样的孩子。那么作为家长到底该如何配合学校老师的工作，共同实现我们的培养目标？其实就是通过五年的小学教育，给孩子一辈子都用得上的最好的东西，不要说6岁学的东西到了他16岁就用不上了，更不要说能用到30岁、60岁了。而给予孩子终身受用、"最好"的东西就是培养孩子良好的习惯。

如何培养孩子良好的习惯？

先听一个最真实的例子，一个比较优秀的大学生毕业，由于生活邋遢，不会和同学交往，自然毕业后没有找到工作，甚至在自己的家乡也没有得到学校的聘用。当妈妈发现这一问题后，苦苦央求学校的领导，不用给孩子工资，让孩子到校听课学习。然后，当妈妈的首先给孩子补生活习惯方面的课，教孩子洗衣做饭、收拾卫生等。同时，为了孩子把课讲好，亲自当孩子的学生，一遍一遍地听课，让孩子克服内心的胆怯、自卑。整整两年的时间，孩子才成为合格的教师。本来应该从小养成的习惯，但由于家长的不在意，致使孩子毕业后重新学习，想想整个过程多么影响孩子的心理，多么影响孩子自信的建立，还好当妈妈的醒悟得很及时。再想想我们的孩子，有的上二年级了、三年级甚至五年级了，都还有不少的孩子要妈妈帮他整理书包。如果他的书包妈妈不帮他整理的话，就乱七八糟的。我们做父母的应该从现在就教育孩子把书、自己的文具、衣服啊都要井井有条地放好。因为小学过后或初中过后再来培养这个习惯就难很多。我觉得关于教育的时机呢，一切都可以等，孩子不能等，家长在教育孩子方面还是应该用点心。我们常听说“性格决定命运”，那“性格”是由什么造成的呢？就是习惯，慢慢塑造一个好的习惯，就塑造了好的性格。

再来谈谈在家中培养孩子良好的学习习惯。学习是一种智力劳动，它的成功是智力活动的综合成果，作为非智力因素的习惯，影响着学习的每一个环节，影响着学习效果。因此，作为家长，需要在孩子开始学习之时，就和学校携手，给孩子播下良好学习习惯的种子。对孩子来说，完成家庭作业，是日常学习活动中的必然的组成部分，它是反映学习态度、学习习惯的一个重要方面。回到家，第一件事应是完成当天的作业，切不要因为一点事就更改它。做作业时，要像上课一样严格，不说话、不玩东西、不吃东西、不离位，更不能看电视等，完成作业要一气呵成，做完后要认真检查，不能满足于做完了事。做完了作业，要收拾好书本、文具、装好书包。另外，家长要鼓励孩子上课认真听讲，积极举手发言，培养其学习积极性。课外，要鼓励孩子多读书、多看书，养成事事动脑、自己动手查阅工具书的习惯。多年的教学实践证明，不关心孩子的学习，不重视孩子学习习惯的培养，孩子从小学习就比较吃力，随着年级的升高，学习就越来越困难，甚至成为孩子望尘莫及的事了。

有的家长会问了：我应该如何去培养孩子拥有良好的学习习惯呢？我想从下面 7 个方面来入手。

(1)家长要引导孩子明确学习与玩的关系。玩和学对孩子们来说同等重要。一个玩不好的孩子，肯定学习也没有激情。平时我们很多家长只关注孩子的学习，而忽略了孩子对玩的渴望，如果家长过度关注学习，一张嘴便是学啊学，时间久了，家长的话便会让孩子感觉到厌烦。所以，这时，家长还要做好学生的玩伴。

(2)家长要帮助孩子建立科学用脑学习的意识。经常看到很多家长一让孩子课外学习时，便一股脑让孩子从头写到尾，有时孩子一写作业便一两个小时，甚至更长的时间。这样做是非常错误的，孩子为什么在学校每节课要 40 分钟呢？这主要是考虑到孩子们的注意力专注时间是有限的，如果孩子大脑疲劳了家长仍不让休息，孩子也只能边写作业边玩儿了，甚至会出现糊弄家长，你在身边我就装做很认真的样子，不在身边我就玩的现象。对于小学生来说，注意力专注时间一般为 20～35 分钟，所以作业的时间一般安排在 35～40 分钟，接着就要安排孩子做短暂的休息了，以利于缓解大脑的疲劳。

(3)家长要给孩子预留出自己可支配的时间。如果家长想提高孩子的写作业或者学习的积极性，必须要给孩子一个目标激励。比如告诉孩子，你如果专心写作业的话，就可以节约出更多的时间，来供你做其他的事，比如到楼下和其他小朋友一起玩，或者在完成作业和学习后，可以自己选择看一个动画片。让孩子有支配自己时间的主动性，实际上就是解放了家长不停的关注、唠叨的嘴，甚至烦躁的心。

(4)家长要学会帮助孩子构建时间意识。我们经常强调时间效率，效率从哪里来？就是从时间中来。所以在这里建议家长要充分引导孩子关注你家墙上挂的钟表，或者闹钟。当孩子在写作业的前后都关注着时间后，就很容易计算出时间成本，通过时间的对比，让孩子感觉到自己今天比昨天在完成作业方面有进步，家长也同时给予鼓励和表扬，让孩子的自信心得到肯定。

(5)家长要及时关注孩子的学习方法。有一些孩子在学习中遇到困难，自己说不出来，家长又观察不到，而老师因为面对全班很多孩子，也不可能一一去关照，这就会无形中让孩子出现了学习上的失控现象。为了解决这个问题，现在必须要明确责任人了，那就是我们的家长，因为孩子和家长是一对一的关系，家长必须要彻底检查一下，孩子每一门功课是否能课上听得懂，课下能独立完成作业。如果不能独立完成，问题出现在哪一个环节：是不能读懂题？还是不会运算？还是识读存在困难？还是写字方面存在困难？等等，这些问题都要一一去关注。

(6)家长要及时关注孩子的坐姿和执笔，帮助孩子养成良好的写字姿势。经常会听到很多家长谈到纠正孩子的写字问题非常困难，为什么困难呢？是因为家长的方法不得当，而孩子的自控能力又不强。面对这种情况，家长要运用一些技巧来帮助孩子纠正错误的写字习惯和不良坐姿。一是对坐姿的纠正，要和孩子一起约定，用最简短的话来提醒孩子，比如挺胸抬头！二是对执笔的纠正，采用让孩子手心里握东西，呈现中空状态，这样孩子的手在执笔时就不容易变形，比如可以给孩子找来一颗乒乓球，或者小鸡蛋，或者适当大小的桃子、李子等，来辅助孩子纠正错误的执笔。

(7)家长要清楚学习习惯的养成是否与生活习惯养成同步进行的。习惯的养成，就是一个有序利用时间的过程。学习习惯是一个孩子生活的一部分，而在孩子的一日生活中，必然离不开生活习惯的培养，比如早晨按时起床、穿衣、洗脸、刷牙、吃早饭，上学；晚上回家后写作业、吃晚饭、看电视、整理书包和睡觉；平时和同学一起玩儿、和家长进行说话、适当地做家务，等等。如果家长能引导孩子建立有节奏的生活秩序，这对孩子的学习习惯养成来说，是很容易做到的。如果家长只想从学习上下手，其他的环节都忽略了，就会让孩子感觉到自己在被强迫学习，不利于习惯的建立和巩固。为了让孩子能顺利进入习惯建立的轨道，请家长一定要做好孩子的榜样，要求孩子做到的习惯，自己必须做到，并且坚持做好，你的言传身教会带给孩子很大的激励和影响。

12 岁以前是孩子形成习惯的关键期，过了这一阶段，要想让孩子再形成什么习惯是非常困难的事情。因此，我们每一位家长必须要重视早期培养孩子专心仔细的习惯。对刚上学或习惯不好的的孩子需要家长督促并适时陪读一段时间，据专家介绍持续的牵引，引导孩子做下去，坚持 21 天，会使孩子养成良好的习惯，然后放手，这叫带飞。

行为心理学研究表明：21 天以上的重复会形成习惯；90 天的重复会形成稳定的习惯。

1 ~ 7 天是开始阶段，对于新的习惯你会觉得不适应，做起来有些不自然，不舒服，这就需要你时刻提醒自己刻意去做。

7 ~ 21 天是一个过渡阶段，通过第一个阶段的坚持，对于新习惯你已经感觉比较适应，做起来比较自然舒服了，但是一不留意，从前的坏习惯又会冒出来，因此，还需要刻意提醒自己坚持。

21 ~ 42 天是养成阶段，你会发现自己越来越喜欢和适合了这些新的习惯，变得习惯了，很自然地就表现出来了。

将这些习惯延续到 90 天，这是习惯的稳定期。跨入此阶段，这项习惯就已经成为你生命中的一个有机组成部分，它会自然而然地不停地为你"效劳"。想要改变又需要一个刻意改变的 90 天循环。为了您的孩子，希望您和孩子一起努力——坚持，以后您就不会为孩子的学习习惯而操心了。

有些孩子做五年级的数学应用题就短路了；初中、高中看到物理、化学题目就说看不懂。因为我是数学老师，有时在班上辅导学生时会发现，有的孩子他对应用题一塌糊涂，看到应用题他就说不会做，我让他"你把这道题读两遍"，有的孩子读完后马上就会做了，这说明什么？说明这样的孩子第一遍根本没好好读题，只是走马观花地看了一下，不会真正地像读语文课文那样来读数学题；还有的孩子读过两遍之后还是做不出来，我就让他"再读两遍，读出声来"。他就吭吭哧哧地读了，这个时候我发现，要不然他就跳了一个字、两个字，要不然他就漏了一、两个字，要不然他就读错行。那从他读的这个状态可以反映他的思维水平，反映他思维的一种状态。思维的状态不高是一种结果，我们要分析原因。我觉得这个孩子没有养成真正的读书的习惯。什么叫读书？就是一个字不能漏，一字不能跳，最好读出声来，这样就是培养真正的读书的习惯。这个人思维严密不严密，理解能力强不强是要建立在开始的严格的训练上。究竟该怎样读应用题？我觉得家长在辅导孩子做题时，不要仅仅看到表面现象，要思考到实质性、深层次的东西。要求孩子读书时用眼睛在看，手指在指，耳朵在听，大脑在想，这就是最好的感官训练。如果孩子所有的言行合一，耳聪目明又整个思维合一，不怕他读不懂应用题的题意，解答不出来题目。

我们经常性听到有些家长埋怨：现在有些孩子如何不听教，倔强，有强烈的逆反心。甚至有些家长还建议老师不要对孩子客气，适当的时候要动粗，说什么不打不成材。由于在座的家长工作比较忙，生活的担子和压力比较大，所以对子女教育采用的方法也过于简单粗糙，往往会采用打骂的手段。其实我们应该注意到：父母责备孩子的方法会影响孩子的一生。不当的责骂，会不知不觉地伤害孩子。如经常看见孩子成绩不好时，父母就会破口大骂："你真笨啊！猪脑袋！""脑子被抢打过了！""脑子被水浸过了！"情绪控制不好的父母，还会拳脚相向、体罚等。这样对孩子来说是有害的，为人父母者应该学会自我控制，应善待孩子的错误，不能将怒气发全都发泄在孩子身上。我们学校的培养目标是：宽容博爱、善学会用、富有潜力的绿色少年，其中的"宽容博爱"就是要求孩子拥有宽容博爱的人格和积极健康的心态，为其实现生命价值和人生价值奠基。要求孩子能够"宽容博爱"，做家长的也必须做到"宽容博爱"。每个孩子都免不了会犯这样那样的错误。孩子犯了错误，做家长的要冷静地对待，善待孩子的错误，和孩子谈心，倾听孩子的诉说，一起分析原因，进而分清这错误是有意犯的还是无意犯的。这样既能帮助孩子认识自己所犯的错误，又能帮助孩子树立改正错误的信心和勇气，还能增进家长和孩子之间的感情，建立起信任、友好、亲近的关系，使孩子的心理得到健康的呵护和发展。相反，如果不作具体分析，只是以恨铁不成钢的心理，简单粗暴地打骂，虽然消了自己的怒气，可这种痛快的消气方式会产生严重的后果，轻者伤害孩子的自尊，重者产生抵触思想或仇视心理。人非圣贤，孰能无过？孩子犯错更是无可避免。要知道，孩子正是在纠正错误的过程中成长起来的，家长，请好好控制自己的行为。

我想：充满期望的父母亲都会很有动力地来为孩子的将来考虑，也会为他的现在多做些有帮助的事情。其实教育是很简单的，更多的是父母要养成好的习惯，然后在生活当中潜移默化地让孩子接受好的方式，这个教育方法虽然是简单易行，但是我也希望父母亲真的有这个恒心和毅力，把它真的变成生活中的一部分。在这里，我想特别说一句，开始你可能是为了孩子，当你真正养成习惯以后自己的生命也重新成长一次，从而也受益匪浅。

最后我要引用笛福尔的话作为交流的结束语与大家共勉："做父母的对于子女的早年教育绝不是一种无效劳动。虽然在某年月里，好像被教育者处于沉睡状态，没有见到效应；但是，到后来终有一天，会看见大有好处的。"

——于宁

用规则看护孩子的一生

尊敬的各位家长朋友：

大家下午好。非常高兴在这个花红柳绿、桃红李白的美丽春天再次与大家相聚。

今天，我想跟大家谈谈另一个话题——规则。

让我先从咱们学校的接送规定地点这个规则说起。

咱们学校是新建学校，周围各种建筑还没有完全建设好。包括门口的这条路。我们看到的是学校门口的一条路，实际上，等到这条路修建好，它直通309国道。即使还没建好，路面上的车辆也是络绎不绝，因为在我们学校门口的南面，有各种各样的店铺，只要人家经营，我们也没有权力阻止车辆驶入。

但是，如何保证我们的孩子在学校门口能安全进出？这也是我们学校重点考虑的问题。所以，我们规定学生上下家长的接送车辆的地点在学校北面的路口附近。这一规定，在我们学校实行了近一年的时间，绝大多数家长都能确保为自己孩子的安全行路创造一个和谐温馨的环境而严格要求自己，无论早晚，都主动在规定地点以外的地方接送孩子。孩子在享受家长严格遵守纪律的榜样带动作用的同时，自己也耳濡目染地了解到，遵守规则不仅是为了规则和秩序，更重要的是，我们遵守的同时就已经是在构建和谐稳定的行路环境作贡献了，当然，我们也就享受这份环境的滋养。

记得有位家长在看到学校门口的行路秩序管理有所松懈的时候，非常负责地给学校领导发了一条短信，内容如下：

老师你好！学校大门口的秩序没有坚持好，学生的通道又成了跑车道。路边工地本来大车就多，这样更应该把握好学生的安全，维持好秩序，希望老师能为孩子的安全着想。让你们费心了，谢谢。

不知道为什么，看到这样的短信，我的心里暖暖的，一种无法忽略的责任感越发清晰，一份被关注、被理解的幸福感越发浓烈。这条短信是对学校的关心，更是对学校管理的信任，我会一直保存它。

在此，请允许我代表学校向各位关心学校发展、关心学校管理的富有责任感的家长们表示我们最衷心的感谢。

当然，学校在收到这条短信后立刻加强了学校大门口的秩序管理。也的确，在这个过程中，我们听到了一些家长的不满：“我只是今天起床晚了，你们都收红绿灯了，我们才把车开上来，这也要管吗？”“我忘记了学校的规定，下不为例。”不是的，我们既然要为每一个孩子的安全考虑，那就是这不为例，此不为例，马上改正。因为只有这样，我们才能深刻记住这一个规定。还有的家长对此表示不满：“你们门口这么乱，我担心孩子有危险。”而实际上呢，当时只有这一个学生的家长将电动车开上来。

当然，我也间接问过孩子，孩子说：“我告诉我妈妈应该在那个路边停车，我跟妈妈说了，但是妈妈说，过一点点，没关系。”“过一点点，没关系。”这句话咋这么耳熟呢？酒桌上，望着“开车不喝酒，喝酒不开车”的禁令，我们总是听到这样的话：“喝一点点，没关系。”在人行路口，绿灯未亮，对面车辆不多，有行人就自行过马路，美其名曰，“差一点点，没关系。”在大力倡导文明行为的当下，有人往车窗外随手扔垃圾，嘴里说：“只扔一点点，没关系。”

这让我们不得不想起曾经发生在学校移动式红绿灯的路口的一件事。我们的值日教师正在指挥孩子们根据这个移动式红绿灯有秩序地过马路。红灯亮了，值日教师叫停了准备过马路的孩子们。但就在这时，我们的一位家长，领着他的孩子大踏步向马路对面走去，虽然此时路上的车行驶的速度不快，但是，为了安全，我们的值日教师对这位家长实行了劝阻。遗憾的是，我们的家长没有听从劝阻，孩子面带惭愧地被家长从老师身边拉走了。

过一点点，真的没关系吗？实际上，这个“过一点点”与“没过”是质的变化，不是量的累积，是违反规定，不是“没关系”。“过一点点”也是“过”，是本质错误，这个不可能“没关系”，而是一定有关系，而且有很大关系的。当我们怀着一颗坚守规则的决心，尊重规则，坚守规则，一点点也不过，那么，会是怎样的场景了。回过头来，在我们学校门口，如果我不遵守规则，他不遵守规则，那么学校门口一定是车来车往，孩子的安全就一定不会得到根本保障。所以，严格遵守规则，不仅为他人的孩子带来安全，还保障了自己孩子的安全，而咱们严格遵守纪律的形象必然给孩子良好的行为习惯养成树立了真实的榜样。

在小学四年级的语文课本中有这样的一篇课文——《钓鱼的启示》。故事讲的是一个少年和他的父亲一起去一个无人小岛上钓鱼，在离允许钓鲈鱼的时间还有两个小时的时候，孩子钓到了一条大鲈鱼，非常大，非常漂亮，孩子喜不自禁，爱不释手。但是，父亲却让孩子将鲈鱼放回水里，理由是，现在不是钓鲈鱼的时间，我们要遵守规则，即使是无人知晓的情况，也要严格认真地遵守。

这就是一个父亲给孩子留下的深刻印象，当时，孩子是不理解的，但是在后来的成长过程中，孩子发现，父亲留下的是一项价值连城的财富，那就是遵守规则，拒绝诱惑。

关于规则，我还想说一说我们学校的另一项规则。我们学校每天7：20都要进行升旗活动，当国歌响起，所有学生、教师，无论在什么地方进行什么活动，一律面向国旗升起的地方肃立。

说实在话，这个规则一直以来都有，但是，我们在具体实施中却有意无意地忽视掉了。现在，我们学校正在实行一系列“让规则落地”的活动，就是要让这项规则真真切切地落到实处。为此，我们已经严格落实了近一个月的时间，所有的学生、老师都能做到这一点。而每到此时，我们都深切感受到强烈的爱国情感在胸中冉冉升起。讲个故事给大家听：

早晨，国歌声响起，校园内如往常一般迅速安静了下来；在操场上锻炼的体育训练队的孩子们面向国旗，立定站好，举起右手行队礼；正在入校的同学，也停下脚步，保持静立。不知道教室内孩子们的表现如何，我决定去教学楼看看。

当我拐下楼梯的时候，我看到了一个老师正在楼梯倒数第三个台阶上站着，一动不动。仔细一看，是静老师。见我下来，她礼貌地笑了笑。一股敬意由心底悄然升腾：仅仅是学校要在学生中进行的一个习惯养成教育活动，我们的老师却也在严格地要求自己，即使是在一个没有学生走动的楼梯上，即使是在一个没有其他老师经过的办公楼的楼梯上，她选择的是静立，是庄严地表达自己对国旗的敬仰，对学校制度的敬畏，对学生习惯养成教育的示范，更是对自己内心深处内涵素养的坚守。她的坚守满透着一股坚毅；她的坚守满透着一份凝重，她的坚守让我生发出了无限的感慨与敬仰。是呀，什么时候，我们应该遵守纪律？在有人看见的时候？在有人看见的地方？

正在移动的脚步让我深感惭愧：作为我，一个学生纪律的检查者，难道有权力凌驾于学校纪律之上吗？在国歌声响起的时候，难道我可以走动吗？想着，想着，我停下了脚步，在办公楼的中厅站住了。是的，即使是检查者，也要严格遵守纪律，也要深情表达自己对国旗、国歌的敬仰。

遵守规则，遵守纪律，不是给别人看的，是对自己的一份坚守，一份品质的坚守。这也正是我们校长经常提到的，要“慎独”，越是在一个人的时候，越要谨慎自己的言行，越要严格要求自己，遵守规则，遵守规范。

同样，在行路时，我们遵守交通规则，也不是给别人看的；在离开工作环境时，自己的言行也一样遵守职业道德，这也不是给别人看的……只有我们在有人和无人的时候，都严格地要求自己，都认真地坚守自己的品行，我们就会从内到外感受到正向的能量。

我想，这样的一个正向的能量可以通过滋养我们自己的心灵而滋养我们身边的一切，比如我们的学生，我们的同事，我们的家人，我们的环境……这种正向能量也必将蔓延至我们能够影响得到的一切领域……

怎样让我们的孩子遵守规则，敬畏规则呢？坐在这里的老师们、家长们义不容辞。

违反了社会规则，是一定要受到法律严惩的。为什么社会规则被违反了，会有执法单位进行惩戒呢？那就是为了维护社会秩序的稳定。同样，在我们的家庭中，您一定也是有一些规则的，不过，我们称之为规矩。比如饭前洗手，按时完成作业，及时换洗衣物，见到客人要礼貌……比如学校要保证教育教学秩序的井然，也要有校规的，当然，班级中也是有班规的……这些规定都是为了保证我们的每个孩子都能享受到应该有的教育权利，并且保证每个孩子获得公平平等的教育。

让我们试想，如果有孩子违反了这些规定，比如家规、校规、班规，我们该怎么办呢？

要保证每个孩子都遵守规则、敬畏规则，表扬、鼓励、引导是方法，惩罚、处罚、惩戒也是方法。假设，在家里，孩子没有按照家规办事，您怎么处理？忽视、忽略还是严格执行？如果是后者，我想，您的孩子一定已经拥有了遵守规则、敬畏规则之心了；而如果是前者，您一再姑息、迁就孩子在家里的家规，那么，孩子必然轻视对班规、校规的遵守。

当我看到少年审判庭上的受审判的孩子，我痛心之余亦有欣慰之情，因为这个孩子接受审判就是在为自己的行为负责。无论我们犯了什么错误，我们都必须为这个错误负责，这种负责的态度需要我们借助惩戒来给予教育和传输。所以，我们认为，无论在家里、学校里、班级中，我们的孩子都需要认真遵守规则，敬畏规则，一旦违反规则，必须承担为此带来的后果，并为这些后果认真地负起责任。

今天，我们就交流到这里。祝福在座的各位能够和我们的孩子和谐相处进而和规则和谐相处，一起共度美丽的成长时光。

——张红丽

家长学校培训讲座邀请函

尊敬的家长朋友：

您好。孩子是我们的未来，他们的可塑性是最强的，只要给予孩子足够的关注和关爱，并采用合理恰当的方法，制订阶段性的目标和任务，并努力去完成，每个孩子都是希望之星。教育的途径很多，单靠学校教育是远远不够的，还需要您的大力支持和协助，因为您才是孩子的启蒙老师，也是终身之师。

每次开家长会，不少家长向老师或学校反映自己在教育孩子的过程中遇到的种种困惑，学校经过汇总统计，主要表现在以下几个方面：

“孩子不太懂‘礼貌’，总是让我们干这干那：妈妈你给我拿这个，你帮我做那个……”“妈妈，我帮你扫地，你给我多少钱？”“如何指导孩子养成良好的行为和学习习惯？”“老师让家长、孩子多读书，怎么读？读哪些书？”……

信每位家长都经历过这样的问题，也看过不少家教方面的书籍，但究竟怎样爱孩子才不是溺爱？如何既能尊重孩子的个性成长，又能帮助孩子建构良好的生活习惯和社会生存能力？针对上述种种情况，学校定于10月10日、10月11日举行第五期家长学校培训讲座。本次讲座主要从家长最关心的家教问题出发，围绕《亲子共读，共同成长》和《良好习惯决定美丽人生》两个主题进行讲座，由我校优秀班主任代表与大家共同分享如何进行孩子的品行建构，如果您有时间，欢迎参加本次学习！

请您自主选择，并在“参加的内容”一栏内打“√”，学校将根据报名人数进行合理安排，谢谢合作！（一、二年级家长还可选择到教室听课，观察孩子上课

表现)

学生姓名________　班级________

时间	主题	主讲人	地点	参加的内容(打“√”)
10月10日 (10：50~11：20)	亲子共读，共同成长	姚小慧	多功能厅	
	随班听课(一二年级)	任课教师	一二年级教室	
10月11日(4：00~4：30)	良好习惯决定美丽人生	于宁	多功能厅	

环山路小学

2011. 10. 8

“创建绿色家庭 争当绿色使者”活动方案

一、指导思想

以科学发展观为指导，紧紧围绕教育局和教研中心工作思路，扎实推进绿色教育工程。以学校构建绿色教育理念为重点，以创建绿色生命课堂为使命，以营造浓郁的绿色家庭教育为目的，引导全体师生在“创建绿色家庭 争当绿色使者”的活动过程中，进一步通过活动宣传环保知识，促使少先队员们在环保实践活动中逐步养成良好的生活习惯，树立可持续发展的意识。

二、活动目标

(1)通过活动宣传环保知识，让少先队员们在和谐的环境中，积极、主动地乐学、好学，充分展示他们各方面的才能，成为乐观、正直、善良、富有创造力的绿色少年。

(2)绿色是生命的象征，我们环山路小学一直倡导“绿色教育”的办学理念，引导学生在学习和生活中享受纯净、自然、积极、健康的“绿色空间”，激发他们对真、善、美的追求，共同创造绿色生活环境、传播绿色生活理念、共享和谐快乐的生活，培养具有健康心理、和谐发展的人格，引导学生学会生存，学会尊重，爱护环境，健康活泼，阳光成长。

(3)通过活动影响家长和市民，提高市民综合素质，提升城市的文明程度。

三、活动主题

创建绿色家庭 争做绿色使者

四、活动时间

2010年3月~6月

五、活动参与对象

全体少先队员以及家庭成员

六、活动实施方法与措施

此次活动共分为 3 个阶段。

1. 启动阶段：时间 3 月份

(1) 召开班主任工作会议，宣传绿色教育理念，利用黑板报、宣传栏组织学生了解绿色教育的内涵。

(2) 撰写“给家长一封信”，并召开全体少先队员和全体家庭成员动员大会，向队员及家庭成员宣传节水、节电，杜绝浪费，让来自普通家庭的他们都养成“绿色环保”的生活习惯。

(3) 积极向周围的人们宣传这种生活方式，在他们的影响下，让更多的家庭加入到这一行动中。

2. 实施阶段：时间 4 月初 ~ 5 月底

(1) 开展家庭绿化美化活动。随着人们生活水平的提高，居住条件的不断改善，人们越来越注重生活环境，通过室内植物装饰美化居室，增添雅兴。

(2) 开展“绿色家庭”读书活动——亲子阅读。书，是人类进步的阶梯，是人的精神食粮。通过开展读好书活动，写读书笔记和心得体会等形式陶冶人的情操，净化人的心灵，提高人的素质，提升孩子与家长的思想品德修养。

各年级必读和选读书目如下：

年级	必读书目	选读书目
一年级	《格林童话》注音版	《总有一天会长大》《胡萝卜种子》
二年级	《安徒生童话》	《昆虫记》图画版《稻草人》
三年级	《爱的教育》	《夏洛的网》《西游记少儿版》
四年级	《卓娅和舒拉的故事》	《大林和小林》《马小跳》
五年级	《绿山墙的安妮》	《红岩》《我的野生动物朋友》

(3) 使用“绿色”生活用品。在此活动中使人们意识到居住环境不仅仅要讲究美观、实用，还要意识到健康、环保等概念。

(4) 开展“创建绿色家庭 争做绿色使者”环保创意作品比赛。

(5) 食用绿色食品，注重身体健康。由于农业生产由传统农业向现代农业过渡步伐加快，大量不合理使用农药、化肥的现象依然存在，使我国农业生态环境污染加剧，直接影响到农业的可持续发展和农产品的质量安全。食品安全问题已成为民众关注的焦点问题。

(6) 营造绿色生活环境，收集处理好废旧电池。一颗纽扣大小的电池，就可以污染 1 万升水。废旧电池不仅对动物有害还对人体有害。所以要想环保，最重要的还要靠人类的对于环保的意识，要保护环境，教育孩子不要乱扔废旧电池。

(7) 开展“创建绿色家庭 争做绿色使者”最佳环保建议活动。

3. 总结阶段

时间6 月初

(1)班级组织评选绿色家庭和绿色小使者。

(2)学校大会总结并给予表扬。

我参与，我快乐！让我们携起手来，共同努力，为孩子的美好明天打下坚实的基础！共同见证孩子成长的足迹！

文登市环山路小学

“绿色家庭”颁奖仪式

后　记

绿色教育，其核心是“对生命友好”和“关注人的可持续发展”，旨在引导师生共同创造纯净、自然、积极、健康的绿色成长空间，激发他们对真、善、美的追求，传播绿色生活理念、共享和谐快乐的生活，树立科学的自然观、人生观和发展观。四年来，我校全体师生时时、处处、事事践行“绿色教育”，日益丰富其内涵，本书即是全校师生积极探索“绿色教育”的结晶。

本书定名为《让生命在绿色中绽放》。这个名称有两层涵义。第一，所有的文章都是关于“绿色教育”的探索与实践，如目录所示，有学校管理工作的规划、设想，有教研学习中心灵火花的碰撞，有在教育困境中的彷徨与坚毅，有与学生一起成长的付出与快乐，有对学生迷惘心灵的开释和指引，有对传统课堂的反思与改革，有对畸形教育现象的反省和剖析，有对绿色教育未来的自信与希冀……或许有些内容过于浅显，却真实地记录着我们在绿色教育前行路上的做法和思索，记录着师生在教育和自我教育过程中的“绿色”特质，即开放性、人文性和民主性以及温暖、宽松、和谐、明亮、纯净、公正等，所以用“绿色”作为书名的主体内涵应该说是名副其实的。第二，为什么要用“绽放”两个字？因为学校的绿色教育理念以尊重人的生命成长和可持续发展为本，让全校师生学会生存，学会尊重，爱护环境，健康活泼，阳光成长。学校重视师生生命质量的展现和温馨活泼氛围的营造，让师生可以深切地感受到浓浓的关爱，体验到生命的珍贵，让每个人更加珍爱生命，展现生命魅力，绽放生命光彩。生命之美在绿色中诞生，生命之力在绿色中张扬，生命之花在绿色中绽放。这里的每一篇文章都凝聚着问道绿色教育的环山路小学全体员工的希冀与努力，表达的是全体师生对绿色教育事业的近乎宗教般的忠诚与信仰。“让生命在绿色中绽放”，是一种教育情怀、一种教育实践，更是一种教育担当和教育境界。

从建校初的满腔梦想到现在的绿意盎然，经历着学校的快速发展，目睹着教师的敬业，感悟着学生的成长，我身心振奋更真诚感动。这是全校教职工负重奋进、开拓创新、追求卓越的精神结晶。因为我们的特别能吃苦、特别能干事、特别讲奉献、特别敢创新的绿色教师团队，才会让我们的绿色教育之路走得如此踏实坚定！在本书即将付梓之际，我要感谢老师们同舟共济、勇立潮头的执著和同心协力、开拓创新的辛勤，感谢对本书的出版给予大力支持的各级领导、各位专家。你们的付出，我们全都铭记在心！

创建一所充满着绿色味道的好学校，是我一直以来的心愿。在探索中前行，我越来越深切地体会到，我们的绿色教育之路很长很远，学校的现状离我们的教育理想还有很大的距离，而本书中的某些做法、体会和观点，可能不够成熟，甚至有失偏颇，若能由此引发教育专家和同仁对教育的深层思考、探讨和争鸣，并能开展创新性教育理论研究和教育实践，从而把绿色教育引向更宽阔的境界，则为本书付梓之大幸！

在心里，继续虔诚地埋下绿色的教育种子，精心呵护，期盼每一个生命更加灿烂的绽放！

——刘凡荣